대한민국 인구 정책, 길은 있는가

이재인 지음

도서출판 해남

대한민국 인구 정책, 길은 있는가

초판1쇄 인쇄 2023년 12월 8일
초판1쇄 발행 2023년 12월 15일

지은이 이재인
발행인 노현철
발행처 도서출판 해남

출판등록 1995. 5. 10 제 1-1885호
주판등소 서울특별시 마포구 마포대로8길 9 영명빌딩 405호
전 화 739-4822 **팩스** 720-4823
이 메 일 haenamin30@naver.com
홈페이지 www.hpub.co.kr

ISBN 978-89-6238-181-8 93330

머리말

"대한민국은 지구상에서 가장 빨리 소멸할 나라"라는 인구학자들의 경고에도 불구하고 인구 문제가 정말 심각하다고 생각하는 사람은 그리 많지 않았었다. 그러나 대략 2016년경부터 1.3 전후의 초저출산 합계출산율마저 무너지자 분위기가 바뀌기 시작하였다. 급기야 2022년 0.78이라는 인류 역사상 유례없는 최저 출산율에 이르자, 느긋하였던 분위기는 어디에서도 찾아보기 힘들게 되었다.

이제는 정말 대한민국 국가 현안 1호가 '인구 대책'이라는 사람을 만날 정도로 인구 문제는 호들갑스러운 주목의 대상이 되었다. 인구 변수가 중요하긴 하지만 그 영향을 분석하기는 쉽지 않다며 으레 무시하던 분위기도 확 바뀌었다. 경제 전망이나 주식시장, 부동산 경기를 다루는 유튜버들이 인구를 핵심 변수로 거론하게 된 것은 대략 2020년대에 진입하면서부터인 것 같다. 그런 변화에 격세지감마저 느낀다.

그러나 요즘같이 대중적 인기 주제가 되기 이전에도 인구 문제에 대한 분석이나 연구 자체가 없었던 것은 아니다. 관련 보고서와 언론 기사, 통계 자료는 발에 챌 만큼 흔하였다. 정부의 대응 역시 최소한 2005년 이후로는 대책을 개발하고 쏟아냈었다. 그렇다면 왜 인구 문제는 나아질 기미를 보이지 않는 것일까? 산업화된 국가치고 고출산율 국가는 없지만, 우리나라만큼 극단적인 나라는 없다. 저출산 대책 가짓수와 예산지출도 적지 않았다는데(나중에 살펴보겠지만 이것은 사실과 좀 다르다), 이 지경이라면 인구 문제는 해결할 방법이 없는 것은 아닐까? 이 문제를 언급하는 전문가들과 일반인들의 어조에 현저하게 맥이 빠져버린 것을 실감한다.

그러나 지금 가장 필요한 것은 패배 의식도, 근거 없는 낙관도 아닌 객관적이고 냉정한 눈으로 정책의 사각지대를 진단해 내고 해법을 제시하여 잠재출산율을 0.1이라도 더 끌어올리려는 노력이다. 아직도 인구 문제의 중요성과 심각성에 대한 대중의 인식과 해결 의지가 생각만큼 깊지 않으며, 문제 해결 노력 역시 충분히 핵심을 짚어 내지 못하고 있다. 이런 상황을 보면 저출산 정책은 아직도 제대로 된 취급을 받지 못하고 있지 않은가 싶다. 문제를 정확하게 파악하고 제대로 해결책을 낸다면 왜 효과가 없겠는가? 이러한 생각에 각론적 지침서들이 많이 있음에도 불구하고 굳이 한 권의 새로운 총체적 인구 전략 지침서를 쓰기로 하였다.

다행히 대학에서 이 주제로 연구 활동을 하다가 청와대와 여성가족부, 그리고 한국보육진흥원을 거치면서 이 분야의 정책을 기획 단계부터 실행하는 과정까지 그 흐름을 소상하게 관찰할 수 있었다. 그 덕분에 저출산의 진단과 해결책을 연결 짓는 사고를 좀 더 발전시킬 수 있었다. 이와 같은 경험을 바탕으로 한국의 비상식적인 저출산의 원인을 분석하고 적합한 정책적 대응을 모색하는 한편, 한국 사회 고유의 제도적 경로 의존성을 고려한 예산투자 방식과 항목을 제안하였다.

각국 출산율의 상승 및 하강 곡선을 비교해 볼 때, 출산율은 각국의 경제 여건이나 사회적 안정망과 같은 사회환경적 요인은 물론, 그 반등과 하락에 아동가족 정책의 역할이 중요하다는 것을 확인할 수 있다. 그러나 그간 저출산 정책을 바라보는 시선은 늘 정책 자체에 매몰되어 왔다. 정책 각론에서 한 걸음 떨어져 우리나라가 압축적 성장을 통하면서 지나친 역(驛)들을 점검하는 것이 급선무이다. 이를 위해 전 세계 가족 정책의 흐름과 배경, 그리고 우리나라의 가족 정책의 이슈 형성과 수립과정, 결과를 좀 더 세심한 시선으로 짚어 보는 일이 긴요하다.

그간 우리 정부가 실행한 저출산 인구 정책은 주로 유럽에서 실험해 본 각종 아동가족 지원 정책들 중에서 정치권의 동의를 구하는 순서대로 도입한 형태이다. 그러한 방식으로 도입된 보육 서비스와 아동수당을 비롯한 많은 아동가족 지원제도들은 물론 중요한 역할을 하고 있다. 그러나 서구에서 개발한 각 제도들을 열거하듯 들여온다고 우리 문제가 해결되지 않는다. 각국 출산율의 상승과 하강은 1980년대 이후 도입한 아동가족 지원 정책 이외에 각국의 경제 여건이나 사회적 안전망과 같은 사회환경적 요인 역시 중요한 역할을 한다. 그런 차원에서 우리나라의 저출산 인구 정책은 각각의 정책 유형을 강화 혹은 확장하는 차원을 넘어서 자녀가 있는 가정에 대한 사회적 안전망을 재편하는 것이 필요하다. 인구 문제의 해결은 사회복지의 개편, 그중에서도 가족 정책의 보완 및 재정투자의 인프라 개선에 그 요체가 있기 때문이다. 그럼에도 우리나라는 그러한 관심이 여전히 매우 저조하다.

이 책은 그런 관심에서 엮었으며 때론 미답(未踏)의 구간이 있음을 고백한다. 누구도 제기하지 않았던 지점에서 답을 구하다 보니 부득이 정교함과는 거리가 먼 서술이 등장할 때가 있다. 그런 부분에 대한 현명한 독자 제현의 질정을 수용할 마음을 굳히면서 책을 세상에 내놓는다. 하루속히 저출산의 늪을 헤쳐 나가자는 안타까운 마음을 먼저 보아 주시길 바란다.

또한 다른 저서들도 마찬가지겠지만 이 책은 특별히 해당 분야 연구자들의 연구에 빚진 바가 많다. 이 책 자체가 새로운 이론이나 주장을 발견하기 위한 목적보다는 광대한 여러 소주제들을 포괄하여 한국의 저출산 인구 정책이 걸어온 궤적과 방향을 하나의 그림 속에 집어넣어 보고자 한 저술이기 때문이다. 아울러 각 분야의 선행 연구들을 두루 검토한다고 하였지만 필시 훌륭한 저술, 보고서들을 꽤 놓쳤을 것으로 생각하며, 귀중한 문헌을 일일이 다 거론하지 못한 점도 양해를 구하고 싶다.

이런 생각과 고심 끝에 내놓은 이 책의 목표와 내용을 요약하면 다음과 같다. 제1부에서는 우리의 저출산이 가진 보편성과 특수성을 이해하고자 한다. 우리는 그간 유럽 각국이 도입한 아동가족 정책들을 따라 하였지만, 그들과는 달리 아직 출산율 하락을 멈추지 못하고 있다. 그 이유를 탐색해 본다. 제1장에서는 저출산이 산업사회 그리고 후기 산업사회의 보편적 현상이라는 점을 제시한다. 그런 다음 제2장에서는 한국 사회보장 시스템의 한계 및 기타 아동가족 정책의 저조함을 설명한다. 제3장에서는 유럽 국가들과 달리 '산아제한 정책'을 대대적으로 펼친 점을 지적하고 그 영향을 파악하고자 한다. 그리고 제4장에서는 유교문화권의 사회경제적 특성과 그 영향을 분석한다. 끝으로 제5장에서는 1990년대 이후 한국 사회의 정치경제적 상황의 전개(대졸 정원의 확대 및 부동산 가격 상승)가 어떻게 이례적 저출산을 가져오는지 보여 준다.

제2부에서는 한국의 저출산 인구 정책의 흐름과 현재를 정리하며 저출산 요인 제거에 미진한 부분이 무엇인지 밝히고자 한다. 먼저 제6장에서 한국 사회가 저출산 문제를 어떤 프레임으로 인식하며 대응에 나섰는지 언론 기사 및 각종 정책 자료를 통해 분석·정리한다. 제7장에서는 앞 장에서 본 저출산 상황 인식을 근거로 저출산 해결을 위해 도입한 제도적 틀이 무엇인지 검토한다. 그런 다음 제8장에서는 정책 범주별로 그간 한국에서 도입·시행하고

있는 정책들을 상세히 살펴본다. 끝으로 제9장에서는 한국 저출산 인구 정책의 담론과 대응의 한계를 짚어 보며 다음 제3부에서 제시할 정책들의 당위성 및 개선 방향을 도출한다.

제3부에서는 제한된 예산으로 출산율을 끌어올리고자 함에 있어 어떤 정책 수단을 어떻게 구사해야 하는지 제시한다. 제10장에서는 한국 저출산 인구 정책의 개선 방향성을 다루어 본다. 제11장에서는 제2부의 분석에 의거해 한국의 저출산 정책은 취약계층에 대한 지원, 그중에서도 현금 지원 정책이 가장 부족하다는 점을 근거로 하여 현금 정책에 국한해 구체적인 대안을 제시해 본다. 이어서 제12장에서는 현금 지원 이외에 육아휴직과 세제 개혁 정책을 짚어 본다. 그 후 제13장에서는 앞서 제시한 정책 개선을 효과적으로 수행하기 위한 제도적 틀에 대한 검토로서 예산심의제도를 포함한 행·재정적 개혁 및 정부 조직 개편 등에 대한 논의를 진행한다. 끝으로 제14장에서는 재정적 정책 수단 이외의 제도 개혁이 가장 필요한 등록동거혼제의 도입에 대하여 다룬다.

마지막으로 이 책의 독서 요령에 대하여 간단히 덧붙이고자 한다. 이상에서 보았듯이, 이 책은 세 개의 큰 덩어리로 이루어져 있다. 서로 관련이 있기는 하지만 핵심 독자층은 조금씩 다를 수 있다고 본다. 제1부는 왜 우리나라가 유독 출산율이 낮은지 궁금증을 갖는 분들이나 인류가 저출산으로 돌아선 문명사적 흐름에 관해 알고 싶은 독자들께 권하고 싶다. 그리고 제2부는 아동사업 관계자분들, 특히 아동가족 정책 관계자분들이나 한국의 복지 정책 전반에 관해서 지식을 확장하고자 하는 분들께 적합한 내용이다. 그리고 제3부는 일반 교양서적 형태로는 잘 다루지 않는 상당히 전문적인 정책적 제언을 다루는 만큼 연구기관 및 정책 관계자분께 일독을 부탁하고 싶다. 각자의 관심에 따라 선택적으로 독서해도 무방할 만큼 각 부분을 독립적으로 작성하였으며, 필요 시 다른 부분과 어떻게 연결되어 있는지는 내용 중에서 밝혀둘 것이다.

끝으로 요즘처럼 출판 환경이 녹록하지 않은 시기에 인구 문제의 중요성을 감안해 기꺼이 책의 출간을 맡아 주신 도서출판 해남 노현철 대표님과 노혜진 대리님의 노고에 감사의 마음을 전하고 싶다.

2023년 11월

이 재 인

차례

머리말 i

차례 vii

제 1 부 한국의 초저출산, 그 깊은 그림자

제1장 | 근대화와 출산력 하락 3

1. 서구 근대의 도래와 함께 떨어진 출산율: 제1차 출산력 하락 6
2. 출산력 하락과 유럽의 인구 판도 13
3. 후발 근대화 한국의 출산력 하락 15

제2장 | 후기 근대화와 제2차 출산력 하락 19

1. 1980년대 이후 유럽의 제2차 출산율 하락 21
2. 유럽 국가들의 세 가지 출산력 패턴 28
3. 북유럽과 서유럽의 출산력 반등과 가족 정책 31
4. 출산력 반등의 유럽과 한국의 차이 36

제3장 | 개발도상국의 산아제한 정책과 저출산 41

1. 개발도상국의 근대화와 산아제한 정책 43

2. 극단적인 사례: 중국과 한국 45

제4장 | 동아시아 유교국가의 장기 지속 저출산 51

1. 유교문화권 국가들의 초저출산 추이 53

2. 유교문화권의 저출산 요인 I: 세속주의 가치관과 높은 교육열 55

3. 유교문화권의 저출산 요인 II: 유난스러운 가족주의 문화 60

4. 유교문화권의 저출산 요인 III: 혼외 출산 터부 62

제5장 | 도시국가형 초저출산과 한국의 특수성 67

1. 기이한 초저출산 행진 69

2. 초저출산의 씨앗: 대졸 정원 확대와 청년 실업의 폭 71

3. N포세대의 출현과 저출산 77

4. '서울공화국' 한국의 저출산 79

5. 또 하나의 충격: 부동산 가격 폭등과 N포세대 저출산 심화 84

제2부 한국 사회의 저출산 인식과 대응

제6장 | 저출산 담론 지형의 전개 91

1. 담론 지형 분석 방법 및 자료 93

2. 저출산 위기 담론의 등장과 정부의 대응 94

3. 모성보호 입법을 위한 저출산 위기 담론의 차용 100

4. 저출산 위기 담론의 병행 담론으로 등장한 보육 문제 104
5. 저출산 위기 담론과 인구 고령화 문제의 접합 107
6. 저출산 위기 담론과 여성의 재생산권의 대치 110
7. 청년 정책 담론의 등장 116
8. 삶의 질 담론 등장: 국가주의 담론에 대한 반성 119

제7장 | 정책 인프라의 확립 123
1. 저출산·고령사회 기본계획의 수립과 시행 125
2. 저출산·고령사회 인구 담당 정부 조직의 정비 138

제8장 | 저출산 인구 정책의 추진 145
1. 임신·출산 환경 개선 147
2. 양육 관련 휴가제도 및 시간 정책 150
3. 보육 정책 156
4. 현금 및 세제 지원 정책 176
5. 방과후 돌봄 서비스 201
6. 청년세대 일자리·주거 지원 206

제9장 | 담론과 대응의 평가 215
1. 긍정적 측면 217
2. 한계와 문제점 220

제3부 한국의 저출산 해법

제10장 | 취약계층 지원의 방향성 검토 267

1. 자녀양육 지원 정책의 모범 사례: 스웨덴과 프랑스 269
2. 취약계층 자녀양육 지원 정책의 방향성 검토 281
3. 주양육자-미성년 자녀 기반 사회보장 시스템 도입 297

제11장 | 취약계층 현금 지원 정책 강화 309

1. 취약계층 양육 지원 정책 모형 제안 311
2. 취약계층 양육 지원 정책 모형의 쟁점 329

제12장 | 육아휴직 및 세제 지원 확대 335

1. 육아휴직제도 강화 337
2. 근로·자녀장려금제도 확대·개편 344

제13장 | 인프라의 정비: 행·재정적 개혁 353

1. 예산의 기획과 배정 트랙 정비 355
2. 세원 확보 방안 마련 365
3. 정부 조직 개편 369
4. 성과 평가 환류체계 재구성 375

제14장 | 비재정적 정책: 등록동거혼제의 도입 387

맺음말 393
참고문헌 401
찾아보기 413

제 1 부

한국의 초저출산, 그 깊은 그림자

주지하다시피 일정 수준 이상 산업화가 진행된 나라치고 출산율 하락을 경험하지 않은 나라가 없다. 일찍부터 시작되었건 최근에 경험하였건 산업화가 일정 수준에 도달한 나라라면 예외가 없다. 그러나 한국만큼 초저출산율인 특이한 나라는 일찍이 없었고 앞으로도 없을 것이다. 그렇다면 한국은 왜 유난스럽게 초저출산의 늪을 헤매는 것일까? 선진 각국이 이미 경험한 저출산과의 공통점은 무엇이며 우리만의 특수성은 어디에서 기인하는 것인지를 이해하는 것이 한국 저출산 해결의 시발점이 될 것이다. 따라서 제1부에서는 그 이야기부터 하려고 한다.

제1장

근대화와 출산력 하락

인류 역사에서 인구 문제는 어제오늘의 일이 아니며 국가 통치의 주요 의제로 등장한 지도 오래되었다. 특히 국력을 확장한 위대한 통치자일수록 인구의 수를 늘리는 일에 관심이 많았다. 그 유명한 로마의 아우구스투스 황제는 인구감소를 염려한 나머지 출산을 장려한 법률을 만들기도 하였으며,[1] 프로이센의 프리드리히 대왕은 "백성의 숫자가 국부를 만든다"[2]는 말을 남기기도 하였다.

통치자들 못지않게 사상가들도 인구를 정치의 주요 관심사로 다루었다. 예컨대, 플라톤은 도시국가의 유지·발전에 적합한 인구 규모가 있다고 생각하였고, 적정 인구의 수까지 제시한 바 있다. 그뿐만 아니라 "인구 과잉에는 산아제한 및 식민지 건설의 방법으로 대응해야 하고, 부족 시에는 출산장려와 이민으로 해결해야 한다"는 방안까지 제시한 바 있다.[3] 현대사회에서와 똑같은 방식으로 고민한 점이 흥미롭다.

세계 각국의 주요 종교들 역시 예나 지금이나 공통적으로 인구 문제에 관심이 많으며, 대체로 인구의 증가에 긍정적이다. 기독교의 성경은 불임을 일종의 처벌과 고난으로 묘사하며 출산과 자손 번영의 가치를 높이 평가한다. 또한 유교 경전들은 종종 인간이 행하는 가장 큰 불효로 대를 잇지 못하는 일을 꼽을 정도로 자식을 낳아 기르는 일을 인간됨의 기본으로 평가하였다.

그러나 고대와 중세사회를 통틀어 인구증가에 긍정적인 교리와는 별개로 인류사회는 어느 시대에서나 먹여 살릴 인구가 늘어나는 문제와 맞서 싸

1 박상태(2007), p. 16.
2 몰런드(2020), p. 30.
3 박상태(2007), p. 15.

우지 않을 수 없었다. 기근과 역병에 시달리느라 자연감소가 나타나지 않는 이상 중하층 이하 계층에서는 식량 사정이 뒷받침되지 않아 온갖 종류의 피임(방법의 가짓수가 많아도 그 성공률은 근대에 이를 때까지 그다지 높지 않았던 것으로 보이지만)이나 유기 심지어 영아 살해 등을 광범위하게 동원하면서 인구증가를 억제하였다.[4] 생산력을 상회하는 인구증가에 대해서 갖가지 방법으로 대항하였고 먹여 살릴 인원 이상은 도태되곤 하였지만, 동서양을 막론하고 고대에서 중세에 이르는 긴 기간 동안 인류는 여건이 허용하는 한 많은 자녀를 낳아 기르는 것을 축복으로 여겼고 실제로 그렇게 하였다.

요컨대 과거 인류사회는 지역을 불문하고 기를 형편이 되는 한 자녀의 출산을 권장하였다. 일부러 적은 수의 자녀를 갖는 일은 가(家)의 자산을 쪼개지 않고 유지할 필요성을 의식하는 일부 귀족 가계에 국한된 예외적인 현상이었다.

1. 서구 근대의 도래와 함께 떨어진 출산율: 제1차 출산력 하락

근대 이전에는 세계 어느 지역이든 다산(多産)을 권장하였고 또 실제로 높은 출산력(최소한 낳는 아이 수 기준으로)을 구현하였다. 그렇다면 언제, 어떤 식으로 다산의 행태가 사라지고 출산력 하락이 나타난 것일까? 서구 사회를 중심으로 그 궤적을 한 번 추적해 보기로 한다.

4 몰런드(2020), p. 110.

1) 산업화와 인구증가

중세를 관통해오며 유지되던 다산의 기조가 급격하게 쇠락하고 출산력 하락이 시작된 것은 산업화 이후부터이다. 도시화와 보건위생의 개선, 그리고 피임의 보급이 다양한 방식으로 꾸준히 전개되며 출산율은 서서히 낮아지기 시작하였다. 그러나 출산율이 떨어지는 초창기는 늘 비약적인 인구증가를 수반한다. 선진 각국에서는 이 시기를 활용해 식민지를 개척하고 국력을 확장하였다. 그런 가운데 민간에서는 개별 가정의 필요에 의해 출산아 수를 줄이는 변화를 주도해 나갔다.

산업화 초기에 먼저 주목을 끈 인구 문제는 '인구 과잉'이었다. 생산력의 비약적 증가는 인구 문제에 대한 종전까지의 관심을 크게 변화시켰으며 역사상 처음으로 인구 과잉을 문제로 인식하게 만들었다. 맬서스의 『인구론』은 상황 변화를 극적으로 보여 준 상징적인 사건이라 할 만하다. 잘 알려진 대로 그의 인구론은 '인구는 기하급수적으로 느는데 식량은 산술급수적으로 늘고 있다. 인구증가를 억제하지 않으면 심각한 자원 부족에 직면할 것'이라는 경고로 요약된다.

맬서스의 인구론이 나온 배경을 살펴보면, 그의 인구 과잉이 공연한 걱정이 아니었음을 짐작할 수 있다. 그가 살았던 18세기 후반에서 19세기 초 영국은 그야말로 폭발적인 인구증가의 시대였다. 인구증가의 첫 번째 계기는 무엇보다 보건위생의 획기적 개선과 그에 따른 영아사망률의 저하[5]에서 찾아진

5 맬서스의 『인구론』은 1798년 출간된 이후 1830년까지 수정을 거친 것으로 되어 있다. 몰런드에 따르면, 이 시기 영국의 인구는 연평균 1.3% 정도의 인구증가를 기록하였는데, 그중 1811년부터 1825년까지의 기간에는 연간 1.7%에 이르러 정점을 이루었던 시기였다. 한편, 멜서스

다. 아울러 성인들의 건강 사정이 확연하게 개선되면서 평균 수명이 급속히 늘어난 것도 또 하나의 이유였다. 두 요인이 결합하니 출산 후 살아남는 자녀 수가 많아지며 성인의 수명이 연장되어 인구가 폭증하는 상황에 직면하게 된 것이다.

그러나 맬서스의 저술에 인용된 것과 실제 상황의 전개는 조금 달랐다. 근세로 접어들면서 농업 생산은 물론이고 산업의 발전도 그의 예상보다 더욱 비약적으로 이루어졌다. 게다가 유럽인들을 먹일 해외 농업도 날로 확대되어 맬서스의 예견과 달리 먹일 토지와 인구의 관계가 일국적인 문제가 아님이 드러났다. 즉, 늘어난 인구를 먹일 식량 문제도 급속도로 좋아진 것이다. 그 결과로 〈표 1-1〉에서 보듯이 18세기와 19세기에 이어 20세기에도 두 번의 세계대전으로 잠시 주춤할 때까지 유럽 국가들의 국민 수는 괄목할 만한 증가를 이루었다.

영국이 인도를 비롯하여 오대양 육대주에 식민지를 건설하고 자국의 국민을 내보낼 수 있었던 것도, 프랑스가 아시아와 아프리카, 아메리카 영토 곳곳에 식민지를 만들고 경영할 인력을 파견할 수 있었던 것도 넘쳐나는 인구가 없으면 불가능한 일이었다. 몰런드의 계산에 따르면, 매년 인구의 1.33%가 늘어나면 50년 만에 2배로 증가하여 100년이면 본래 인구의 4배가 되는데 19세기를 거치는 동안 영국의 인구는 그런 속도로 늘었다.[6] 그 덕분에 영국 같은 나라는 아일랜드계로 대표되는 미국 이민자를 비롯하여 현재의 영연방 국가들을 건설할 인구를 해외로 내보내고도 국내 인구증가를 유지할 수 있

가 이 책을 집필한 영국의 서리 지방은 영국의 눈부신 산업기술의 발전이나 해외 농경지의 확장과는 거리가 먼 한적한 시골로서 이러한 지역적 특성을 말미암아 그가 늘어나는 인구만큼 식량 생산력을 증대시키기 어렵다는 개념을 정립한 배경으로 지목된다(몰런드, 2020, p. 69).

6 몰런드(2020), p. 67.

표 1-1 세계 각국의 인구증가 추이 (단위: 1,000명)

국가	1700	1820	1870	1913	1950	1973	1998	2020
오스트리아	2,500	3,369	4,520	6,767	6,935	7,586	8,078	8,901
벨기에	2,000	3,424	5,096	7,666	8,640	9,738	10,197	11,493
덴마크	700	1,155	1,888	2,983	4,269	5,022	5,303	5,823
핀란드	400	1,169	1,754	3,027	4,009	4,666	5,153	5,536
프랑스	21,471	31,246	38,440	41,463	41,836	52,118	58,805	67,287
독일	15,000	24,905	39,231	65,058	68,371	78,956	82,029	83,191
이탈리아	13,300	20,176	27,888	37,248	47,105	54,751	57,592	59,258
네덜란드	1,900	2,355	3,615	6,164	10,114	13,438	15,700	17,425
노르웨이	500	970	1,735	2,447	3,265	3,961	4,432	5,368
스웨덴	1,260	2,585	4,164	5,621	7,015	8,137	8,851	10,379
스위스	1,200	1,829	2,664	3,864	4,694	6,441	7,130	8,667
영국	8,565	21,226	31,393	45,649	50,363	56,223	59,237	67,886
포르투갈	2,000	3,297	4,353	6,004	8,512	8,634	9,968	10,305
스페인	8,770	12,203	16,201	20,263	27,868	34,810	39,371	47,431
그리스	1,500	2,312			7,554	8,929	10,835	10,689

자료: 위키백과(2022. 7. 22 현재).

었다.

맬서스의 공포는 그 당시뿐 아니라 지금도 세계 각국에서 재난 영화의 모티브가 될 정도로 인상적이며 실제로 일말의 진실을 담고 있는 것이 사실이지만, 역사는 그의 전망과 상당히 다른 방향으로 전개된 셈이다. 급속한 산업기술의 발전과 국제 교류의 확장으로 식량난 문제를 해결하면서 인구가 늘어도 인구와 생산기술의 확장이 선순환하는 방향으로 순항하였던 것이다.

2) 피임법의 보급과 출산력 하락

한편, 선진 산업화 국가에서 산업화 초기 인구가 폭발적으로 늘어난 것과는 별도로 출산아 수는 꾸준히 감소하였다. 전 산업사회 평균 6명 이상의 출산율이 서서히 떨어지는 것은 근대사회의 면모를 갖추면서 확실한 추세가 되어 갔다. 도시화가 진행되면서 농촌 주택과 달리 많은 식구가 거주하기에 불편한 주거 여건으로 변화한 것이 주요 원인으로 추정되지만 다른 여건들도 있었다. 이를테면 국민 보편교육이 등장하고 학력에 의한 직업 차등이 부여되면서 적은 수의 자녀를 제대로 교육하는 것이 많은 수의 자녀를 두는 것보다 훨씬 나은 가계 전략이라는 점이 널리 인식되었다.

요컨대 산업화와 함께 초래된 모든 사회 변화가 더 이상 다자녀가 미덕일 수 없는 방향으로 흘러갔다. 근대로 표상되는 일련의 사회경제적인 변화는 이렇듯 출산아 수의 감소로 귀결되었으나 이후 개발도상국들에서 일반적으로 나타난 바와 같이 국가의 산아제한 정책 때문은 결코 아니었다.

그렇다면 출산아 수의 감소는 어떤 방법으로 이루어졌을지 알아보자. 산업화 시기 대부분 국가에서 인구 조절 행태는 어떤 집단적 목적에서보다는 각 가정에서 필요에 따라 피임법을 도입하고 확장하는 우여곡절을 거치며 정착하였다. 국가가 나서서 정책적으로 인구증감에 효과를 본 적이 드물었지만, 개별 국가마다 국력과 인구의 관계를 강조하며 인구증강을 역설하거나[7]

7 '국력은 인구'라는 신념에 집착하며 인구증가의 중요성을 역설하는 흐름은 전쟁을 주도하였던 전체주의 국가들에서 일반적으로 나타났다. 대표적인 인물이 독일의 히틀러였고 그의 광적인 인구 집착은 유명하다. 특히 히틀러는 인구를 늘리는 일뿐만 아니라, '아리안 인종'의 보존이라는 인구의 질에 지대한 관심을 표명하며 인종차별주의적 언동을 서슴지 않았던 사실도 잘 알려진 바와 같다.

인구가 급증할 때는 많다고 걱정하기도 하는 등 당시 인구증가에 관한 국가의 태도는 일관적이지 않았다. 대신 가용한 피임법을 찾아 실천하는 흐름은 대부분 사회에서 시간이 지날수록 널리 나타나기 시작하였다.

산아제한을 위한 피임법으로는 콘돔이나 주기법 등은 물론이고 이 당시까지는 인공중절도 마지막 피임법으로서 널리 활용되었는데, 각 피임법의 보급 속도나 활용 정도는 각 사회마다 다양한 편차를 보여 준다. 예컨대, 가톨릭교회가 강한 지역에서는 산아제한의 피임 방법들에 대한 반대가 특히 심하였고(오늘날까지도 가톨릭에서 공식적으로 인정한 피임법은 주기법뿐이다), 그 덕분에 독실한 신자들이 많은 지역은 종교적인 이유로라도 좀 더 높은 출산율을 보였지만, 시간이 지날수록 가톨릭 신자들의 피임률이나 출산율은 개신교 신자들과 일치하게 되었다.

한때는 피임법 소개 책자의 출판이 불법이었던 등의 반대를 겪어야만 하기도 하였다(몰런드, 2020, p. 111). 그뿐만 아니라 피임을 하면 몸에 해롭다는 등의 다양한 민간 속설이 끈질기게 지속되는 가운데 산아제한과 피임법을 둘러싼 논쟁과 논란은 끊이지 않았다. 하지만 제1차 세계대전 전에 이미 루프와 같이 훨씬 안전하고 여성이 주도할 수 있는 피임법이 등장해 점차 확산되었다(몰런드, 2020, p. 195). 이렇게 안전하고 편리한 피임 방법이 받아들여지면서 산아제한에 나서는 가정들이 늘자 출생아 수는 점차 낮아지기 시작하였다.

유럽 국가는 아니지만 선진 산업사회 중 가장 비교적 늦게 산업화 대열에 합류한 일본의 예(신윤정 외, 2018, p. 131)를 살펴보자. 일본은 1870년대 메이지 유신 이후 1940년까지는 인구가 폭발적으로 증가해 1872년 3,480만 명이던 총인구가 1940년 7,190만 명이 되었으며, 한때는 인구증가율이 1.08%(1920년)까지 치솟는 경험을 한다. 그 결과 1920년대부터 산아제한에 관한 논의가 시작되고, '일본산아제한협회'와 '일본산아조절동맹' 및 '무산자산아제한동맹'과 같은 민간 인구 통제기관들이 1930년대 초 일제히 등장한다.

그러나 이들은 전체주의 시대의 보편적 인구증가 운동에 막혀 활동이 제한적이었고, 곧이어 전쟁 기간 억제되었던 출산은 전후 베이비 부머 시대를 만들며 인구증가를 주도한다. 일본의 출산율은 1947년 4.5명 수준에서 1957년에 인구대체율 수준으로 급속하게 떨어지면서 중국과 함께 초단기간에 인구대체율 이하로 하락한 나라로 기록된다.[8] 출산율을 급속히 떨어뜨릴 수 있었던 데에는 임신중절을 허용한 「우생보호법」의 제정(1948년)과 개정(1952년)에 힘입은 바가 크지만, 이때도 국가가 가족계획의 시행을 독려하거나 강제한 영향 때문은 아니었다고 한다.[9]

3) 보편적 피임법의 등장

피임의 보편화로 출산과 성이 별개의 영역으로 받아들여지기 시작한 것은 시기적으로 상당히 늦은 1960년대 이후의 일이라는 것이 학계의 정설이다. 그 확고한 계기는 '구강 피임약의 보급'으로부터 시작된다. 그렇지만 그 이전에도 이미 다양한 피임법이 보급되었고 이미 출산아 수의 감소는 시작되었다. 일찌감치 산업화의 물결에 동참한 유럽과 미국이나 캐나다, 호주, 뉴질랜드와 같은 유럽계 국가들은 피임법이 보편화하기 시작한 1960년대 이전에 이미

8 중국은 1970년 6명 수준에서 1980년 2.2명을 기록하며, 한국은 1960년대 6명 수준에서 1983년에 처음으로 2.1명 이하로 떨어졌다.

9 일본은 1950년대 전후 급격한 인구증가 당시에도 피임은 개인들이 결정할 문제라는 점에서 출산 통제에 적극적이지 않은 태도를 취하였고, 임신중절이 가지는 건강상 위험을 고려해 개인의 건강과 복지 차원에서 가족계획을 지원하는 정책적 지원을 수행하였다(신윤정 외, 2018, pp. 133~137).

서서히 출산율 하락을 경험하고 있었다. 생산력 확장과 보건위생의 발전으로 급격한 인구증가를 초래한 이 시기에 피임의 보급과 함께 나타난 출산력 하락을 이 책에서는 '제1차 출산력 하락'이라고 명명하기로 한다.

2. 출산력 하락과 유럽의 인구 판도

앞에서 근세 초기 생산력 확장 및 보건위생의 발전으로 급격한 인구증가 시기가 나타난다는 점을 보았다. 한편, 인구증가는 평균 출산아 수가 감소하는 가운데 나타난 현상이지만 속도에서는 국가별로 차이가 있었다. 유럽 각국의 인구 통계를 정밀하게 비교하며 그 배경과 영향을 연구한 몰런드에 따르면, 산업혁명 이후 유럽의 패권 판도를 결정한 것은 무엇보다 '인구의 힘'이었다. 유럽의 세 강자인 프랑스, 영국, 독일의 국방·외교 관계를 인구의 힘으로 분석한 내용을 살펴보면 오늘날 우리에게 시사하는 바가 크다.

프랑스는 1820년대 절대 왕정 시기까지 유럽 최고의 인구 강국이고 유럽의 패권 국가였다. 그러나 당시 훨씬 인구 열세에 있던 영국과 독일이 일정한 속도로 천천히 출산율이 감소하는 것과는 대조적으로 프랑스는 일찍부터 이상할 만치 빠르게 평균 출생아 수가 감소하였다. 급기야 제1차 세계대전경에는 인구 규모에서 뒤지는 역전 현상[10]이 나타났다. 이는 독일이 세계대전을 일

10 몰런드에 따르면, 엘리자베스 1세 시절 잉글랜드는 프랑스의 1/5 정도 규모였으며, 1900년대에 이르러서도 1/4이 조금 넘는 규모로 프랑스의 인구는 영국에 비해 압도적이었다. 또한 경제 규모로 볼 때 1700년대 영국 경제는 프랑스 경제의 1/3 수준을 밑돌았지만, 제1차 세계대전이 발발하던 때에는 3배 규모로 성장하였다. 이 기간 영국 인구는 프랑스의 절반도 안되는 수준에서 그보다 15% 많은 수준으로 성장하였다(몰런드, 2020, p. 86).

으키고 또 초반 강세를 보인 배경으로 설명된다. 마찬가지로 세계어였던 프랑스어의 지위가 영어로 대체되는 변화도 인구의 크기에 비례해 나타나는 현상으로 풀이한다.

산업화 초기 유럽은 나날이 발전하는 생산량과 식민지 확장으로 경제가 활기에 넘치던 시절이었지만, 특히 도시 빈곤계층이 폭발적으로 증가하는 등 늘어나는 인구가 마냥 반가운 것만은 아니었다. 심지어 이런 인구 폭발에 대한 우려의 흐름은 1960년대 닉슨 대통령까지도 공유한 적이 있을 정도이다. 미국의 경우 전후 베이비 붐 시대 합계출산율은 3.5명이나 되었다. 이로 인해 식자층에서는 탄식과 우려의 눈길로 이 인구 폭발 현상을 바라보았으며 인구증가에 상당한 반감 정서를 가졌던 것도 사실이다. 그러나 이 시기 유럽 각국의 위정자들은 부강한 국가 건설에 인구가 필수적이라는 인식을 자주 격렬하게 토로하였으며, 특히 프랑스에서 인구의 중요성을 의제화하고 정치 운동화하는 시민사회의 움직임은 주목할 만하다.[11]

프랑스의 '인구주의 담론'의 정치 의제화가 한창이던 제3공화국 시기(1870~1914년)는 어떤 시기인가? 1870년 무렵 프랑스는 인구증가 규모가 이웃 국가들과 비교해 형편없는 약세를 기록하고 있었다. 그런데 마침 프로이센과의 전쟁(보불전쟁)에서 패배하고, 그 대가로 요충지 알자스-로렌 지역을 독일에 떼어 주게 되면서 크게 자존심이 상하였다. 이 시기 프랑스의 인구는 10% 증가에 그친 반면, 독일은 58%, 영국은 43%, 러시아는 78%의 증가를 기록하고 있었다(오경환, 2010, p. 10).

근세가 막을 올리던 절대 왕정기까지 유럽의 중심을 자처하였던 프랑스

11 오경환(2010)은 "프랑스 제3공화정에서의 상황과 인구 담론이 기시감마저 느껴질 정도로 우리 사회와 오버랩된다"고 한 바 있다.

가 얕보던 이웃 국가들에 밀리는 수모를 당하면서 제3공화정 시기에 다양한 정치적 의제의 분출 속에서 인구를 늘리는 방책을 두고 뜨거운 논전을 벌인 것은 당연한 일이다. 그러나 요란스럽던 '프랑스 인구증가를 위한 국민연합'을 필두로 한 애국 운동으로서의 출산장려 운동은 1913년에 처음이자 마지막으로 「다산가족보조금법」을 입법한 것 이외에 별다른 정책적 성과 없이 막을 내렸다(오경환, 2020, pp. 20~21).

하지만 이때의 격론이 후일 1980년대 '제2차 출산력 하락 시기'에 인구 정책을 수립하는 데 역사적·문화적 밑거름으로 작용하였다는 해석은 연구자들 사이에 상당히 진지하게 받아들여지고 있다. 인구위기에 대한 절박한 문제의식과 정책적 노력의 필요성에 대한 국민적 공감대에도 불구하고 실효성 있는 정책적 해법으로 연결되지 못한 점은 지금의 한국과 많이 닮았다는 인상을 준다. 우리 사회 일각에서는 현재도 "인구에는 백약이 무용지물"이라는 자조적인 낙담을 멈추지 않고 있지만, 지금 당장에는 무용해 보이는 격정 토론이라도 멈추지 말아야 한다는 교훈을 여기서 얻을 수 있다.

3. 후발 근대화 한국의 출산력 하락

그렇다면 한국의 근대를 살펴보자. 근대적 문물의 도입과 근대적 사회제도의 보급이 나타난 시기가 구한말 일제 강점기부터라고 한다면, 유럽은 근대화 시기 피임 및 산아제한의 실천이 오랜 기간 천천히 진행되면서 〈표 1-2〉에서 보는 것처럼 1955년경에는 합계출산율이 2명 내지 3명대로 내려와 있음을 볼 수 있다. 그러나 우리나라는 1960년까지도 6명대를 유지하였다. 근대로의 이동 조짐이 최소한 1960년대까지는 보이지 않는 셈이다.

유럽의 인구는 전간기(제1차 세계대전과 제2차 세계대전 중간에 낀 1919년부터 1938년까지의 기간)에 이미 2명 내지 3명의 자녀를 두는 것이 일반적인 수준으로 출산력이 내려왔다. 〈표 1-2〉의 통계 수치를 참조할 때 유럽 베이비 부머 세대의 출생이 막 멈추는 1955년경 대개의 유럽 국가들은 2.0명대의 합계출산율을 기록하는 것을 볼 수 있다. 반면 우리나라는 일제 강점기 동안 출산아 수가 하락하지만 같은 시기 여전히 5명대의 합계출산율을 기록하는 것을 보아 근대화가 더디게 출발한 만큼 1950년대는 이제 막 출산력 하락이 시작된 초기 상황임을 알 수 있다.

〈표 1-2〉에서 보는 것처럼 근세 초기 유럽 국가들이 개별 가정의 평균 출산아 수는 서서히 감소하면서 각국의 총인구는 늘고 있었다면, 우리나라는 1960년대까지는 대략 유럽의 산업화 초기 모습과 유사한 상황이었다. 당시 제조업 비중이나 도시화율도 대략 유럽의 초기 산업화 시기와 일치하는 모습이었고 출산율도 마찬가지 모습을 보여 준다. 그러다가 단 20년 만에 유럽과 마찬가지의 인구대체율 수준의 합계출산율로 급속하게 내려가는 것을 볼 수 있다. 〈그림 1-1〉에서 보는 것처럼 출산력 지표로만 보면 우리나라는 1980년대 초반 무렵까지 매우 단기간에 유럽의 출산율을 따라잡고 있다.

산업의 구성 및 경제 규모 같은 경제적인 면에서 한국이 개발도상국을 벗어나 중진국으로 진입한 1980년대 후반 합계출산율 지표도 선진국을 따라잡은 것인데 문제는 이때부터였다고 볼 수 있다. 이후 살펴보겠지만 유럽이 한 세기에 걸쳐 이룩한 발전을 한 세대 만에 추격하면서 한국 사회는 차근차근 단계를 밟아 이루어져야 할 사회적 적응을 결여한 채 외관만 선진국으로 치달았다. 이 기간에 출산력은 부자연스러운 충격을 받았고 급격히 뒤틀리며

표 1-2 세계 각국의 합계출산율 추이 (단위: 명)

	1955	1960	1965	1970	1975	1980	1985	1990	1995	2000	2005	2010	2015
홍콩	4.44	4.72	5.05	3.65	3.01	2.23	1.72	1.36	1.26	1.06	0.95	1.04	1.20
싱가포르	6.61	6.34	5.12	3.65	2.82	1.84	1.69	1.70	1.73	1.57	1.35	1.26	1.23
한국	5.65	6.33	5.60	4.65	4.00	2.92	2.23	1.57	1.68	1.50	1.21	1.17	1.23
스페인	2.53	2.70	2.81	2.84	2.85	2.55	1.88	1.46	1.28	1.19	1.28	1.45	1.33
그리스	2.48	2.42	2.29	2.55	2.53	2.42	2.06	1.53	1.38	1.31	1.29	1.42	1.34
헝가리	2.69	2.32	1.81	1.98	2.04	2.25	1.81	1.82	1.74	1.38	1.30	1.33	1.33
폴란드	3.63	3.47	2.72	2.33	2.23	2.23	2.31	2.16	1.95	1.51	1.26	1.37	1.33
독일	2.13	2.27	2.47	2.36	1.71	1.51	1.46	1.43	1.30	1.35	1.35	1.36	1.43
일본	2.96	2.17	2.03	2.04	2.13	1.83	1.76	1.65	1.48	1.37	1.30	1.34	1.41
이탈리아	2.36	2.29	2.50	2.50	2.32	1.89	1.52	1.35	1.27	1.22	1.31	1.44	1.42
스위스	2.31	2.39	2.60	2.36	1.87	1.54	1.54	1.55	1.54	1.48	1.41	1.47	1.53
중국	6.11	5.48	6.15	6.30	4.85	3.01	2.52	2.73	1.83	1.62	1.61	1.62	1.64
캐나다	3.65	3.88	3.68	2.61	1.98	1.73	1.63	1.62	1.69	1.56	1.52	1.64	1.60
덴마크	2.55	2.55	2.58	2.27	1.96	1.68	1.43	1.54	1.75	1.76	1.76	1.85	1.73
핀란드	3.00	2.77	2.66	2.19	1.62	1.66	1.69	1.66	1.82	1.74	1.75	1.84	1.77
브라질	6.10	6.06	5.97	5.34	4.63	4.24	3.80	3.14	2.72	2.47	2.13	1.86	1.77
미국	3.31	3.58	3.23	2.54	2.03	1.77	1.80	1.91	2.03	2.00	2.04	2.06	1.88
스웨덴	2.24	2.25	2.31	2.17	1.91	1.66	1.64	1.91	2.01	1.56	1.67	1.89	1.90
호주	3.18	3.41	3.27	2.87	2.54	1.99	1.91	1.86	1.86	1.79	1.77	1.95	1.89
영국	2.18	2.49	2.81	2.57	2.01	1.73	1.78	1.84	1.78	1.74	1.66	1.86	1.87
프랑스	2.76	2.70	2.85	2.65	2.31	1.86	1.86	1.80	1.71	1.76	1.88	1.98	1.98
아일랜드	3.42	3.58	4.01	3.86	3.73	3.25	2.83	2.26	1.96	1.90	1.93	2.00	1.97
뉴질랜드	3.69	4.07	3.85	3.35	2.84	2.18	1.97	2.03	2.07	1.95	1.95	2.14	2.04

주: 합계출산율은 해당 기간 여성 1명이 가임 기간(15~49세) 동안 낳을 것으로 예상되는 평균 출생아 수임.

자료: UN Department of Economic and Social Affairs, *World Population Prospects 2019*, 2019. 6 (http://esa.un.org/unpd/wpp/).

그림 1-1 OECD 주요국과의 합계출산율 추이 비교 (단위: 명)

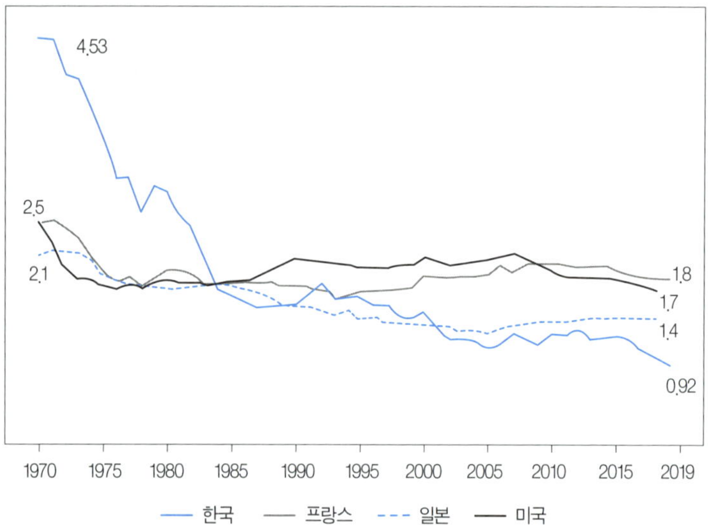

자료: OECE Data, Fercility Rates 항목 검색.

만회하기 어려운 상태로 떨어지게 된다. 제2장에서 '유럽의 제2차 출산력 하락 기간'과 함께 그러한 사회적 변화에도 불구하고 출산력의 급격한 하락을 막는 장치(즉, 국가의 사회 정책)가 어떻게 도입되는지 살펴보며 한국의 상황과 대비해 보기로 한다.

제2장

후기 근대화와 제2차 출산력 하락

이 장에서는 먼저 1950~1960년대까지는 합계출산율이 2.1 이상에 머물던 유럽의 출산율이 그 후 일제히 하락하는 원인에 대해 고찰해 보기로 한다. 출산율이 일제히 하락하는 원인을 다방면에 걸쳐 살펴본 다음, 저출산율에 대응해 나타나는 가족 정책들과 함께 정책 효과로서 등락하는 출산율의 추이를 검토해 보기로 한다.

1. 1980년대 이후 유럽의 제2차 출산율 하락

유럽에서 저출산 문제가 대두된 것은 한국보다 그리 많이 앞서지 않았다. 1950~1960년대까지만 해도 유럽의 합계출산율은 2.0 전후를 기록하며 인구의 감소나 저출산을 염려하는 상황이 아니었다. 그러나 대략 1972년 오일쇼크로 인한 경기침체기를 기점으로 각국에서 출산율 하락이 나타나면서 합계출산율 2.0을 밑도는 국가들이 생겨나자 출산율이 사회 문제로 부각되기 시작하였다.

유럽은 아니지만, 후발 선진국 일본도 전후 한동안 베이비 붐이 일어 오늘날 '단카이 세대'라 불리는 출산 붐 시기가 있었으며, 그 이후 1971년부터 1974년에 이르는 제2차 출산력 증가 시기를 거치며 인구 폭발이 발생하였다. 이때까지만 해도 정책 당국은 오히려 인구 과잉을 문제로 생각하였다.[1]

산업화 시작 이후 20세기 중반까지 나타난 점진적인 출산율 하락을 '제1차 출산율 하락'이라고 한다면 1970년대 후반 이후 나타나는 이 새로운 출산

1 이경수 외 역(2017), pp. 34~35.

율 하락은 '제2차 출산율 하락'이라고 부를 만하다. 이 시기 각국 정부는 '저출산 인구 문제'라는 개념을 갖기 시작하였다. 그렇다면 1970년대 후반 이후, 특히 1980~1990년대 들어 유럽 국가 대부분이 출산율이 하락한 원인은 무엇인지 파악해 보자.

대략 1980년대에 들어선 시기는 출산력 하락뿐만 아니라 '복지국가의 위기'로 불리는 다양한 사회경제적 위기 징후를 드러낸 시기로 유명하다. 그 바탕에는 여러 요인이 있지만 가장 큰 요인은 전후의 전쟁 복구 특수 및 대대적인 근대화(각 가정마다 가전제품을 갖추고 자동차를 굴리며 교외에 자가 주택을 보유하는 생활 양식으로 표상되는 과정)의 수요가 촉발한 경기 호황이 끝나고 고통스러운 경기 둔화와 고실업 시대가 열렸기 때문이다.[2] 그에 따라 실업률은 치솟고 복지 수요는 늘어나는 데 반해 국가의 재정 능력은 고갈되면서 정치권과 유권자들의 욕구가 다양한 형태로 분출되기 시작하였다.

당시 유럽 국가들이 인식하는 위기의 근원은 글로벌 경제 난조, 대규모 난민과 이민 유입, 조세 부담에 대한 대중의 반감, 노동조합과 노동당들의 약화, 인종주의적 적대감의 고조, 연대를 강조하는 이데올로기들의 퇴조, 국가사회주의 붕괴 등 다양한 요인들이었지만, 결정적인 원인은 '젠더 질서'의 붕괴, 즉 여성의 임금 노동 참여 보편화로 인한 성 역할의 변화였다.[3] 즉, 종전까지 복지국가는 성 역할 분업 구도에 기초해 작동되고 있었으나 사람들의 삶과 자아상이 그런 구질서와 점점 더 멀어지면서 복지국가의 위기가 찾아온

2 이 책의 범위를 넘어가는 이야기지만, 1972년 중동 산유국들이 석유수출국기구(OPEC)라는 국제기구를 구성해 공급 조절을 주도하는 생산 카르텔로 등장하면서 유가를 상승시킨 데 따른 경기침체가 서방세계를 덮쳤고, 그 밖에도 경제 규모가 커지면서 유럽 국가들의 고도 성장은 지속되기 어려웠다.

3 Nancy Frazer(1994), pp. 591~593.

것이다.

1999년, 세기 말에 나온 앤더슨의 저서 『복지체제의 위기와 대응』(*Social Foundation of Postindustrial Economices*)에 따르면, 전후 복지국가의 황금기를 마감시키고 복지국가의 위기를 불러온 근본적인 변화는 1970~1980년대에 걸쳐 진행된 '가족의 혁명'으로 인해 나타났다. 복지국가와 자본의 연합을 붕괴시킨 이 가족 관계의 대변혁은 전후 유럽을 복지 기능 부전에 빠뜨렸다. 이전 유럽 복지국가의 가족과 기업, 그리고 국가는 각자의 역할을 수행하는 것만으로 유례없는 호황과 풍요를 구가하였는데, 어느 시점부터 이것이 불가능해지기 시작하며 복지국가의 위기가 등장하였던 것이다.

앤더슨의 분석을 보면, 전후 유럽의 복지국가는 가족(더 정확히는 남성 노동자)과 기업, 그리고 국가의 3자 연합의 밀월 관계로 표현할 만한 상황에 있었다. 즉, 기업은 노동자에게 이른바 가족 임금(family wage)이라는 상대적으로 저렴한 비용을 내고 현재 및 미래의 노동력을 공급받을 수 있어 자본 축적이 가능하였으며, 국가는 국가대로 가구주 남성 노동자의 실직 기간 소득을 보장하는 복지 시스템(이른바 4대 보험, 실직, 노령, 장애, 산재에 대응하여 적립금 비율의 현금 급여를 제공)의 운영으로 가구의 재생산과 자본의 확대 재생산을 보장할 수 있었던 시기였다.

그러나 1980년대로 접어들며 이러한 근대 가족의 표상이었던 성 역할 분업 구조의 핵가족은 맞벌이의 일반화와 함께 와해되기 시작하였다. 이 과정에서 돌봄이 필요한 가구원들을 챙기는 데 곤란에 처한 각 가정마다 불협화음과 갈등이 증폭되고, 기존의 4대 보험(실업, 노령, 산재, 건강) 위주의 복지국가 시스템으로는 해소할 수 없는 여러 난관들이 다양한 방식으로 표출되었다. 이 시기 결혼과 가족생활에 일어난 중대한 변화를 좀 더 자세히 살펴보기로 한다.

제2차 세계대전이 끝난 뒤 도시 가정의 일반적인 모습은 '남성 1인 부양자'를 중심으로 전업주부 아내와 그 자녀로 구성된 핵가족이었다. 자동차와 냉장고 등 내구성 소비재의 대량 생산과 보급이 이루어진 이 시기는 역사상 처음으로 과거에는 소수 귀족층이나 누리던 편리하고 윤택한 삶을 일반 대중들도 향유할 여건을 만들어 냈다. 그러나 이 기간까지는 근대 이전부터 내려오던 가부장제적 성 역할 분업의 개념마저 변경된 것은 아니었다. 즉, 전후 일반적인 가정의 모습은 여전히 남편은 산업사회의 일꾼으로서 일터에서 돈을 벌어오고 여성은 가정에서 아이를 키우는 성 분업이 일반적이었다.

그러나 성 역할의 경계는 서서히 변화하였다. 여성의 교육 수준이 향상되면서 여성이 경제활동을 시작한 초기에는 교사와 간호사, 비서직 같은 이른바 여성적 분야가 경제활동 대상이었다. 그렇지만 점차 다른 일반 분야까지 여성의 취업은 확장되었고, 1970년대와 1980년대에 걸쳐 꾸준히 증가하였다. 여성의 교육 기회의 확산 및 1960년대 민주화 운동의 전개에 발맞추어 마침내 페미니즘 운동이 등장해 그때까지 지속하던 사회 각 분야의 비대칭적 양성관계를 과감하게 해체하기 시작하였다. 여성 운동 및 민주화 확산으로 여성의 경제활동 참여는 확대되었고, 이는 다시 한 단계 더 높은 성평등을 촉진하는 선순환을 추동하였다.

이런 과정을 거쳐 여성의 경제활동 참가가 보편화하면서 종래 1인 부양자 모델이 1.5인 부양자 모델 혹은 2인 부양자 모델로 사회는 이동하기 시작하였다. 여성의 일터 진출의 확대와 양성평등 기조 및 개인주의 확산은 가족과 개인의 삶에 일대 가치혁명을 가져왔다. 여성의 취업과 함께 종래 가족 안에서 아내이자 주부가 감당해 오던 노인과 아동의 돌봄에 비상등이 켜졌다.

아이와 장애인 식구, 그리고 노인을 보살피는 일까지 이전까지 집안의 전업주부가 처리해 오던 일들이고 누군가는 해야 할 일임에도 할 사람이 없어지게 된 것이다. 인류 역사상 그토록 오래도록 유지되어 오던 가족 내 일들이 상업적 서비스로 전환되거나 공공 서비스로 전환하는 변화를 피할 수 없게 되었다. 그 결과 보육소가 생기고 육아휴직이 도입되며, 여성들의 돌봄 부담을 경감시키는 다양한 가족 정책이 도입·확산되었다.

한편, 거의 모든 국가에서 여성의 노동시장 참여의 확장 속도에 비해 그 공백을 대체하는 시설이나 서비스의 확대 속도가 더디게 나타났으며, 일·가정 양립의 이중 부담에 시달리던 여성들은 각자의 방식으로 시간 충돌과 긴장을 감수해야만 하였다. 이런 과정들은 다양한 방식으로 일제히 출산 자녀의 수를 감소시키는 압력으로 작용하였다. 그 결과가 1970년대 이후 나라별로 조금씩 시간 차를 두고 나타난 합계출산율의 하락이다.

벡(Beck)과 벡-게른샤임(Beck-Gernsheim)이 잘 지적하였듯이,[4] '자아의 열병' 또는 '개인화'의 시대로 불릴 만한 이 시기에도 대부분의 직장은 돌봄에서 상대적으로 자유로운 남성 노동자를 표준으로 운영되었고, 가정보다 일을 우선시하라는 것은 당연한 요구로 받아들였다. 한편, 사회보장 시스템 역시 일터와 일터에서의 소득을 기본으로 하는 만큼 자신의 경제적 안전을 책임져 주는 것은, 일터와 그 일터에서의 수입뿐이었다. 따라서 산업사회 남녀 노동자들은 누구나 직장에서의 책임을 가정보다 우선시하라는 압력을 외면할 수 없는 상황이 되었다.

그 결과 종전까지 가족 내에서 해결해 오던 아동과 노인, 장애가족 등의

4 벡과 벡-게른샤임(1993).

돌봄은 더 이상 가정 안에서 불가능해졌고 상품화와 사회화의 길을 걸을 수 밖에 없었다. 무엇보다 자녀의 출산과 양육에 비상이 걸리면서 1980년 이후 출산력이 하락하였다.

한편, 이 시기 맞벌이 부부의 보편화와 함께 두드러진 가족의 변화 중 하나는 이혼율의 증가 및 동거혼의 급증이었다. 『사랑은 지독한-그러나 너무나 정상적인-혼란』이라는 저서로 유명한 벡과 벡-게른샤임 부부의 설명을 들어보자. 개인화가 고도로 진행된 이 시기 사랑과 결혼이라는 제도 자체는 유지되고 있었지만, 그 안에서 경험하는 각자의 연애와 결혼은 커플마다 다양하고 다채롭게 분화되고 있었다. 일정한 공통 규범이 존재하지 않는 관계 안으로 과도한 열정과 욕망이 투자된 커플 라이프는 무한대에 가까운 갈등과 협상의 공간으로 변해 버렸고, 당사자 개개인의 일과 가정에서의 역할과 일정조정의 문제에서 함께 일상을 꾸려가는 파트너와 빈번한 충돌과 협상이 불가피해졌다.

친족과 혈연 등 정서적 소속을 긴박시키는 다양한 1차 집단이 사라진 마당에 어쩌면 유일한 거처가 되어 버린 커플 라이프에 쏟아진 정서적 에너지의 강도가 커진 만큼 가치 규범 혹은 기대의 충돌은 쓰라린 상처를 수반하였고, 종종 해체의 압력에 직면하였으며, 이 시기 치솟는 이혼율과 동거의 확산은 그 과정의 산물로 설명할 수 있다는 것이다.

동거혼과 이혼의 증가는 그 자체로도 매우 중요한 사회적 현상이지만 가족 정책의 관점에서 보면 종전과는 다른 새로운 과제를 안겨 주는 현상으로서 중요하다. 당연한 이야기지만 양부모가정에 비해 한부모가정의 경우 돌봄으로 인한 근로시간 조율은 더욱 심각한 문제를 일으킨다. 또한 한부모가정의 경우 양육기 돌봄에 따른 노동 중단과 시간 단축 혹은 고용 불안정은 충분한 수입의 결여를 낳으면서 안정적인 자녀양육에 위협이 된다. 이렇게 한부모가정과 빈곤가정, 장애아가정 등 다양한 취약계층 지원이 새롭게 화두가 된 이유는 이 시기가 1인 부양자 모델의 표준적 각본하에 사회 시스템이 작동할 때와 매우 다른 양상으로 국가의 개입이 절실해졌기 때문이다.

이 같은 가족 형태와 라이프스타일의 변화에 따라 나타난 것이 국가에 의한 돌봄의 분담이었고, 이것이 오늘날 아동가족 정책[5]이라 불리는 국가 업무의 출발이 되었다.

이어서 가족 정책의 주요한 맥락을 제공하는 이 시기에 나타난 사회적 변화를 한 가지 더 언급하고, 가족 정책의 필요와 종류, 내용을 간단히 정리하고자 한다.

요약: 유럽 국가들의 대응과 가족 정책의 출현

이상에서 살펴본 바와 같이 1970~1980년대 가족과 노동시장의 격렬한 재편성 및 변화에 대한 반응으로 1980년 즈음까지 2.0 주변을 맴돌던 합계출산율이 일제히 하락하는 추세를 보였다. 그러자 가족의 변화에 대한 국가적 차원의 정책 대응이 실시되었다. 그 결과 1990년대를 경과하며 가족 정책을 정비한 북유럽 국가들은 일제히 출산율 반등이 이루어진 것이 좋은 예이다.

맞벌이의 보편화와 성 분업 핵가족의 붕괴, 그리고 돌봄 공백의 확산이라는 제2차 출산력 하락기의 사회적 변화에 대응한 가족 정책은 크게 '시간 정책'과 '비용 정책' 두 가지 유형으로 나뉜다. 시간 정책은 노동자(현실적으로

5 이진숙(2004), pp. 93~99.

는 주로 여성 노동자)들의 직장인으로서의 책무와 집안의 돌봄 노동자로서의 책무가 동일 시간대에 경쟁할 때 일어나는 충돌을 완화하기 위한 정책으로 보육 서비스와 육아휴직이 대표적이다. 비용 정책은 자녀양육으로 인한 수입 감소를 벌충해 주는 정책으로 가족 아동 및 가족수당과 같은 현금 정책 및 세제 지원 정책들이 있다. 이 제도들은 한편으로 1.5 내지는 2인 부양자 모델 하 노동자들의 일과 가정 양립을 위한 제도들이고, 다른 한편으로 종전까지의 남성 노동자와 자본 협상으로 기능하였던 복지국가 모델의 보완이라는 의미를 지닌다.

제2차 출산력 하락기 도래에 대응하여 각국의 가족 정책의 유형과 지원 양상은 상당한 편차를 보이는데, 다시 저출산을 반등시키는 힘의 세기를 결정하면서 국가군별 일정한 격차를 벌리는 데 일조하게 된다. 이에 대해서는 세 가지 유형으로 크게 나누어 살펴보기로 한다.

2. 유럽 국가들의 세 가지 출산력 패턴

전후 유럽 각국의 출산율 하락의 패턴을 관찰해 보면 몇 가지 유형을 발견할 수 있다. 유럽 각국의 저출산과 반등의 추이 및 지역별 공통점을 중심으로 유럽 각국을 유형화하면, 북부 유럽 및 프랑스, 동부 유럽 및 독일, 그리고 남부 유럽으로 크게 나눌 수 있다. 또한 이 유형별로 독특한 사회 구조적인 요인들이 발견된다. 흥미로운 것은 프랑스를 예외로 한다면 이 구분은 앤더슨에 의한 복지레짐 국가 유형과도 대체로 일치한다는 점이다.

우선 스웨덴, 핀란드, 노르웨이의 스칸디나비아 3국과 네덜란드, 덴마크

표 2-1 북유럽의 합계출산율 (단위: 명)

국가별	1955	1960	1965	1970	1975	1980	1985	1990	1995	2000	2005	2010	2015	2020
덴마크	2.55	2.55	2.58	2.27	1.96	1.68	1.43	1.54	1.75	1.76	1.76	1.85	1.73	1.76
핀란드	3.00	2.77	2.66	2.19	1.62	1.66	1.69	1.66	1.82	1.74	1.75	1.84	1.77	1.53
아이슬란드	3.86	4.17	3.94	3.24	2.87	2.45	2.23	2.12	2.19	2.06	1.99	2.13	1.98	1.77
아일랜드	3.42	3.58	4.01	3.86	3.73	3.25	2.83	2.26	1.96	1.90	1.93	2.00	1.97	1.84
네덜란드	3.05	3.10	3.17	2.79	2.10	1.60	1.51	1.55	1.59	1.60	1.74	1.75	1.73	1.66
노르웨이	2.60	2.84	2.90	2.80	2.35	1.81	1.69	1.80	1.89	1.86	1.81	1.92	1.82	1.68
스웨덴	2.24	2.25	2.31	2.17	1.91	1.66	1.64	1.91	2.01	1.56	1.67	1.89	1.90	1.85

자료: 국가통계포털(KOSIS).

등으로 구성되는 북유럽과 프랑스와 같은 서유럽 국가군(國家群)이 있다. 북유럽 국가들은 1970년대 이후로도 출산력이 2.0 이하로 잘 떨어지지 않으며, 떨어지더라도 1.5 근처에 머물렀다가 다시 반등하는 특성을 보여 준다. 이 나라들 역시 2012년 이후로는 2.0 이하로 조금씩 계속해서 하락 중이지만, 그래도 선진 유럽 국가 중 가장 모범적인 출산력을 자랑하는 나라들이다. 한편, 프랑스는 서유럽 국가군이며 앤더슨의 복지레짐 유형으로는 조합주의-절충주의 국가군으로 북유럽 국가들과 일정한 차이가 있지만, 출산율의 등고 패턴은 북유럽 국가군과 같은 곡선을 그린다. 즉, 제일 낮을 때가 1995년경 1.7 수준까지 떨어졌지만, 다시 반등해 2.1대를 기록하다가 2020년대까지도 1.8 근처를 선회하는 모범적인 양상을 보여 준다.

다음으로 독일과 과거 공산주의 체제였던 동유럽 국가들이다. 동유럽 국가들은 1990년대 자유화 이전에 제법 높았던 합계출산율이 개방화와 함께 뚝 떨어져 2005년에는 저출산 수치인 1.3 이하까지 떨어지다가 그 후 반등 추세를 그리고 있다. 즉, 초저출산을 상당 기간 경험하지만, 최근 정치적 불안

표 2-2 동유럽과 독일의 합계출산율 (단위: 명)

국가별	1955	1960	1965	1970	1975	1980	1985	1990	1995	2000	2005	2010	2015	2020
체코	2.74	2.38	2.21	1.96	2.21	2.36	1.97	1.90	1.65	1.17	1.19	1.43	1.48	1.64
헝가리	2.69	2.32	1.81	1.98	2.04	2.25	1.81	1.82	1.74	1.38	1.30	1.33	1.33	1.49
폴란드	3.63	3.47	2.72	2.33	2.23	2.23	2.31	2.16	1.95	1.51	1.26	1.37	1.33	1.42
루마니아	3.06	2.74	2.10	2.87	2.65	2.55	2.22	2.27	1.51	1.32	1.29	1.51	1.51	1.62
독일	2.13	2.27	2.47	2.36	1.71	1.51	1.46	1.43	1.30	1.35	1.35	1.36	1.43	1.59

자료: 국가통계포털(KOSIS).

표 2-3 남유럽의 합계출산율 (단위: 명)

국가별	1955	1960	1965	1970	1975	1980	1985	1990	1995	2000	2005	2010	2015	2020
그리스	2.48	2.42	2.29	2.55	2.53	2.42	2.06	1.53	1.38	1.31	1.29	1.42	1.34	1.30
이탈리아	2.36	2.29	2.50	2.50	2.32	1.89	1.52	1.35	1.27	1.22	1.31	1.44	1.42	1.33
포르투갈	3.10	3.12	3.19	3.12	2.83	2.55	2.01	1.62	1.48	1.46	1.45	1.37	1.28	1.29
스페인	2.53	2.70	2.81	2.84	2.85	2.55	1.88	1.46	1.28	1.19	1.28	1.45	1.33	1.33

자료: 국가통계포털(KOSIS).

정이 많이 가시면서 출산율이 반등하는 것을 볼 수 있다.

마지막으로 포르투갈, 스페인, 그리스, 이탈리아 같은 남유럽 국가들이다. 이 나라들은 북유럽이나 프랑스에 비교해 1980년대 이후 꾸준히 출산율이 하락하는 점은 유사하나 초저출산이라는 1.3 이하로까지 계속 떨어졌다가 2000년대에 조금 회복하는 정도에 그친다는 점에서 인구 조절에 가장 어려움을 겪고 있는 국가군이다. 동유럽과 유사한 양상이지만 동유럽이 향상하는 수준만큼 치고 올라가지 못하고 있다는 점에서 더 나쁜 모습을 보여 준다. 특히 최근 코로나 사태로 인한 출산력 하락에서도 가장 맥을 못 추는 출산력 패턴을 보여 주고 있다.[6]

이상에서 유럽 국가를 세 가지 패턴의 국가군으로 구분해 보았다. 이어서 각 국가 유형별로 어떤 특성의 가족 정책을 펼치는지 살펴보기로 한다.

3. 북유럽과 서유럽의 출산력 반등과 가족 정책

유럽 국가들의 출산력에 세 가지 패턴이 있으며, 서유럽과 북유럽에 비해 남유럽과 동유럽이 한참 낮게 깔리는 출산력 패턴을 보이기는 하나 한국보다 좀 나은 형편임은 분명하다. 그들은 일정 수준 떨어지다가 그 후 반등하는 기간을 가진다. 잠정적으로 최소 5년 이상의 반등기를 추세 반등이라고 부른다면 어느 나라나 추세 반등기를 가진다는 것이다. 〈그림 2-1〉에서 보듯이 북유럽 국가들은 한 번의 추락으로 끝나지 않고 반등하였다가 또 떨어지고 다시 상승하는 곡선를 그린다.

이 대목에서 우리는 출산력의 반등을 경험하는 나라들은 어떤 계기로 그것이 가능하였는지 살펴볼 필요가 있다. 프랑스의 사례를 보자. 이 나라는 각국이 출산력 하락을 경험하는 가운데 가장 민감하게 반응하였으며, 그 결과 여성의 임노동이 보편화하는 '가족혁명 구간'에서 국가가 무슨 일을 해야 출산력이 반등하는지 가장 잘 보여 주었다.

프랑스의 대표적인 가족 정책은 네 가지 범주로 요약된다.[7] 첫째, 계층별로 다양한 보육 서비스를 제공함으로써 마음 놓고 아이를 맡길 수 있는 여

6 코로나로 인한 유럽 각국의 출산력 하락을 보면, 독일과 북유럽은 큰 영향을 받지 않고 있으며, 프랑스와 영국 등 중부 유럽은 2020년 하락하다가 2021년에는 회복하는 양상을 보여 주고 있다면, 남부 유럽은 크게 하락한 뒤 회복의 기미가 보이지 않는 특징을 나타낸다.

7 이태훈(2019), pp. 96~99.

그림 2-1 북유럽의 합계출산율 추이

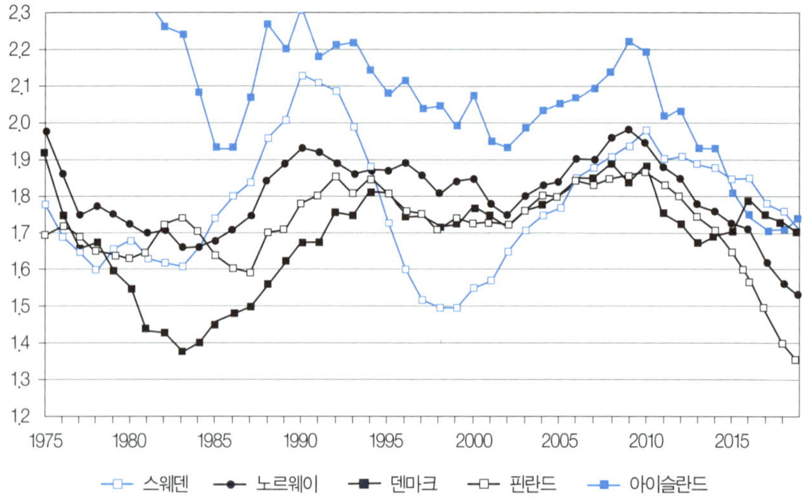

자료: G. Andersson(2020).

건 조성, 둘째 16주의 출산휴가를 아이당 최대 3년까지 쓸 수 있어 경력 단절 없이도 자녀를 키울 수 있게 한 점, 셋째 자녀 수에 따라 차등적으로 추가 지급하는 각종 수당으로 자녀양육 기간 동안 임노동 손실에 따른 보전을 제도화한 점, 넷째 소득이 적은 가정과 장애아가정, 한부모가정 등 취약가정에 대한 세제 및 현금 지원을 부가함으로써 어떤 형태의 가정이든 취학 전 아이를 둔 가정은 자녀양육에 곤란을 겪지 않게 한 점 등이다.

이 네 가지 범주에서 프랑스 정부는 지속적으로 제도 운영의 효과를 높이기 위한 개선을 하며 아울러 혜택의 확대를 위해 꾸준히 노력해 왔다. 2003년에 이미 보육 지원에 GDP 대비 1.18%의 예산을 쏟아붓는 것을 필두로 2020년 현재 국민총생산의 4%에 해당하는 금액을 아동가족 투자에 활용하고 있다. 프랑스는 이처럼 다양한 지원 방식을 제공해 맞벌이가족의 일·가정 양립 위협을 제거하고, 아동이 있는 가정의 소득 수요에 능동적으로 대응하고 있다는 점은 일찍이 가족 정책 연구자들의 주목을 끌었다.

게다가 프랑스는 다산과 자녀양육을 옹호하며 정책적으로 지원하는 데 열성적이면서 정권이 바뀌는 동안에도 큰 변동을 겪지 않았다. 그 바탕에는 역사적으로 보불전쟁 및 제1·2차 세계대전에서 인구가 우위인 독일에 밀리면서 인구의 중요성을 크게 자각한 덕분이라는 이야기가 자주 언급된다. 일찍이 1932년에 두 자녀 이상 가진 산업체 근로자에게는 가족수당을 지급한다는 원칙을 세웠는데 이것이 프랑스 최초의 가족 정책[8]으로도 평가되지만, 실은 제1차 출산력 하락기에서 소개한 바와 같이 1913년에 이미 다산가족보조금 지급을 입법화한 가족 정책의 선진국이다.

앞서도 보았지만, 지난 세기 초까지만 해도 프랑스는 인구가 가장 많은 나라였었다. 그러나 지난 세기 동안 프랑스보다 출산력이 좋은 영국과 독일이 프랑스를 앞지르게 되는데 이것이 패전의 주원인이라고 주장하는 프랑스의 지식인들이 적지 않았고, 20세기 후반 들어와 가족혁명기 출산력 감소를 방어하는 데 선약으로 작용한 셈이다.

출산력 반등을 이루어 낸 또 다른 좋은 예로 사민주의 국가들을 들 수 있다. 사민주의 계열의 북유럽 국가들은 프랑스와는 또 다른 계기에서 여성의 노동시장 진출에 따른 돌봄 손실 내지 일·가정 양립의 애로를 해소하는 정책들을 펼쳤다. 대표적으로 스웨덴의 경우 남녀 모두를 각자 독립적 노동자의 관점에서 보편적인 고용기회를 제공하는 한편, 유럽에서 가장 치밀하게

8 김민정 외(2019), pp. 94~95.

노동의 단절을 대비한 높은 수준의 사회보장 시스템을 운영한 덕분에(물론 고복지의 반대급부로 고조세 국가이기도 하지만) 양육으로 인한 노동 단절 기간 수입이 감소해도 안전하게 대응할 수 있다. 또한 시간 자원의 결핍 문제는 국가의 공보육 체계를 통해 거의 완벽하게 해소할 수 있다.[9] 아울러 장애아가족이나 빈곤 한부모 등에 추가적인 지원을 하여 양육으로 인한 고용 단절이나 수입감소의 위험을 최소화해 주었기 때문에 제2차 출산력 하락에도 가장 성공적인 대응을 할 수 있었다고 평가된다.

한편, 출산력 반등에 전혀 성과를 내지 못한 나라도 있다. 바로 독일이 대표적이다. 독일은 중부 유럽이지만 서유럽보다는 동유럽에 가까운 출산력 패턴을 보여 주는데, 〈표 2-2〉에서 보듯이 1970년대에 이미 프랑스가 1990년대에 나타나는 1.7대를 기록하였으며, 그 이후에도 지속적으로 하락해 1995년에는 초저출산이라는 1.3까지 다다랐고, 급기야 세계 최초 인구감소 국가가 되는 기록까지 세우게 된다.

이렇게 된 요인으로 분단과 통일이라는 정치적 혼란과 함께 보수적인 사회문화적 인식과 제도를 언급하지 않을 수 없다. 가족 지원 정책의 면에서도 독일은 프랑스나 북유럽에 비해 뚜렷한 차이를 보이는데, 1996년까지도 혼외자녀 특별수당은 헌법에 반하는 조치로 간주되었으며, 아동수당 역시 130달러 정도로 유럽 국가의 평균에 미치지 못하였다. 육아를 지원하는 사회적 제도인 보모 구하기는 하늘에 별 따기였고, 유치원은 너무 비싸며, 아이들 하교 시간조차 워킹맘의 근무 시간과 맞지 않았다.[10] 한마디로 21세기에 이를 때까

9 Andersson, G.(2020), pp. 9~11에서는 스웨덴의 높은 출산율을 설명할 수 있는 가족 정책은, 첫째 가구가 아닌 개인별 세금 부과 및 사회보장 시스템의 운영, 둘째 소득대체율이 높은 육아휴직제도, 셋째 육아휴직 후 일터로 복귀가 가능하게 해주는 질 좋은 국영 보육시설의 완비라고 설명한 바 있다.

그림 2-2 2013년 OECD 아동·가족에 대한 공공지출 비중(GDP 대비 비중)

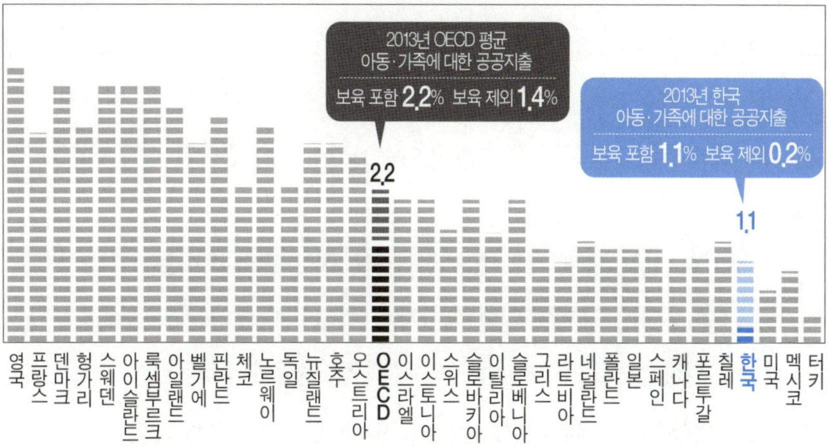

자료: KBS 뉴스(2018. 4. 5), “정부의 아동가족 복지 지출, OECD 절반 수준” 인용. 원자료는 「통계로 보는 사회보장 2017」.

지 독일은 여성은 집에 머무는 것을 기본으로 하는 가부장제적인 관념에 입각하여 사회 정책을 수행하였고, 그 결과 출산력이 떨어졌던 것이다. 심지어 1990년 통일이 된 후에는 종전 동독에서 실시되던 다양한 사회적 가족보호 시스템(아동수당, 보육시설이나 직장 어린이집, 한부모를 위한 양육수당)의 작동마저 멈추어 버렸다.

독일처럼 출산율 반등을 이끌어 내지 못한 또 다른 국가들이 있다. 바로 남유럽 국가들이다. 이들은 프랑스와 북유럽에 비해 일제히 출산율이 낮고 2010년대 후반으로 올수록 그 격차는 더 벌어진다. 그리고 최근 코로나 이후

10 장 끌로드(1996), p. 736.

그 격차가 더 뚜렷해지고 있다. 이들 국가들은 북유럽과 프랑스에 비해 여성들의 일·가정 양립을 지원하거나 아동 가족에 지출하는 비용이 현저히 적다. 보육 서비스, 세제 지원, 각종 가족수당 지급, 취약가족 지원의 네 가지 카테고리를 합쳐 아동가족 분야에 국가 지출 총액을 제시한 〈그림 2-2〉에 따르면, 그리스, 스페인, 포르투갈, 이탈리아는 모두 유럽 평균인 전체 GDP 대비 2.2%에 못 미치는 국가들이다.

이러한 사실로 유추해 볼 때, 여성 임노동이 보편화하고 2인 부양자 모델 내지는 1.5인 부양자 모델이 일반적인 가족 형태로 변화하는 과정에서 발생하는 사회적 긴장을 해소하려면 돌봄의 공백 및 여성의 경력 단절 예방을 위한 조치들, 즉 북유럽 및 프랑스가 구사한 네 가지 범주의 가족 정책을 적극적으로 구사하여야 한다는 것을 알 수 있다. 그래야 출산력 하락을 막을 수 있다는 역사적 경험에 따른 법칙인 셈이다.

4. 출산력 반등의 유럽과 한국의 차이

유럽 각국과 한국은 출산력 하락 요인에서 사회 구조적 성격을 공유한다. 그러나 사회문화적, 의식적 차원의 차이 이외에 정책적 노력에서도 격차가 크며, 그 결과 유럽에서는 제법 성공한 출산율 반등의 경험이 한국에서는 한 번도 없었다. 〈그림 2-3〉에서 보는 것처럼 한국은 세계 어느 나라도 보여 준 적이 없는 패턴, 즉 일제히 한 방향으로 우하향의 출산율 그래프를 그리고 있다.

출산율 하락을 멈추게 하거나 반등시키기 위해서는 일·가정 양립 환경이 조성되어야 하며, 돌봄비용이 보전되어야 한다. 그리고 실제로 이 둘을 추진하

그림 2-3 한국의 출생아 수와 합계출산율 변화 추이

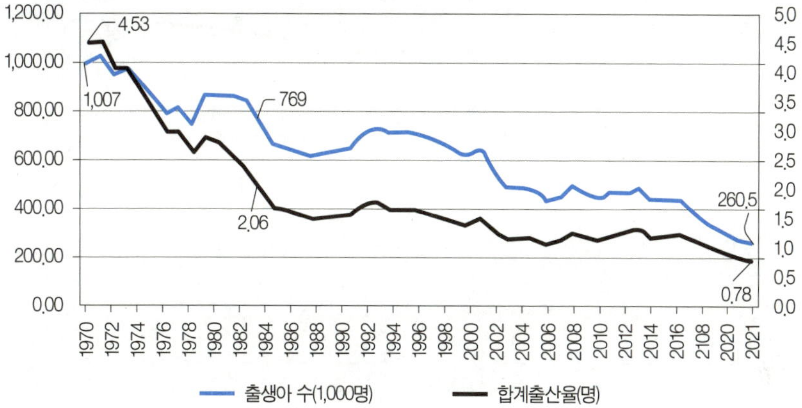

자료: 국가통계포털(KOSIS).

는 나라들은 출산율 하락을 반등시키는 역사적 경험을 가지는 것을 볼 수 있었다. 그렇다면 우리 사회는 아동가족 투자로서 얼마나 돈을 썼으며, 양육모의 노동시간 선택을 위해서 어떤 융통성을 발휘하였는지 간략히 짚어보자.

먼저 〈그림 2-4〉에서 보는 바와 같이 1955년 이미 인구대체 출산율이라는 2.1명을 하회하는 1.71명의 합계출산율을 기록하고 있지만, 2005년에 이르기까지 이렇다 할 여성의 일·가정 양립 지원 정책이 없었다. 1991년에 보육 서비스가 첫 시범 운영되면서 직장을 가진 여성들의 생후 3년 이상 아이들을 주간에 맡아 주는 정도의 일을 시작하였을 뿐이었다. 이후 2005년 저출산·고령사회 기본계획을 시행하면서 다양한 저출산 인구 정책을 도입하였지만, 정책의 양과 질 모두 급속하게 확장하기는 어려웠고 실제로 여전히 미흡한 상태이다. 우리나라의 정책발달사에 대해서는 제2부에서 자세히 언급하겠지만 일·

그림 2-4 한국과 프랑스의 합계출산율 변화 (단위: 명)

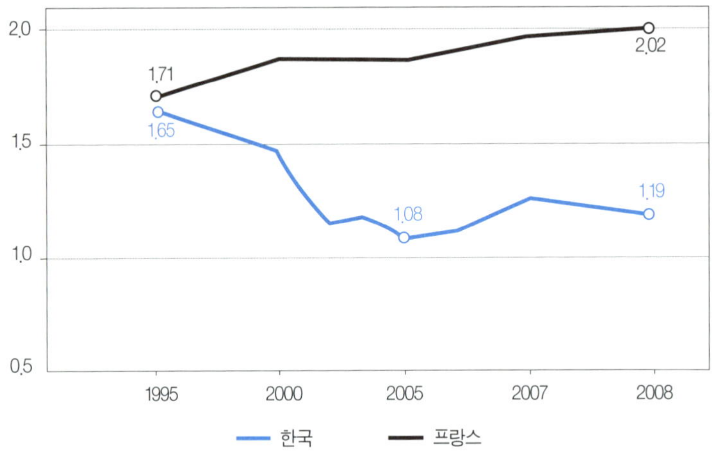

자료: 조선일보(2009. 5. 5), "둘은 낳아야 미래가 있다 - 프랑스는 성공, 한국은 실패, 왜".

가정 양립 지원 정책의 도입이 이렇게 늦었고 그 기간 동안 출산율의 하락세는 멈추지 않고 진행되었던 것이다.

유럽과 한국의 차이를 설명하는 가장 중요한 요인은 거듭 강조하지만 아동가족 정책의 차이이다. 즉, 한국의 저출산 인구 정책은 자녀양육 환경을 개선하는 데 역부족이다. 한국 여성들만 남다르게 집에서 자녀 뒷바라지를 하며 동시에 회사 업무를 감당하는 이중 역할이 가능한 것도 아닌 바에야 양쪽을 번갈아 책임질 수 있는 사회적 여건이 안되는 상황에서 출산 결심은 위축될 수밖에 없다. 양육비용의 측면에서도 마찬가지이다. 양육에 드는 비용을 채 감당하기 어려운 소득 하위계층에 대한 지원이 필요에 못 미치는 상태가 지속되고 있다. 현금 지원의 경우 2009년경 시작한 '(가정)양육수당'(보육시설 미이용 아동에게 연령별 차등 지원) 이외에 2018년 도입한 '아동수당'(8세 미만 모든 아동의 가정에 매달 10만 원씩 지원)과 2022년 확대·개편한 '부모급여'(12개월까지는 100만 원, 24개월까지는 50만 원 전 가정 지원)가 있다. 그 밖에 취약계층 아동의 가정에 대한 지원이 다소 있지만 각 가정의 경제적 필요에 비추어 지나치게 적은 금액이며, 그나마도 너무 적은 숫자의 가정에만 지급하는 한계를 안고 있다. 세제 지원의 경우도 2009년 이후 자녀장려금 지급을 확대하고 있지만, 역시 자녀양육비용을 분담하는 규모로는 너무 과소하다는 제한점이 있다. 이 같은 상황에서는 자녀를 낳아 기르고 싶어도 마음 놓고 출산·양육을 선택할 수가 없다. 이러고도 한국의 출산율이 안 올라간다는 푸념을 할 수 있을지 진지한 고민이 필요하다.

이상의 내용을 통해 서구의 출산력 방어가 성공 또는 부분적으로 성공한 것은 제2차 출산력 하강기의 원인, 즉 '2인 부양자 모델'로의 이동이라는 사회적 변화에 대한 정책적 대응에 상응한 결과임을 확인할 수 있다. 유럽은 전후 복지국가 이념을 좇아 실업과 질병, 고령에 대응한 사회보장 시스템을 도입하고 운영한 역사가 길어 전 국민을 대상으로 한 사회적 위험 보호체계가 틀이 잡혀 있었다. 그러던 가운데 '제2차 출산력 하락'을 맞이하여 추가로 자녀양육과 관련한 사회적 위험으로부터의 안전을 보장하는 정책들(자녀 있는 가정의 소득감소에 대한 소득보장과 시간적인 충돌을 완화하는 정책)을 줄지어 입안하고 시행하였다.

그러나 우리나라는 합계출산율이 2.1 이하로 떨어지는 당시 아직 복지국가로의 재편이 미성숙하였던 것은 물론이고 새롭게 도입하는 여성들의 일·가정 양립 환경의 완성이나 자녀가 있는 가정의 임금 손실에 대한 소득보장 정책을 제시하지 못하였다. 2005년 이후 저출산·고령사회 기본계획을 수립해 현재 제4차 기본계획에 이르기까지 매번 일·가정 양립 환경의 중요성을 언급하며 반영하고 있지만, 그 양과 질에 있어서 현격한 차이를 여전히 노정하고 있다(자세한 것은 제8장에서 다루기로 한다). 기본적인 사회보장 시스템의 미성숙과 아동가족 투자의 열세가 지속되는 현실이 한국의 비상식적인 저출산의 근본적인 배경이라고 하겠다.

제3장

개발도상국의 산아제한 정책과 저출산

앞에서 유럽 국가들에게 '제1차 출산율 하락'이 산업화와 함께 증가한 인구 압력에 대응하는 과정에서 자연스럽게 나타나는 현상임을 보았다. 그리고 1970년대와 1980년대 '가족혁명 시대'를 통과하면서 나타나는 '제2차 출산력 하락'도 살펴보았다. 이때는 가족혁명의 사회경제적 변화에 대응해 국가가 주도적으로 '돌봄의 탈가족화(즉, 아동양육에 필요한 시간 자원과 재정 지원의 확대)'를 추진하면서 일부 출산율 반등이 나타나는 것을 확인하였다. 그렇다면 그들보다 훨씬 뒤처져서 제2차 세계대전 이후 비로소 독립과 근대 국가 건설에 나선 개발도상국의 인구 정책은 어떤 모습인지 살펴보기로 한다.

1. 개발도상국의 근대화와 산아제한 정책

인구 정책은 통상 "개별 국가가 지향하는 사회경제적 목표와 인구학적 변화 간의 불균형을 방지하거나 해결하기 위한 조치"로 정의된다(May, 2012, pp. 1~2). 이런 정의를 적용해 살펴볼 때 유럽의 인구 정책은 1950~1960년대까지도 특별한 움직임이 없었고 1980년대 이후 본격적으로 시작되었다고 볼 수 있다. 프랑스는 인구의 증가라는 국가적 목표에 따라 1913년 '다산가족보조금 지급'을 입법화하였는데, 이는 전형적인 인구 정책에 속하지만 후속 입법이 거의 없었으며, 다른 나라들에서는 이런 유형의 정책이 아예 등장조차 하지 않았다.

인구 조절에 직접 관련된 산아제한과 피임 정책에 대해서도 나라별로 찬반 토론이 활발히 전개되었고, 경우에 따라 피임을 규제하는 경우도 심심치 않게 관찰된다. 하지만 각 국가의 사회경제적 목표와 연관하여 진행하기보다는 종교적이거나 윤리적인 신념에 입각한 경우가 대부분이었다. 대신 개발도상국의 인구 정책은 매우 뚜렷한 목적의식 아래 광범위하게 추진되었고 주로 '산아제한'의 이름으로 등장하는 특징을 가진다. 그렇다면 개발도상국의 인구 정책이 등장하게 된 배경을 살펴보자.

주지하는 대로 근대화란 과학기술의 발달과 함께 보건위생상의 조건이 급속히 개선되고, 대규모 제조업의 발달과 도시화가 나타나며, 정치적으로 다양한 민주주의가 실험되는 일련의 사회변동 과정을 지칭한다. 이러한 근대화는 성격상 영아 사망률을 떨어뜨리며, 출생아 수를 줄이는 대신 기대수명을 늘리면서 인구를 증가시킨다. 그러므로 유럽이든 뒤늦게 근대화의 물결에 뛰어든 개발도상국이든 산업화와 함께 인구가 늘어나는 경향은 똑같이 나타날 수밖에 없다. 그러나 유럽 각국은 인구증가에 민감하게 반응하지 않았는데 개발도상국들은 인구를 억제하는 대응을 하였다. 이와 같은 차별화된 대응이 발생한 근본적인 원인은 무엇일까?

전후 개발도상국에서 인구 문제를 의식한 상황은 19세기 열강이 경쟁하던 선진국과는 무척 달랐다. 유럽의 근대화는 늘어나는 인구를 먹여 살릴 만큼 몇 세대에 걸쳐 생산력이 확장되면서 추진되었고, 특히 식민지 쟁탈전이라 하는 정치경제적 각축이 활발하게 전개되는 시기답게 인구가 흘러넘쳐도 받아줄 대륙이 존재하였다. 그러나 전후 개발도상국의 상황은 전혀 그렇지 못하였다. 수출할 시장과 원료 조달의 기지, 즉 식민지를 확보해 가며 근대화를 추진한 유럽과 달리 개발도상국들은 수출시장에서 선진 산업사회와 경쟁해야 하였고, 원료 기지도 따로 존재하지 않는 상태에서 경제개발을 추진해야 하였다.

그러므로 개발도상국에서 인구는 유럽과 달리 경제성장의 원동력이 아니라 최대 장애물이었다. 아이들의 보건과 위생, 그리고 교육에 투자할 돈은 산업발전에 투자할 여력을 감쇄시킨다. 제한된 국가 재정과 경제력으로 증가하는 인구를 먹여 살리고 일자리까지 만들 여력이 없으니 출생아 수 줄이기에 두 팔을 걷어붙일 수밖에 없었다. 그 일의 성공 여부에 따라 근대화가 앞당겨질 처지였다. 그래서 개발도상국들은 더 빠르게 산업화 국가로 진입하기 위해 산아제한을 필수적인 것으로 인식하는 경향들이 생겨났다. 지금 중동과 아프리카의 인구를 보라. 개발도상국에서 인구 정책은 경제성장의 필수요건으로 인식되는 가운데 출산 조절을 통해 국가의 경제발전 목표에 복무하는 형태로 일어난다.

2. 극단적인 사례: 중국과 한국

여기에서는 산아제한에 가장 성공적인 중국과 한국의 경우를 통해 개발도상국의 과도한 산아제한 정책이 어떻게 시작되어 어떤 영향을 남기는지 살펴보고자 한다. 이것은 유럽 국가들과 다른 우리만의 특수성을 인식하는 데 도움이 될 것이다. 중국의 경우 마오쩌둥 시절까지만 해도 다자녀가 권장되었고 연 30%대의 '출생률'[1]을 유지하면서 1949년 5.4억 명이던 인구가 1970년 8.3

1 출생률은 "평균 인구 1,000명에 대한 출생자 수"이다. 반면 '합계출산율'은 가임(可妊) 연령에 해당하는 15~49세 여성들의 연령별 출산율을 합산한 수치로서 한 명의 여성이 평생 낳는 아이 수의 평균을 추정하는 데 이용한다. 즉, 출생률은 특정 시기, 특정 지역 전체 인구 대비 출생 인구의 비율을 뜻한다. 반면, 합계출산율은 여성 한 명당 출산하는 자녀의 수를 의미한다. 왜냐하면 출생율은 여성 1인당 출산력뿐만 아니라 가임인구 집단(즉, 母數)의 크기를 동시에 반영하기 때문이다. 근래 '출산율'이라는 표현은 저출산을 여성의 책임으로 돌리는 뉘앙스를 가지므로 이를 폐기하고 '출생률'로 고쳐 부르자고 주장하는 일각의 흐름이 있는데, 이는 엄밀히 따지만 두 용어의 용례에 대한 무지 때문에 빚어진 일이다. 따라서 출산력의 크기를 따질 때에는 '출생률'이 아니라 '출산율'로 표기하는 것이 올바르다.

억 명으로 증가하는 급증세를 보였다.[2] 그렇게 급속히 인구가 증가하는 와중에 1956년 저우언라이 정부에서 처음 「인구론」을 발표하며 산아제한에 관심을 보였고, 본격적으로 가족계획이 시행된 것은 1971년에 '완시야오 가족계획 캠페인'(晩·稀·少 計劃生育)[3]에서부터였다.[4] 그 결과 1970년 당시 33.4%에 달하던 중국의 출생률은 10년 사이에 급격히 감소해 1980년에는 18.3%로 떨어뜨리는 효과를 거두었다.

그러나 중국은 이에 머물지 않고 1979년 이후 세계 역사상 유례없이 강압적인 산아제한을 추진하여 2000년에는 13.4%까지 떨어뜨렸다. '일 가정 일 자녀'를 원칙으로 준수한 가정에게는 푸짐한 특혜를 주는 반면, 어기는 가정에게는 과중한 벌금을 매기는 방식으로 인구의 급증을 억제하는 데 성공한 것이다. 당시 중국 정부는 계획경제하에서 자본과 자연 자원, 소비재 부족을 타개하기 위해서 한 가정 한 자녀 정책을 수립하고 이행하였지만, 2016년 공식 폐기[5]될 때까지 국내외적으로 무수한 논란을 낳았으며 향후 중국의 미래에 중차대한 영향을 예고하고 있다.

일례로 추가 자녀를 출산한 것이 알려지면 중국 돈 60원의 벌금[6]을 매기는 지역이 있는가 하면, 이를 피하느라 출생 사실을 신고하지 않은 무국적

2 중국은 1979년 '한 자녀 정책'을 선포하기 이전에 여러 차례 인구감소 정책을 입안하고 시도하였으나 중국의 정치적 격변과정과 함께 수차례 입안과 철회를 반복하였다(신윤정 외, 2018, pp. 141~142).
3 영어로 'later-longer-fewer campagin'이라 불린 만·희·소 정책은 더 늦게 시작해 더 드문드문 낳고 결과적으로 더 적게 낳자는 운동으로 이 시기에 중국의 합계출산율은 1970년 6명에서 1980년 2.2명으로 급속히 감소하였다.
4 조혜종(2006), p. 228.
5 2013년 단독이태(單獨二胎) 정책, 즉 독자의 경우에는 두 자녀까지 허용하는 정책으로 일부 후퇴하였다가 2016년 드디어 전면이태(全面二胎) 정책, 즉 두 자녀 정책으로 선회하였으니 1979년으로부터 만 40년 만에 인구 조절 정책의 기조를 변경한 것이다.
6 니혼게이자이 신문사(2008), pp. 71~75.

아동이 속출하는 부작용도 빈번하게 발생하였다. 자녀의 출산을 형벌로 다룬 이 같은 정책은 인권 차원에서 비난받을 소지가 크지만, 첫 아이가 여아이면 한 번 더 낳을 수 있는 식으로 제한을 가해 성비 불균형에도 큰 역할을 하였다. 이런 정책의 결과 무국적 국민으로 남아 교육과 국가 정책에서 소외된 집단이 향후 사회 통합과 발전에 얼마나 걸림돌이 될지 심각한 우려를 낳고 있다(신윤정 외, 2018, p. 146).

한편, 한국은 1950년 전쟁으로 인한 베이비 붐 시대에는 연 100만 명이 넘는 아이들이 태어났던 적이 있다. 합계출산율이 6명을 웃돌았고 문자 그대로 국토는 좁은데 인구가 터져나갈 것처럼 많아 높은 인구 밀도는 가정적으로나 국가적으로나 큰 부담이 된다는 인식은 쉽게 공유되었다. 그러면서 국가 주도의 산아제한 정책이 폭발적인 호응 속에 성공적으로 결실을 맺을 수 있었다.

가족계획에 동참하는 가정을 늘리기 위해 정부는 주택청약, 예비군 훈련 면제 등 각종 혜택과 제재를 동시에 제공한 끝에 개발도상국에서도 가장 성공적으로 산아제한 정책을 추진하였다. 이러한 정책 기조는 합계출산율 2.1이 무너진 1983년 이후에도 한참을 더 추진하다 1996년에야 공식 폐기되었다. 그러나 계속되는 출산율 감소에 2005년 인구 반등 정책을 수립하였는데 시기가 너무 늦어 인구 절벽을 더 격심하게 겪고 있다.

중국과 한국은 경제성장이라는 목적 달성에는 일단 성공을 거두지만 너무 급속한 인구 구조의 변화로 말미암아 서서히 고령화가 진행되는 사회들과는 또 다른 문제를 안게 되었다. 결과론적으로 두 나라의 산아제한 정책은 지나치게 강력하였고 너무 오래 끌었다. 그 결과 한국은 중국과 함께 가장 극적으로 노년부양비가 증가한 나라가 되었으며, 국민연금 개혁을 둘러싼 세대 간 갈등이 그 어느 사회보다 심각한 정치적 쟁점이 될 전망이다.

그림 3-1 국가별 노년부양비 전망 (단위: %)

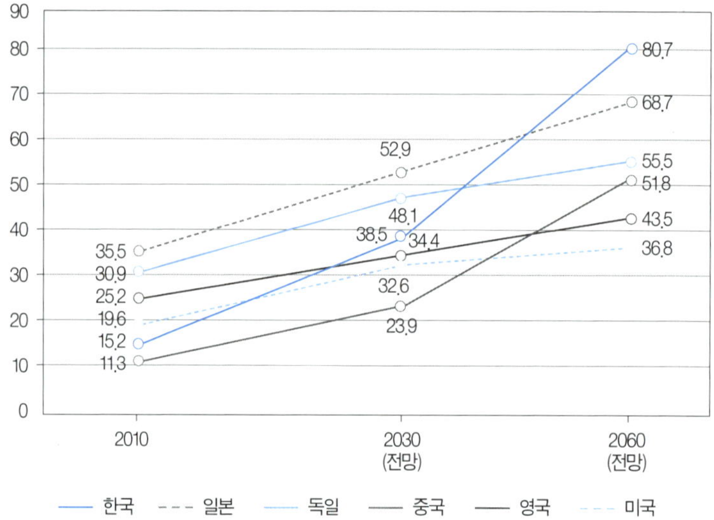

주: 노년부양비는 생산가능인구(15~64세) 100명당 노년(65세 이상)인구 비율임.
자료: 연합뉴스(2013. 1. 22), "韓, 10년후 젊은이 2명이 노인 1명 부양".

요약: 한국 산아제한의 영향과 저출산

우리나라는 중국과 함께 경제개발이라는 목표를 달성하기 위해 국가가 동원할 수 있는 정책 수단을 가장 강력하게 사용한 나라이다. 정책 수단의 종류나 강도가 워낙 강력하였기 때문에 산아제한이라는 소기의 목적을 달성하는 데 성공하였으나 엄청난 부작용도 경험해야만 하였다. 1980년대 중반에 이르러 출산력이 인구대체율 이하로 떨어지는 것은 유럽이나 우리나라 모두 경험하는 일이었으나, 유럽은 일과 가정의 양립 기반을 튼튼히 하면서 출산력 제고를 위한 인구 정책에 발 빠르게 나설 때 우리나라는 그럴 수 없었다. '과도한 인구는 경제의 짐이다'라는 인식을 전 국민을 대상으로 한 세대 이상 강력하게 주입해 온 사회에서 인구감소의 가능성이 생겼다고 해서 하루아침에 그 반대의 메시지를 내거나 수용하기는 어려웠기 때문이다. 합계출산율 2.1 이하로 떨어지며 인구감소의 가능성이 나타난 것은 1983년부터였지만 본격적인 저출산 대책을 시작한 것은 2005년부터였으니 그 사이 기간 동안은 산아제한의 관성 속에서 살며 대책 수립의 적기를 놓치고 말았다. 즉, 우리나라는 산아제한 정책 목표 달성에 가장 성공적이었으나 오히려 눈부신 그 성공 때문에 정책 기조의 전환을 실기한 채 20여 년의 시간을 낭비하고 말았다.

게다가 아직은 표면화되지 않았지만, 한국과 중국은 생산가능인구 100명당 65세 이상 인구의 비율인 노년부양비가 가장 가파르게 상승하고 있다. 두 나라가 인위적으로 급속하게 산아제한 정책을 성공시킨 덕분이다. 〈그림 3-1〉에서 보는 것처럼 우리나라와 중국의 노년부양비는 세계 각국의 기울기보다 훨씬 가파르게 증가한다. 이런 급속한 증가는 노후 소득을 안정적으로 보장하는 노령연금의 운영을 매우 힘들게 하는 근본 요소이다. 이는 향후 우리나라와 중국의 미래세대가 떠안은 가장 골치 아픈 문제가 될 것이다.

제4장

동아시아 유교국가의 장기 지속 저출산

앞에서 근대화와 함께 출산율이 하락하고, 맞벌이가 보편화하면서 '돌봄의 탈가족화'가 전개될 때 출산율이 하락하는 것은 세계적인 보편 현상임을 확인하였다. 그러나 한국은 빠른 경제성장과 사회경제적인 변화로 추동된 이른바 '2인 부양자 모델'로의 이행이 활발하게 전개되는 동안 선진 산업사회가 보여 준 사회 정책적 대응(즉, 일·가정 양립 정책이나 양성평등 정책)을 제대로 해내지 못하였으며,[1] 그 덕분에 최악의 초저출산 국가 목록에 이름을 올리는 한편 한 번도 출산율 반등 경험을 해보지 못한 나라의 대열에서 서성이고 있음을 지적하였다. 문제는 이것으로 그치지 않는다. 한국의 저출산에는 적절한 정책적 대응도 찾기 어려운 사회문화적인 요소까지 개입되어 있다. 이 장에서는 그 내용을 보기로 한다.

1. 유교문화권 국가들의 초저출산 추이

한국의 비상식적인 저출산에는 유교문화권의 고유한 특성이 작용하고 있다는 추론은 동북아시아 국가들이 일제히 낮은 출산율을 보임에 따라 그 신빙성을 높이고 있다. 사회문화적 요인이 출산율에 어떻게 작용하는지는 유럽 국가군들끼리의 비교에서 이미 잘 드러난 바 있다. 동유럽과 남유럽이 서유럽 및 북유럽에 비해 출산율이 떨어진다는 사실을 설명할 때 각 국가군의 경제력이나 사회보장 시스템의 성숙도 차이를 지적하기도 하지만, 그에 못지않게 각 사회의 역사적 전통과 사회문화적 특성을 출산율의 격차 요인으로

1 이러한 정책적 부조응과 시간적 지체에 대해서는 제2부에서 더 자세히 다루기로 한다.

표 4-1 2011년 주요 유교권 국가 출산율 (단위: 명)

합계출산율 하위 국가 현황		
순위	국가	합계출산율
217	한국	1.23
218	일본	1.21
219	대만	1.15
220	싱가포르	1.11
221	홍콩	1.07
222	마카오	0.92
OECD 34개국 평균		1.74

주: 전 세계 222개 국가 중 순위.
자료: CIA, *World Factbook 2011*; 한국개발연구원(KDI).

언급하곤 한다. 서유럽 및 북유럽에 비해 스페인, 이탈리아, 그리스 등 남유럽 국가들은 보다 강한 가족주의적 전통과 보수적인 가톨릭교회의 영향 때문에 낮은 혼외 출산율 및 저출산을 초래한다는 것이다.

대부분의 유럽 및 유럽 이민으로 이루어진 국가들, 즉 아메리카와 호주 등은 '제2차 출산력 하락' 이후에도 합계출산율 1.3 미만의 초저출산까지는 가지 않거나 가더라도 그 구간에 머무는 기간이 매우 짧으며, 가족 정책의 출현과 함께 일정한 출산력 반등 추세를 보인다는 점에서 공통적이다. 그에 비하여 유교문화권에 속하는 일본, 대만, 싱가포르, 마카오, 한국은 합계출산율 1.3 주변에 매우 오랫동안 머물며, 출산율 반등이 좀처럼 나타나지 않는 특징을 보여 준다.

〈표 4-1〉은 2011년도 222개 국가 중 합계출산율 하위 6개 국가이다. 최하위 6개 국가가 모두 이른바 유교문화권 국가이다. 이를 보면 유교문화라는 사회문화적 요소가 출산율과 모종의 상관관계가 있음을 알 수 있다. 최근

일본의 출산율은 잃어버린 30년을 거친 후 나아진 경제 사정을 반영하며 1.4 수준으로까지 올라가면서 동북아의 다른 나라들보다 형편이 나아졌다. 그런데도 이는 유사한 경제 대국 중에서 여전히 매우 낮으며, 반등에 너무 오랜 시간이 걸리는 바람에 일본은 일찌감치 인구감소 국가의 대열에 들어갔다. 유교문화권 사회의 어떤 속성이 저조한 출산율을 보편적으로 발생시키는지 탐색할 필요가 있다.

2. 유교문화권의 저출산 요인 I: 세속주의 가치관과 높은 교육열

앞서 2011년도 동아시아의 출산율 통계를 살펴보았으나 그 이후에도 출산율에 관한 통계는 큰 변화가 없다. 이를테면 2021년 현재 출산율 최하위 국가는 유교문화권, 그중에서도 아시아의 네 마리 용이라는 한국, 싱가포르, 홍콩, 대만이다. 2021년 미국의 CIA에서 발표한 자료에 따르면, 전체 236개국 중 맨 하위로서 232위 홍콩(1.22), 233위 마카오(1.21), 234위 싱가포르(1.15), 235위 대한민국(1.09), 236위 대만(1.07) 순이다. 이들의 출산율이 저조한 원인을 찾으면 첫 번째로 유교문화의 금욕주의적이고 현세적인 가치관의 영향을 짚지 않을 수 없다.

논어에 나오는 유명한 구절로 "삶에 대해서도 모르는데 사후를 어찌 알겠느냐"고 되물은 공자의 말에서 보듯이 유교문화는 당초에 내세와 같은 기나긴 시간 개념이 들어 있지 않다. 그 대신 현세에서의 신분 상승에 대한 열망은 그 어느 문명권보다 높다. 유교문화권 사람들은 다음 생이 아닌 현생에서

그림 4-1 각국의 고등교육 이수율과 세대 비교 (단위: %)

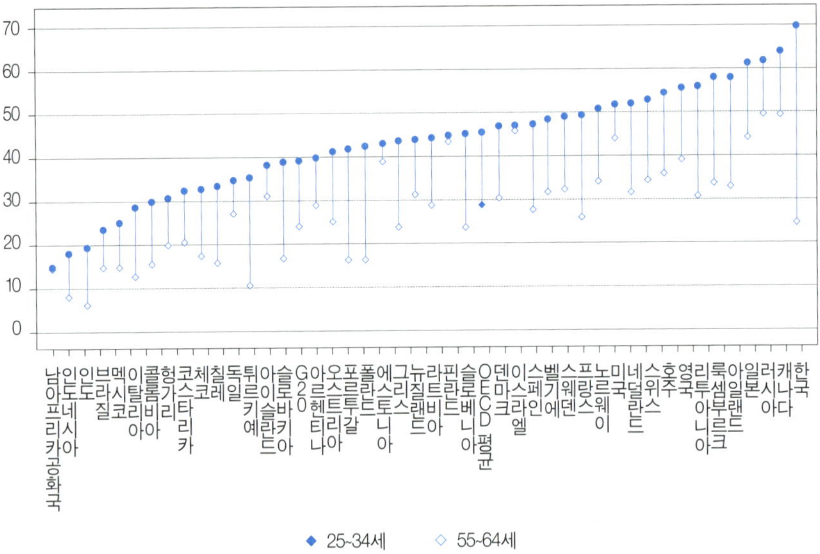

자료: OECD(2021), *Education at a glance*.

더 나은 삶을 누리기 위해 근면하게 일하고 저축하는 특성을 보인다. 그리고 "나는 못 입고 못 먹어도 자녀들만큼은 교육시켜 나보다 잘살게 해야지" 하는 맹렬한 교육열을 가진다. 이러한 높은 교육열로 고등 인적 자본을 축적한 덕분에 아시아의 유교 국가들은 세계적으로 가장 빨리 근대화에 성공하였고, 아시아의 네 마리 용이라는 찬사도 들었을 것이다.

한편, 초저출산의 늪에서 헤어 나오지 못하고 있는 이 4개국의 대학진학률은 유럽이나 미국과 비교해도 현저히 높고, 자녀양육비용도 완연하게 높은 편이다. 대표적 예로 한국의 대학진학률을 보자. 〈그림 4-1〉에서 보듯이 한국 청년기(25~34세)의 3차 교육기관 진학률은 세계 최고이며, 부모세대(55~64세)와 비교해 가장 급속하게 학력이 향상한 나라임을 볼 수 있다.

이렇게 본인과 자녀의 신분 상승 욕구가 강한 문화권은 출산율이 높을 수 없다. 자녀를 남 못지않게 잘 가르치려면 많은 자녀를 둘 수 없기 때문이다. 즉, '소자녀에 집중투자'해 '사회적 갑(甲)'으로 키우겠다는 열망이 강한 사회에서 그만큼 많은 투자를 할 여력이 못 되는 가족에게 육아의 문턱은 높을 수밖에 없다(제임스 량, 2019, pp. 39~40). 한국, 일본, 중국의 교육비가 국민총생산에 차지하는 비중이 유난히 높은 점은 이를 뒷받침한다.

콜러 펜실베이니아대 교수 등의 분석에 따르면, 2005년 한국과 일본은 국내총생산(GDP)에서 사교육비가 차지하는 비중이 약 2~3%에 달하였다. 같은 기간 유럽(0.4%)을 크게 웃도는 수준이다. 윤자영 교수는 『동아시아 국가의 저출산 대응 전략 연구 I』에서 "좋은 대학이 좋은 일자리를 보장하는 교육과 노동시장 제도는 높은 사교육비로 이어질 수밖에 없다"고 주장하며, 일본과 한국의 유난히 낮은 출산율의 원인으로 높은 자녀교육비를 꼽았다.[2]

조금 더 구체적으로 한국의 교육열이 얼마나 가계 운영에 부담을 주는가를 보면, 〈그림 4-2〉에서 보면 한국의 교육비 부담은 OECD 평균의 2배가 넘는 세계 최고 수준이다. 양육비 구성 중 가장 부담을 느끼는 부분은 사교육으로 그중에서도 특히 중고등학교 시절 좋은 대학을 가기 위한 학원과 과외비의 지출이 큰 비중을 차지한다. 연령대별로 가장 심적 부담을 많이 느끼며 지출액 규모가 큰 것도 그러한 사교육 항목인데, 과거의 조사 연구에 의하면, 이런 경향은 저소득계층에서도 별반 다르지 않았다(이재인·김은정·김선미, 2005, p. 52). 흥미로운 것은 한국의 학부모들이 비용을 지출한 만큼 소기의 성과를

2 한경경제(2021. 5. 11), "'인구절벽' 한·중·일·대만 … 30년간 프랑스 인구만큼 사라진다".

그림 4-2 OECD 공교육비 중 민간 부담 비중 (단위: %)

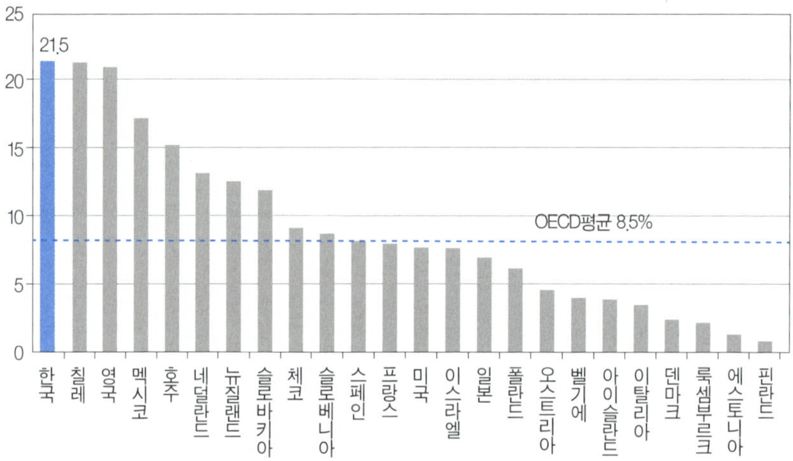

자료: OECD(2013), *Education at a glance*.

거두는가에 대한 확신이 없더라도 그렇게 한다는 점이다. 그렇게 하지 않으면 낙오자가 될 것 같은 조바심 때문에 여력이 되는 한 비용을 지출하는 데는 한국 사회 특유의 '현세적 입신양명 문화'가 한몫을 하고 있는 것으로 이해된다. 열심히 공부해 과거시험을 통과하면 부와 명예를 한 번에 획득하여 가족의 신분을 끌어올렸던 독특한 신분제도의 역사가 이런 교육 과열의 문화적 DNA를 형성한 것으로 보이지만, 중요한 것은 21세기 한국 사회에서도 여전히 이로 인한 학업은 곧 출세라는 공식으로 작동하고 있다는 점이다.

각 가정의 엔젤계수(angel coefficient)[3]의 추계 결과도 유사한 내용을 뒷받

3 '엔젤계수'란 가계의 소비지출에서 자녀의 보육과 교육을 위해 지출하는 비용이 차지하는 비중을 의미한다. 만 18세 미만의 자녀를 위한 보육비(유치원비, 보육료, 장난감 등)와 교육비(초·중·고교 수업료, 학원 및 보습교육비, 학교보충교육비, 교복비 등)를 넓은 의미에서 엔젤계수의 범주로 포함하여 추계한다.

그림 4-3 엔젤가구의 엥겔계수·엔젤계수 추이 (단위: %)

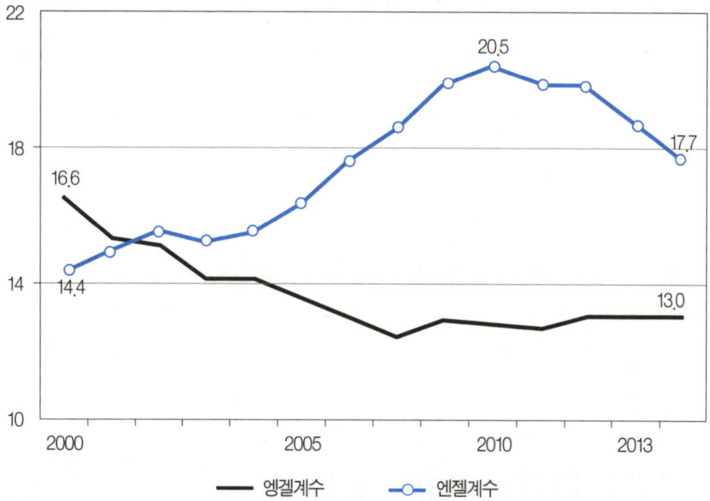

자료: 현대경제연구원(2014).

침한다. 엔젤계수는 한국 가정에서 매우 높게 나타난다. 2013년 통계 기준으로 한국의 엔젤가구는 전체 1,140만 가구 중 절반 수준인 561만 가구이며 가구당 평균 자녀 수는 1.7명으로 나타났다(현대경제연구원, 2014). 그리고 엔젤가구의 엔젤계수(18세 미만의 자녀와 함께 거주하면서 교육비와 보육비를 지출하고 있는 가구)는 2000년 14.4%에서 상승하여 2009년 20.5%에 달하였으나, 이후 하락세를 보이며 2013년 17.7%를 나타냈다. 소비지출 대비 식료품비 지출 비중을 나타내는 엥겔계수와 비교할 때, 엔젤가구의 엔젤계수는 2002년부터 엥겔계수를 지속적으로 상회하고 있다. 즉, 자녀의 교육과 보육비 지출 부담이 기초생활비에 해당하는 식료품비 지출 부담보다 높은 것이다.

전체 가구의 엔젤계수가 2000년대 들어와서도 더 증가하고 있는 현실에서 각 가정이 느끼는 부담 정도는 어떨까? 통계청에서 실시한 2013년 사회조사에 따르면, 설문 응답자의 73%(매우 부담 31.6%, 약간 부담 41.4%)가 교육비 지출이 부담스럽다고 응답하였다. 또한 현대경제연구원에 따르면 세대별 엔젤계수가 40대(17.8%), 50대(17.2%)로 가장 교육비 부담이 크다. 가장 소비활동이 왕성할 40~50대가 교육비에 눌려 살아가고 있다는 것이다.[4]

이렇게 과도한 교육열과 그로 인한 교육비 부담이 각 가정의 출산아 수 결정에 가장 큰 영향을 주고 있다는 보고는 다양한 저출산 의식조사에서도 확인된다.

3. 유교문화권의 저출산 요인 II: 유난스러운 가족주의 문화

이탈리아와 스페인 등 남유럽의 출산력이 서유럽은 물론이고, 최근 들어서는 동유럽에 비해서도 뒤떨어지는 대표적인 이유로 이들 국가의 가족주의적 사회문화를 지목하는 경우가 많다. 동아시아 국가들도 이런 면에서 남유럽과 유사하다. 남유럽 국가들의 이런 가족주의 문화는 사회보장 시스템의 불완전성과 사회 정책의 후진성과도 밀접한 관계를 맺고 있어 주목할 필요가 있다. 다른 유럽 지역보다 유난히 강한 가족주의 문화는, 특히 출산력 유지에 불리한 점으로 지적되고 있다.

남유럽 국가 중 이탈리아의 경우 1972년 2.4이던 합계출산율이 20년 만인

4 현대경제연구원(2014).

1993년 1.2로 추락하였다(장 끌로드, 1996, p. 730). 이탈리아가 가족주의 문화가 강하다는 것은 통상 가족이라고 일컫는 사람의 범위에서도 드러난다. 가족의 범위가 훨씬 포괄적이어서 배우자와 자녀는 물론이고, 조부모와 삼촌, 이모, 사촌과 심지어 먼 친척까지 포함한다고 한다. 그리고 부모와 의견 차이 때문에 동거나 계약결혼 혹은 혼외 출산과 같은 선택을 결정하는 것이 더디거나 중간에 포기하는 일이 많다고 한다. 가족주의 문화가 혼외가족의 선택에 걸림돌이 되는 것이다.

가족주의 문화가 강하다는 것이 곧 가부장적 편견이 높다는 것을 의미하지는 않는다. 그러나 개인주의적 가치가 높은 영국이나 스웨덴과 비교하면 독일이나 남유럽과 같이 가족주의 문화가 강한 나라에서 가부장적인 가치관 및 성 역할 분업 의식이 높은 것은 통계적으로 의미 있는 상관관계를 보여 준다. 또한 이런 가족주의 문화 및 성 역할 의식이 팽배해 있는 나라에서 아동 있는 가정을 지원하는 정책 역시 매우 빈곤하다는 점은 이탈리아의 사례에서 잘 드러난다. 장 끌로드(1996, p. 731)에 의하면, 전체 사회보장 예산 중 육아수당의 비중이 1970년의 13.3%에서 1992년 3.9%로 하락하는가 하면, 아동수당 역시 물가 인상을 반영하지 못하고 있으며, 그나마도 자산조사에 기반한 빈곤가정 대상이라는 것이다. 게다가 아동수당의 액수는 스웨덴과 비교해 약 11%로, 당시 화폐 가치로 195달러 정도에 불과할 만큼 큰 격차를 보인다고 한다. 그리고 유럽 다른 지역 국가들과 달리 아동이 있는 가족을 대상으로 세금 환급제도마저 없고, 영유아 대상의 공공 어린이집도 상당히 부족하다고 한다.

한편, 이탈리아 여성의 교육력은 2000년 이전에 이미 남성들을 앞질러, 그에 기반한 사회적 성취를 추구하며 가족의 일원으로 예속되기보다 성취에 기반한 자신의 삶을 꾸리기를 희망하는데, 유난히 가족주의 문화가 강한 이탈리아 구세대나 동년배 남자들은 그런 여성들에게 잘 적응하지 못하고 있다고 분석한다. 이런 상황에서 이탈리아의 젊은 여성들이 출산은 다시 과거 세대 여성의 삶으로 귀속될 위험을 안고 있다고 인지하면서 출산율이 떨어지는 현상이 나온다고 짚었다(장 끌로드, 1996, p. 731). 이와 같은 지난 세기 말 이탈리아의 상황은 20년 뒤 현재 한국 상황과 유사하며 공교롭게도 출산율 역시 코로나 이전 한국과 거의 흡사한 수준이라는 점이 의미심장하다.

홍콩과 마카오, 일본과 한국 모두 이런 가족주의 문화와 사회 정책의 저발달이라는 면에서 남유럽과 상당한 공통점을 가지는 것을 볼 수 있다. 남유럽의 저출산이 원인 없는 결과가 아니라면 우리나라의 저출산도 마찬가지라는 의미일 것이다.

4. 유교문화권의 저출산 요인 III: 혼외 출산 터부

유교 국가들에서는 혼외 출산의 빈도가 낮은 데 비해, 유럽 및 유럽인들의 이주로 생겨난 국가들(북미와 중남미 국가)은 그렇지 않다는 점은 혼외 출산과 출산율의 관련성을 시사한다. 우리나라는 혼전 혹은 혼외 출산에 대한 사회적 낙인과 기피가 심하고 혼외 출산율이 극히 저조하다. 이러한 혼외 출산 격차는 유럽 국가들과 우리나라의 출산율 격차를 설명하는 제일 중요한 요인으로 해석할 수 있다.

〈그림 4-4〉에서 보는 것처럼, 유럽 국가들은 지난 세기부터 이미 혼외 자녀 출산에 대해 훨씬 너그러웠으며 1990년대를 경과하면서 더욱 늘어나 지금은 출산의 1/3에서 2/3를 차지한다. 그에 비해 〈그림 4-5〉에서 보듯이 한국은

그림 4-4 서구 주요 국가 및 한국의 혼외 출산율 (단위: %)

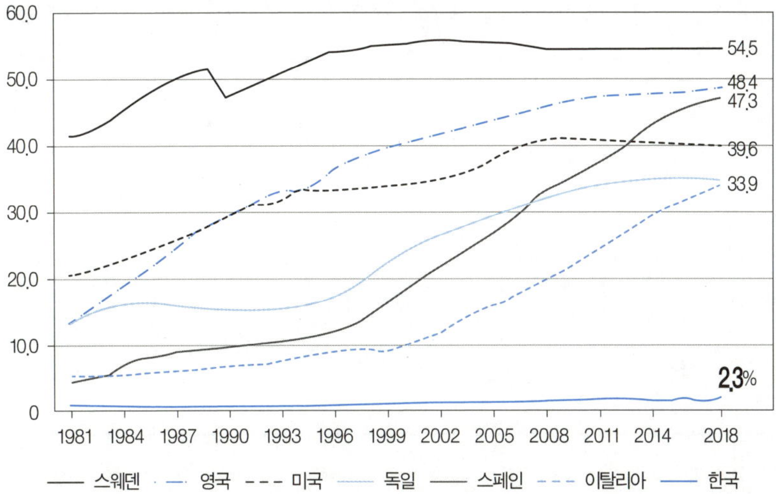

자료: 뉴시스(2020. 12. 11), "한국 혼외출산율 2.3% OECD '최저', 미국·영국 40% 넘어".

여전히 2% 내외 수준이며, 이웃 국가인 일본은 한국과 유사하고, 여러 민족으로 구성된 싱가포르도 그 비중이 높지 않다.

유럽 국가들 중에서도 북유럽과 서유럽에 비해 남유럽 국가들의 혼외 출산율이 낮다. 이는 혼외 출산이 적은 것과 출산율이 낮은 것 사이에 높은 양적 상관관계가 있음을 보여 준다. 대표적 남유럽 국가인 이탈리아(1.38), 스페인(1.41), 오스트리아(1.42) 등의 출산율이 낮은 것에 대해서도 "보수적인 가톨릭 문화의 영향으로 혼외 출산에 대해 부정적이며, 이에 따라 혼외 출산율이 낮기 때문에 출산율이 더욱 낮은 것으로 해석할 수 있다"고 분석한다.[5]

5 스토리오브서울(2016. 1. 15), "출산은 결혼의 얼굴을 하지 않는다".

그림 4-5 **유교문화권 국가 혼외 출산율** (단위: %)

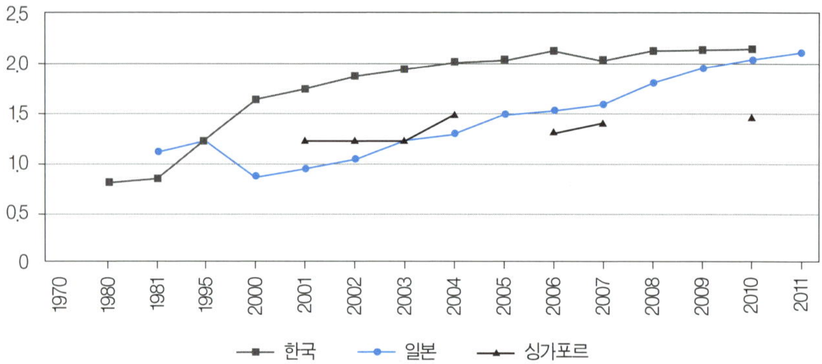

자료: 신윤정 외(2013), p. 30.

이런 경향은 2000년대 이전부터 나타나고 있음을 장 끌로드(1996)의 연구를 보면 알 수 있다. 그의 연구는 1980년대와 1990년대에 걸쳐 유럽 국가군 간의 출산력 차이는 여성의 지위와 함께 한부모가족 정책의 차이로 가장 잘 설명된다는 것을 보여 준다. 즉, 영국과 스웨덴의 혼외 출산율이 각기 1/3과 1/2일 때, 이탈리아는 1/13 정도밖에 되지 않는다. 영국과 스웨덴에 비하면 독일도 비교적 혼외 출산이 낮은 편인데, 혼외 자녀에 대한 특별수당조차 헌법에 반하는 조치로 되어 있다.

그림 4-6 2018년 세계 각국의 혼외 출산 비중 (단위: %)

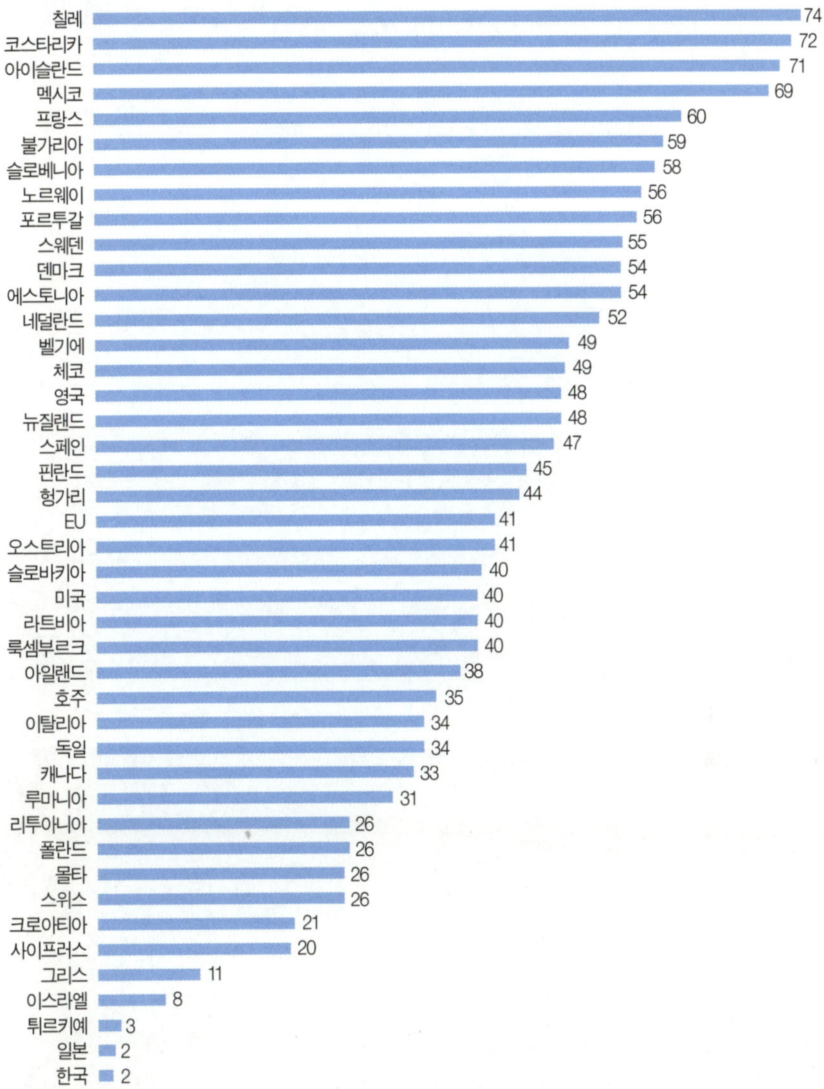

자료: OECD, Family Database, SF2. 4.A. Share of births outside of marrige.

제5장

도시국가형 초저출산과 한국의 특수성

합계출산율 1.0을 하회한 지 6년 차에 접어드는 오늘날까지도 인구 문제의 심각성을 인정하지 않는 사람은 거의 없다. 그만큼 지금은 한국의 저출산이 다른 어느 나라와도 비교가 되지 않을 정도로 특이한 양상임을 받아들이고 있다. 앞서 산업사회 일반이 경험하는 저출산에 이어 개발도상국 저출산과 유교문화 국가의 초저출산에 이르기까지 저출산의 깊은 뿌리를 확인하였으나 한국의 저출산은 그것만으로도 설명되지 않는다. 바로 청년 문제가 남아 있기 때문이다. 한국 청년 문제가 발생한 원인과 함께 '도시국가형 초저출산'에 연결되는 지점을 살펴보기로 한다.

1. 기이한 초저출산 행진

불과 몇 년 전까지만 해도 낙관론을 펴는 사람들이 있었다. 인구가 중요하긴 하지만 당장 무슨 일이 일어나겠느냐는 식의 막연한 안도감이 통하곤 하였다. 세계에서 가장 심각한 저출산으로 고민하던 일본도 결국 경기회복과 함께 출산율이 올라가지 않았느냐며 위안을 삼는 사람도 제법 있었다. 그러나 2020년 코로나 팬데믹과 극단적 저출산을 함께 경험하고 난 지금은 비관 일변도이다. 그만큼 심각해진 상황을 몇 가지 주요 통계지표를 중심으로 정리해 보기로 한다.

첫째, 몇 년 새 우리나라 합계출산율이 전 세계 어느 나라도 도달하지 못한 바닥을 기록하고 있다. 2022년 0.78이라는 합계출산율은 세계 최저이고 기록상 등장한 최초의 수치이다. 이전에는 마카오, 홍콩, 싱가포르 같은 도시국가 몇이라도 우리보다 낮은 나라들이 존재하였지만, 이제는 명실상부한 출

그림 5-1 **출생아 수 및 합계출산율 추세** (단위: 만 명)

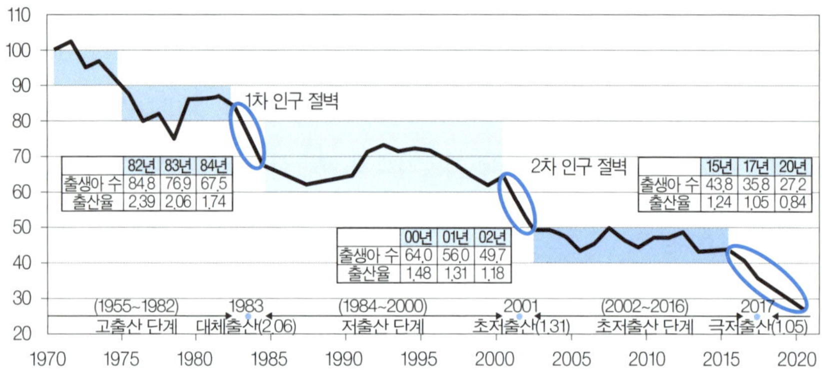

자료: 저출산·고령사회위원회 및 관계부처 합동(2023. 3. 24),「윤석열 정부 저출산·고령사회 정책 과제 및 추진 방향」, p. 1; 통계청,「인구동향조사」.

산율 최저 국가의 타이틀을 거머쥐게 되었다.

둘째, 출산율의 하락세가 너무 가파르며 멈추지 않는다. 〈그림 5-1〉에서 보는 것처럼 1983년 합계출산율 2.1 이후 우리나라 출산율은 세 번의 가파른 하락 기간과 함께 일정한 '횡보 장세'를 교대로 이어왔다. 대체로 늘 떨어지는 추세이기는 하되 나름대로 적응 구간을 거쳤다가 떨어졌는데 2017년 이후에는 '일방적인 하락세'가 지속되고 있다. 적응할 새도 없이 계속 추락만 하고 있다는 것이다.

셋째, 〈그림 5-1〉에서 보듯이 한국의 저출산은 반등 구간이 없다. 유럽에서 가장 사정이 열악한 포르투갈이나 이탈리아, 그리스 등 남유럽 국가들조차 초저출산이라는 1.3 주변을 맴돌기는 하지만 한국처럼 하락세 일변도는 아니며, 1.3 이하로 떨어진 뒤에는 다시 반등하곤 하였다.

그 결과 한국의 저출산은 사상 최저, 세계 최하 국가인 것은 물론, 저출산 국가군 가운데에서도 매우 독특한 사례가 되었다. 다른 국가들과 공유하는 특성 이외에 우리만의 문제가 있지 않고서는 이런 상황에 다다를 수 없다. 이런 관점에서 이 상황을 촉발한 원인을 역추적해 보았을 때 도달하는 문제가 있다. 바로 '청년 문제'이다. 대졸 정원의 확대에서부터 2중 노동시장 구조로의 변화, 부동산 가격 폭등 사태에 직면하여 극대화한 일련의 문제를 짚어 보자.

2. 초저출산의 씨앗: 대졸 정원 확대와 청년 실업의 폭

청년층(만 15-29세) 실업 문제가 화두가 된 지는 오래다. 이 연령층의 높은 실업률은 1990년대에 큰 폭으로 늘어난 대학 정원에서 내장된 문제였다.[1] 가파른 대졸 인구증가를 대졸 청년들이 원하는 '괜찮은 일자리' 증가로 뒷받침할 방도가 애초에 없었으니 노동시장 부조화가 발생하였다. 이는 대규모의 지속적 청년 실업을 초래하였고, 초저출산의 가장 직접적인 원인이 되었다.

〈그림 5-2〉의 연도별 대학진학률을 보면 1990년대를 거치면서 치솟는 것을 볼 수 있다. 1990년에 33% 수준이던 대학진학률이 10년 뒤인 2000년에는 그 2배인 68%로 늘고 2008년에는 급기야 83.8%까지 늘어난다.

그러나 세계 최고의 대학졸업률을 달성한 동안 대졸자가 갈 만한 일자리는 정체되었다. 1998년 IMF 경제위기를 계기로 확장일로였던 한국 경제는 성장세가 한풀 꺾였고, 상용직 일자리 대신 임시직·일용직 일자리 비중이 늘어나는 대대적인 구조 변화를 맞이하였다. 게다가 2000년대 초반에는 한국 경

1 파이낸셜 뉴스(2014. 11. 4), "이재인의 인구 이야기" 참조.

그림 5-2 연도별·성별 대학진학률 (단위: %)

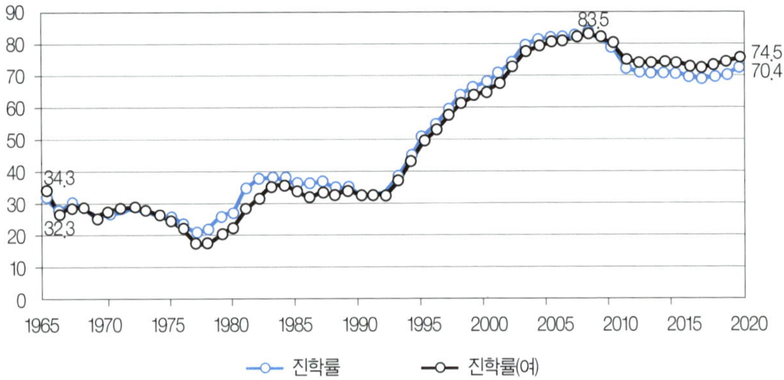

주: 동일 연령 전체가 아닌 해당 연도 고등학교 졸업생 대비 대학 진학자의 비율임.
자료: 교육통계서비스(KESS).

제의 화두가 '고용 없는 성장'일 정도로 고용 둔화를 겪게 된다.[2] 2000년대 이후 한국 경제는 다시 어느 정도 성장세를 회복하였지만, 과거처럼 상용직 일자리의 비중이 증가하지 못하였다.

그 결과 1990년대 말부터 우리나라 노동시장은 학력 간 미스매치와 실업이 만성화되기 시작한다. 〈표 5-1〉은 1990년대 늘어난 대졸 정원이 2000년대 들어와 노동시장 수급에 얼마나 부조화를 초래하는지 한 눈에 보여 준다. 정원 확장과 더불어 대졸 학력의 구인자가 시장에 대거 진입[3]하는 데 반해 양질의 일자리 창출이 더뎌지면서 노동시장의 수급 불일치가 확대되었다. 2008년

2 윤용중·서재만(2010), pp. 11~39.
3 김영근·김영민(2015)에 따르면, 우리나라의 25~34세 연령층 대학 졸업 인구 비중(2013년 기준)은 67.1%로 OECD 회원국(평균 40.5%) 중 가장 높은 수치이다. 대학 졸업 인구 비중이 두 번째로 높은 일본(58.4%)과의 격차도 8.8% 포인트에 달하며, 미국(44.8%), 영국(48.3%) 등에 비해서도 월등히 높은 수준이다.

표 5-1 학력 간 일자리 미스매치 추이 (단위: %, %p)

		중졸 이하	고졸	전문대졸	대졸 이상
2008~2009	구인(A)	7.2	63.4	24.0	5.4
	구직(B)	20.4	42.5	17.3	19.8
	격차(B-A)	13.2	-20.9	-6.7	14.4
2010~2014	구인(A)	9.2	65.3	20.2	5.3
	구직(B)	19.5	40.9	17.0	22.6
	격차(B-A)	10.3	-24.5	-3.2	17.3

주: 전체 구인(구직) 대비 구인(구직) 비중(%).
자료: 김영근·김영민(2015), p. 5.

에서 2014년까지 약간의 차이는 있겠지만 기본적으로 대졸 노동력의 과잉, 고졸 노동력의 과소가 두드러지는 통계이다.

〈표 5-1〉에서 보는 것처럼 2008~2009년에 비해 그 이후 5년간 노동시장 수급 부조화는 심화된다. 시장에서 대졸 노동력의 구인 비중은 유지(5.4→5.3%)인데 구직 비중이 상승(19.8→22.6%)하면서 구직 우위의 미스매치가 심화된다. 반대로 시장에서 고졸 노동력은 구인(63.4→65.3%)이 늘고 구직(42.5→40.9%)이 줄어드는 상태임을 볼 수 있다.

대학 정원 증원에 따른 노동시장 부조화의 결과는 청년 실업으로 나타났다. 〈그림 5-3〉에서 보듯이 2000년 이후 청년 실업률은 고공행진을 계속한다. 이것도 공식 실업자 통계 수치이며 잠재실업자까지 포괄하는 확장실업률은 〈그림 5-4〉에서 보듯이 그보다 훨씬 높은 수치를 기록한다.

한편, 당시 우리나라의 실업률이 전반적으로 높았을 수도 있다. 이를 확인하기 위해 청년 실업률과 전 연령 실업률을 비교해 보자. 〈표 5-2〉에서 보는 것처럼 1990년대 대졸 정원 팽창의 영향이 나타나기 시작한 1990년대 후반

그림 5-3 청년 실업자 규모와 실업률(15~29세) (단위: 만 명, %)

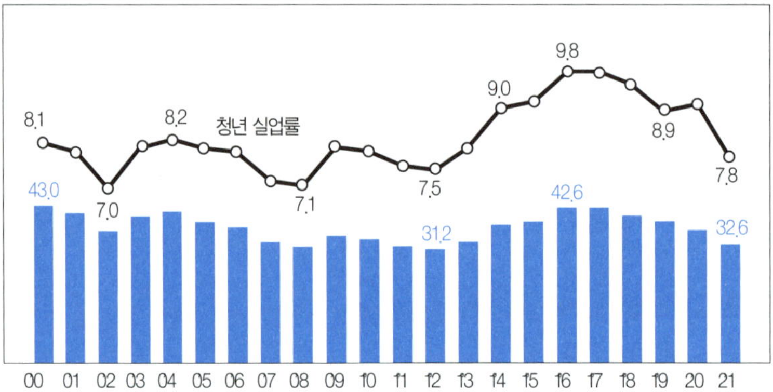

주: 청년 실업자 및 청년 실업률 연령 기준은 15~29세.
자료: 한국경제(2020. 8. 12), "청년 '체감실업률' 사상 최고".

표 5-2 연도별 청년(15~29세)과 전체 실업률 비교(2000~2022년) (단위: %)

성별	연령 계층별	00	01	02	03	04	05	06	07	08	09	10	11	12	13	14	15	16	17	18	19	20	21	22
총계	전 연령	4.4	4.0	3.3	3.6	3.7	3.7	3.5	3.2	3.2	3.6	3.7	3.4	3.2	3.1	3.5	3.6	3.7	3.7	3.8	3.8	4.0	3.7	2.9
	15-29세	8.1	7.9	7.0	8.0	8.2	8.0	7.9	7.2	7.1	8.0	7.9	7.6	7.5	8.0	9.0	9.1	9.8	9.8	9.5	8.9	9.0	7.8	6.4
남자	전 연령	5.0	4.5	3.6	3.8	3.9	4.0	3.9	3.7	3.6	4.1	4.0	3.6	3.4	3.3	3.5	3.6	3.8	3.8	3.9	3.9	3.9	3.6	2.7
	15-29세	9.3	9.0	8.3	9.2	9.6	9.2	9.2	9.1	8.6	9.8	9.3	9.0	8.5	9.1	10.5	10.5	10.9	11.4	10.4	9.7	9.9	8.8	6.8
여자	전 연령	3.6	3.3	2.7	3.3	3.4	3.4	3.0	2.7	2.6	3.0	3.3	3.1	3.0	2.8	3.5	3.5	3.6	3.5	3.7	3.6	4.0	3.8	3.1
	15-29세	6.7	6.7	5.6	6.8	6.9	6.8	6.7	5.5	5.8	6.4	6.7	6.3	6.6	7.0	7.7	7.8	8.8	8.3	8.6	8.1	8.1	6.8	6.0

자료: 국가통계포털(KOSIS), 「경제활동인구조사」 기반.

이후 청년 실업률은 전 연령 실업률을 크게 웃돈다. 대체로 2배 이상 높은 수준으로 전개되었다.[4] 대졸 정원 확장으로 인한 학력 부조화에 이어 청년 실업

4 그 이전 한국 경제가 활황이던 1980년대까지는 청년 고용이 활발해서 청년세대의 실업률은 문제가 안 될 정도로 낮았다.

난을 가중시키는 또 다른 위기가 1990년대 후반 연속해 발생하였다. 1990년대 이후 나타난 IMF 사태, 2008년의 서브프라임 모기지 사태 등 한국 경제는 국제적 금융위기를 겪으면서 성장률이 급속도로 떨어지고, 장기적인 경제침체 현상이 일어났다. 그 이후 기업들은 투자보다 안정에 중점을 두게 되었고 사람을 많이 뽑지 않아 일자리가 줄어들면서, 자연스레 수요를 쉽게 조절할 수 있는 신규 인력인 청년층이 피해를 고스란히 보게 되었다.[5] 한편, 글로벌 금융위기 여파로 한국 경제의 체질이 변화하면서 나타난 것은 청년 실업의 규모만이 아니었다. 일자리의 질을 떨어뜨리며 청년들의 생애 안정성을 크게 위협하게 되었다. 이른바 2중 노동시장 구조의 고통이 이때 시작되었다. 2000년대 한국 노동시장 최대 과제인 비정규직 문제가 탄생하였으며, 고용 안정성 낮고 더욱 열악한 질 낮은 일자리가 노동시장에 대량 공급되었다.

> 1997년 외환위기 이후 고용 불안정과 저임금을 특징으로 하는 비정규직의 급증으로 비정규직 문제는 사회·정치적인 문제로 대두되었다. 1998년 노-사-정이 외환위기를 극복하기 위하여 '노동시장 유연화'를 합의한 이후, 비정규직은 폭발적으로 늘었다. 2002년 비정규직 정의를 둘러싼 노사 합의가 이루어진 이후 만들어지기 시작한 비정규직 통계는 2002년과 2004년 사이에 비정규직 비율이 27.4%에서 37%로 거의 10% 증가하였음을 보여 주었다. 그야말로 비정규직 고용의 대폭발이라고 부를 수 있는 급격한 증가였다.[6]

비정규직이 폭발적으로 늘며 청년 실업의 질에도 변화가 나타났다. 1차 취업을 하더라도 최종 취업을 위한 재도전을 멈추지 않는 잠재적 실업자가

5 나무위키, "청년 실업/원인"편(2023. 8. 5 생성 기준) 참조.
6 신광영(2018).

그림 5-4 **청년 확장실업률**[7] (단위: %)

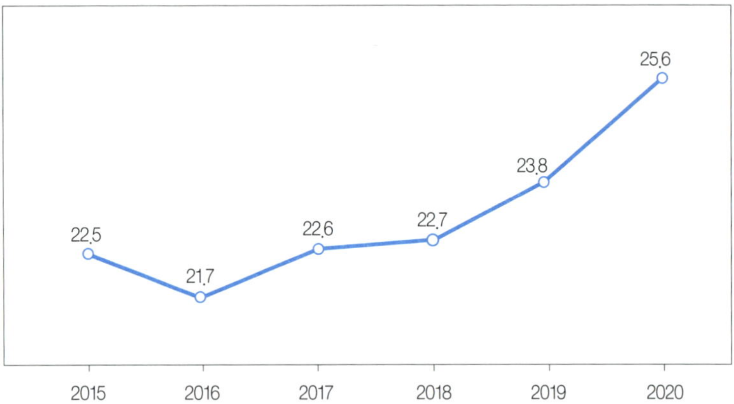

주: 매년 7월 기준.
자료: 통계청.

크게 늘기 시작한 것이다. 〈그림 5-4〉에서 보는 것처럼, 이들을 포괄한 확장실업률은 2015년 이후가 되면 전체 경제활동인구의 1/4에 해당하는 규모로 확대된다. 이렇게 높은 실업률과 단기 일자리의 만연으로 청년세대의 삶은 무한대의 불안정으로 내몰리며 그들의 의식과 문화에 심대한 변화를 몰고 오게 된다.

7 확장실업률은 체감실업률이라고도 하며, 공식 실업률이 전체 경제활동인구 중 실업자(지난 4주간 구직활동을 한 사람)의 비율을 나타내는 좁은 의미의 실업률이라면, 체감실업률은 경제활동을 원하지만 여러 이유로 적극적 구직활동을 하지 못한 다양한 사람들을 포괄하는 확장된 실업률이라고 할 수 있다. 즉, 체감실업률에는 공식 실업률에 포함되는 실업자 이외에 시간 관련 추가 취업가능자(현재 아르바이트 등 단기 근로는 하지만 재취업을 원하는 사람)과 잠재취업가능자(지난 4주간 구직활동을 하였으나 조사 대상 주간에 취업이 가능하지 않은 사람)과 잠재구직자(지난 4주간 구직 노력을 안하였으나 현재 취업을 희망하는 사람) 등이 포함된다. 자세한 내용은 통계청(2023. 9), 『경제활동인구조사 통계정보보고서』, pp. 9~10을 참조할 것.

3. N포세대의 출현과 저출산

이번에는 2000년대 들어와 점차 확대되는 청년들의 심각한 구직난과 일자리 병목 현상이 그들의 생활양식과 의식에 끼친 영향을 돌아보기로 한다. 2030 청년세대들은 더 이상 결혼이나 출산을 '인류 보편의 당위성'이라거나 '자연스러운 생애과정으로 일부'라고 받아들이지 않게 되었고 통계적 만혼화와 미혼율의 증가가 이루어졌다. 이것이 출산율이 떨어지는 직접적인 원인을 제공한다. 2000년 이후 '2030세대' 이들의 의식은 왜 이와 같은 방향으로 변하였는지 파악해 보자.

이 시기 우리의 청년세대들은 치열한 구직난 속에 대학 졸업 이력만으로는 부족하다 보니 이른바 스펙 전쟁이 보편화되고 부모의 경제력에 의존하는 취업준비생의 삶이 하나의 생활양식이 되었다. 단지 열심히 하는 것만으로 어떤 보장을 만들어 낼 수 없기에 결혼과 출산을 미루거나 포기하고 심지어 연애마저 관심이 없는 청춘이 된 것이다. 이른바 N포세대[8]가 탄생한 배경이다.

2030 청년세대들의 의식 변화 방향을 보여 주는 여러 조사가 있다.[9] 시간이 흐를수록 '반드시 결혼해야 함'보다는 '결혼하는 것이 좋음' 혹은 '해도 그

8 'N포세대'라는 조어의 역사는 대략 다음과 같다. "처음에 나온 건 삼포세대였다. 삼포세대는 연애, 결혼, 출산 세 가지를 포기한 세대란 뜻을 일컫는 신조어로, 20~30대에 이르기까지 젊은 층이 좀처럼 연애를 안하려 들고, 연애를 하더라도 결혼을 꺼리며, 결혼을 하더라도 출산을 포기하는 사회 현상을 말한다. 여기에 취업, 내 집 마련까지 포기하는 경우를 오포세대로 부르더니, 이후로는 건강, 외모관리까지 포함하여 칠포세대, 인간관계, 희망도 포기했다 해서 구포세대, 마지막으로 꿈도 희망도 없는 삶에 비관하여 삶까지 포기한다고 해서 십포세대 혹은 완포세대 혹은 전포세대 등으로 부른다. 하나하나 부르기에는 어차피 공통선상에 있는 용어들이기에 언론 등에서는 'N포세대'로 통칭한다"(나무위키, "N포세대"편 참조).

9 예컨대, 이삼식(2006), 김나영·이지혜·김은정·김경신(2010), 김갑순(2019) 등이 있다.

그림 5-5 청년층의 결혼 인식조사

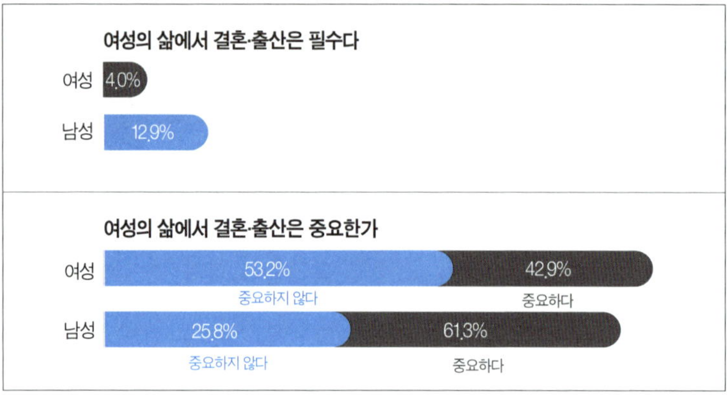

주: 조사 연구는 2121년 11월에 비대면 웹 기반 조사로 진행되었으며, 최종 수집된 표본 수는 281개였다고 함.
자료: 박정민·박호준·이성경(2022).

만 안해도 그만'을 선택하는 사람이 많아지며, '연애는 하지만 결혼이나 출산은 글쎄요', '직업은 필수지만 결혼은 선택'이라는 응답으로 이동하는 궤적을 보여 준다. 그 이전 세대 한국인들에게는 퍽 낯선 사고방식으로 변화해 온 것이다.[10]

2020년대에 들어오면 N포세대로 불리는 2030의 결혼과 출산의 중요성에 대한 인식은 더욱 낮아진다. 〈그림 5-5〉에서 보는 것처럼, 2030 청년세대 조사 대상자 281명 중 '여성의 삶에서 결혼·출산이 필수다'라고 응답한 비율은 전체의 4% 포인트밖에 되지 않았으며, '여성의 삶에서 결혼·출산이 중요하다'고

10 결혼, 출산에 대한 의식에 관한 질적 연구들은 더 생생한 청년세대들의 목소리를 들려준다. 예를 들면, 김은지·송효진·배호중·선보영·최진희·황정미(2019)의 보고서 『청년층의 젠더화된 생애전망과 정책정합도 분석』 제3부를 참고할 것.

응답한 비율은 여성은 42.9%, 남성은 61.3%로 나온다.

다양한 의식조사가 시사하는 바는, 1980년대 고속 성장 시대를 지나 일자리 없는 성장 시대를 살아가는 오늘날 2030 청년세대는 그들 부모세대나 선배세대가 전혀 예상하지 못하는 방향으로 삶의 정향을 변화시켰다는 사실이다. 결혼이 필수가 아닌 선택이라고 하는 만성적인 실업 상태가 심화하는 가운데 대졸 청년의 취업 고민은 그들의 삶과 의식에 깊은 상흔을 남길 수밖에 없었다.

이러한 의식의 변화는 오늘날 저출산의 가장 큰 원인인 미혼율의 증가와 결혼 연령의 상승이라는 두 가지 결과를 초래하면서 의식적 차원에서 저출산을 설명해 주고 있다. 그러나 2005년부터 정부는 '저출산·고령사회 기본계획'을 수립하고 각종 정책적 노력을 기울이면서 떨어지는 출산율을 붙잡기 위해 안간힘을 썼다. 그리고 최소한 더 심각하게 떨어지는 것을, 한동안(대략 2016년 정도까지) 막아 내는 일정한 성과[11]를 도출하기도 하였다.[12] 그러나 한국이 지닌 심각한 문제는 비단 노동시장의 학력 간 부조화뿐만 아니다.

4. '서울공화국' 한국의 저출산

오늘날 한국은 2030세대의 노동 불안정에 못지않은 심각한 문제가 하나 더 있는데 바로 수도권과 지방 간의 격차 문제이다. 도시와 농촌의 격차는 어느 사회에서나 있는 문제인데 왜 한국에서는 저출산의 원인으로 작용하는지

11 최소한 유배우 여성의 출산율을 상승시키는 효과를 달성한 것으로 평가된다.
12 제9장 담론과 대응의 평가 1. 긍정적인 측면을 참조할 것.

알아보자. 먼저 한 연구자의 글을 인용해 보기로 한다.

> 전 국토의 12%에 불과한 수도권에 52%의 인구가 몰려 사니, 비용증가 속 자원 경쟁이 펼쳐질 수밖에 없다. 이로써 상대적 열위의 후속세대는 위험 카드인 가족 분화·자녀 출산을 포기한다. 서울에 가까울수록 출산율이 낮아지는 이유다. 과도한 사회 이동(전출·전입)이 인구 급변의 주요 원인 중 하나다. 먹이가 없어 수도권으로 왔더니 이번에는 둥지가 없어 알을 못 낳는 악순환이다.[13]

수도권으로의 인구 이동과 집중이 출산율을 떨어뜨렸다는 것은 매우 정확한 진단이다. 한국 청년들에게 자원 경쟁의 대상은 주택이며, 인구 과밀로 주택 구매비용이 상승하면 그것이 비출산의 원인을 제공한다는 주장은 매우 설득력 있다. 실제로 서울의 주택 구매비용은 꾸준히 상승하였다.[14] 그리고 근로소득 인상분보다 훨씬 가파른 부동산 가격의 인상으로 '내 집 마련'이 요원해진 2030 청년세대들이 결혼과 출산의 지연 혹은 포기 행렬에 동참하면서 저출산이 가속화되고 있다고 볼 만한 증거는 도처에 있다.

---

13 전영수(2023), p. 5.

14 서울 아파트 매매가격 지수(1986~2018년) 추이를 하나의 표로 요약하면 다음과 같다.

서울시 아파트 매매가격 지수

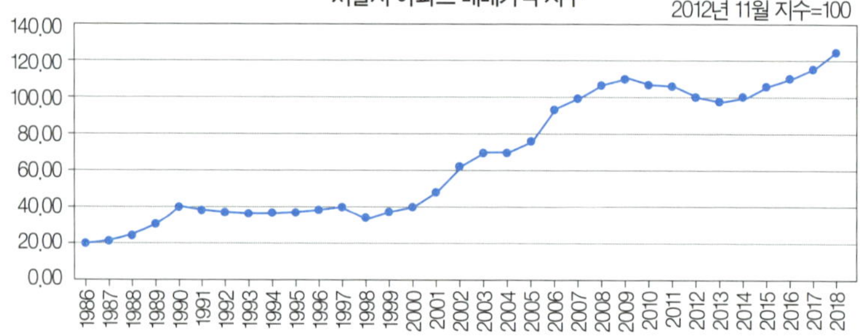

자료: 통계청.

한편, 도시국가들이 보이는 특이한 저출산을 설명하는 또 다른 관점이 있어 잠깐 소개하면 다음과 같다. 진화론적 관점에 따르면, 일정 지역 내 개체 수가 증가하고 경쟁이 치열해지면 인간 마음은 본능적으로 출산을 억제한다고 한다.

> 사용이 가능한 바람직한 자원에 비해 경쟁자 수 혹은 인구가 늘었다고 지각되면, 진화를 거쳐 형성된 인간 심리 반응체계가 작동합니다. 경쟁이 심하다고 지각하는 순간 사회적 공격성과 공격의 욕구가 증가하며 (중략) 대신 번식을 앞당기기보다는 늦추고, 아이를 적게 낳고, 짝짓기에 투자하기보다는 양육에 투자를 해서 경쟁력을 높이려고 합니다.[15]

경쟁이 치열한 환경(더 정확히 말해 경쟁이 치열하다고 지각하는 환경)에서는 출산율이 떨어지는 것이 자연스럽다는 설명인 셈이다. 최소한 싱가포르, 마카오, 홍콩 등의 도시국가들이 세계에서 가장 낮은 출산율을 기록해 온 것이 사실이라는 점에서 참고할 만한 지적이라고 본다. 의식적인 자원 경쟁 때문이든 본능 때문이든 인구 과밀의 도시, 그중에서도 메트로폴리탄 도시의 환경은 결코 출산 친화적이지 않다는 점이 한국 2030세대의 현실을 설명한다.

관련 통계들이 제시하는 바에 의하면, 우리나라는 가히 '서울공화국'이라는 표현이 무색할 만큼 서울 및 수도권으로 이동하는 흐름 일변도이다. 물론 농촌 지역에서 도시로의 인구 이동, 즉 도시화 현상은 어느 나라에서나 근현대 국가의 보편적 현상으로 나타난다. 그러나 다른 나라들은 농촌에서 주변 도시 및 대도시로 이동하는 데 반해, 지방 소도시에서 광역 대도시로, 광역 대도시에서

15 장대익(2019), p. 24.

다시 수도권으로 이동하는 특징을 가진다. 한국에서 서울 및 수도권 지역 이외의 어느 도시도 인구 유입이 유출을 능가하는 구조를 만들지 못하고 있다.

그 결과 세계 어느 나라보다 수도권 집중도가 높아짐으로써 한국은 상당한 국토의 크기에도 불구하고 마치 서울이라는 도시국가에 사는 것처럼 되어 버렸다. 말하자면, 서울 '일극사회'(一極社會)[16]이자 또 다른 표현으로 '서울공화국'이 되어버렸다. 도시만의 독특한 경쟁적 환경이 저출산 요인으로서 설명력이 있다고 한다면, 서울공화국이 되어 버린 한국만큼 출산율을 끌어올리기가 어려운 사회도 없다는 결론에 도달한다.[17] 이러한 수도권 블랙홀 현상은 수도권에 막대한 산업과 일자리 기회를 가져오면서 또다시 지방 자원의 유출을 유발하는 원인으로 작용하는 악순환이 반복되고 있다. 그래서 청년들의 서울, 경기, 인천으로의 인구 이동 흐름은 아직 현재진행형이다.

수도권 집중은 또한 지방 대학 출신자들의 상경 행렬을 만들었다. 이는 또 다른 문제를 낳았다. 앞서 대졸 학력자의 공급 과잉이 청년세대의 일자리 불안정을 몰고 왔다고 하였는데, 그중 지방 대학 출신자들은 일자리 문제에 주거난까지 이중고를 감당해야 할 위치에 놓인다. 통계에 따르면, 지방 대학 졸업자는 수도권 대학보다 2배가량 많지만, 괜찮은 일자리의 절대다수는 서울 수도권에 자리 잡고 있다. 일례로 2010년과 2020년의 지방 대학과 수도권 대학의 입학자 규모를 보면 〈표 5-3〉과 같다.

16 세계 어느 나라도 한국처럼 수도 일극 체제인 나라가 없다. 대개의 나라는 수도 이외의 제2, 제3 도시들이 어느 정도 균형을 이루어 발달하며 인구가 분산되어 있다는 점에서 2극 체제 혹은 다극 체제를 구성한다. 그에 비해 우리나라는 매우 유난스러운 풍경이 아닐 수 없다.

17 이런 점에서 '지방균형발전'은 한국 사회의 복합 다중 모순을 동시에 해소할 중요한 화두이다. 즉, 지방균형발전의 문제는 단순히 수도권과 지방의 격차를 줄여 골고루 잘 사는 나라를 만든다는 차원 이상으로 새 생명을 낳고 기를 출산 친화의 땅을 만들 핵심 동력으로서 중요하다.

표 5-3 수도권과 지방 대학 입학자 규모(2010년과 2020년)

시도	2020년		2010년		비고	
	입학 정원	입학자(A)	입학 정원	입학자(B)	차이(A–B)	비율(%)
서울	72,666	84,818	74,562	84,086	732	0.9
부산	30,436	32,845	33,754	37,026	–4,181	–11.3
대구	9,822	10,670	10,638	11,659	–989	–8.5
인천	6,789	7,700	7,282	7,563	137	1.8
광주	13,825	15,000	14,524	15,606	–606	–3.9
대전	18,224	19,212	18,909	20,464	–1,252	–6.1
울산	3,092	3,294	3,750	4,011	–717	–17.9
세종	2,657	2,863	2,939	3,209	–346	–10.8
경기	37,475	41,251	38,908	43,281	–2,030	–4.7
강원	16,116	17,255	17,977	19,760	–2,505	–12.7
충북	16,125	17,325	17,852	19,122	–1,797	–9.4
충남	26,876	29,637	32,287	35,031	–5,394	–15.4
전북	15,258	16,864	18,416	19,777	–2,913	–14.7
전남	8,186	8,621	9,993	10,311	–1,690	–16.4
경북	25,146	26,320	29,210	31,183	–4,863	–15.6
경남	13,550	13,811	15,405	16,568	–2,757	–16.6
제주	2,450	2,462	2,604	2,603	–141	–5.4
전체	318,693	349,948	349,010	381,260	–31,312	–8.2
수도권	116,930	133,769	120,752	134,930	–1,161	–0.9
비수도권	201,763	216,179	228,258	246,330	–30,151	–12.2

자료: 한국일보(2021. 5. 16), "수도권 대학 입학생 1100명 줄 때 지방대 3만 명 감소" 참조. 통계 자료의 출처는 종로학원 하늘교육 제공.

〈표 5-3〉에서 보듯이 대학 졸업자의 비중은 여전히 지방이 높다. 즉, 지방 청년의 구직을 위한 상경 행렬이 불가피한 측면이 있다는 것이다. 그런데 지방에서 태어나 교육받고 취업은 수도권에서 하는 이들은 도시에서 가장 취약한 계층이다. 주택가격이 폭등할 때 가장 열위에 놓이는 집단이기도 하다. 서

울과 수도권의 택지 공급의 한계 및 청년세대의 지속적 유입은 바로 '지옥고'[18]로 불리는 열악한 주거 형태를 확산시켰다. 이 비주택 주거 공간의 보급은 서울이 얼마나 인구 과밀로 출산과는 거리가 먼 불임의 도시로 변해 갔는지를 상징적으로 보여 준다. 예컨대, 지옥고 같은 공간은 자녀양육은커녕 성인 한 사람의 안전한 삶도 보장 못하는 정도이니 출산력이 감소는 당연한 귀결이라고 볼 만하다.

여기에 수도권의 경쟁 과열을 부추기는 또 하나의 충격파가 밀어닥쳤으니 2017년 이후 부동산 가격 폭등 현상이다. 이 현상은 다시 한번 모든 저출산 요인을 심화시키는 돌풍으로 작용한다. 아래에서 살펴보자.

5. 또 하나의 충격: 부동산 가격 폭등과 N포세대 저출산 심화

위에서 만성적인 청년 실업과 노동시장의 불안정이 청년세대의 의식 변화와 일정한 관련이 있음을 살펴보았다. 추후 살펴보겠지만, 이렇게 청년세대의 의식이 급격히 비출산으로 전환해 가는 와중에도 다양한 아동가족 정책들이 입안되었다. 특히 보육료 전 계층 지원 등의 조 단위 사업이 지속되면서 가파른 출산율의 하락은 진정되는 듯 하였다. 그런데 이 정도의 횡보 장세가

18 지옥고라는 표현은 2030세대의 은어였다. 지하 월세방, 옥탑방, 고시원을 모아 부르는 준말인데, 서울에 흔한 비주택 세 가지를 일컫는 용어가 되었다. 이 세 주거 형태들은 사람이 살 수 있는 주거지로서 법적 허가를 얻지 못한 곳이 대부분이며, 대체로 인간이 주거할 수 있는 최소한 조건(면적, 채광, 습도, 프라이버시 보호 등)도 갖추지 못한 공간으로서 비싼 임대료 부담을 피해 주거약자 청년들이 거주하는 곳이다.

2017년이 되면 끝이 나고 만다. 2017년 이후 일찍이 보지 못한 가파른 하락세가 지속되었으며, 그 결과 2022년에는 마침내 합계출산율 0.78을 기록하기에 이르렀다. 그렇다면 2017년 그 이후에는 일·가정 양립 정책이 후퇴하였거나 양육 지원 예산이 축소되는 등의 변화가 있었던 것인지 의심될 만하나 전혀 그렇지 않다. 2017년부터 5년 동안 문재인 정부에서 아동가족 정책 추진은 평균 이상으로 활발하였다. 문제는 부동산이었다. 서울시 2006년부터 2018년 기간 아파트 가격의 변동과 출산율을 분석한 이재희·박진백(2020)에 의하면, 둘 사이에는 실증적인 상관관계가 관찰된다고 한다.

> 합계출산율은 아파트 가격과 음(–)의 관계로 분석되어 아파트 가격 상승이 출산율 하락과 관계있는 것으로 분석되었다. 특히, 자녀계획을 하고, 임신과 출산 기간을 고려하여 출산 1년 전, 2년 전, 최근 3년 평균 수준의 아파트 가격을 대상으로 분석한 결과 3년 평균 아파트 가격이 높을 경우 출산율이 가장 큰 폭으로 하락하는 것으로 분석되었다. 주택 공급의 증가는 출산율 하락과 관계있는 것으로 분석되었다. 서울과 같이 인구 유입, 투자 등 시장의 수요가 많은 지역에서는 주택 공급이 주택가격 안정으로 이어지는데 제한이 있을 수 있다. 특히 시장 수요 중 투기 수요가 많을 경우 주택 공급은 해당 주택뿐만 아니라 시장 전반의 가격을 상승시킬 수 있고, 이는 출산율을 낮추도록 작동할 수 있다.[19]

1992년부터 2022년까지 전국 16개 광역 지자체를 중심으로 출산율과 부동산 가격 간의 관계를 연구한 박진백(2020)은 둘 사이의 상관관계를 다음과 같은 공식으로 제시한 바 있다.[20]

---

19 이재희·박진백(2020).
20 박진백(2022), p. 23.

- 주택가격 상승 충격은 자녀 출산을 포기하게 할 유인으로 존재하며, 과거에 비해 최근으로 올수록 이 영향력이 커진 것으로 분석됨.
- 전년도 주택가격의 상승은 당해 연도 합계출산율의 감소와 관계있는 것으로 분석되었음. 동태 패널 모형 기준으로 전년도 주택가격 1% 상승할 경우 합계출산율은 0.002명 감소하는 것으로 분석되었음.
- 주택가격 상승 충격이 발생하면 합계출산율은 최장 7년간 그 영향력이 지속되며 주택가격 1% 상승에 따라 7년 동안 합계출산율은 약 0.014명이 감소하는 것으로 분석되었음.

실제로 〈그림 5-6〉에서 보는 것처럼, 2008년부터 2021년 기간에 서울의 아파트 가격과 서울의 출산율을 겹치면 완벽한 대칭을 그리는 것을 확인할 수 있다.

이와 유사한 그래프는 연도를 더 앞당겨 보아도 마찬가지 형태를 나타낸다. 여러 가지 의미에서 자녀 출산은 부동산의 준비와 밀접한 관련이 있다고 한다. 동물들도 새끼를 낳기 전에 보금자리를 준비하듯 거주할 공간의 준비는 출산과 밀접한 관련이 있으며, 집은 자녀 성장을 안전하게 뒷바라지할 경제적 기반이자 미래 불안과 맞설 보험이다.

그런데 문재인 정부 동안 집값은 약 2배로 치솟았다. 그러므로 한동안 2030 무주택 청년들은 더 이상 출산을 생애 전망 안에 끌어들일 수 없었던 것으로 보인다. 말하자면, 이 기간에 나타난 극단적인 저출산은 지금의 청년 세대들이 주택 마련의 전망을 잃어버린 데 대한 반응이라고 이해하는 것이 적절하다고 본다.

요약하자면, 한국의 비상한 저출산은 개발도상국 조건 및 사회문화적

그림 5-6 부동산 가격과 출산율의 관계 (단위: %, 억 원)

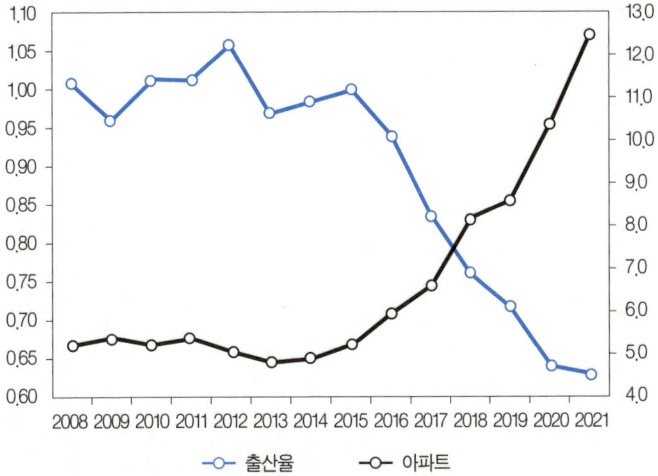

자료: 통계청 시도별 합산출산율; KB 월간동향 아파트 평균매매가.

요인, 그리고 저출산 인구 정책의 불완전성 이외에도 그 밖의 정책 요인들, 즉 교육 정책과 부동산 정책의 실패가 어우러져 빚어낸 종합적 결과물이다. 저출산 해소를 위해서는 우선 아동가족 정책을 정비해야겠지만, 다른 분야의 정책적 요인들, 특히 부동산 관련 정책에서도 출산 관련 민감성을 잃지 않고 견지하는 일이 매우 중요하다는 점을 지적하고자 한다.

제 2 부

한국 사회의 저출산 인식과 대응

앞서 제1부에서는 선진 각국의 저출산 추세와의 비교 속에서 한국 특유의 비상식적인 저출산 요인을 분석해 보았다. 이제 시선을 한국 사회 내부로 돌려 저출산 문제를 어떻게 인식하고 극복의 노력을 기울이는지 살펴보기로 한다. 먼저 제6장에서는 한국의 저출산 인구 정책을 태동시킨 당대의 담론 지형을 언론 기사 및 기타 정책 문건들을 통해 짚어 본다. 그리고 제7장에서는 저출산 인구 정책의 제도적 인프라로서 조직과 행정체계를 조명해 보며, 제8장에서는 그 기반 위에서 현재까지 추진해 온 정책 및 사업의 내용을 검토해 본다. 마지막으로 제9장에서는 기존 정책의 기여와 한계를 종합적으로 평가해 본다. 이는 이어지는 제3부에서 한국의 저출산 인구 정책의 대전환을 제언하기 위한 것이다.

제6장

저출산 담론 지형의 전개

이 책에서 사용하는 '저출산 인구 정책'이란 인구 정책 중 저출산 현상에 개입하기 위한 일련의 정책을 말한다. 통상 인구 정책이라고 하면 다음 세 가지 정책을 포괄한다. 저출산을 해소하기 위한 인구 정책이 가장 중심이지만, 인구의 증감에 대응하는 정책들이 있는데, 예를 들면 이민 정책이나 교육 정원, 병력 자원 조절 정책 등도 인구 정책에 속한다. 또한 인구 문제로 파생되는 문제, 즉 인구의 사회적 이동으로 인한 지방소멸 대응 정책 같은 것도 인구 정책의 일 범주라 할 것이다. 이 책은 그중 저출산 관련 인구 정책을 다루었다.

이 장에서는 지난 약 20년간 저출산 이슈를 들여다보는 당대의 담론 각 축을 언론 기사 및 기타 정책 문건들을 통해 짚어 보기로 한다. 언론과 정치권에서는 어떤 프레임으로 이 문제를 다루었는지, 그리고 전문가들과 연구기관들은 어떤 문제의식을 가지고 인구 이슈를 의제화하며 대책을 수립해 나갔는지 등을 살펴보기로 한다.

1. 담론 지형 분석 방법 및 자료

여러 자료를 종합해 볼 때 한국에서 인구위기를 처음으로 심각하게 체감한 것은 2000년대 초반이었다. 그 후 언론과 국책 연구기관 및 전문가 집단들을 중심으로 저출산 문제를 둘러싼 다양한 담론들이 형성되면서 정부의 주요 정책 과제로 자리매김하게 되었고, '저출산 기본계획'을 중심으로 적지 않은 재정지출도 하며 저출산 극복을 위한 정책적 노력을 기울였다. 여기에서는 지난 20여년간 일련의 정책적 대응을 촉발한 상황 인식을 담론 지형의 분석이라는 이름으로 살펴보고자 한다.

이 책에 다루는 자료는 주로 각 신문사의 과거 기사 검색 서비스를 이용하였으며, 연도별로 핵심 키워드를 넣어서 해당 기사가 나타나는 빈도 및 내용을 검토하였고, 기사들에 언급된 내용과 관련하여 국책 연구기관 및 전문가들의 논문과 보고서를 추적하였다. 필요할 경우 국회 기록물도 검토하였다. 언론은 보수 지면으로 조선일보와 중앙일보, 진보 지면으로 경향신문과 한겨레 4개 기관을 대상으로 하였음을 밝혀 둔다.

관련 자료들을 종합해 보면 인구와 관련된 주요 이슈들은 몇 개의 담론[1] 덩어리들 안에서 논의가 되었고, 각 담론들은 서로 간에 때로는 경합하고 때로는 접합하면서(경우에 따라 탈접합하면서) 저출산의 이슈들을 의제화한 것으로 평가된다. 나중에 살펴볼 정부의 정책적 대응은 이러한 저출산 이슈를 의제화하는 인식의 틀을 따라서, 그리고 사회 각 진영 간 힘의 역학 관계를 반영해 성립되고 실천되었다. 이러한 일련의 과정을 등장 순서대로 살펴보면 다음과 같다.

2. 저출산 위기 담론의 등장과 정부의 대응

인구 문제의 심각성을 처음 거론하기 시작한 것은 2000년 무렵으로, 1999년의 합계출산율이 1.42로 당시 역대 최저를 기록하자 정치권이나 정부 혹은

1 담론은 단순히 주장이나 문장의 나열이 아니라 문건들 속에 편재한 일련의 가치체계 혹은 주장들을 중심으로 묶어 낸 문장들의 집합을 지칭한다. 일련의 가치체계로 연결된 주장들은 정치적 실천 효과를 전제한다고 할 때, 담론 분석은 늘 텍스트의 구조나 내용을 발화자(혹은 발화 집단)의 특성과 함께 발화자가 속한 이해관계의 맥락 및 정치적 효과와의 연관 속에서 분석하는 것을 말한다. 그런 점에서 이 장에서는 개별 논자의 주장을 평면적으로 비교하는 대신 특정한 정치적 효과를 함축한 일련의 주장들의 묶음으로서 저출산 이슈를 다루고자 한다.

국책 연구기관이 아닌 언론에서 먼저 문제를 제기하였던 것으로 보인다. 그러나 이때부터 시작된 언론의 문제 제기가 곧바로 정책 변화로 연결되지는 못하였고, 몇 년간을 그냥 흘려보내고 말았다. 정부가 사태의 심각성을 깨닫고 본격적으로 '출산억제' 대신 '출산장려'의 기조로 선회한 것은 2005년 저출산 5개년 기본계획인 이른바 '새로마지 플랜'부터라고 할 수 있다.

언론 기사를 검토해 보면, 1998년 IMF 위기로 암울한 세기말을 넘기면서 꾸준히 지속된 출산율 하락이 처음 주목받은 것은 정확히 2000년부터였던 것으로 확인된다. 사실 정부가 종전까지의 산아제한 정책의 폐기를 선언하고 이른바 '신 인구 정책'이라는 이름으로 전환한 것은 1996년부터였으나 1996년부터 2000년까지는 정부의 그 같은 선언이 별다른 주목을 받지 못하였고, 종전의 정책 기조(즉, 출산억제 정책 방침)가 관성적으로 유지되었다.

당시 정부의 공식적인 정책 목표는 "경제사회 발전의 지속이 가능할 정도의 '안정 인구'를 유지하는 것"이었고, 1996년부터 2005년 5월 18일 「저출산·고령사회기본법」을 제정할 때까지 인구보건복지협회[2]를 중심으로 펼친 사업을 보더라도 그 내용은 출산과는 무관한 것들이었다. 주로 청소년 성교육 및 임산부의 건강 지원 사업, 모유수유 운동 등이었다. 과거와 같이 출산력 감소를 위한 산아제한에 중점을 두지는 않았으나, 그렇다고 출산력 증강이라는 관심으로 이전을 한 것은 아니었음을 알 수 있다.

그렇다면 언제부터 출산력 저하를 문제로서 인식하게 된 것일까? 한국 저출산 정책의 형성과정을 담론적 구성 및 그 사회적 배경에 연결 지어 살핀 강은애(2019)에 의하면, "한국 사회에서 저출산 위기에 대한 문제 제기는 정부

2 당시의 기관 명칭은 '대한가족보건복지협회'이었는데, 이 명칭은 종래 '대한가족계획협회'로부터 1999년 개칭한 것임.

나 전문가 그룹보다는 언론에서 먼저 나왔다"고 한다. 확인한 바에 의하면, 최초로 저출산을 문제로 언명한 기사는 2000년 10월 1일자 조선일보의 한 칼럼[3]인데, 이때 처음으로 저출산이라는 표현이 등장한다.

흥미로운 것은 2000년 10월 1일 이전에는 조선일보와 중앙일보, 경향신문과 한겨레 등 4개 언론사 어디에도 저출산이라는 용어 자체가 등장하지 않는다는 점이다. 전문가들 사이에서는 '출산율의 저하'라는 표현은 간간히 등장하지만, 합계출산율 2.0 이하가 되면 결국 인구감소로 이어질 수 있다는 추론을 제기하는 정도일 뿐 문제 상황이라는 언급은 어디에도 나타나지 않았다. 출산율의 하락 추이를 지표로 확인하면서도 일시적인 것으로 바라보는 흐름이 강하였고, 그 배경에는 출산력 감소 목표에 도달하였다는 안도가 강하게 작용하였던 것이 아닌가 짐작하게 한다.

그런 와중에 조선일보의 기사가 나온 것인데, 이 기사가 나오자마자 경향신문에 기고문 형식의 반론 기사(2000. 10. 14)가 나온다. 그러면서 경향신문 기사는 저출산에 대하여 오히려 긍정적인 현상으로 묘사한다. 기사 제목부터 "저출산 걱정은 기우다"로 되어 있다. 기고자인 서울대 보건대학원의 이시백 교수는 전년도인 1999년의 합계출산율 1.42 및 그 이전의 하락 추세를 거론하며 저출산 사회로 변모되어 가는 전반적인 경향을 보여 주므로 이것은 염려할 일이 아니라 오히려 고무적인 일이라고 평하였다. 또한 역사적으로도 잘사는 나라치고 출산력이 높은 나라는 하나도 없다는 점을 지적하고 현재 우

3 조선일보(2000. 10. 1) 논단에 게재된 "'출산율 저하' 통계의 충격"이라는 칼럼이었으며, 기고자는 당시 한국보건사회연구원의 부원장 조남훈으로 되어 있다. 기사의 내용은 1999년도 1.42 출산율을 '매우 충격적인 사건'이라 하고 '인구가 감소하면 저연령 및 노동력 인구가 감소하고 상대적으로 노인인구가 급격히 증가해 사회복지 측면이나 국가경쟁력 측면에서 커다란 문제가 될 것이기 때문에 해외 노동력의 대량 유입이 불가피하게 되는 등 향후 우리나라 사회경제 전반에 매우 큰 여파를 몰고 올 것이므로 정부의 대응을 촉구한다고 하였다.

리나라의 낮은 출산력은 반가운 일이라고 소개한다. 아울러 장차의 노동력 감소에 대한 염려도 기계화의 가속이나 여성 노동력의 활용, 그리고 남북통일로 얻어질 총인구 규모 등을 염두에 둔다면 결코 염려할 일이 아니라는 것이 그의 주장이었다. 이 기사에서 보는 것처럼, 저출산을 문제시하는 논조는 2000년 당시 일반적이지 않았다.

그러나 2001년에 들어서면 분위기가 달라진다. 출산율이 계속 떨어지자 언론의 논조에도 변화가 나타났고, 지속적인 출산율 하락은 문제라는 기사가 빈번하게 등장하였다. 특히 경향신문의 경우, 2001년에 이르면 '저출산·고령화 사회'라는 키워드로 출산력 저하의 여파를 경고하는 기획 기사를 연달아 내보내는 것을 볼 수 있다. 통계지표나 연구 보고서들을 기반으로 고령화 사회의 전망에 대한 전문가 진단(2001. 7. 6)을 내보낸 데 이어, 이민 정책으로 고령화에 대처하는 캐나다 사례(2001. 7. 13), 저출산·고령화 사회의 인구 정책을 성공적으로 구사하는 프랑스 사례(2001. 7. 20), 성평등 복지 정책의 성공 국가로서 스웨덴 사례[4](2001. 7. 27)를 소개하는 것 외에도 지속적인 인구 고령화로 인한 산업 재편 및 노인복지의 수요 증대 전망과 함께 인구 정책의 기조 전환을 촉구하는 등 다방면에 걸친 고령화 사회의 정책 이슈들을 쟁점화하였다.

중앙일보 역시 저출산·고령화의 심각성과 경제활동을 하는 여성의 육아 장벽이 큰 걸림돌이 되어 출산율이 떨어지고 있으니 그 대책으로 모성보호 관련 법 개정(육아휴직 유급화와 산전후 휴가 90일 연장을 주 내용)의 의미를 소개(2001. 7. 21)하기도 하고, 출산 정책의 기조 전환을 촉구(2001. 7. 12, 2001. 7. 13,

4 특히 이 신문기사는 스웨덴의 특기할 만한 저출산 인구 정책 사업들 이외에 이 나라가 가진 정책 철학을 소개하는데 그 내용이 주목할 만하기에 소개한다. 스웨덴의 저출산 인구 정책은 "출산 여부는 여성의 주권이라서 개입하지 않고 출산의 방해 요소만 찾아내 제거해 준다"는 표현이 등장한다. 이는 짧지만 매우 중요한 표현이다.

2001. 11. 27)하는 기사를 연달아 내보낸다. 또한 인구 구조의 맥락에서 인구 고령화 추이에 대한 기획 기사도 꾸준히 내보낸다(2001. 3. 26, 2001. 6. 13). 그런데 흥미로운 것은 출산 정책의 방향 선회를 제안하면서도 그렇지 않은 주장을 하는 전문가의 의견을 같이 소개(2001. 7. 12)하는 등 균형을 유지하려는 태도를 엿볼 수 있는 점이었다.

이어지는 2002년은 그해 말 대선을 앞두고 있어 정책 이슈 발굴에 관심이 높아지면서 저출산·고령화 이슈가 더욱 빈번하게 지면을 장식하는 것을 볼 수 있다. 2002년도 3월 6일의 한겨레 기사가 대표적인데 이 기사는 지면 배치를 늘린 특집기획 기사로 이 문제를 다루고 있다. 『2000년 전국 출산력 및 가족보건실태조사』 및 미국 컨설팅 전문회사인 매킨지에서 낸 『우먼코리아 보고서』 등을 토대로 적정 비용으로 저출산을 막지 못하면 국가가 파산할 수 있다는 경고를 제시하며, 작금의 출산율 저하는 출산이 여의치 않은 사회 환경에 대응한 자구책으로서, 말하자면 '출산파업'에 해당하므로, 출산과 육아 문제는 더 이상 '개인의 선택'이 아닌 '사회적 결단'의 대상이라는 지적을 하고 있다.

이런 언론의 가열찬 문제 제기 및 저출산 위기 담론의 확산에 대응하여, 보건복지부는 2002년 9월에 2억 원의 연구비를 배정해 인구 정책의 전환을 준비하는 용역을 발주한다. 그에 앞서 출산율 저하에 대한 우려를 반영해 한국보건사회연구원 김승권 박사팀이 수행한 『2000년 전국 출산력 및 가족보건실태조사』의 자료는 한국 인구 문제의 심각성이 적나라하게 제시하는 다양한 내용(장래 노동력 부족 전망 및 출산 의식의 하락 원인 등)은 물론 출산 의식 변화까지 실태조사를 통해 본격적으로 분석하고 있어 저출산 문제를 다룬 기사들의 원자료를 제공하였다.

마침내 2003년에 이르면, 당시 새로 집권한 노무현 정부 청와대로부터 '새 인구 정책'을 추진하라는 지시에 따라 보건복지부는 부처 내 '인구 정책 전담 조직'을 두고 장기적인 인구 정책을 추진할 계획임을 발표한다. 국회에서도 부쩍 고령화와 저출산의 인구 문제에 대한 논의가 급증하였고, 대통령 직속 '고령사회대책위원회'의 설치와 같은 제안(2003년 4월 10일자 새천년민주당의 김성순 의원이 국무총리를 상대로 한 국회 본회의 대정부 질의)이 국회에서 나오기도 한다. 이런 과정을 거쳐 정부는 관련 연구 용역을 실시하고 새로운 정부 기구의 설치 및 역할에 대한 대체적인 합의가 이루어져 2005년 5월 18일 마침내 「저출산·고령사회기본법」을 제정·공포하기에 이른다. 이로써 1960년 이래 45년간 이어져 온 인구증가 억제의 기조를 출산장려로 전면 전환함과 동시에 저출산 인구 정책의 입안과 시행을 위한 법적·제도적 기반을 완성하게 되었다.

이러한 제도적 인프라를 구축한 다음 그 기반 위에서 출산력 제고를 위한 정책과 사업의 실천에 돌입함으로써 2006년 이후 우리 사회는 '출산억제'에서 '출산장려'로 정책 기조를 본격적으로 전환하였다. 이와 동시에 '대한가족보건복지협회'[5]를 '인구보건복지협회'로 개칭하여 저출산 문제에 해결을 위한 다양한 캠페인과 사업을 수행하도록 하였다.

종합하면, 당초 저출산·고령사회 의제의 형성 및 제도적 인프라의 구축에 민간, 특히 언론사에서의 문제 제기가 시발점이 되었으며, 그 후 대선(특히 2002년 대선)을 계기로 한 정당 간 의제 경쟁을 거치면서 축적된 정책 수립의 에너지가 2003년 새 정부 수립 이후 2005년에야 마침내 여야 국회의원들과 정

5 출산억제 목적으로 기구가 창설될 당시 명칭은 사단법인 '대한가족계획협회'였는데, 1996년 출산억제 대신 '인구의 질적 향상에 기여'할 목적으로 기구의 미션을 수정하면서부터는 '대한가족보건복지협회'라는 명칭을 사용해 왔다.

부에 의해 입법으로 귀결되었다.

3. 모성보호 입법을 위한 저출산 위기 담론의 차용

앞서 보았듯이 2001년 이후 저출산 위기 담론이 확산하면서 2002년 말 대선 국면을 앞두고 저출산 위기 담론은 한층 더 뜨거운 정책 이슈로 발화되었으며, 2005년에 이르러 「저출산·고령사회기본법」이라는 결실로 귀결되었다. 그런데 그 사이 기간인 2001년 한 해도 주목할 만한 주요 정책이 동시에 도입되었다. 한국의 저출산 인구 정책 분야에서는 획기적이라 할 만한 입법과 정책이 동시에 이른바 '모성보호'의 이름으로 입안해 시행되었던 것이다.

이 입법의 주요 내용은 '종전 60일이던 산전후 휴가의 90일로 연장'과 '유산(사산) 유급 휴가제 도입', '가족간호 휴직제 신설' 그리고 '육아휴직급여 지급'을 골자로 하며 다양한 쟁점이 각축을 벌였다. 임신, 출산 시 근로자 본인의 건강권은 물론 태아의 안정적인 양육 환경을 보장하는 제도로서 여성 근로자의 모성보호라는 주제로 여성계[6]와 노동계(민주노총계는 반대)의 강한 요구에 각 당이 호응하는 모양새로 출발하였지만, 소요비용 추계 및 비용 부담의 주체, 경제발전 기여도를 놓고 치열한 논전이 이어졌다. 마침내 2001년 6월 26일 상임위 통과, 7월 28일 본회의 통과로 법 개정을 완수한 뒤, 11월 시행령 개정을 거쳐 육아휴직급여를 개시하는 등 한 해 동안 법 개정과 시행령 개정

6 여성계는 이때 일제히 단합하여 '여성노동법개정연대회의'라는 협의체를 구성해 법 개정에 힘을 싣는다. 연대회의에 함께 한 단체는 한국여성단체연합과 한국여성단체협의회, 한국노동조합총연맹, 전국여성노동조합, 한국여성노동자협의회, 환국여성민우회 등 6개의 전국적 단체였다.

을 완료해 정책이 시행될 수 있었다. 이를 위한 예산안을 일반회계에 포함시키는 등의 준비가 있었던데다가 전년도에 이미 여성계와 노동계가 힘을 합쳐 청원한 기반이 있었기 때문이다.

사실 입법의 주요 골자는 연초 노동부 장관의 대통령 연두 업무보고에도 이미 포함된 것이었음에도 상임위와 본회의 통과과정은 결코 순조롭지 못하였다. 재계는 당시 고용보험료 사업주 부분의 부담이 올라가는 것(궁극적으로 제품의 생산비용을 올림으로써 경쟁력을 약화시키는 것)을 이유로 이 제도의 도입을 극렬하게 반대하였고, 노동계(노동계의 일부)는 여성 노동자에게만 고용보험료의 지급 기회가 높아지는 형평성 문제와 보험료 부담의 인상이 불가피한 데 대한 부담을 이유로 반대에 나섰던 탓이다.

여성 노동계의 반대 이유(고용 회피나 여성 근로자에 대한 특별한 보호의 해제에 대한 염려)도 일부 작용을 하였지만, 그중에서도 가장 치열하였던 공방은 추가될 비용 부담의 책임을 누가 질 것인가를 놓고 벌어진 다툼이었다.[7] 즉, 처음에는 일반회계가 부담하는 것으로 시작한 논의였지만 정부가 일찌감치 선을 그으면서 육아휴직급여는 물론 30일간의 산전후 휴가비용도 고용보험으로 전가되었다. 이에 고용보험의 적자가 감당할 수 없을 정도로 커질 것에 대한 우려의 목소리가 높아지면서 개정안 통과의 발목을 잡았다. 추후 고용보험료를 올리고 궁극적으로 사업주의 인건비 부담이 올라가는 것을 우려하는 목소리가 여성 노동력의 질 유지라든가 모성보호의 목소리를 압도하며 진퇴

7 당시 함께 추진한 근로기준법 개정 중에는 종전 '여성 근로자를 특정한 작업이나 야간 근로로부터 보호하는 조항'을 개정하는 논의가 포함되어 있었는데, 여성 노동계 일부는 이 개정은 남녀평등의 증대가 아니라 여성적 특수성에 대한 배려를 앗아가는 것이라며 저항하기도 하였고, 특히 모성보호 조항을 도입하면서 대신 유명무실한 생리휴가를 폐지하려는 사용자 측 요구에 강하게 반발하는 등 법안 개정과정 내내 경제인단체(재계) 못지않게 강하게 법 개정에 반대하는 활동을 펼치기도 하였다.

를 거듭하였지만, 결국 산전후 휴가 90일 연장 및 육아휴직급여 월 20만 원으로 그해 11월 최종 마무리가 되면서 입법 드라마가 막을 내렸다.[8]

이해관계자들 간의 충돌과 각축이 이처럼 치열하였던 것은 일차적으로는 출산과 육아의 여건 확보라는 가치에 대한 공감 부족에 따른 것이다. 다른 한편으로는 출산과 육아의 시간이 노동의 시간과 충돌하지 않도록 제도적으로 조정하는 일이 국가사회적 책임으로 인식되지 않았고, 여성 개인에게 발생하는 일로서 당사자가 해결해야 할 문제로 인지되고 있었기 때문이라고 본다.

이와 궤를 같이하여 육아휴직과 산전후 휴가 정책이 도입할 당위를 주장하는 문건에서도 당시 사람들은 직장에 복귀하기 전 모체의 온전한 회복에 필요한 시간을 보장하는 데 중점을 두며 여성 노동력의 질 관리라는 차원에서 제도 도입의 의미를 부여하였다. 노동하는 여성의 시간과 출산·육아하는 여성의 시간이 충돌하는 것을 회피하게 하는 불가피한 조치라는 생각보다는 그저 여성 노동력의 능률을 높인다는 정도의 사고에 머물러 있음을 볼 수 있다.

여성 노동력에 대한 인식이 낮고 일과 가정의 양립이 사회적 책임이란 개념이 희박하였던 탓인데, 돌이켜 보면 모성보호 입법이 성사된 2000년대 초 여성 노동력에 대한 인식이 매우 허약한 토대 위에 구축되어 있음을 방증한다. 실제로 한국 사회에서 처음 대기업 공채 대상에 대졸 여성을 포함한 것은 1995년경부터였고 여성의 취업이 특정 직종·직역을 넘어서서 일반 사무직 직역

8 저자는 '저출산 인구 정책' 역사상 관련 당사자들 간 협상과 대립이 이만큼 격렬하였던 사건은 다시 없었던 것으로 기억한다. 나중에 보육비 전 계층 지급의 시행을 수행할 당시 재정 당국이 교육부 예산으로 이 부분을 감당하려고 하면서 필요한 예산을 제때 확보하지 못해 현장과 엄청난 혼선을 빚는 또 한 번의 대격돌이 있었지만, 이 입법과정처럼 이해당사자 집단이 복잡하게 등장하는 것은 아니었다.

으로까지 확대된 획기적 변화가 시작된 지 불과 5~6년이 지난 시점에 불과한 시기였으니 여성 노동자가 일하는 몸으로서 지속하게끔 장애물 제거는 국가의 책임이라는 인식이 생겨나기에 시간상으로 촉박하였을 수는 있을 것이다.[9]

그럼에도 여성계와 노동계는 2001년도에 들어가면 모성보호법 개정을 둘러싼 '출산파업' 등의 용어를 사용하면서, 저출산 위기 담론을 숙원인 출산휴가의 90일 연장 및 육아휴직 유급화의 필요성을 설득하는 논거로써 제시한다. 즉, 저출산 위기 담론이 모성보호 조항의 입법을 설득하는 담론의 정박지로 기능하였다는 의미가 된다. 한국여성단체연합의 김기선미 정책부장은 "육아에 대한 사회적 지지 기반은커녕 애를 제대로 낳기 위한 기본적인 휴가마저 보장되지 않는데 누가 애를 낳으려 하겠는가"라는 말로 입법을 독려하였다.[10] 가장 선명한 언어로 모성보호 입법의 필요성을 저출산에 연결하는 표현들이 여성계에서는 분명한 형태로 발화[11]되고 있지만, 사회 각 부문과 정부는 여전히 출산과 양육이 여성 개인의 사적인 일로 범주화하는 인식의 한계를 벗어나지 못함으로써 난항을 겪어야 하였다. 이는 출산과 양육이 당시만 해도 '여성 개인이 알아서 할 문제'로 인식되었다는 것을 의미한다.

그러나 노동과 양육을 병행하기 불가한 입장에 직면하여 둘 중 하나를 그만두는 상황은 그 후 오랫동안 지속되고 있다. 일을 그만두는 사람들이 늘면 이른바 M곡선(25세부터 40세까지 가임기 연령 여성의 취업률 저하 곡선)이 등장한다. 반면에 일을 계속하려는 사람들이 늘면(그리고 이는 늘 수밖에 없고) 출산

9 더 근본적인 저출산 인구 정책(그중에서도 시간 정책)은 보육 서비스의 보편적 제공인데, 이는 2012년 무상보육이 도입될 때까지 10년을 더 기다려서 추진된다.
10 한겨레(2001. 6. 20), "누가 모성보호를 가로막는가".
11 김대중 정부의 여성특별위원회 사무처장 김경애 교수의 기고문을 보면, 모성보호 입법이 출산력 저하를 막는 필수적인 조치임을 매우 분명한 언어로 강조하고 있다.

율 저하가 나타난다. 이런 사실을 당시에는 심각하게 고려하지 않았으며, 둘을 조화시키는 것은 그저 각자 알아서 할 몫이라는 사고가 지금도 관성처럼 이어져 내려오고 있다.[12]

모성보호 입법에서 확장되고 나아가 여성 노동자에게 출산과 양육이 생애 취업을 방해하는 걸림돌이 되지 않도록 변화해야 하건만, 일과 가정이 양립할 수 있는 사회 환경의 구축은 그 뒤에도 매우 더딘 속도로 진행되고 있다. 2000년대를 넘어 2023년 현재까지도 M자형 여성 취업률 곡선과 저출산은 계속되고 있다. 여성적 특수성에 입각한 노동력이 아닌 일반 노동력으로서 여성들의 생애 취업을 가능하게 하기 위해서는 노동의 시간과 양육의 시간 양립을 국가가 선제적으로 개발할 때 비로소 출산력의 하락이 멈출 것임을 그때나 지금도 충분히 잘 이해하고 있지는 못한 셈이다.

4. 저출산 위기 담론의 병행 담론으로 등장한 보육 문제

한국 사회에서 보육 문제가 언론을 통해 가장 활발하게 제기된 시점은 2000년경이었다. 앞에서 잠깐 언급하였듯이, 우리 사회에서 특정 부문에 한정하지 않고 여성에게 취업의 문이 열리기 시작한 것은 1995년부터였다. 이때 처음으로 산업인력의 주력군이라 할 수 있는 제조업 대졸 사원 취업의 문이 여

12 1990년대는 이미 도시 핵가족 중심의 생활양식이 보편화된 시기로서 직업을 가진 여성들은 돌봄 책임이 면제된 남성 노동자의 표준에 맞추어 작동하는 노동자의 일대기에 개별 가구의 특성을 활용하여 최대한 적응하는 수밖에 없었다. 특히 미취학 아동(및 학령기 자녀)의 돌봄은 친가 혹은 외가 조부모의 조력에 기반하거나 가내 도우미를 고용하는 방식으로 대처하는 것이 일반적이었다. 그 같은 자원이 여의치 않을 때 맞벌이 아내들은 대략 곡예에 가까운 임기응변으로 그 시대를 살았었다.

성들에게 열리기 시작[13]하였다. 이들은 남녀 차별의 벽을 허물고 취업 문을 통과해 몇 년 지나지 않아 새로운 위협에 맞닥뜨리게 된다. 바로 미취학 아동들의 돌봄 조력자를 찾는 일이었다. 2000년에 들어서면 가족위기[14] 담론과 저출산 위기 담론 못지않게 보육의 사회화 이슈가 높은 빈도로 각 언론사의 주제가 된 것은 이 같은 사회·경제적 상황을 배경으로 한다.

그렇다면 당시 보육 정책 및 보육 이슈는 어떤 형태로 제기되었을까? 2000년대 초 일터로 나가는 여성의 숫자는 날로 증가하고 있음에도 한국의 보육상황은 매우 열악하였다. 2002년 당시 취재 기사에 따르면, 보육이 필요한 아동 134만 4,000여 명의 약 절반인 70만 3,000여 명이 보육시설을 이용하며(중앙일보, 2002. 3. 7), 나머지 아이들은 더 비싼 비용을 들여 보모의 도움을 받거나 조부모나 친인척에게 맡기는 선택을 하고 있다고 집계하고 있다. 이에 2001년 3월 6일 「보육사업 활성화 방안」[15]이 발표되었으나 대대적인 여론의 질타를 받았다. 그만큼 이때 (여성)노동자들의 일·가정 양립을 위한 핵심 인프라로서의

13 저자의 기억으로 최초의 대졸 사무직 공채는 1995년 포스코에서부터 시작되었고 그 후 민간 대기업들이 앞다투어 도입·확산되었다.

14 이 책에서 직접 다루지는 않지만 2000년 초반 가족학자 등 전문가들은 물론 언론의 관심을 모았던 큰 화두가 있었는데, 그것은 '가족위기 담론'이라 할 만한 것이었다. 2003년 당시 이혼율 상승이 정점을 찍으면서 전통적인 가족연대가 이완되는 다양한 징후들을 드러냈던 시기인데, 당시 언론들이 이와 관련한 기사들을 집중 제작·보도하였다. 기사의 논조와 강조점은 다양했으나 두 가지 상반된 관점이 특히 주목거리였다. 하나는 가족의 변화와 관련된 징후들에 대하여 종래 한국 고유의 미덕이 타락하는 증거라고 보는 보수적 시각이었다. 다른 하나는 새로운 사회 변화의 물결로서 거역할 수 없는 이 추세에 대하여 '가족의 다양성 관점'에서 접근할 것을 주문하는 여성주의적 시각이었다.

15 당시 보건복지부, 여성부, 노동부 3개 부처 합동으로 발표한 「보육사업 활성화 방안(3.6)」이라는 발표 자료는 현재 인터넷 검색으로 조회되지 않았고, 며칠 뒤 추가로 발표한 「보육사업 활성화 방안(3.6) 후속 조치」에서 '추후 보다 본격적인 구체적 대안을 약속'하는 내용이 있는 점과 '유아교육 공교육 체제 실현을 위한 범국민연대모임'(민주노총 등 34개 단체 참여)에서 정부의 보육 정책을 조목조목 반박한 보도 자료를 내놓은 점 등을 미루어 볼 때 당시의 일반의 기대 수준에 정부의 대책이 한참 못 미치는 내용이었음을 확인할 수 있다.

보육 정책은 그 질을 논하기 이전에 수요조차 턱없이 낮은 수준이었다.

이렇게 보육 인프라 구축이 정책 수요를 따라잡지 못하는 지연이 지속된 이유는 보육을 여성 혹은 개별 가정의 문제로 바라보며 공공 의제가 아닌 사적인 일로 간주하는 프레임 때문이라고 본다. 보육 문제에 관한 당시 언론사들의 기사 내용을 보면, 아이 두고 나가는 가정의 보육 수요에 비해 보육 시설이 크게 부족한 점을 지적하는 경우가 많고, '많은 여성 노동자가 고충을 토로한다'는 식의 시급성을 일깨우는 논조가 흔하며 보육 서비스의 공급을 국가의 최우선적 책임으로 인식하도록 하는 데까지는 나아가지 못하였다. 즉, 당대의 담론 수준은 여전히 보육을 공적인 의제로서가 아니라 사적인 일에 대한 국가의 (온정적) 관심의 차원에서 바라보는 한계를 드러내고 있었다고 할 수 있다.

그 이후 20여 년이 지나서도 미완의 정책(여전히 유보통합이 미루어지고 있으니)으로 논란을 거듭하는 보육 정책이 처음 사회 문제로 등장할 당시 주로 논의한 부분은 시설과 프로그램의 공급 및 비용 문제였다. 그리고 이때 보육 정책의 이슈는 저출산과 연결해 다루기도 하지만, 독자적인 이슈로 취급하는 경우가 더 많았다. 즉, 대부분의 보육을 다루는 기사는 저출산과의 연결고리를 설정하지 않은 채 따로 다루어졌고, 간혹 함께 언급하는 경우 두 사건을 병렬적으로 언급하는 경향을 띠고 있다. 그 이후에도 보육은 주로 시설 운영에 대한 모니터링 문제나 프로그램의 질 담보 이슈, 국공립 어린이집 확대의 필요성 등에 초점을 맞추어 다루어지면서 상당히 기술적인 쟁점으로 이동한 측면이 강하다.[16]

16 자세한 내용은 제8장 3. 보육 정책을 참조.

여성 노동이 보편화하는 시대 흐름에도 불구하고 지속되는 일·가정 양립이 불가능한 사회 구조가 저출산을 초래한 원인 중 하나라는 점은 충분히 인식하였더라면, '보육' 역시 좀 더 빨리 입법화를 추진하고 예산도 투입할 수 있었을 것이다. 이렇게 볼 때 의제 설정의 프레임이 부정확하면서 정책화 시기가 지연되었고, 그 결과 출산율의 하락이 더 가파르게 나타난 측면이 있다. 이 같은 교훈은 지금도 여전히 적용된다. 문제의 본질을 똑바로 보지 못하면 해결이 지연되고 결과는 초저출산으로 귀결된다.

5. 저출산 위기 담론과 인구 고령화 문제의 접합

한편, 2000년대 초반 출산율 저하에 대한 관심이 높아질 당시 정치권에서 먼저 정책 의제로 채택한 이슈는 저출산 문제가 아니라 '인구 고령화의 문제'였다. 왜 저출산을 바로 의제로 선택하지 못하고 고령화 입법을 준비하다가 오히려 저출산을 끼워 넣기 식으로 추진한 배경을 파악해 보자.

2002년 17대 대선을 앞두고 각 정당 후보들이 앞다투어 내세운 공약은 노인복지 정책이었고, 노무현 후보는 '고령사회대책특별위원회'를 대통령 직속으로 두겠다는 공약과 함께 '고령사회대책기본법' 제정을 공약으로 내걸었고, 실제로 당선 후인 2003년 '고령화 및 인구대책기본법안'의 정부 발의를 주도하였다. 그리고 이 법을 입법하는 과정에서 당시의 저출산 문제의 의제를 포괄하면서 「저출산·고령사회기본법」으로 제정되었는데, 여기에는 마침 2002년 합계출산율이 1.17로 발표되면서 경각심이 더욱 고조된 여건이 작용하였다. 그 후 정부는 보건복지부 산하에 '신인구정책위원회'와 인구 정책 전담국 설치계획을 발표하였다. 이러한 과정을 거쳐 2005년 「저출산·고령사회기본법」에 의거 '인구정책 기본계획'을 발표하며, 2006년 인구 정책 기조를 출산장려로 선회한 사업이 본격 출발하였다.

1983년에 인구대체율인 합계출산율이 2.1 이하로 떨어진 이후에도 지속적으로 출산율이 하락하였지만 2000년경에 이르러서야 경각심을 촉구하는 목소리가 나왔고, 본격적으로 출산율 제고 인구 정책을 시행한 것은 2006년이니 무려 20여 년을 인구 정책의 과도 기간으로 흘려보낸 셈이다. 그렇지만 1980년대 중반에서 2000년대 중반까지 '출산억제 정책의 중단'을 주장한 목소리가 전혀 없었던 것은 아니다.

인구학자들을 중심으로 합계출산율이 인구대체율 아래로 떨어지는 추세가 장기화하면 닥칠 인구 구조의 왜곡과 노동력 감소와 노령화를 지적하며 출산율 저하의 추세를 예의 주시하였고, 경제성장에 부정적인 영향을 줄 것이라고 주장하는 학계 인사들도 나왔다(강은애, 2019, p. 46). 그러나 앞서 본 것처럼 우리나라에서는 일반인들은 물론이고 전문가들도 그 같은 경고에 반신반의하면서 산아제한 기조를 멈추지 않으려고 하였다. 유럽처럼 서서히 출산율이 떨어진 나라들과는 달리 산아제한 캠페인을 몇십 년간 시행하였던 입장에서는 이런 반응도 놀라운 일이 아닐 것이다. 예컨대, 1990년 당시 보건사회연구원의 『한국의 적정인구 증가율에 관한 연구: 인구부양비를 중심으로』를 보면, 1980년대 중반 이후 1.6 수준이 향후 유지될 것으로 내다보고 인구 정책은 증가나 감소가 아니라 현상 유지 정책이 적정하다고 언급하고 있다.

그러다가 1995년까지 내림세를 멈추지 않자 1996년 정부는 드디어 출산억제 정책의 포기를 선언하였다. 그러나 바로 출산장려로 돌아선 것은 아니었고, 그보다는 노인의 빈곤과 복지 등 '인구 고령화'에 더 집중적인 관심을 보이는 흐름이 2002년 대선 캠페인 동안 줄곧 이어졌다. 2000년대 초까지는 일종의 판단 유보 상황이 유지되었던 셈인데, 너무 조기에 출산억제를 포기하면 도로 출산율이 올라갈까 하는 염려가 작용하였기 때문이었다.

'출산억제'와 '출산장려'의 힘이 팽팽하게 맞서는 가운데 인구 정책의 과도적 기간이 경과한 셈인데, 『인구보건복지협회 60년사』에 의하면, 1996년부터 2003년 기간 한국 정부의 인구 정책의 목표는 종전의 가족계획에서 인구의 질적 향상으로 변경한 시기였다고 정리한다. 즉, 이 시기는 본격적으로 위기의식을 가지고 출산장려에 나선 것은 아니었지만, 출산아 수의 통제보다는 건강한 출산과 양육 환경 조성 및 청소년 성교육 사업으로 사업의 중점을 이동하였던 기간이었다(인구보건복지협회, 2021).

이러한 일련의 흐름을 요약해 보면 다음과 같다. 한국 사회는 1983년 합계출산율 하락 이후에도 별다른 문제의식을 갖지 않고 있다가 세기말에 이르러 초저출산[17]에 근접하는 하락세를 보이자 언론에서 먼저 문제를 제기하였다. 그러나 처음에는 '고령화 문제'로 의제화되던 것이 출산율 지수가 출산율 1.0에 가까운 충격적인 수치로 떨어지자 정치권도 점차 이를 저출산 문제로 정책 의제화하는 과정을 거쳤음을 볼 수 있다.

당초 2003년 노무현 정부 출범 후 '고령화 및 인구대책기본법안'을 정부 발의로 먼저 추진하였으나 여야 의원들이 발의한 '고령사회대책기본법'과 '저출산대책기본법'을 아우르며 「저출산·고령사회기본법」으로 제정되었다. 저출산은 향후 출산력의 추이가 어떻게 되느냐에 따라 사회적 파장의 크기가 달라지는 만큼 예단이 어렵고 대신 인구 고령화로 인해 나타날 문제는 보다 분

17 초저출산은 합계출산율 1.3 이하의 상대적으로 더 극심한 저출산을 의미한다.

명하게 인지되었기 때문이었다. 그리고 이렇게 출산율 하락 추이를 반신반의한 배경으로는 산아제한 캠페인의 영향도 있었겠지만, 여성 임노동의 보편화가 몰고 올 사회적 변화를 제대로 인식하지 못한 영향이 가장 컸을 것이라고 본다.

6. 저출산 위기 담론과 여성의 재생산권의 대치

저출산 위기에 대한 경고는 2000년대 초반 이래 다양한 문건들에서 반복되는 것을 발견할 수 있다. 그 내용을 요약하면 다음과 같다. "저출산의 지속은 국가의 위기이므로 정부는 그에 대한 대응 정책을 만들어야 하며, 국민 개개인들 또한 문제의 중요성을 깨닫고 출산아 수 늘리기에 적극적으로 동참해야 한다"는 식이다. 처음에는 언론사들에서 시작하였고, 곧이어 정부 부처도 이 같은 문제의식으로 토론회를 개최하는 등 여론 형성에 나섰으며, 결국 「저출산·고령사회기본법」을 통한 사업 수행에 돌입한 이후에도 이 같은 담론 방식은 여전히 계속되었다. 시간의 경과에도 불구하고 저출산 문제를 언급하는 문헌의 기본 골자는 이 틀을 크게 넘어서지 않았다.

일찍이 정부의 적극적인 산아제한 정책의 시행과 급격한 출산율 감소를 동시에 경험한 사회로서 출산율 제고 역시 정부가 나서서 해결할 문제라는 인식이 있는 것은 일면 자연스러운 일이라고 할 수 있다. 게다가 산아제한 정책 시대의 주된 전략은 국가와 사회의 유익을 위해 국민 개개인의 참여에 호소하는 방식이었고, 이 방식이 먹혀들었다고 생각하는 한, 국민 개개인의 애국심과 자각에 호소하는 전략을 포기하기는 어려웠을 것으로 보인다.

이런 배경하에서 저출산 문제가 거론될 때마다 빈번히 등장하는 문구가 '국가사회의 유익을 위해 아이를 낳으라'는 계몽주의적 설득이었다. 은근히 하건 노골적으로 하건, 저출산 문제 캠페인에서 가장 빈번하게 접하는 이런 표현들은, 특히 비공식적 토론일 경우 약방의 감초처럼 등장한다. 상황이 이러하다 보니 저출산의 원인으로 '여자와 여자들의 이기심 내지는 개인주의' 탓으로 돌리는 것을 심심치 않게 접할 수 있었다. 마치 저출산 문제가 요즘 여자들의 이기심 탓만 아니라면 하루아침에 해결될 문제인 양 설파하는 준엄한 진단 내지는 해결책은 지난 수십 년 동안 우리에게 결코 낯선 풍경이 아니었다. 오죽하면 '애 낳지 않을 권리'라는 표현이 등장하였겠는가? 관련된 도서도 여러 권 나와 있다.[18] 특히 국가주의 인구 담론에 편승하여 '자녀 유무'로 여자를 편 가르기하는 행태는 그것이 물밑에서 조용히 진행되든 공공연히 발화되든 여성들을 매우 불편하게 하였다. 이런 방식의 진단과 표현은 핵심을 벗어난 것으로서 해결의 길을 더 요원하게 할 뿐이지만 지치지도 않고 횡행하였던 것이 사실이다.

뒤에서 보겠지만 저출산 문제 해결을 위해 나온 '저출산·고령사회 기본계획' 역시 상당 기간(국가주의 담론의 철회를 공식 언명한 제4차 기본계획 전까지) 이런 국가주의적 담론 기조에 대한 비판적 인식이 없어서 여성들의 공분에 직면하곤 하였다. 일례로서 지자체별 가임기 여성 인구의 수를 제시한 이른바 '출산지도' 작성을 저출산 대응 정책이라며 내놓는 해프닝을 들 수 있다. 당시 이 캠페인은 "국가가 여성을 출산율 목표 달성을 위한 도구 내지는 관리

18 일례로 베너타(2019), 송가연(2017), 윤정현(2018)에서 다양한 출산기피 환경이 서술되어 있다. 출산을 거부할 권리에 대한 논저들은 앞으로도 얼마든지 더 많이 나올 수 있다고 전망한다.

대상으로 보는 것 아니냐"는 여성계의 강한 반발에 부딪혀 조기 철회하는 일까지 발생하였다.

이런 까닭에 저출산 위기 담론과 그에 입각한 정부 정책들은 때때로 페미니스트들과 대치하는 국면을 연출하곤 하였다.[19] 이 책에서는 저출산 인구 정책을 끌고 가는 두 담론의 경합을 '저출산 위기 담론'과 페미니스트들의 '여성의 재생산권 담론'의 대비로 표현하고자 한다. 주지하는 바와 같이, 페미니즘 안에는 이슈에 따라 상호 충돌하는 다양한 관점들이 혼재하며, 따라서 페미니스트 진영에서 나온 인구에 대한 비판적 담론을 재생산권 담론으로 한 바구니에 담는 것은 무리가 있을 수 있다. 그럼에도 재생산권을 "재생산이 가능하도록 몸과 건강을 지킬 권리(건강권)와 아이의 임신과 출산에 대한 자기결정권, 그리고 더 나아가 어떤 처지의 여성이든 원하면 아이를 낳아 키울 환경이 주어질 사회권적 권리"라고 포괄적으로 규정한다면, 다양한 분파의 페미니스트들의 출산 인식은 재생산권 담론의 틀 안에서 공존할 수 있을 것으로 본다.

다음에서 보는 것처럼 페미니스트들은 '여성의 몸'을 국가주의 발전 전략의 도구로 삼는 그간의 계몽주의적 인구 담론에 대해서는 노골적으로 불편한 입장을 드러내며, 이른바 저출산 위기 담론은 여성의 재생산권 담론과 다분히 대립하는 요소로 구성되어 있다는 분명한 인식은 표명하곤 하였다.

> 가족계획사업 실시 기간 동안 여성의 출산력은 경제발전의 장애물로 치부되었고, 출산은 개인 혹은 부부의 선택권이라기보다는 국가와 민족 혹은 가족 전체의 행복을 위해 계획되고 통제되어야 하는 것으로 여겨졌다. 이러한 담론 구도는 저

19 대표적 예로 황정미(2005), 배은경(2010), 신경아(2010) 등이 있다.

> 출산의 사회 문제화와 정책 영역화 과정에서도 거의 변하지 않았다. 출산억제가 출산장려로 단지 방향만 바뀌었을 뿐, 출산 혹은 출산력을 개인, 여성의 행복이나 선택권의 문제라기보다는 국가경제나 전체 사회의 이익이라는 관점에서 이해하려는 시각만큼은 가족계획 시절과 그다지 달라진 것이 없다(배은경, 2010, pp. 42~43).

배은경은 저출산 위기를 논하는 상황에서도 산아제한 캠페인 시절의 '성장주의 담론'과 '발전주의 담론' 구도가 연장되고 있음을 위와 같이 비판하였다. 그러면서 한국 사회 저출산은 여성들이 놓인 상황적 압력의 귀결로 설명해야 한다고 주장한다. 즉, 가족 내 돌봄 노동을 전담하는 돌봄 노동자의 처지에서 신자유주의 물결의 여파로 화폐 노동을 벌어올 일까지 요구받는 상황인 것은 물론, 도구적 가족 전략의 일환으로서 자녀의 학업 성취도까지 관리하는 이상적 모성이기를 요구받는다면 결혼 지연 및 자녀 수의 축소 이외에 달리 대응의 여지가 없다는 점을 지적한다.

조은 역시 당시 저출산 위기 담론은 여성 정책의 장기적 방향에서 양면적으로 작용함을 지적한다. 자녀양육 부담을 사적 가족에 맡길 것이 아니라 사회가 분담해야 한다는 여성 친화적 정책의 확산에 기회로 작용하겠지만, 다른 한편 다산을 장려하며 여성의 모성 기능을 강조함으로써 성 역할 분업을 강화할 우려가 있다는 점은 위험 요소라는 것이다(조은, 2008, p. 14).

같은 논문에서 그는 당시 언론의 흐름을 분석하면서 저출산 위기 담론이 국가경쟁력 위기 담론으로 비화하다가 급기야 비난의 화살을 특정 계층의 여성들(결혼을 늦추거나 출산하지 않는 여성들)에게 돌리는 경향을 보인다는 지적과 함께 또 다른 현상을 주목한다. 이른바 골드 미스(교육받은 고소득 미혼 여성)라는 신조어를 소비하는 언론 기사들을 조명함으로써 '결혼보다는 경력을 중시하는 여성 집단'의 출현에 관심을 보이는 것은 어떤 의미에서는 젠더의 등급화 내지는 여성 간의 분할 전략이라고 평가한다. 조은은 '골드 미스 담론'의 이해를 다음과 같이 독해할 것을 주장한다. 1998년 IMF 경제위기 이후 거센 구조조정의 여진 속에서 골드 미스 담론은 노동력 재생산을 싼 값에 확보하고자 하는 총자본의 이해와 경제위기의 실직 위협에서 우선적으로 보호받으려는 남성 노동자의 이해가 맞아떨어진 지점에서 탄생한 담론으로 풀이하고 있다(조은, 2008, pp. 14~19).

> 저출산 위기 담론은 국가 경제력 위기 담론에서 서서히 그 비난의 방향을 결혼을 늦추거나 출산하지 않는 여성들에게 맞추기 시작한다. 언론들은 교육받은 여성들이 결혼이나 출산보다는 경력을 중시하는 풍조를 골드 미스라는 관심으로 표한다. 그러나 골드 미스가 출현하게 된 구조적 문제에는 관심을 두지 않으며 골드 미스를 경제력 있고 자기를 위해 소비하는 소비 주체로 부각시킨다(조은, 2008, p. 17).

조은은 이렇게 언론에서 저출산을 문제화하는 한편, 출산하지 않는 여성을 이기적인 여성의 표상으로 부각하는 것은 젠더 내 분할을 통해 젠더 이슈를 없는 것으로 만들고 결과적으로 남성 기득권의 이익을 유지하는 효과를 낳는다는 점을 비판하고 있다. 그리고 이렇게 여성 대 여성의 대결 구도를 통해 문제의 근원을 은폐시키는 오래된 기득권 전략이 저출산 위기 담론에서 어떻게 드러나는지를 포착한다. 이런 진단은 아시아발 외환위기의 여파로 고도성장의 거품이 꺼지고 전 산업에서 대대적인 감원 열풍이 일던 1990년대 말부터 2000년대 초까지의 상황에서, 다른 한편 1990년대 들어와 처음으로 여성 사무직 진출이 본격적으로 이루어진 시기에 각 행위 주체들의 입장을 입체적으로 부각한 점에서 주목할 만하다.

이렇게 페미니스트들은 저출산이 '자기만 생각하는 이기적인' 여성의 문제가 아니라 출산과 양육을 하기가 불가능에 가까운 '사회적 여건'의 문제임을 꾸준히 제기해 왔다. 즉, 페미니스트들은 담론 분석을 통해 노동자로서 일하는 여성과 다음 세대를 양육하는 모성의 충돌을 해결해야 출산과 양육을 할 수 있고 그 결과 저출산의 늪에서 탈출이 가능하다는 지극히 자명한 진단을 내놓는다.

또한 이들은 종종 저출산 위기를 '여성의 재생산권'이라는 개념하에 의제화할 것을 제안한다.[20] 원하지 않는 아이를 낳을 권리는 '자기결정권' 차원에서 존중되어야 마땅하며, 동시에 아이를 낳고자 하는 여성들은 차별 없이 아이를 낳고 키울 수 있는 여건이 마련되어야 한다. 여성의 재생산권이 온전히 보장된다면 저출산의 위기는 해소될 수 있다는 것이다.

결국 저출산 위기 담론은 여성의 재생산권 담론과 순기능적으로 접합하지 못하고 갈등하는 구조를 빚으며 충돌하였으며, 최소한 의식적 수준에서일망정 저출산을 여성의 문제라는 마녀사냥을 그치고 사회적 여건의 문제로 관점의 전환을 가져온 것은 한참 뒤인 『제3차 저출산·고령사회 기본계획』에서부터였다.

20 다만, (여성의) 재생산권 개념은 20세기 후반부터 현재에 이르기까지 다양한 지역의 다양한 이슈에서 논쟁적으로 부각되며 개념의 내포와 외연을 심화·확장해 왔음에도 개념이 포괄하는 내용과 범위가 고정되거나 확정적인 것은 아니다. 이에 대해서는 하정옥(2013)을 참조할 것.

7. 청년 정책 담론의 등장

앞에서 본 바와 같이 국가주의 담론의 성격을 강하게 띤 저출산 위기 담론이 상당 기간 지속되었다. 이에 대해 페미니스트 학자들의 비판이 제기되었지만 흐름을 바꾸지 못하였다. 그런 와중에 일종의 게임 체인저로 등장한 것이 바로 '만혼이 저출산의 주범'이라는 명제와 '청년 정책 담론'이었다. 여기에서는 새롭게 떠오른 청년 정책 담론을 살펴보자.

인구위기에 대한 각성에서 출발한 인구 문제 프레임은 각종 정책 개선에도 불구하고 합계출산율이 오르지 않자 다른 각도에서 저출산의 원인을 찾기 시작하였다. 처음에는 혼인 연령이 점차 높아지는 이른바 만혼화 현상이 주목의 대상이었다. 유난히 혼외자에 대한 편견이 강하고 실제로 혼외 자녀 비율이 낮은 한국에서 결혼 연령이 늦어지면 출산율이 직접적인 영향을 받는다는 저출산의 원인 제공자로서 만혼 현상을 소환하자[21] 그다음에는 만혼화의 요인 분석으로 청년 문제가 시야에 들어오게 된 것이다.

그러던 중 합계출산율의 변화를 분석한 이철희의 연구는 다음과 같은 분석 결과[22]를 제시하였다. 우리나라의 합계출산율이 하락하는 것은, 기혼 여성의 출산율이 떨어져서가 아니며 동일 연령 내 비혼 비율이 높아지기 때문임을 통계적으로 입증한 것이다. 이 연구 결과는 그간의 저출산 인구 정책 효과에 대해 다른 해석을 가능하게 만들었다. 즉, 일·가정 양립 환경의 개선과 같은 양육 여건의 개선 정책이 시행되면서 기혼 여성들의 출산력은 하락을 멈추는 효과를 발생시킬 수 있었지만, 이런 정책들로는 청년 남녀의 결혼 지연 경

21 관련 연구로는 김혜영 외(2010)와 김태홍 외(2011)가 대표적이다.
22 이철희(2012), p. 117.

향을 해소하지 못하였다는 의미가 되는 것이다.

전문가들의 이런 진단과 궤를 같이하며 언론 기사와 사설의 논조 역시 만혼화에 대한 우려와 혼인 기피 요인의 해소 정책 수립을 촉구하는 내용의 기사들을 대대적으로 쏟아 내기 시작하였다. 아래 사설[23]은 그중 하나이다.

> 통계청이 그제 발표한 '2013년 출생 통계'를 보면 지난해 산모의 평균 출산 연령은 31.84세로 전년에 비해 0.22세 높아졌다. 산모 5명 가운데 1명은 35세 이상이다. 우리나라의 초혼 연령은 남자 33.2세, 여자 30.2세로 남자는 일본(31.2세)보다 2세 높다. 여자도 일본(29.7세)보다 초혼 연령이 높다. 연구 자료를 보면 결혼 연령은 출산율에 큰 영향을 미친다. 우리나라 여성은 결혼 연령이 32세 이하까지는 2명의 자녀를, 33~34세는 1명의 자녀를 둔 경우가 가장 많다고 한다. (중략) 만혼과 비혼은 출산율을 떨어뜨리는 주요인으로 꼽힌다. 지난해 무상보육을 실시하였으나 출산율은 떨어졌다. 보육 중심의 저출산 대책을 전면 재검토할 필요가 있다.

만혼과 저출산의 관계를 조명하는 이 시기(즉, 2016년 『제3차 저출산·고령사회 기본계획』 시행 이전)의 신문 사설 기사들은 아래 인용문과 같이 보육 지원에 치중하는 저출산 대책을 청년 지원 혹은 일·가정 양립 지원으로 전환해야 한다고 권고를 담는다.

> 중장기적 저출산 대책의 큰 가닥은 청년실업 해소, 남녀평등과 일·가정 양립을 통한 여성 고용률 제고 같은 노동시장 정책에서 잡아야 한다. 무엇보다 일자리가

23 서울신문(2014. 8. 28) 사설, "초저출산 국가 탈출, 절박한 국민적 과제다".

> 없거나 불안정하니까 결혼을 하지 않거나 미룬다. 만혼이 늘어나니 합계출산율이 증가할 수 없다. 직장 여성이 결혼을 해도 애를 낳고 나면 언제까지 자신의 소득이 보장될지 알 수 없으니 양육비 부담 때문에도 출산을 꺼린다. 따라서 여성의 경제활동과 맞물린 보육 지원, 교육 정책이 정교하게 마련돼야 한다.[24]

이런 배경에서 2016년 『제3차 저출산·고령사회 기본계획』의 시행을 전후하여 언론 기사들은 다양한 청년계층의 구체적인 현실을 지적하면서 양육과 출산 여건에 획기적인 변화를 촉구하는 목소리를 담아내기 시작하였다.

> 정부는 출산을 어렵게 하는 가장 큰 원인인 육아 부담을 덜어 줄 수 있는 특단의 대책을 내놓기 바란다. 육아휴직 강제 시행, 육아휴직 시 대체인력 지원, 파격적인 보육비용 지원, 비정규직을 위한 육아 지원 방안 등 육아에 초점을 맞춘 정책이어야 할 것이다.[25]

만혼과 비혼 경향에 대한 개탄 및 혼인 여건 개선에 대한 촉구는 전문가와 정책 집단 사이에 별 이견이 없었고 국민 간에도 갈등 소지가 거의 없었기 때문에 『제3차 저출산·고령사회 기본계획』은 청년 일자리와 주거 지원 정책을 저출산 인구 정책의 일부로 편입하는 결과를 가져온다.

24 국민일보(2014. 8. 28) 사설, "저출산 대책 새로 짜자".
25 서울신문(2015. 12. 8) 사설, "45세 돼도 미혼, 불안한 국가 경쟁력".

8. 삶의 질 담론 등장: 국가주의 담론에 대한 반성

만혼화 담론이 유행처럼 번지며 청년 대책을 이끈 기간은 2010년대 중반까지였다. 그러나 이때도 떨어진 출산율은 회복되지 않았다. 그러자 이번에는 『제3차 저출산·고령사회 기본계획(2016~2020)』의 시행 기간 중임에도 2019년 기본계획의 수정본을 내는 등 정책 프레임의 전환을 선언하는데 이때 이른바 '국가주의 담론'에 대한 반성을 기조로 삼았다. 국가주의 담론이라는 표현 자체가 부정적인 뉘앙스를 띠는데, 이 말은 페미니스트들이 저출산 위기를 거론하는 사람들을 비판적으로 통칭하기 위해 사용한 표현이다. 페미니스트들의 논의 중 '저출산의 해결을 국가 주도의 계몽으로 해결하고자 하는 방식'에 대한 비판적 입장을 공식 수용[26]하면서 '국가주의 담론에 대한 반성'이라는 새로운 프레임이 등장하게 된 것이다.

논평자들에 따르면, 국가주의 담론은 효과와 정당성 두 가지 면에서 출산장려 정책의 효과를 제약한다고 한다. 먼저 효과 면에서 정부의 지침이 상반되다 보니 출산장려로 정책 선회를 하였는데도 정부 주도 캠페인의 효과를 제약하였다는 것이다.[27] 즉, 저출산 관련 언론 기사에 달리는 댓글에서 흔하게 접하는 이야기 중 하나가 "출산억제 시절의 표어가 워낙 강력해서 출산장려의 당위성을 들어도 실감이 잘 안 난다"는 내용이다. 1960년대에서 1990년에 걸쳐 출산억제 구호('둘만 낳아 잘 키우자', '둘만 낳아도 삼천리는 초만원', '잘 키운 딸 하나 열 아들 안 부럽다' 등등)들이 저절로 떠올라 '인구감소'니 '출산율 저

26 국가주의 담론을 비판하며 삶의 질 개선을 공식 화두로 삼은 기본계획이 『제3차 저출산·고령사회 기본계획 수정본』이다. 자세한 내용은 이 문건 및 『제4차 저출산·고령사회 기본계획(2021~2025)』을 참고할 것.

27 제3장의 '개도국의 산아제한 정책의 관성'에 대한 언급을 참조할 것.

하'니 하는 이야기가 별로 실감이 나지 않는다는 언급이 빈번하다. 그런 연유로 비록 장기적 추세로는 인구감소가 맞을지 모르나 지금 당장 아이를 더 낳아 출산율을 높여야 한다는 말이 좀처럼 와닿지 않는다는 지적들이 공공연하게 나온다.

그보다 심각한 문제로서 국가 주도의 출산억제 캠페인(및 캠페인 성공)의 또 다른 부작용은 인구억제와 마찬가지로 출산장려도 정부가 해결할 문제라는 관념을 형성하게 되었다는 점이다. 숱한 언론 기사와 보고서들에서 "출산율을 높이기 위해서는 정부가 나서야 한다"는 촉구가 차고 넘치다 보니 부지불식간에 인구나 저출산 문제 역시 정부의 문제일 뿐 국민 개개인의 문제가 아니라는 비합리적인 의식이 굳건하게 자리를 잡았다는 것이다. 이런 식의 정부 의존 의식 역시 저출산 해소에 도움이 되지 않는다고 할 때 국가주의 담론은 작용보다 예상치 못한 많은 부작용을 많이 생산한 셈이다.

이런 연유로 『제3차 저출산·고령사회 기본계획』을 통해 정부는 효과와 정당성을 의심받는 정부 주도 언명의 폐기를 선언한다. 그리고 그 대안으로 '삶의 질' 관점으로 인구 정책을 견인하겠다는 입장을 표명한다. 그렇다면 삶의 질 개념은 효과적으로 저출산 인구 정책을 견인하였을까? 뒤에서 좀 더 상세히 다루겠지만 결론적으로, 이 개념은 그저 국가주의 담론에 대한 비판적 성찰을 표명하는 의의 이상으로 나아가지 못하였다. 계몽주의적이고 전체주의적 과거에 대한 비판에는 성공하였지만 대안 제시가 빈약하였던 것이다. 삶의 질이라는 테마 아래 묶은 소제목이 '모든 연령 계층의 삶의 질 개선'이라는 모호한 표현이고 보면, 이는 극단적으로 말하면 우선순위와 조율을 포기해 버린 정책 의지의 실종을 고백하는 것과 다름없었기 때문이다. 따라서 저출산 인구 정책의 철학적 기반 혹은 개념적 좌표의 구성은 현재도 여전히 열려 있는 과제로 볼 수밖에 없으며, 이 개념의 빈자리를 메울 수 있을지는 현재진행형의 과제라고 할 것이다.[28]

28 저자는 제3부에서 취약계층 아동양육 지원을 위한 새로운 아동가족 정책 모형을 소개할 때 제도의 철학적 기반으로 '재생산권 개념'을 제안하고자 한다.

제7장

정책 인프라의 확립

이 장에서는 저출산·고령사회 기본계획 및 저출산 정책을 추진하는 정부 조직의 설치 등 정책적 인프라에 대한 내용을 살펴보기로 한다. 앞서 본 것처럼 대한민국 정부는 2005년 「저출산·고령사회기본법」의 제정과 함께 저출산에 대응하여 출산력을 늘리기 위한 새롭고 다양한 정책을 시도하게 된다. 다음에서 그 내용들을 살펴볼 것인데, 먼저 여기서는 정책 추진을 위한 제도적 장치들을 파악해 보고자 한다.

1. 저출산·고령사회 기본계획의 수립과 시행

2005년 「저출산·고령사회기본법」 제정과 함께 저출산 인구 정책의 법적·제도적 인프라로서 구축된 제도는 세 가지였다. 첫째, 저출산 인구 정책의 수립을 위한 정부 조직으로서 대통령 직속 위원회인 '저출산·고령사회위원회'를 설치하였다. 둘째, 저출산·고령사회 정책 수행을 전담할 부서(정부 조직)를 보건복지부 내에 신설하였다. 셋째, 매 5년 단위로 저출산·고령사회 기본계획을 수립해 실시하도록 하였다. 그렇다면 기본계획의 수립·운영이 어떻게 이루어졌는지 살펴보고, 나머지 두 가지는 저출산 인구 정책을 위한 정부 조직이라는 차원에서 한꺼번에 검토해 보자.

저출산·고령사회 기본계획은 2006년부터 매 5년 단위로 수립해 운영해 왔는데, 제1차 기본계획을 2006년부터 시작하였으니 올해 2023년은 제4차 기본계획 구간 내에 있다. 5개년 단위의 저출산·고령사회 기본계획은 "과학적 분석을 토대로 최상위 목표에서 하위 정책 과제까지 체계적으로 연계된 중기 계획을 수립함으로써 일관성 있는 정책 추진"[1]을 목표로 수립되고 시행되었다. 또한 저출산·고령사회 기본계획은 정부의 다른 여타 기본계획들과 마찬가지로 계획의 목적과 기타 사항은 법에 따라 규정되었으며, 저출산 인구 정책 분야의 사업들을 적극적으로 견인해 나갈 목적으로 작성되어 부처 간 조율과 조정 및 중장기적 예고 기능을 수행하였다.[2] 따라서 저출산 인구 정책의 내용을 점검하기 위해서는 일차적으로 검토해야 할 대상이다.

우선 기본계획은 「저출산·고령사회기본법」 제20조에 아래와 같이 기본계획에 관한 조항을 두고 있다.

> (제20조) ① 정부는 저출산·고령사회 중·장기 정책 목표 및 방향을 설정하고, 이에 따른 기본계획을 수립·추진하여야 한다.
> ② 보건복지부 장관은 관계 중앙행정기관의 장과 협의하여 5년마다 기본계획안을 작성하고, 저출산·고령사회위원회 및 국무회의의 심의를 거친 후 대통령의 승인을 얻어 이를 확정한다. 수립된 기본계획을 변경할 때에도 또한 같다.

이와 같은 내용의 「저출산·고령사회기본법」 제정에 따라 지금까지 4개의 기본계획과 두 번의 수정계획(2008년에 만든 '제1차 기본계획 보완본', 2019년에 만든 '제3차 기본계획 수정본')을 만들며 오늘에 이르고 있다.

각 기본계획은 대체로 아래 제1차 기본계획 보완본 제작 경과에 나오는 바와 유사한 제작과정을 거친다. 새로운 기본계획은 시작 연도 기준 전년도

1 대한민국 정부(2018b), p. 17.
2 '기본계획'은 보통 법률로서 그 취지와 운영을 정해 운영하는데 근거 법에 따른 입법 목적의 달성에 관련된 행정기관들이 주기적으로 정책 과제들을 조정·취합해 입안·운영하는 것을 그 주 내용으로 한다. 기본계획의 시행 기간은 보통 3년 이상 5년 이하이며, 반면 각 부처에서 기본계획을 구체화하기 위해 수립하는 당해 년의 단기 계획은 '시행계획'이라고 부른다.

및 전전년도에 걸쳐 관련 국책 연구기관에 '기본계획안 작성을 위한 연구 조사'를 위한 연구 용역을 발주하는 것으로부터 시작한다. 그 결과를 기초로 하여 전문가 자문회의 및 권역별 지자체 간담회, 그리고 관련 각 부처의 관련 국실장급 공무원 및 전문가를 중심으로 구성되는 실무위원회의 의견을 취합해 작성하며, 최종적으로 저출산·고령사회위원회와 국무회의의 심의를 거쳐 확정·공개해 왔다. 그리고 5년이 지난 시점에 다시 현행 기본계획의 시행에 대한 평가과정을 거쳐 다음 차수 기본계획을 작성하는 회로를 밟아 왔다.

〈제1차 기본계획 수정·보완 추진 경과〉

- 제1회 저출산·고령사회위원회 개최 및 기본계획 수정·보완 추진계획 보고(2008. 4. 18)
- '새로운 정부 출범에 따른 저출산·고령사회정책 신규과제발굴'을 주제로 연구용역 실시(2008. 5~8)
- 외부 전문가 자문회의(2008. 5. 21~28, 5차례 개최)
- 권역별 지자체 간담회(2008. 6. 19~30, 4차례 개최)
- 신규발굴과제에 대한 관계부처 의견 수렴(2008. 6)
- 실무위원회 2차례 개최 및 분야별 중점 보완과제 논의·저출산 인구분야 실무위원회(2008. 7. 15)·고령화 및 고령사회경제산업분야 실무위원회(2008. 7. 17)
- 기본계획 보완(안)에 대한 관계부처 협의(2008. 9. 18~24)
- 저출산·고령사회위원회 개최 및 기본계획 보완(안) 심의·의결(2008. 11. 24)

'제2차 기본계획'의 경우에는 기본계획의 안을 만들기 위해 장관이 아닌 대통령 주재 보고대회를 개최(미래기획위원회와 저출산 대응 전략회의 주관, 2009. 11. 25)하는가 하면, 인구 변동 전망과 대응 방안에 관한 국제학술대회를 개최(2010. 7. 15~16)하는 등 더욱 강화된 절차를 밟아 기본계획을 성안하는 모습을 보여 준다.[3] '제3차 기본계획'에서는 기본계획 수립체계를 더욱 체계화하여 저출산 인구 관련 테마를 5개 분과로 세분화하여 정책을 가다듬는 한편, 관계부처 국장들과 전문가들 분과별로 구성된 '분과위원회'에서 과제 도출, 관계부처 차관 및 민간 운영위원들을 중심으로 한 '정책운영위원회'를 통해 시안 마련 및 이견조정을 거쳐 최종적으로 관련 부처 장관 및 민간위원으로 구성된 '저출산·고령사회위원회'에서 방침을 확정하는 절차를 마련하여 기본계획의 성안을 보다 체계화하였다. 또한 안건 발굴을 위한 현장 소통 절차로서 온라인 국민제안 운동 전개를 통한 아이디어 발굴, 장관의 현장 방문(6회) 및 시도지사의 현장 토크(18회) 등을 거쳐 기본계획을 성안하였다.

마지막으로 '제4차 기본계획'은 기본계획 성안과정을 통해 관련 현장과의 소통 및 저출산·고령사회 문제 해결을 위한 담론 확산을 위해 위원회 산하 정책운영위원회의 분과위원회(4차에서는 7개 분과)를 개최하였다. 이를 위해 연인원 130여 명의 각 분야 전문가가 늘어난 과제 수와 주제로 10개월간 약 120회(분과위원회 및 TF 110회, 정책운영위원회 5회, 본회의 4회)에 걸친 논의와 검토를 거쳤다. 또한 제3차에서와 마찬가지로 현장 방문 및 간담회 운영, 그리고 주요 과제토론회 및 시안공청회 등을 운영하면서 한층 강화된 방법으로 국민참여를 유도하고 저출산 인구 문제를 공론화하는 과정을 보여 주었다.[4]

여기서 흥미로운 것은 5년간의 기본계획이 수행되는 중에 새로운 정부가 시작되면 과거 정부에서 해놓은 기본계획을 수정·보완하는 절차를 밟는데, 이런 까닭에 제1차 기본계획과 제3차 기본계획은 각기 보완본과 수정본을 만

3 대한민국 정부(2018b), p. 5.
4 대한민국 정부(2020), p. 7.

그림 7-1 기본계획 수립 추진체계

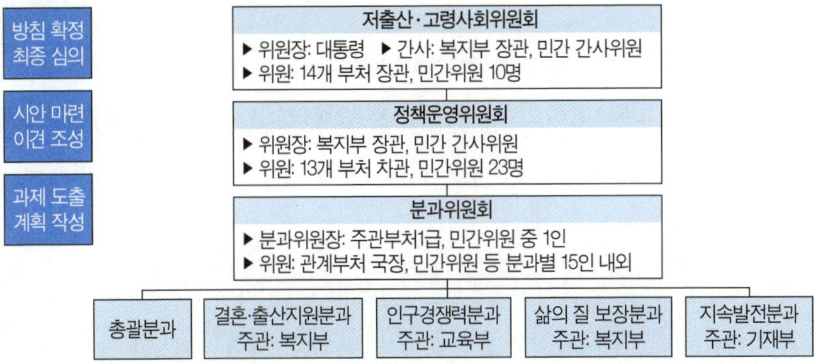

자료: 대한민국 정부(2018c), p. 9.

들어 운영하였다. 노무현 정부와 박근혜 정부는 각기 1개의 기본계획을 만든 정부이며, 이명박 정부와 문재인 정부는 각기 기본계획 1개와 수정 기본계획(보완본 혹은 수정본) 1개를 만든 정부로 기록되었다. 중간에 두 번의 기본계획 수정 혹은 보완이 있었는데 그 이유는 다음과 같다. 임기 동안 추진할 정책이 이전 정부의 국정 과제를 그대로 담고 있다면 철학이 다른 새로운 정부가 전 정부의 기본계획을 그대로 계승한다는 것에 한계를 느낄 수밖에 없고, 그런 점에서 정권이 바뀌면 기본계획의 수선이 불가피하였던 면이 있었다. 다른 한편, 한 해만 지나도 새로운 정책 수요와 담론이 생겨나는 마당에 5년이라는 기간이 너무 길기 때문에 중간에 한 번 더 보충하는 의미도 담고 있다.

우리나라의 저출산 인구 정책의 흐름은 이 기본계획의 주요 내용을 통해 살펴보는 것이 유용하다. 저출산 인구 정책의 자세한 내용은 다음 장에서 정책 유형별로 다시 검토하기로 하고, 이 장에서는 4개의 기본계획의 핵심과 강조점, 그리고 관련 예산을 집계하는 정도로 정리하고자 한다.

1) 제1차 저출산·고령사회 기본계획_새로마지 2010

제1차 기본계획은 저출산의 원인을 자녀양육·교육비의 부담, 일·가정 양립의 곤란, 육아 지원 시설의 부족 등으로 진단하였으며, 그에 따라 산전후 휴가와 육아휴직의 확대, 직장 어린이집의 확대 등 일과 가정의 양립 환경 강화 및 여성의 경력 단절 예방에 중점을 두었다. 2006년 당시 직장 여성의 일·가정 양립 환경에 대한 인식이 취약한 상태에서(여성의 대기업 사무직 진출이 1995년 처음 시작된 상태로 워킹맘의 건강과 육아시간을 위한 사회적 제도와 인식이 매우 일천한 시기였음을 감안할 것) 일·가정 양립을 위한 제도적 기반(산전후 휴가 90일 확대와 최대 1년간 월 135만 원까지의 육아휴직 급여액 인상) 마련을 강조하였다. 아울러 기업과 사회의 이해와 관행 개선을 촉구하는 캠페인과 계몽, 교육을 많이 하였는데, 이후 다른 기본계획보다 상대적으로 많이 포함하였다. 그러나 재정투입의 대상은 저소득층에 한정되었고 비정규직이나 자영업자들에 대한 보호 장치 등은 도입되지 않았다. 5년 동안 저출산 관련 예산은 19.1조 원 규모[5]이다. 제1차 기본계획에는 〈그림 7-2〉에서 보는 것처럼 2004년 당시 한국의 저출산 관련 재정지출은 GDP의 0.1% 수준에 불과하며 OECD 국가 중에서 가장 낮은 수준임을 볼 수 있다.

2) 제2차 저출산·고령사회 기본계획_새로마지 2015

저출산의 원인에 대한 진단은 제1차 기본계획과 별 차이가 없다. 즉, 여

5 대한민국 정부(2018a), p. 279.

그림 7-2 2004년 각국의 저출산 관련 재정지출과 출산율의 상관관계

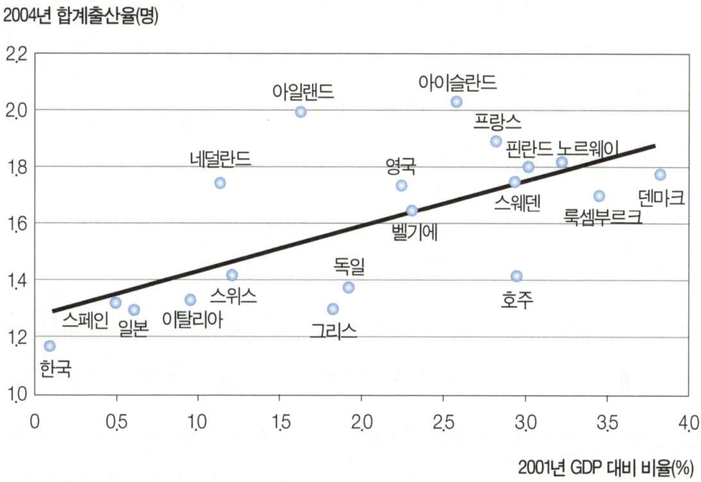

자료: 대한민국 정부(2018a), p. 280.

전히 자녀양육·교육비의 부담, 일·가정 양립의 곤란, 육아 지원 시설의 부족 등을 출산율의 하락 요인으로 진단하였고, 1차 때와 마찬가지로 자녀양육·교육비의 부담 경감, 육아휴직의 확대와 직장 어린이집의 확대 등 일과 가정의 양립 환경 강화 및 여성의 경력 단절 예방에 중점을 두었다. 달라진 점이 있다면, 2차 계획에서는 1차 계획의 성과와 한계를 바탕으로 본격적인 '저출산·고령사회 대응체계 확립'을 위해 관련 정책을 확대·발전(『제2차 저출산·고령사회 기본계획』, p. 21)을 추진함으로써 향후 3차에서 5차에 이르는 기간(2015~2030년), 즉 그다음 15년 동안에는 OECD 국가 평균 수준의 출산율 회복을 만들어 나가겠다는 중장기적 의지를 표명한 점이다.

좀 더 구체적으로는 제1차 기본계획이 보육 정책에만 집중하였다는 자체

평가를 기반으로 집중 타깃 계층인 맞벌이가정의 정책 수요에 적극적으로 대응하겠다는 목표를 제시한다. 실제로 다자녀가정의 양육비용 경감 조치, 자녀양육비용의 경감을 위한 보육료 지원 대상 계층의 확대, 일과 가정의 양립을 위한 육아휴직제도의 정착, 보육 서비스의 질 관리, 국공립 어린이집 확대, 가족친화적인 기업문화의 확산 등 출산과 양육에 유리한 환경 조성에 도움에 되는 다양한 정책들이 중점적으로 제시되고, 저출산 예산지출 목표도 39.7조로 증액 제시(1차 때 19.7조)하고 있다.

제2차 기본계획 기간 동안 가장 괄목할 성과로는 2009년에서 2013년에 이르는 기간의 보육 예산증가였다. 2009년 약 4조 8,000억 원에서 2013년 약 12조 3,000억 원으로 불과 4년 만에 2.6배 늘었다.[6] 나중에 보겠지만 이 기간에 우리 역사상 유일하게 3년(2010~2012) 연속 출산율 반등을 기록하였는데, 무엇보다 이 과감한 재정투자의 효과라고 할 수 있다.

3) 제3차 저출산 · 고령사회 기본계획_브릿지 플랜 2020

제3차 기본계획에 이르면 제1·2차 기본계획의 시행에도 불구하고 합계출산율 1.3 미만의 초저출산이 10년 이상 지속되는 데 따른 자성과 함께 인구 절벽 위기 대응의 마지막 골든 타임이라는 표현이 등장하는 것을 볼 수 있다. 생산가능인구의 감소(2017년 예상)와 고령사회 진입(2018년 예상), 총인구 감소(2021년 예상) 등 인구감소와 고령화의 변곡점이 차례대로 나타나는 시점의 절박감이 담겨 있다.

6 이투데이(2013. 8. 20), "보육·육아교육 예산 4년만에 2.6배 급증".

저출산의 원인으로 종전까지 가임기 여성에 집중되어 있던 초점을 만혼과 비혼 추세의 심화 문제로 옮기면서 청년층의 삶의 여건 개선에 관한 정책을 대폭 수용하게 된다. 이때부터 청년 일자리와 주거 문제 예산이 본격적으로 저출산 예산에 포함된다. 5년간 저출산 관련 예산은 108.4조로서 제2차 기본계획 대비 2.7배 늘어난 규모로 잡고 있다. 아울러 재원 마련 필요성에 대한 사회적 공감대를 확대하고 안정적인 재원 조달 방안에 대한 사회적 합의 추진을 제시하고 있다. 해당 재정지출이 증가하고는 있으나 GDP 대비 관련 예산의 비중이 OECD 평균에 한참 못 미치는 수준으로서 초저출산의 늪을 벗어나지 못하고 있는 데 대한 정책 당국의 고뇌가 반영된 것으로 보인다.

특히 저출산의 원인과 파급 효과가 방대하므로 저출산·고령사회 기본계획만으로는 추진력 확보에 한계가 있다는 지적하에 '저출산·고령사회 영향 평가제도'의 도입 등의 검토를 제안하고 있다(『제3차 저출산·고령사회 기본계획』, p. 186). 또한 전 사회적 파급 효과를 갖는 저출산·고령화 문제는 보다 거시적·구조적·장기적 문제로서 다학제 간 종합 연구와 함께 면밀한 모니터링 시스템이 필수라는 인식하에 확고한 과학적 근거에 입각한 정책 추진, 이른바 근거 중심 인구 정책을 추진해야 하며, 이를 위한 전문인력 양성 교육기관의 필요성 등을 제시해 놓고 있다.

그리고 저출산·고령사회위원회 내 의제관리, 조사·분석, 협의·조정 등을 지원할 사무국의 설치 및 저출산·고령사회 영향 평가 전담 인프라의 구축 내용도 담고 있다(『제3차 저출산·고령사회 기본계획』, p. 187). 한편, 이때까지는 여전히 인구의 중요성에 대한 저출산 문제의 인식 개선을 위한 홍보와 교육, 그리고 각 부문이 참여하는 저출산 극복 운동을 정책의 주요 정책 수단으로 제시하는 것을 볼 수 있다. 그러나 제3차 기본계획은 시행 기간 도중 예상치 못한 방법으로 정권 교체가 이루어지면서 대부분의 구상이 실현되지 못한 채 조기 종료되고 만다.

4) 제3차 저출산 · 고령사회 기본계획_수정본

제3차 기본계획 수정본은 2017년 박근혜 정부가 임기를 채우지 못하고 물러난 뒤 조기 대선과 함께 등장한 문재인 정부가 주요 분야별 정책을 새롭게(해당 정부의 철학에 맞게) 제시하면서 나온 것이다. 이 수정본은 저출산·고령사회 정책의 패러다임 전환을 선언하는데, 이를테면 출산율 지수가 아닌 '삶의 질 제고'가 기본계획의 목표가 되어야 한다고 천명하면서 '계층, 성, 세대 간 통합과 연대를 통한 포용국가로 가기 위한 전환을 구체화'한다는 표현을 사용한다(『제3차 저출산·고령사회 기본계획 수정본』, p. 1). 이는 앞서 제3차 기본계획까지 정부는 출산율 전환을 위한 거시지표 중심의 인구교육과 캠페인이 국가주의 혹은 성장주의 담론에 치중해 여성의 출산력을 도구화한다는 비판을 면하기 어려웠다면, 3차 수정본은 이러한 비판을 수용하려는 의미가 담겨 있다고 보인다.

다른 한편, 이 수정본에는 포용국가라는 표현이 등장하는데, 저출산 요인이 비단 기혼가정의 출산·양육 환경만의 문제가 아니며 결혼할 여건이 되지 못하는 문제(청년 실업난으로 인한 사회·경제적 불안 고조와 주택가격의 상승으로 인한 주거 문제비 등) 및 젠더 혁명이 완수되지 못한 문제(즉, 남녀 간 비대칭적인 역할 분담의 잔존) 등이 복합적으로 작용한 데 따른 것이라는 진단하면서 세대 문제, 성 문제 등을 포괄한다는 인식을 반영한 것이라고 본다. 이 수정본은 당초 제3차 기본계획 기간인 2016년에서 2020년까지를 넘어 중장기 과제로 제4차 기본계획의 과제까지 제시하고 있는데, 보다 중장기적인 관점에서 정책의 흐름을 제시하려는 의도로 보인다.

5) 제4차 저출산 · 고령사회 기본계획

대략 15년 이상 1.2 내외를 유지해 오던 합계출산율이 2016년 이후 가파르게 하락하고 있는 시기인 2020년에 만든 이 기본계획은 출산장려나 저출산 해소를 직접 목표로 삼기보다는 전 생애에 걸친 삶의 질 제고를 목표로 거는 한편, 인구 구조 변화와 관련한 사회 시스템의 조정을 중요한 과제로 새롭게 수용한다. 예컨대, 교육 인프라나 교원 양성체계, 군인력 구조 개편, 주택 수급체계의 조정 등을 포함한다. 아울러 각종 연금과 사회보험의 장기 지속을 관리하는 임무를 인구 정책의 일환으로 포함시킨다. 인구감소와 이동과 관련한 다양한 과제 또한 통합적으로 제시하는 첫 기본계획이다. 추진체계로는 제3차 기본계획에서 제시된 근거 기반 인구 정책 수립과 관련 인구통계 개발 및 관리도 강화하는 한편, 경제인문사회연구회 소속으로 '인구구조변화 대응 연구팀'을 설치해 프랑스의 국립 인구문제연구소와 같은 국가 연구기관으로 발전시킨다는 계획도 제시해 놓고 있다. 예산은 종전보다 포괄 범위가 넓고 세부 과제의 분류체계가 변경되어 일률적인 비교는 어렵지만, 저출산 예산은 아래에서 보는 것처럼 출산·양육 분야만 5년간 195조 원 규모로 제시하고 있다.

6) 저출산 · 고령사회 기본계획 평가

제1차 기본계획은 처음으로 저출산 대응 국가 정책의 정책 추진 틀을 구축하였다는 의의가 있다면, 제2차 기본계획은 대규모 보육 예산의 국가 부담

표 7-1 **연차별 소요 재원 추계(잠정)** (단위: 억 원)

구분 \ 연도별	2020	2021	2022	2023	2024	2025	계
계	626,467	705,603	741,719	763,244	793,971	833,622	3,838,158
1. 함께 일하고 함께 돌보는 사회 조성	333,112	364,027	386,820	385,123	398,045	423,516	1,957,531
2. 건강하고 능동적인 고령사회 구축	205,716	232,130	247,025	259,662	272,941	287,795	1,299,552
3. 모두의 역량이 고루 발휘되는 사회	73,986	91,261	85,645	97,492	102,078	101,385	477,861
4. 인구 구조 변화에 대한 적응	13,653	18,185	22,229	20,967	20,907	20,926	103,214

주: 1) 2020년 소요 재원은 「제4차 기본계획 과제」를 기준으로 산출.
2) 2021~2025년 소요 재원 중 일부 과제의 경우 중기 예산 추계 곤란으로 미반영.
자료: 대한민국 정부(2020), p. 193.

을 계기로 출산·양육은 국가사회의 책임이라는 인식 기반을 확고히 한 의의가 있다. 제3차 기본계획은 주거와 일자리 문제 해소 등 만혼과 비혼이 만연한 사회 환경의 개선으로 정책적 관심사를 확대한 의의가 있고, 제4차 기본계획은 출산장려가 아닌 우리 사회의 구조적 문제(비대칭적 양성 관계나 삶의 질 저하를 포함한 다양한 갈등과 스트레스)의 치유로 정책의 외연을 확대한 의의가 있다.

그러나 아직 정책 세부 과제 하나하나가 정책 소비자의 요구에 비해 다양한 한계와 문제점을 드러내고 있다.[7] 제1차 기본계획에서 인식한 바와 같은 문제(보다 과감한 재정투자), 제3차 기본계획에서 확인한 문제의식(필요한 재정투자를 확보하기 위한 재원 조달 방안 마련과 이에 대한 사회적 합의 도출)이 여전히 미완의 과제로 남는 바람에 초저출산을 넘어 심지어 이웃 나라 일본과도 2배가

7 저출산 정책의 평가와 한계에 대해서는 『제4차 저출산·고령사회 기본계획』, pp. 28~30을 참조할 것.

량 출산력이 벌어지는 상황에까지 이르고 말았다(2022년 한국의 합계출산율은 0.78이고 일본은 1.26인데 2023년 이후에는 그 차이가 더 벌어질 것으로 예상).

가장 중요한 문제점은 저출산 대책을 내놓기 위해서는 저출산의 결과를 낳는 원인을 분석해 정책 투입이 가능한 요인별로 가중치를 두고 예산 대비 효과성을 분석하는 작업이 필요하건만 지금까지 별다른 진전이 없다.[8] 예컨대, 제1차 기본계획에 따르면, 저출산 현상은 '다양한 사회·경제적 환경과 가치관의 변화에 따라 결혼 연령 상승, 자녀 출산의 기피 등'의 이유로 말미암은 것으로 지적한다(『제1차 저출산·고령사회 기본계획 보완본』, p. 21). 일견 맞는 말 같지만, 동어반복일 뿐이다. 게다가 결혼 연령 상승과 출산 자녀 수 감소는, '첫째 소득 및 고용의 불안정, 둘째 일과 가정의 양립 곤란, 셋째 자녀양육 부담증가, 넷째 기타 복합적 요인' 때문이라고 진단하면서 관련된 정책 대안들을 각 요인에 대응시키는 방식으로 보고서를 서술하고 있다.

기본계획을 이렇게 수립하면 각 과제들은 해당 정책 부서에서 할 수 있는 만큼만 목표를 수립해 대응할 뿐이며, 정책 간 우선순위나 필요 예산의 규모 추산 등은 불가능하다. 실제로 지금까지 한국의 저출산 인구 정책은 그렇게 흘러왔다. 기본계획을 서술하고 정책 목표를 설정하는 방식을 보면, 정책의 지향점이나 중장기적 목표 아래 각 항목이 도달할 지점을 설정하지 않고 있다. 즉, 지금까지의 기본계획들은 과학적 근거에 기반한 추이 분석을 제대로 수행하지 못하고 있으며, 그러다 보니 출산율 효과에 대한 추정치를 제시하거나 정책 목표를 전망하는 단계로 나아가지 못하고 있다. 또한 마찬가지 이유로 정책 과제들 간의 우선순위 설정 및 상호관련성 검토를 하지 못하고 있

8 이러한 반성을 기초로 모색하는 대안적 해법에 대한 해소는 제13장 4. 성과 평가 환류체계 재구성을 참조하기 바람.

다. 이는 앞으로의 과제라 할 것이다.

2. 저출산·고령사회 인구 담당 정부 조직의 정비

이제 저출산 인구 문제를 다루기 위한 정부 조직을 살펴보자. 먼저 각 부처 관련 정책을 총괄할 저출산·고령사회위원회의 설립과 운영에 대해서 살핀 후 각 부처의 역할 분담에 대하여 알아보기로 한다.

1) 저출산·고령사회위원회 신설과 운영

저출산·고령사회위원회는 2005년 「저출산·고령사회기본법」 제정 당시(2005. 9)부터 설치된 기구로 대통령 직속 위원회이며, 관련 부처 장관들과 민간 전문가를 합쳐 25인 이내의 위원으로 구성해 운영한다. 가장 중요한 기능은 저출산·고령사회 기본계획의 심의이며 그 밖에 관련 정책의 방향을 제시하거나 정부 내 정책 공조를 만들어 내는 역할을 수행하는 기구이다. 앞에서 잠시 언급한 것처럼, 저출산은 고령화 문제에 비해 한 템포 늦게 정책 의제화하면서 위원회 명칭 역시 처음에는 저출산이라는 단어가 들어 있지 않았었다. 즉, 기본법 제정 이전에는 대통령령에 근거하여 '고령화 및 미래사회위원회'로 운영되던 것을 기본법의 제정과 함께 '저출산·고령사회위원회'라는 명칭으로 변경해 운영하게 된 것이다.

입법 이후 2023년 현재까지 이 기구의 위상은 부침을 경험하였다. 한동안 대통령 직속 위원회이던 이 기구는 2008년 2월부터 2012년 5월까지 잠시 보건복지부 장관을 위원장으로 하는 기구로 격하[9]되었으나 2010년 법 개정으로 다시 대통령 직속 위원회의 위상을 회복해 현재까지 이어져 오고 있다. 비록 저출산·고령사회위원회는 대통령 직속 위원회로서 관련 부처의 장관들 및 대표적인 민간인 단체의 장들로 위원을 구성하며 저출산·고령사회 정책 전반을 심의·점검하는 역할을 하는 등 위상이 높다고 하지만, 중앙 행정기관(대통령실 및 보건복지부)의 업무를 보좌하는 자문기구 성격의 위원회 조직[10]에 불과하다.

「저출산·고령사회기본법」 제정 이후 평균 1.2 정도의 초저출산 국면을 벗어나지 못하는 시간이 길어지자 저출산 인구 정책을 총괄할 정부 조직의 역량에 대한 회의가 심심찮게 제기되었다. 특히 집행 업무가 없는 위원회 형태의 조직의 한계(실제 위원회 운영에 관한 전반적인 업무는 보건복지부의 저출산·고령화실 인구정책과에서 수행)가 자주 거론되면서, 인구 문제를 전담하는 부처의 신설 혹은 일본처럼 특임장관으로 하는 안이나 기타 다양한 조직 형태에 대한 논의가 아이디어 차원에서 거론되기도 하였다.

---

9 이명박 정부는 대선 공약으로 '대부처 대국 체제'라고 하여 기존의 정부 조직을 슬림화하고 효율화하는 것을 제시하였으며, 당초 기대하였던 폭만큼은 아니었지만 집권 후 실제로 종전 조직의 직급 조정과 통폐합을 단행하였고, 그 과정에서 대통령 직속 위원회 역시 통폐합하게 된다. 예컨대, 연 1~2회 이내 개최에 불과한 대통령 직속 위원회는 담당 부처로 환속시키는 등의 조치를 취하였던 것인데, 집권 기간 내 인구 문제의 중요성을 재인식하면서 대통령 직속 위원회로 그 격을 복원시키는 결정을 하였다. 역대 정부의 조직개편에 관해서는 국회입법조사처(2013. 1. 14), 『이슈와 논점』을 참고할 것.

10 정부 위원회는 통상 중앙 행정기관 성격의 '행정 위원회'와 자문기구 성격의 '자문 위원회'로 분류된다. 행정 위원회는 법령에 의하여 행정 권한을 부여받아 독자적으로 그 권한을 행사하는 위원회를 말하며, 국민고충처리위원회, 중앙인사위원회, 소청심사위원회 등이 있다. 자문 위원회는 행정관청에 부속되어 자문 기능을 수행하는 조직으로, 대통령 직속 저출산·고령사회위원회 및 국무총리 소속의 정보화추진위원회나 정부업무평가위원회, 기획예산처의 기금정책심의회, 문화재청의 문화재위원회 등이 이에 속한다. 보다 자세한 정부 위원회의 분류에 관한 사항은 김종세(2016), p. 90을 참조할 것.

그러다가 제3차 기본계획에 사무처 운영이 포함되면서 위원회의 위상과 조직을 소폭 강화하는 개편[11]이 이루어졌고, 특히 2017년 8월 16일 보건복지부는 「저출산·고령사회기본법 시행령」을 개정하면서 독립 사무기구로 사무처를 따로 신설하였다. 이로써 2023년 현재 위원회는 종전 상근 조직이 없는 한계를 일부 보완해 운영 중인 상황이다.

2) 저출산 관련 정부 조직 운영의 역사

「저출산·고령사회기본법」과 함께 기본계획이 차수를 거듭할수록 출산 환경 및 양육 환경의 개선에 관한 다양한 정책들이 발굴되고 또 확대되어 왔다. 여기서는 그러한 업무들을 다루는 정부 조직에 관해 살펴보기로 한다. 우선 저출산 관련 업무는 여러 부처에 흩어져 있지만 그 다양한 관련 업무들을 총괄하는 조직이 어디인가가 중요하다. 그 기능을 수행하는 부처는 앞에서 언급한 것처럼, 시종일관 보건복지부였고, 특히 인구정책실[12] 아래 인구아동정책관(국장급)에서 담당하였다. 인구정책실의 명칭은 그간 몇 차례 변동을 겪

11 문재인 정부 들어와 저출산·고령사회위원회는 기존의 회의체 구성 방식에서 상근인력이 있는 공무원 중심의 사무처 조직과 비상근직이 주축이 되는 위원회 방식의 이원 조직으로 변경되었다. 위원회 구성 역시 훨씬 다원화하는 확대 개편이 이루어졌다. 위원회가 대통령을 위원장으로 하고 각 부처 장관들과 대표성 있는 각 분야 전문가들로 구성된 민간인 위원으로서 저출산·고령사회위원회를 구성하여 정책의 심의기구로 활용하고, 그 아래 복지부 장관을 위원장으로 하고 각 부처 차관을 위원으로 하는 정책운영위원회를 두어 부처 간 실무적인 협의를 가능하게 한 점 등은 종전과 같지만, 정책운영위원회부터는 정부위원을 최소화하고 민간위원을 확대해서 민간의 제언 기능을 강화하려 한 점이 특징이다. 특히 정책운영위원회 아래부터는 민간위원을 위원장으로 하는 7개의 분과위원회를 두어 각기 실질적인 정책개발과 제언이 가능하게 하는 다층적 구조를 만들어 활용한 점은 종전보다 강화된 운영으로 평가된다.

12 현재는 인구 정책의 중요성을 강조하기 위해 '인구정책실'로 불리는 이 조직의 옛 명칭은 '저출산·고령사회정책실'이었다. 현재의 명칭으로 변경된 것은 2013년 박근혜 정부의 출범과 함께이다(의학신문(2013. 3. 25), "건보정책관, 건보정책국으로 변경").

었으나 기본적 틀은 인구아동정책관과 노인정책관, 그리고 보육정책관이라는 3개국으로 구성된다.

저출산 관련 인구 정책은 주로 아동, 보육, 여성 노동, 취약가족 지원 업무 등으로 나뉜다. 현재 가족 지원 업무와 여성 노동 업무는 여성가족부[13]가 담당하고 있다. 그리고 보건복지부의 인구아동정책관과 보육정책관이 대개 저출산 관련 인구 정책과 가장 밀접한 업무를 담당하고 있으므로 사실상 저출산 인구 정책은 2개 부처에서 나누어 관장하고 있는 셈이다.

그런데 가족 지원 업무와 보육 업무를 두고 보건복지부와 여성가족부는 몇 번에 걸친 업무조정 끝에 이명박 정부에서 현재와 같은 업무분장이 이루어졌는데, 현재 또다시 개편을 추진하는 와중에 있다. 그 역사를 살펴보면 다음과 같다. 보건복지부 역사는 1948년 한국 정부의 수립과 함께 사회부를 신설하면서 시작되었다. 1949년 사회부 보건국을 보건부로 승격시켰으며, 1955년 보건부와 사회부를 합쳐 보건사회부가 되었다. 1963년 산하에 노동청(현재의 고용노동부)을 신설하고 1994년 현재의 이름인 보건복지부가 되었다.

이명박 정부는 집권 초기 여성가족부 자체를 없애려 하였으나[14] 민주당과 여성단체 등의 반대로 인해 여성가족부를 없애지 못하였던 기록이 있다. 2008년 이명박 대통령이 취임할 당시 아동, 청소년 복지계의 지지를 받아 국가청소년위원회[15]를 흡수하여 보건복지가족부가 되었다. 이때만 해도 취약가

13 여성가족부는 그 밖에 양성평등 업무를 담당하는 여성정책관, 청소년 업무를 하는 청소년정책관과 성폭력의 구제와 예방을 담당하는 권익증진국을 가지고 있다.

14 이명박 정부의 대선 공약이 '대부처 대국 체제'로의 통폐합이었기 때문에 참여정부 시절 여성가족부의 업무를 유관 부처로 통폐합하는 대부처주의를 실행하려 하였다.

15 청소년 업무의 상당 부분이 문화관광부에 있었다. 1993년 문화부가 체육청소년부와 통합되어 문화체육부로 개편되는 과정에서 청소년 업무 상당 부분을 흡수하였던 것으로 문화체육부는 1998년 문화관광부로, 2008년 문화체육관광부로 바뀌게 된다.

족 지원 업무는 보건복지부에서 담당하였다. 그런 사정으로 당시 이름은 '보건복지가족부'였으나, 2010년 3월 보건복지부의 소관 업무가 많은 데 반해, 여성가족부의 소관 업무가 적다는 이유로 청소년 업무는 물론이고 가족 업무를 여성가족부에 넘기며 보건복지부라는 원래 이름으로 되돌아왔다.

한편, 여성가족부는 2001년 '여성부'라는 이름으로 출범하였다. 여성 정책을 기획·종합하고 남녀 차별을 개선하는 업무를 맡는 1실 3국 2관 11과(176명) 체제였다. 이후 참여정부 시절인 2005년 가족 업무를 맡게 되면서 '여성가족부'로 개편되었고, 2008년 이명박 정부 초기에는 보육·가족 업무를 복지부로 이관하고 다시 '여성부'로 돌아갔다. 그러다 2010년 3월 복지부로부터 가족과 청소년 관련 업무를 가져오면서 '여성가족부'로 개편되었다. 위에서 보는 것처럼 여러 업무 중 보육 업무가 가장 부처 개편의 도마 위에 자주 오르내리며 〈그림 7-3〉에서 보는 바와 같이 부처 명칭의 개명을 견인하였다.[16]

최근 윤석열 정부의 출범과 함께 공약 사항으로 내건 여성가족부 폐지를 추진하는 과정에서 쟁점 중 하나로 인구 문제를 전담하는 부처, 즉 (가칭)인구(아동)가족부의 신설 논의가 일부 제기되었다. 그러나 현 윤석열 정부는 대선 공약의 이행이라는 차원에서 여성가족부를 해체하고 여성가족 관련 업무를 보건복지부에 한 본부 형태로 이관하는 것을 목표로 정부 개편을 추진 중이다. 다만 야당인 민주당이 수적으로 우세한 정당 지형 속에서 2023년 현재 매듭을 못 지은 상태이다.[17]

16 박경자·황옥경·문혁준(2013), p. 516.
17 참고로 여성가족부 폐지를 위한 법률 개정안을 대표 발의한 한 국회의원을 인터뷰 한 중앙일보(2022. 5. 6)에 따르면, 그 의원은 "여성가족부 폐지에 따른 인구가족부 신설은 부처 조정에 관련된 아이디어 중 하나였을 뿐 공식 의견이 아니며 범정부적 과제라서 기획·예산 기능을 통제·조절하려면 부총리급 부처가 필요하다는 견해가 있고, 이를 위해서는 인구부

그림 7-3 보육 업무 관련 업무 이관의 역사

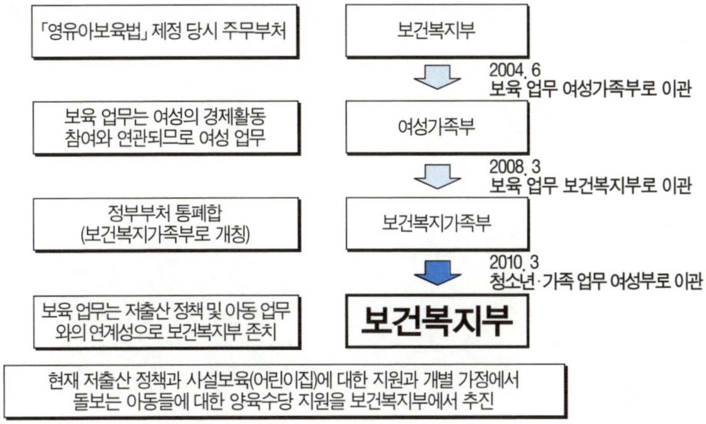

자료: 박경자·황옥경·문혁준(2013), p. 516에서 재가공.

이상에서 본 것처럼 저출산 관련 업무를 다루는 소관 부서의 위치가 안정적이지 못하며 통합적이지도 못한 것은 그 자체가 정부 내 인구 정책(혹은 아동가족 정책)의 허약한 위상을 그대로 반영한다. 윤석열 정부의 출범과 함께 추진되는 여성가족부 폐지 또한 여성가족 업무를 하는 부처의 취약한 위상을 다시 한번 상징적으로 보여 주었다. 향후 부처 개편은 저출산 문제를 국가 최우선의 과제로 선언하는 차원에서 아동가족 업무를 더 비중 있게 다루는 방향에서 이루어지기를 기대해 본다.

총리를 신설하고, 보건복지부 장관이 겸임하는 방안 등이 있을 수 있다"는 취지의 발언을 하였다.

제8장

저출산 인구 정책의 추진

이번에는 저출산 문제를 해결하기 위해 그간 개발하고 확대해 온 정책들을 살펴보기로 한다. 저출산 인구 정책은 크게 보면 '출산 환경 개선 정책'과 '양육 환경 개선 정책'으로 구분할 수 있다. 양육 환경 개선 정책은 다시 두 부류로 나눌 수 있는데, 하나는 워킹맘가정의 일·가정 양립을 지원하는 사회제도이고, 다른 하나는 저소득계층의 양육 부담을 경감시켜 주는 현금 지원 정책이다. 일·가정 양립제도는 다시 각종 휴가제도와 유연근무제 등 시간 정책과 보육 서비스로 나뉜다.

이런 정책군 분류에 따라 한국의 인구 정책 흐름을 다음 순서대로 살펴보고자 한다. 첫째, 임신·출산과 관련된 보건·건강 정책, 둘째 육아휴직과 유연근무제 등 시간 정책, 셋째 보육 서비스 정책, 넷째 양육의 부담을 낮추기 위한 현금 지원 및 세제 혜택제도를 다룬다. 끝으로 가장 나중에 저출산 인구 정책으로 포함된 청년세대 주거와 일자리 정책을 살펴보기로 한다.

1. 임신·출산 환경 개선

출산 환경 개선 정책은 저출산 인구 정책의 과제로 가장 일찍 시작해서 꾸준히 확대해 온 정책이다. 그 내용을 보면 임신과 출산을 방해하는 요인들을 제거하고 영유아와 모성의 건강관리를 도모하는 보건사업들로 구성되어 있다. 즉, 지금까지 총 네 개의 기본계획은 모두 '불임 부부의 자녀 출산을 지원하고, 모성·영유아 건강관리를 체계화하여 건강하고 행복한 임신과 출산 환경을 조성'하는 일을 포함하고 있으며, 기본계획이 후대로 올수록 각 사업의 포괄 범위와 규모를 확대하는 것을 볼 수 있다.

구체적인 사업들은 다음과 같다. 첫째, 건강한 임신을 지원하는 사업으로 임신과 출산에 이르는 산전 검사와 분만비용의 지원으로 고액의 불임 부부 시술 지원을 포함한 불임 및 난임 부부 지원사업, 분만시설 낙후 지역 문제 해결 등 사업을 꾸준히 확대해 왔다. 둘째, 장애아 발견과 치료를 위한 사업으로 모성과 영유아 건강을 보장하기 위해 미숙아 및 선천성 이상아의 의료비 지원 및 광역단위 신생아 집중 치료시설의 지정·운영, 신생아 장애 예방을 위한 사후관리비 지원, 난청 등 조기 발견을 위한 검사비 지원 등이 있다. 셋째, 출산 후 모성과 영유아의 건강관리를 위하여 저소득층 산후도우미 방문 서비스 제공, 영유아 정기 건강검진 지원, 모유수유 홍보 및 시설 지원, 임신·출산·수유기 모성과 영유아의 건강관리 시스템 확충 등을 추진해 왔다.

이 같은 보건의료 지원 영역 사업의 일부는 2005년 「제1차 저출산·고령사회기본법」 제정 이전에도 이미 있었는데, 이는 산아제한을 위한 가족계획 운동 시대에도 산모와 영유아의 건강은 출산억제 못지않게 그 자체로 중요한 사업 목표로서 지원해 오고 있었기 때문이다. 예를 들면, 더 이상 산아제한에 방점을 찍지 않고 인구의 건강으로 사업 초점을 이동한 1996년 이래 인구보건복지협회는 대표적으로 '모유수유 운동'을 펼치거나 산모와 신생아를 위한 홈페이지를 개설하는 등의 사업을 전개해 오고 있었다.

한편, 위 사업들은 주로 영유아 학부모가 관련 서비스를 제공하는 시설을 선택해 이용하면 비용을 국가가 해당 시설에 지급하는 '바우처 방식'을 활용하였다. 예컨대, 산모와 신생아의 건강관리를 위한 검진비용 및 출산용품 구매를 위한 첫만남 이용권,[1] 그리고 저소득계층 영아 가족에게 기저귀와 분

1 '국민행복카드'를 통한 임신·출산 진료비 지원은 주기적인 검진을 통하여 태아와 산모의 건강을 도모할 수 있게 하는 한편, 임신·출산에 따른 의료비 지원을 통해 출산 의욕 고취

유값 지원[2] 등이다. 또한 출산 시 산후조리를 위하여 산모·신생아 관리사를 파견·지원하고 있는데,[3] 역시 바우처 방식으로 추진하고 있다.

이런 출산 환경 개선 정책은 기본계획 차수가 누적되어 오는 동안 꾸준히 사업의 적용 대상과 지원 내용을 확대함으로써 임신·출산을 더 이상 개별 가정의 책임이 아닌 국가사회와의 공동책임임을 천명하는 방향으로 발전해 왔다. 특히 제3차 기본계획 수정본 이후에는 출산 환경 개선을 모자보건에 한정하지 않고 아동기부터 꾸준히 관리하는 방향으로 지원 범위를 확대하였다. 즉, 아동기부터 성·재생산 건강에 영향을 미치는 유해물질을 최소화하기 위한 역학조사 및 환경 개선에 나서는가 하면, 청소년기 생식건강 검진과 치료 지원, 월경 건강 지원 등을 포괄한다. 그러나 이 같은 사업 확장에도 불구하고 현실에서는 지원 품목이 아닌 다양한 임신·출산용품과 서비스들이 새롭게 개발·보급되면서 개별 가정의 부담 경감에는 늘 일정한 한계가 발생하였다. 또한 영유아가구의 소비실태 조사 연구[4]를 보면, 다른 항목보다 '교육·

및 출산친화적 환경 조성을 목적으로 시행되는 사업으로서 2008년 12월 20만 원을 지급하는 것으로 시작되어 2010년부터 30만 원, 2011년 4월부터 40만 원, 2012년 4월부터 50만 원으로 꾸준히 확대되어 왔으며, 2022년 현재 일반 임산부에게는 100만 원, 청소년 임산부에게는 120만 원, 다태아 임산부에게는 140만 원을 지급하고 있고, 출산 후에는 아기용품의 구매 등을 위해 추가로 200만 원을 지급하고 있다.

2 저소득층(중위소득 180% 이하, 한부모, 차상위)의 영아(생후 24개월 이하)를 둔 가정에는 월 9만 원의 분유값과 월 7만 원의 기저귀값이 2022년 10월 현재 지급되고 있다.

3 2022년 10월 현재 중앙정부 기준 중위소득 150% 이하 가정을 대상으로 5~20일간(다태아의 경우 추가)의 산후조리를 일정한 교육을 이수한 '산모·신생아 관리사'를 파견해 제공하게 하고, 이용 기간 및 시간은 각 가정의 형편에 맞추어 조정 가능하게 설계한 제도가 운영 중이다(보건복지부 소속 '사회서비스 전자바우처' 홈페이지 참조). 참고로 이런 제도가 있음에도 불구하고 산후조리원에 입소해 전문적인 관리를 받는 가정이 출산가정의 75%나 이르는 상황(문화일보(2019. 1. 17), "산후조리원 이용률 75% … 평균 13일·220만원 지출" 참조)을 반영하여 최근 그 비용을 지원하도록 하자는 '모자보건법 일부개정법률안'이 발의되어 있는 상태이다(병원신문(2022. 6. 30), "정부가 산후조리원 비용 지원 추진" 참조).

4 최효미 외(2018), p. 118을 참조할 것. 또한, "우리나라 양육비는 소득이 올라가면 그에 비례해 올라가는 특징이 있다. 즉, 돈을 많이 벌면 벌수록 자녀에게 더 많이 투자하는 구조라는

보육 서비스'와 '여가 및 문화생활' 등에서 가장 큰 격차가 발생하는 것을 볼 수 있는데, 이는 육아비용으로 인해 계층 간 상대적 박탈감이 유발될 위험이 높음을 엿볼 수 있다.

[임신·출산 지원 정책 평가]

위에서 살핀 것처럼 현재 우리나라는 임신·출산과 관련하여 기본적인 건강검진 및 출산 지원 관련 사업을 골고루 갖추고 있다. 이렇게 출산 가정을 위한 서비스의 종류가 늘고 예산 규모도 증가하였음에도 불구하고 중요한 것은, 임신과 출산에 소요되는 개별 가정의 의료비와 용품 및 서비스 비용도 함께 증가하고 있다는 점이다. 그런 차원에서 지원금액 및 가짓수의 확대는 앞으로도 지속되어야 할 것으로 보인다. 다만 어느 정도까지 확대할 것인가 하는 결정은 전체 아동가족 예산 중 임신·출산 관련 정책에 어느 정도의 우선순위 혹은 비중을 둘 것인가 하는 판단에 달린 문제라 할 것이다(이소영·최인선, 2016, p. 152).

2. 양육 관련 휴가제도 및 시간 정책

앞에서 임신·출산 환경의 개선에 대해 알아보았다. 그럼 이번에는 양육

것이다. 미리 금액을 정해놓고 양육비를 쓰는 게 아니라 쓸 수 있는 만큼 자녀에게 투자하는 방식에 가깝다"고 한다. 이는 고액의 사교육비 지출 및 사치성 유아용품 구매 심리 등과도 일정한 영향이 있는 부분이라 하겠다. 이와 관련하여 동아일보(2019. 10. 10), "아이 낳아 대학까지 보내려면 직장인 10년치 연봉 쏟아부어야"를 참조할 것.

환경에 대한 문제를 살펴보기로 한다. 그중에서도 워킹맘들이 안심하고 직장을 나갈 수 있는 환경의 조성, 이른바 일·가정 양립 정책을 보기로 한다. 대표적인 일·가정 양립 제도로서 '육아휴직제도'와 '산전후 휴가제도' 그리고 '유연근무제의 확산'을 차례대로 살펴보자.

1) 육아휴직제도의 도입과 확산

'육아휴직'은 근로자가 자녀의 양육을 위해 일정 기간 안심하고 휴직할 수 있는 제도로서 육아에 전념하고도 직장에 복귀할 수 있게 보장하는 한편, 휴직 기간에 일정한 급여를 지급함으로써 휴직으로 인한 소득 결핍을 보전하는 의미를 지닌다. 육아휴직의 자격은 '만 8세 이하 또는 초등학교 2학년 이하의 자녀'를 가진 근로자 부모 모두이며, 기간은 1년 이내로 규정하고 있고, 필요에 따라 근로시간 단축 기간으로 활용할 수 있도록 하되, 총기간은 1년 이내로 규정하고 있다.[5]

급여의 재원은 모두 육아휴직급여를 지급하기 위해 적립하는 보험료, 즉 사업주와 노동자가 각기 1/2씩 부담하는 '고용보험료 중 실업급여 계정'[6]에서 담당한다. 육아휴직급여는 점진적으로 인상되어 왔는데, 2023년 현재 월 상한액 150만 원, 하한액 70만 원 범위 안에서 통상임금의 80%까지 휴직급여를 제공하며 부부가 함께 육아휴직을 사용하는 경우에는 인센티브를 적용하는

5 아래 다섯 가지 중 선택하여 구성하되, 총 1년 이내 사용할 수 있음. ① 육아휴직 1회 사용, ② 육아기 근로시간 단축 1회 사용, ③ 육아휴직 분할 사용(2회 가능. 2020년 개정), ④ 육아기 근로시간 단축 분할 사용(1회만 가능), ⑤ 육아휴직 1회 사용과 육아기 근로시간 단축 1회 사용.

6 실업급여 항목 보험료는 각주 10에서 보는 것처럼 실업급여 및 육아휴직(산전후 휴가)급여로만 사용할 수 있음.

방식[7]으로 운영하고 있다.

2) 산전후 휴가제도

육아휴직과 더불어 워킹맘의 일·가정 양립을 위해 가장 중요한 정책 과제가 '산전후 휴가제도'이다. 이 제도는 고용보험 가입 대상 여성의 경우 출산 전과 출산 후를 통틀어 90일(다태아일 경우 120일)[8]의 출산 (전)후 휴가를 주어야 하고, 급여의 재원은 제조업 기준 종업원 500인 미만의 사업장일 경우에만 고용보험에서 지급되며, 그 이상 대규모 기업의 경우 최초 60일(다태아 75일)은 사업주가 그 이후 30일(다태아 45일)은 고용보험[9]에서 지급하는 제

---

7 육아휴직 급여액은 상한 150만 원×통상임금 80%이며, 부부가 함께 사용하는 경우 인센티브를 적용해 1개월 차에는 200만 원×통상임금 100%, 2개월 차에는 200만 원×통상임금 100%, 3개월 차에는 250만 원×통상임금 100%를 적용한다.

8 근로기준법 제74조에서는 여성 근로자의 모성을 보호하고 임신, 출산 등으로 인한 여성 근로자의 체력회복을 위해 90일의 산전후 유급휴가(=출산휴가)를 보장하고 있으며, 종래 60일에서 현재와 같은 90일로 확대하는 법 개정이 이루어진 날은 2001년 11월 1일임.

9 고용보험기금의 운영체계는 다음을 참조할 것.

〈고용보험기금 기본 체계〉

1. 고용안정·직업능력개발 계정(보험료는 사업주가 전액 부담): 고용안정(고용유지·창출·고용촉진) 사업 + 직업능력개발 사업
   - 고용안정사업은 고용유지 등의 조치를 한 사업주를 지원
2. 실업급여 계정(보험료는 근로자와 사업주가 각각 1/2씩 부담): 비자발적 실직자 실업급여 지급 + 모성보호(출산전후휴가급여, 육아휴직급여 지급)

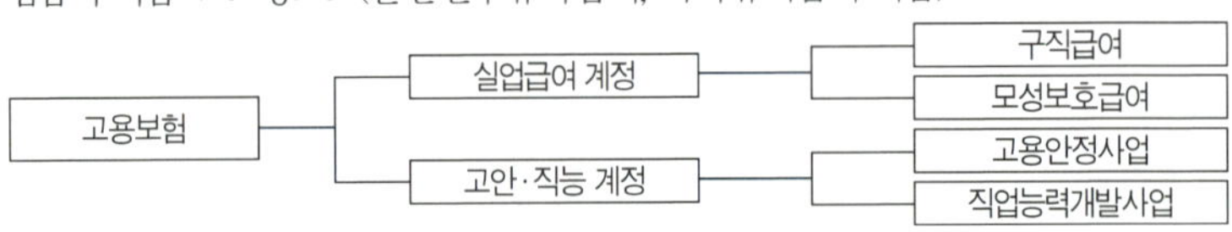

※ 각 계정의 보험료는 해당 계정 사업에만 사용 가능하며, 다른 계정의 사업에는 사용 불가

자료: 대한민국 정책브리핑(2021. 9. 2), "고용보험기금 재정건전성 강화해 촘촘한 고용안전망 구축".

도이다. 이 산전후 휴가제도는 1997년 근로기준법 제정 당시부터 법 안에 포함되어 있었으며, 그 후 수차례의 개정을 거쳐 보호의 내용과 기간 등이 확대되었다. 산전후 급여의 액수는 최초 60일까지는 대체로 통상임금(단, 월 소득이 600만 원이 넘는 경우 산전후 휴가급여는 월 600만 원에 고정됨)을, 고용보험에서 재원을 마련한 마지막 30일 기간에는 최대 월 200만 원 이내 통상임금으로 지급함을 보장하는 제도[10]이다.

3) 유연근무제의 도입과 확산

'유연근무제'는 양육기 부모가 직장의 근로시간을 탄력적으로 조절할 수 있게 해줌으로써 일·가정 양립을 용이하게 하는 핵심적인 시간 정책 중 하나이다. 한국에 유연근무제가 처음 도입된 시기[11]는 2009년경으로 거슬러 올라간다. 유연근무제를 운영하는 목적은 근로자가 근로시간 및 근로장소 등을 자유롭게 선택·조정하게 함으로써 일과 생활을 조화롭게 영위하게 하고(work-life balance), 인력 활용의 효율성을 높이기 위함이었다. 그러나 당시 '일자리 없는 성장'의 시대로 접어들면서 청년 실업의 문제가 심각해지는 가운데 일

10 찾기 쉬운 생활법령정보 홈페이지 참조할 것(https://easylaw.go.kr/CSP/CnpClsMain.laf?popMenu=ov&csmSeq=1379&ccfNo=3&cciNo=1&cnpClsNo=3).

11 육아기 단축근로를 허용하게 하는 법(「남녀고용평등과 일·가정 양립 지원에 관한 법률」)의 내용은 다음과 같다.

> 제19조의2(육아기 근로시간 단축) ① 사업주는 근로자가 만 8세 이하 또는 초등학교 2학년 이하의 자녀를 양육하기 위하여 근로시간의 단축(이하 "육아기 근로시간 단축"이라 한다)을 신청하는 경우에 이를 허용하여야 한다. 다만, 대체인력 채용이 불가능한 경우, 정상적인 사업 운영에 중대한 지장을 초래하는 경우 등 대통령령으로 정하는 경우에는 그러하지 아니하다. 〈개정 2012. 2. 1, 2019. 8. 27〉

자리 수를 늘릴 수 있는 묘안이 절실하였던 점도 도입 배경의 하나로 꼽힌다. 즉, 유연근무제는 일·가정 양립 환경 조성 목적 이외에도 일자리 개수를 늘리는 데 도움이 된다는 판단으로 인해 더 쉽게 채택이 되었다.

이러한 복합적 배경 아래 정부는 유연근무제를 채택하는 중소기업에 대해 노무비 및 인프라 구축비를 지원하는 등 제도 도입을 독려하였다. 고용노동부는 근로자의 주당 유연근무제 활용 횟수에 따라 1년간 최대 520만 원을 지원(간접노무비 지원제도)한다. 재택·원격근무 인프라 구축을 위해서는 사업주가 투자한 비용의 50% 범위 내에서 2,000만 원 한도로 지원(재택·원격근무 인프라 구축비 지원제도)하는 등이 그 예이다(전형진, 2020, p. 2).

또한 정부는 공공기관이 선도적으로 유연근무제의 도입에 앞장서도록 정책적 노력을 기울였다. 예컨대, 고용노동부는 유연근무제 도입 및 운영 시 발생하는 법적·제도적 모호함을 해결해 주기 위해 '유연근무제에 관한 가이드라인'을 제정해 운영하고 있다. 이 가이드라인에 준해 각 공공기관은 각기 유연근무시간제 운영에 관한 지침(혹은 가이드라인)을 마련해 운영 중이다. 또한 행정안전부는 부처별로 유연근무제 도입 성과를 모니터링하는 등의 노력을 기울여 왔다.

도입 당시 유연근무제에 미온적이던 공공 부문과 민간사업장은 2019년 코로나 팬데믹 국면을 통과한 현재 상당히 달라진 양상을 보여 주고 있다. 특히 재택근무를 포함한 유연근무제의 채택이 적극성을 띠며 확산 추세에 있다. 2020년 현재 넷 중 세 군데 대기업에서 유연근무제(특히 재택근무)를 도입하고 있다. 유연근무제에 대한 인식도 바뀌어 유연근무제가 업무 생산성 향상에 '긍정적'이라는 응답이 56.7%로, '부정적'이라는 응답 4.4%를 압도한다(한국경제연구원, 2020). 그뿐만 아니라 '앞으로 지속 혹은 확대 운영하겠다'는 응답자가 51.1%로 이 역시 '축소하겠다'는 응답 7.8%를 크게 앞지르는 것으로 조사되었다. 물론 이 조사는 국내 500대 기업의 종사자로 조사 대상을 한정하고 있어 결과의 전체 사업장으로 일반화하기에는 한계가 있지만 코로나 팬데믹이라는 외부 요인에 의해 유연근무제의 운영에 의미 있는 변화가 초래되고 있는 것만은 틀림이 없어 보인다.

[휴직·휴가제도 평가]

양육과 일을 병행하는 데 따른 시간적 마찰을 해결해 주는 제도로서 산전후 휴가제도는 휴가 기간 동안 전액 유급휴가이며, 급여액 면에서도 OECD 국가들에 비하여 뒤떨어지지 않는다. 그러나 육아휴직급여의 경우 월 150만 원 한도 내에서 통상임금의 80%로서 여전히 통상임금에 크게 하회하는 경우가 일반적이다. 소득대체율이 낮다는 점은 그 자체로도 양육기 아동양육 가정에 경제적 부담을 가중하는 문제가 있지만, 특히 남성 근로자의 육아휴직 사용을 꺼리는 원인으로 작용하는 경향이 있어 더욱 문제로 지적된다.

그러나 우리나라 육아휴직제도의 진짜 문제는 소득대체율이나 기간보다 제도에 대한 접근성의 문제이다. 즉, 육아휴직제도의 적용 대상이 고용일로부터 180일이 경과한 직장인에 한정됨에 따라 대다수 소상공인은 물론 일시적 직장인, 자영업자, 프리랜서, 비전형 노동자, 실업자 등 너무나 많은 직군의 사람들에게 이 제도는 그림의 떡이라는 데 있다. 약 10여 년 전인 2012년 당시 한 해 출생아동 수가 48만 4,550명일 때 육아휴직자 수는 6만 4,071명이었고 비중은 약 13%였던 데 비해, 2021년 현재 전체 출생아동 수 대비 육아휴직을 사용하는 가정의 비율은 42% 수준[12]으로 커진 점은 고무적이라 할 수 있다. 그런데도 육아휴직을 사용하지 못하는 가정 비율이 너무 높다[13]는 점을 문제로 지적하지 않을 수 없다.

마찬가지로 유연근무제 역시 통계 수치상으로는 확산 추세에 있는 것이 분명하다. 특히 코로나 팬데믹 이후 확연하게 나타난다. 그러나 제도가 도입되고 사용되기 시작한 것만으로 개별 노동자들 누구나 어려움 없이 이 제도를 잘 활용하고 있다고는 볼 수 없다. 양육의 필요 때문에 사용하는 휴가·휴직에 대해서는 철저히 보장하며, 경영상의 이익 못지않게 중요하게 생각하는 직장문화의 정착 등이 향후 과제로 남는다고 하겠다.

3. 보육 정책

어느 사회에서나 '보육 정책'은 저출산 인구 대책[14]의 가장 핵심으로 꼽힌

12 예컨대, 2021년 현재 총 출생아 수는 26만 600명인 데 비해 전체 육아휴직자 수는 11만 555명(이 중 남성 육아휴직자 수는 2만 9,041명)으로 집계되고 있다. 육아휴직을 사용하는 기간이 2세에서부터 8세 이하로 분산되고 있어 당해 년 육아휴직자를 모두 당해 년 출생아의 부모로 간주할 수 없으나 그에 따른 연령에 따른 분산을 감안하더라도 아직 한국의 육아휴직 사용자 수는 전체 출생아의 반이 채 안되는 수준임을 짐작해 볼 수 있다. 수치는 국가통계포털(KOSIS) 참조.

13 2021년도 경우 출생아 100명당 출생아 부모 중 육아휴직자 수는 전년 대비 2.1명 증가한 29.3명이다. 물론 육아휴직 사용은 만 12개월 전 0세에 81%가 집중될 뿐 8세 미만 연령층에 흩어져 사용하는 만큼 그 이후 사용하는 가정도 있겠지만 여전히 전체 출산아 중 부모가 육아휴직을 사용하는 비율은 매우 낮다.

14 김미곤·고제이·이철희·홍석철·전병목 외(2019), pp. 405~406 참조. 이 보고서는 육아 경험이 있는 여성 집단을 유의 표집한 27명을 대상으로 한 FGI 분석 결과를 제시하고 있는데 그에 따르면, "아동을 키우는 여성의 경제활동에 가장 큰 영향을 미치는 것은 육아휴직이나 육아기 단축 근로 등과 같은 시간 지원 프로그램"이며 "원하는 보육시설에 보낼 수 없으면, 양육수당과 보육료 지원이 출산율을 증가시키거나 경제활동 참여에 도움을 주지

표 8-1 한국 보육 정책의 발달 단계별 특성

	시기(연도)	주요 정책	주요 담론
보육 정책 전 단계	~1991	영리 목적의 민간시설 및 취약계층을 위한 종교시설 중심	•탁아 개념의 시설 운영
보육의 제도화 1단계: 인프라 확대	1991~2003	보육의 국가 책임 천명 •법인 및 개인 어린이집 설립 확대 •선별적 보육 지원 시행	•보육 개념(보호+교육)의 정립
보육의 제도화 2단계: 공공성·전문성 확보	2004~2007	유아교육 및 보육의 공공성과 전문성 확립	•저출산 대응 보육비 지원
보육의 제도화 3단계: 보육의 질 제고 등	2008~2012	보육의 질 개선 •평가인증 시행 및 보육교사 재교육 보육비 부담 전면 국유화 •보편적 보육 지원 시행	•어린이집 아동학대 예방 •지원 방식 논쟁(보편적 지원 vs 선별적 지원)
보육의 고도화 단계	2013~	보육과 유아교육의 통합 추진 등 교육 및 보육의 고도화	•보육사업 운영의 고도화 및 사업 대상 형평성 제고

자료: 이지영(2019), pp. 36~43과 박경자·황옥경·문혁준(2013), pp. 516~520 및 기타 보육 연혁 자료들을 참고하여 저자 재구성.

다. '믿고 맡길 만한 보육시설의 공급과 운영'이 수반되지 않으면 출산율이 떨어지거나 취업률이 낮아진다. 후기 산업사회 국가들은 어떤 나라도 이 둘 중 어느 하나를 포기할 수 없다. 그런 맥락에서 국가마다 여성 노동자의 중단 없는 '생애 취업'을 보장하기 위한 정책으로서 각기 고유한 양태로 보육 문제에 집중하는 것을 볼 수 있다. 그렇다면 한국의 보육 정책이 어떤 과정을 거쳐 현재와 같은 형태로 발전 및 확대해 왔는지 파악해 보기로 한다.

우선 한국의 보육 정책을 단계별로 구분하였다. 단계별 발전과정을 요약하면 〈표 8-1〉과 같다. 무엇보다 큰 획은 1991년 「영유아보육법」의 제정이며,

않는다"는 의견이 많았다고 한다. 즉, 여성의 경제활동 참가 여부에 가장 영향을 주는 정책은 육아기에 시간을 조정할 수 있도록 하는 근로시간의 유연성과 보육 지원이라는 점을 육아 당사자들이 매우 분명하게 인지하고 있음을 보여 준다.

그 이후 몇 번의 계기로 큰 발전을 거쳐 오늘에 이르고 있다.

1) 보육 정책 전 단계(~1991년)

1991년 「영유아보육법」 제정 이전 단계로, 보육이 아니라 '탁아'의 개념으로 미취학 영유아의 보육이 이루어지던 시기였다. 한국의 탁아사업은 1921년 기독교 태화관(당시 여자관으로 명명)에서 출발한 탁아 프로그램이 그 효시이다. 일 나가는 엄마들의 아이들을 맡아 줄 목적으로, 다양한 영리·비영리 시설들이 제도적 제한이나 지원 없이, 자생적으로 생겨난 데서 출발하였다. 당시에는 민간에서 만든 지침을 따르거나 아무 규율 없이 운영되기도 하였다. 그러다가 한국 전쟁 이후 전쟁 고아 등의 아동보호 수요 및 산업화와 도시화로 인한 탁아 수요가 크게 증가하자 1961년 「아동복리법」이 제정되었다. 이 법률에 의해 다양한 아동복지시설(아동상담소, 보육시설, 조산시설, 모자보호시설, 탁아시설 등) 중 하나로서 탁아소를 포함하면서 처음으로 시설의 설치 기준과 종사자 배치 기준, 운영시간, 보호의 내용 등 '보육시설의 설치 및 운영 기준'이 도입되었다. 1968년 3월 14일에는 「미인가 탁아시설 임시조치령」을 제정해 시설의 설치비, 운영비, 인건비 등을 지원할 수 있게 하였고, 또한 '탁아소'의 명칭을 '어린이집'으로 고쳐 부르게 하였다. 이후 어린이집은 양적으로 크게 증가하였으나, 당시까지는 질적 수준이 매우 미흡하였다.

그 후 1981년 전두환 정부 초기 「아동복리법」의 전면 개정을 통해 종전 '요구호아동'이던 법의 보호 대상을 전체 아동으로 확대하는 새로운 시도가 추진되었다. 1982년에는 「아동복지법 시행령」을 개정하여(1982. 2. 28) 탁아시설, 즉 어린이집의 설치 근거를 삭제하고, 대신 같은 해 3월 26일 '유아교육진흥

종합계획'을 수립하였으며, 12월 31일에 「유아교육진흥법」을 공포하였다. 이 법에 근거해 어린이집(691), 새마을 협동유아원(263), 농번기 상설 탁아소(382), 기타 민간시설(38) 등 총 1,374개의 아동보육시설이 '새마을유아원'[15]으로 통합되었다. 이에 따라 유아교육기관은 '새마을유아원'과 '유치원'으로 이원화되었다.[16] 또한 그때까지 주무부서였던 보건사회부의 모든 탁아시설 관련 업무는 내무부로 이관되었다.

다른 한편, 맞벌이 부부들의 자녀양육 문제가 계속 해결되지 않자 1987년 노동부에 의해 「남녀고용평등법」이 제정·시행되면서 직장 탁아에 대한 법적 근거가 마련되었다. 동 법은 처음으로 '여성 근로자 500인 이상 사업장에 직장보육시설을 의무화'하도록 명시하였다. 이와 같이 미취학 아동을 맡아주는 기관으로 유치원과 새마을유아원, 그리고 직장보육시설 등이 설치·운영되었으나, 늘어나는 미취학 아동의 보육, 특히 0~2세의 영아들을 믿고 맡길 만한 시설은 여전히 턱없이 부족하였다.

직장보육시설은 숫자가 너무 적었으며,[17] 새마을유아원은 5세 기준으로 아동의 취원율은 1980년 7.5%에서 1986년 57%로 크게 증가하였으나 기본적으로 탁아 기능이 아닌 조기교육 차원에서 운영되면서 3세 미만을 맡기기 어려웠고, 종일반이라고 해도 통상적으로 오후 2시까지만 운영되는 바람에 맞벌이가정의 미취학 자녀를 돌보는 탁아 기능에 한계가 있었다. 새마을유아원

15 그전에 이미 1980년 전두환 정권은 정부의 주요 시책으로 유아교육을 강조하면서 취학 전 아동의 보호와 교육에 변화를 주도하기 시작하였다. 즉, 내무부는 '새마을 협동유아원'을 시·군·구마다 1개소씩 총 218개소를 설치하여 1981년부터 운영에 들어갔고, 그 기반 위에 「유아교육진흥법」을 제정해 이를 법적·제도적으로 뒷받침하기 시작하였다.

16 한국학중앙연구원, 한국민족문화대백과사전, 새마을유아원(http://encykorea.aks.ac.kr/Article/E0076170).

17 관련 법이 제정된 1987년으로부터 8년여가 경과한 1995년 시점의 전국 직장 어린이집 숫자는 고작 87개이며, 보육 아동 수는 2,388명에 불과하였다.

이 현실적인 도움을 주지 못하자, 취업모들은 개인적인 차원에서 자녀의 대리 양육자를 찾게 되었고 지역사회 민간시설들이 자생적으로 생겨나기 시작하였다. 한편으론 각종 사설학원들이 늘어나 만 2세 이상의 영유아들 돌봄을 부분적으로 감당하였다. 아울러 '놀이방'이라는 이름으로, 일시적 탁아를 해주는 시설들도 보육 수요의 일부를 감당하였다.

이런 식으로 믿고 맡길 수 있는 보육시설에 대한 수요가 폭증하는 상황에서 반전의 계기를 맡게 된 것이 1991년 「영유아보육법」의 제정이었다.

2) 보육의 제도화 1단계(1991~2003년)

보육의 제도화 1단계 시기는 1991년 「영유아보육법」의 제정 시기부터 2004년 「영유아보육법」의 전면 개정 이전인 2003년까지 기간을 말한다. 이 기간은 한국의 보육 정책이 본격적인 출발과 함께 기틀을 닦은 시기로 평가된다. 먼저 「영유아보육법」 제정의 의미는 다음과 같다. 첫째, 이 법은 보육의 개념을 정립하고 새로운 정책 영역을 설정한 의의가 있다. 이 법을 계기로 시설에서 돌보는 일을 '보호'와 '교육'을 통합한 '보육'으로 정의하였고, 이로써 독립적인 정책의 영역으로 새롭게 개념화가 이루어졌다. 그전까지는 시설에서 미취학 아동을 맡아서 돌보았으며, 그때 일은 '보호'의 의미가 강한 '탁아'로 불렸다. 둘째, 자녀양육 책임을 '가정'에서 '국가와 가정'의 책임으로 이동시킨 의의를 지닌다.[18]

18 1991년 당시 이 법의 제1조 (목적)항은 다음과 같다. "이 법은 보호자가 근로 또는 질병 기타 사정으로 인하여 보호하기 어려운 영아 및 유아를 심신의 보호와 건전한 교육을 통하여 건강한 사회 성원으로 육성함과 아울러 보호자의 경제적·사회적 활동을 원활하게 하

한편, 이 법의 제정으로 보육 업무의 소관 부처가 내무부에서 보건복지부로 전환되었다. 당시 정부는 소관 부처가 보건복지부인 「아동복지법 시행령」을 개정(1989. 9. 19)하여 삭제된 보육시설의 설치 운영 근거를 부활하였다. 그리고 1990년 1월 9일 같은 법 시행 규칙을 위한 세부 지침인 「탁아시설의 설치 운영 규정」(보건복지가족부 훈령 제586호, 1990. 1. 15)을 마련하여 보육사업을 본격적으로 시작하였다. 그런 뒤 1991년 마침내 「영유아보육법」을 제정하였다. 이로서 복지부에서 탁아의 업무로 시작된 보육 업무가 내무부 새마을 유아원으로 분화되어 나갔다가 다시 복지부의 업무가 되었다.

보건복지부에서 다시 시작한 보육은 그 이전과 동일한 업무가 아니었다. 즉, 탁아 업무 시설은 취업모가 직장을 가는 동안 '아이를 일시적으로 대신 맡아 주는 곳'이었다면, 「영유아보육법」 이후 보육시설은 '국가가 가정과 함께 자녀양육의 책임을 분담하는 곳'으로 성격이 전환되었으며, 연령별 특성에 맞게 아동의 보호와 교육의 책임을 수행하는 곳으로 달라진 것이다. 이때 이후 보육시설의 운영은 '주 6일 이상', '일 12시간 이상' 원칙이 정립됨으로써 맞벌이가정의 일·가정 양립을 위한 사회적 인프라의 기능을 분명히 하였고 시설 명칭도 '어린이집'으로 통일하였다. 비용은 학부모 부담이 원칙이되, 저소득층에는 정부 지원을 함으로써 대한민국의 보편 보육 인프라로서 진입에 장벽이 발생하지 않도록 하는 조치를 마련하였다.

여 가정복지 증진에 기여함을 목적으로 한다." 새마을유아원을 규정한 1982년 「유아교육진흥법」의 제1조 (목적)항은 다음과 같다. "이 법은 유아에게 좋은 교육 환경을 마련하여 심신발달의 충실을 기함과 아울러 무한한 잠재력을 신장하게 함으로써 장차 건전한 인격을 가진 국민으로 성장하여 개인으로서 행복을 누리고 나아가 그들의 역량을 국가발전에 기여하게 하기 위하여 유아교육과 보육을 진흥함을 목적으로 한다."

3) 보육의 제도화 2단계(2004~2007년)

이 시기는 2004년 「유아교육법」의 제정[19]부터 2007년까지의 시기를 말한다. 2004년에는 「유아교육법」이 제정되었고, 또한 「영유아보육법」이 전면 개정되었다. 2008년 이명박 정부 출범 후 보육 정책에 대대적인 변화가 있어 그 이전까지를 한 단계로 구분하고자 한다. 이 기간에 제정된 「유아교육법」의 의의부터 살펴보면 다음과 같다. 첫째, 「초중등교육법」과 「유아교육진흥법」 등에 산재되어 있는 유치원 관련 법 조항을 정비하여 국가 인적 자원의 기본 틀을 유아 단계부터 체계화하고 교육법 체계를 완성한 점과 함께 유치원 공교육 체제의 법적 근거를 마련한 점이다. 둘째, 만 3세부터 만 5세까지의 발달 특성에 맞추어 활동 중심 및 놀이 중심의 교육을 시행할 법적 기반을 갖게 한 점이라고 할 수 있다. 이 「유아교육법」 이전에 유치원 교육을 관할하였던 것은 「유아교육진흥법」이었다. 그런데 이 법 역시 1991년 「영유아보육법」이 제정되자 1998년 개정을 통하여 유치원 교육의 진흥을 꾀하였으나, 변화된 시대 여건에 걸맞는 내용으로 보완할 필요로 인해 2004년 「유아교육법」이 제정되었다. 이 법은 공교육 기관으로서의 유치원은 시설 기준이나 교사의 자격 기준뿐만 아니라 운영 프로그램에 이르기까지 체계화를 도모하게 한 점에 그 의

19 「유아교육진흥법」은 목적, 정의, 국가 및 지방자치단체의 의무, 무상교육, 유아교육진흥위원회, 수업과정, 유아복지 증진, 장학지도위원회, 비용의 부담, 경비의 보조, 교원의 자질 향상에 대한 내용을 규정하는 11조로 구성되어 있다. 반면 「유아교육법」은 제1장 목적, 정의, 책임, 유아교육·보육위원회, 유아교육위원회, 유아교육진흥원, 제2장 유치원의 구분, 유치원의 설립 등, 유치원의 병설, 유치원 규칙, 입학 연령, 학년도 등, 교육과정 등, 유치원 생활기록, 특수학교 등, 외국인유치원, 건강검진 및 급식, 지도·감독, 평가, 제3장 교직원의 구분, 교직원의 임무, 교원의 자격, 강사 등, 제4장 무상교육, 교육비용 등, 비용의 부담 등, 종일제 운영 등에 대한 지원, 보조금의 반환, 제5장 권한의 위임, 시정 또는 변경 명령, 휴업 및 휴원 명령, 유치원의 폐쇄, 청문, 벌칙 등의 내용으로 구성되어 있다.

의가 있다.[20]

같은 시기 「영유아보육법」 역시 전면 개정을 하였는데, 주요 방향은 보편주의 보육이념의 도입, 보육의 공공성 및 사회적 책임 강화, 보육의 전문성 제고가 근간이었다. 1991년 법 제정 이후 10여 년 이상 운영해 오면서 보육에 대한 정부의 참여 확대와 보육 서비스 수준 향상에 대한 요구가 높아지자 보육의 국가 책임성과 공공성, 전문성을 제고할 목적으로 2004년도 「영유아보육법」을 전면 개정[21]하였던 것이다.

좀 더 구체적으로 보면, 영유아 보육의 대상을 보호자의 근로, 질병 등으로 보호자가 보호하기 어려운 영유아로 제한하지 않고 보호자의 조건 없이 '모든 영유아'로 보편화시켰다. 보육의 공공성 및 사회적 책임의 강화에서는 국공립·민간 보육시설에 대한 재정 지원의 형평성 제고를 위한 근거를 마련(이를 통해 정부의 보육비용 지원 확대)하고 정부의 보육시설에 대한 관리·감독을 강화(설치 기준 인가제로 변경, 보육시설 평가인증제 도입을 통해)하는 한편, 지방자치단체의 적극적인 보육 정책 수립 책임 부여, 정부의 보육 행정력 강화, 보육계획 수립, 보육수급 책임, 보육과정 보급 및 실태조사 실시 등을 통한 정

20 국가법령정보센터, 「유아교육법」 페이지 중 연혁을 참조할 것.
21 2004년 「영유아보육법」 개정의 주요 내용은 다음과 같다.

보육 목적	•선별적 보육 → 보편적 보육(모든 영유아 대상)
보육시설의 종류	•민간시설을 법인 보육시설과 민간 보육시설로 분류 •부모협동보육시설 추가
보육시설 인가	•보육시설 설치 시 기존의 신고제에서 인가제로 환원
보육교사 자격	•관련 학과 졸업에서 관련 학과목 및 학점 이수제로 변화 •보육교사 자격: 인증 → 자격을 검정하고 자격증 교부 •보육교사 경력: 시설 → 정부(지방자치단체)
보육시설 운영위원회	•시설종사자·보호자 대표·지역사회 인사로 보육시설운영위원회를 구성하여 지역사회 연계 및 투명성 강화
표준보육과정	•표준보육과정 개발, 보급
보육시설 평가인증	•보육 서비스의 질적 수준 향상을 위하여 보육시설 평가인증제 도입
보육개발원 설치	•보육에 관한 정책연구, 프로그램 개발 등을 총괄할 보육개발원 설치 → (육아정책개발센터)

부의 보육사업에 대한 책임성을 강화하는 내용을 담고 있다.

이 두 법의 제정 및 개정으로 인해 이 시기는 교육부 소관의 유치원과 복지부 소관의 어린이집에 대한 교육 및 보육 서비스의 제공에 대한 국가의 책임성과 공공성, 형평성과 전문성을 확립하는 조치를 확고히 하였다. 특히 어린이집의 경우에는 '평가인증제'[22]를 이때 처음 도입하게 되는데, 도입 당시부터 "지나친 규제가 아니냐"는 어린이집 현장의 강한 반발과 우려에 직면하며 숱한 우여곡절을 겪었지만, 결과적으로 보면 단기간에 어린이집의 질을 끌어올리는 데 상당한 역할을 하였다.

> 대체로 평가인증제도는 보육시설의 서비스 질을 개선하는 데 일정 부분 기여한 것으로 긍정적으로 평가된다. 평가인증제도는 일부에서 비판이 있음에도 불구하고 민간 보육시설에 보육 서비스의 공급을 의존하고 있는 상황에서 서비스의 질을 관리하는 주요한 수단으로 인식되고 있다.[23]

보육사업에 대한 공적 책임의 강화는 법적·제도적 장치를 통한 관리·감독 이외에 각 가정에 대한 보육비의 지원으로 나타난다. 정부는 보육을 필요로 하는 모든 아동에게 양질의 보육 서비스를 균등하게 제공한다는 목적으로 저소득층 자녀를 대상으로 하는 보육비용 경감 정책을 실시하였다. 2007년에 작성된 2008년 예산을 보면, 정부의 보육료 지원은 더 취약한 계층을 우선 지원하는 차등 지원 방식이었다. 즉, 보육아동(도시근로자가구 월평균소득 수준 이하) 부모 소득에 따라 구간별로(중위소득 이하 가구에 대해 구간별로 100%,

22 「평가인증제도」에 대한 자세한 내용은 김인경(2012), pp. 34~35와 황해익·김남희·정혜영(2013), pp. 473~482 등을 참조할 것.
23 서문희·김온기·이정원·송신영·원종욱(2010), p. 11.

80%, 60%, 30%씩 지원) 차등 지원하고, 각 가정에서는 국가가 보육시설에 납부하는 부분을 제외한 보육료만 부담하는 방식이었다.

한편, 이 시기는 2005년 「저출산·고령사회기본법」의 제정과 함께 『제1차 저출산·고령사회 기본계획』이 수립되어 2006년부터 2010년까지 기간을 시행에 들어간 시기에 해당하며, 그 영향으로 인하여 대부분의 언론 기사 및 전문가들의 기고문은 보육 정책을 저출산 대책의 일환으로 인식하는 특성을 보여 준다. 즉, 이 시기 개별 가정의 양육 부담을 경감하는 차원에서 '보육비에 대한 국가 지원이 필요하다'는 담론 및 '민간 어린이집의 질 관리의 책임'을 묻는 담론[24]이 빈번하게 등장한다. 이런 담론적 흐름은 '보육비 지원'과 '어린이집의 질 관리'와 함께 '국공립 어린이집의 확대'를 주요 선거의 정책 이슈로 만드는 담론적 에너지로 작용한다.

4) 보육의 제도화 3단계(2008~2012년)

2008년부터 시작되는 이 시기는 이명박 정부 기간과 겹치며, 이전 노무현 정부 때 시작한 법정 저소득층 대상 보육비 지원을 처음에는 소득 하위 70%까지로 확대하다가 그후 모든 계층 아동에 대한 지원으로 확대·전환된 시기라는 특징이 있다. 또한 2004년 「영유아보육법」의 전면 개정 당시 법에 들어간 평가인증제가 2005년 사무국의 출발과 함께 시범사업을 거쳐 2006년 본격 시행되었고, 현장과의 파열음을 겪으면서 참여시설의 수를 지속 확대해 나갔다.

24 이지영(2019, p. 41)은 「저출산·고령사회기본법」 제정과 『제1차 저출산·고령사회 기본계획(2006~2010)』 등의 영향으로 이 시기는 저출산 대책이 보육 담론을 주도하였다고 평가하고 있다.

인증을 획득하지 못하면 보육비 지원을 중단하는 식(호주의 사례와 같이)의 강한 재정 연계를 적용한 적이 없지만, 정부 보조금에 의존해 시설을 운영하는 입장에서는 거부할 수 없는 제도였을 것이다. 그 결과 평가에 따른 부담 경감이나 평가인증을 위한 추가 지원을 요구하는 목소리는 한동안 계속되었다.

평가인증제도가 보육관계자에게 뜨거운 쟁점이었다면, 이 시기 일반 여론의 관심은 보육비 지원 수준 및 보육사업 모형을 둘러싼 논쟁에 있었는데, 2007년 대선 전후가 특히 그러하였다. 정부가 정한 단일한 보육단가의 표준적인 보육 프로그램을 전국 아동들에게 일률적으로 공급하는 것이 과연 바람직한지, 자칫 학부모의 선택권 및 아동의 다양한 교육 수요를 무시한 잘못된 정책은 아닌지 하는 논쟁이 대선 직후인 2007년 말부터 2008년경까지 정부 인사들 사이에서 그칠 줄을 몰랐다.

이런 문제와 아울러 보육비의 상한선을 상향하거나 아예 없애는 방향으로 개편하자는 의견이 상당한 지지를 얻었으며, 실제로 유사한 맥락에서 중등학교 교육에서는 교육비용의 150%까지를 자율적으로 책정하고 더 나은 교육을 약속하는 '자율형 사립고 제도'가 도입되기도 하였다. 그러나 한국의 학부모가 지나치게 교육열이 높아 적정한 수준에서 합리적으로 보육시설 선택을 하지 못하면 가계 부담만 증가시키고 궁극적으로 양육비용 증가 및 저출산의 가속화를 낳을 수 있다는 우려 때문에 그 같은 과격한 개편은 채택되지 못하였다.

대신 이 기간 내내 늘어나는 보육아동 수를 감당할 만한 양질의 시설 공급이 화두가 되었으며, 적절한 보육비 지원 수준을 놓고 보건복지부와 대통령실, 그리고 기획재정부와 국회가 설전을 거듭하였다. 2008년 5세 아동에 대한 무상보육(기본보육료 전 계층 지원)을 시작으로 다양한 기준으로 취약계층을 지원하던 보육료를 전 계층으로 확대함으로써 국가의 책임성을 온전히 수행하고 가계의 양육 부담을 경감시키자는 쪽으로 마무리가 되었다.

그 결과 이명박 정부 시기인 이 기간에는 당시 하위 70% 계층에게까지만 적용하던 기본보육료 지원을 2012년에 먼저 5세 아동과 함께 1~2세 아동으로 확대[25]하였고, 2013년에는 3~4세 아동을 포함시킴으로써 결국 전 연령·전 계층 지원[26]을 완료하게 된다. 〈표 8-2〉는 연도별 지원 확대를 정리한 내용이다.

이상에서 보는 바와 같이, 정부가 개별 가정의 보육비용에 대한 지원을 확대하자 보육기관에 다니는 아동의 수가 급격히 늘어나면서 시설 수 역시 급속히 확대되었다. 〈표 8-3〉에서 보는 것처럼 보육기관 재학 아동 수는 2007년부터 2012년까지 5년 동안 연평균 7.7만 명 이상 늘어난 셈이다. 그중에서도 0~2세 영아반 아동의 증가 수가 눈에 띄게 늘어나는 것을 볼 수 있다. 보육아동의 수가 늘어남에 따라 기존 어린이집의 현원율이 올라가는 것은 물론 어린이집, 특히 0~2세 영아 전담 어린이집인 '가정어린이집' 신설이 대폭 증가한 시기가 바로 이때였다.

그러자 이번에는 보육의 품질에 대한 우려가 높아졌다. 정부가 어린이집 보육비용 지원을 차츰 늘려나가자 보육기관에 다니는 아동의 연령이 어려지는 현상이 나타나게 되면서(그와 동시에 어린이집 취학아동이 급증하고) 보육의 양적 공급 정책 및 질 관리의 문제가 정책의 중심 화두로 부상하였다. 너무 이

25 2012년 당시 갑자기 영유아(0~2세 아동)의 보육비 전액을 지원하게 됨에 따라 전년도보다 급격히 등원 아동 수가 늘어났다. 당초 수립한 액수와 실제 집행액 사이에는 큰 간격이 발생한 것은 물론, 어린이집 수요가 급속히 늘어나는 데 따른 어린이집 시설의 공급을 미리 계산하지 못해 정책 집행기관들이 매우 곤혹스런 상황을 견디면서 정원조정 등의 방법을 통해 급박한 상황을 감당해야 하였다.

26 보건복지부 보도 자료(2012. 1. 18), "내년 만 3~4세아도 '누리과정(공통과정)' 도입 및 0~2세아에 대한 양육수당 대폭 확대"를 참조할 것.

표 8-2 시설보육료 전액 지원 대상 확대 추이

<table>
<tr><th>연도</th><th>만 0~2세</th><th>만 3~4세</th><th>만 5세</th></tr>
<tr><td>1999</td><td colspan="2" rowspan="4">법정 저소득층</td><td rowspan="3">법정 저소득층+기타 저소득층</td></tr>
<tr><td>2000</td></tr>
<tr><td>2004</td></tr>
<tr><td>2005</td><td>도시근로자가구 평균소득 80% 이하</td></tr>
<tr><td>2006</td><td colspan="2" rowspan="2">법정 저소득층+차상위계층</td><td>도시근로자가구 평균소득 90%(도시), 100%(농촌)</td></tr>
<tr><td>2007</td><td>도시근로자가구 평균소득 100% 이하</td></tr>
<tr><td>2009</td><td colspan="2">영유아 소득 하위 50%</td><td rowspan="2">영유아 소득 하위 70%</td></tr>
<tr><td>2011</td><td colspan="2">영유아 소득 하위 70%</td></tr>
<tr><td>2012</td><td>전 계층</td><td>영유아 소득 하위 70%</td><td>전 계층(누리과정 도입)</td></tr>
<tr><td>2013~</td><td colspan="3">전 계층</td></tr>
</table>

자료: 보건복지부, 『보육사업안내』, 각 연도.

른 시기에 보육기관으로 나오는 현상(특히, 전업모의 아이들까지 덩달아 영아기 때부터 어린이집에 다니기 시작하면서)에 대한 우려와 비판 여론이 높아지기 시작하자 정부는 정책적 입장과 아동발달의 관점 두 가지 방향에서 고민을 하였다. 하나는 가정에서 아동을 양육할 여건이 되면 조금 더 오래(그러나 너무 길지 않게) 아이들을 가정에서 양육하게 유인하는 정책이었다. 이에 정부는 가정에 머물 입장이 되는 아동의 가정양육 기간을 늘리기 위해서(또한 가정에 머무는 아동과 보육기관에 다니는 아동 간 형평의 문제를 완화하기 위해) 만 24개월 미만 아동으로 가정에 머무는 아동의 부모에게 양육수당을 지급[27]하는 정책을 채택하게 된다. 이것이 우리나라에서 아동을 양육하는 가정에 보편적으로 지원하는 현

27 보건복지부가 발행하는 『2010년도 보육사업 안내』, p. 269에 따르면, 수당은 만 2세 미만 아동에게 일괄 매달 10만 원씩 지급하는 것으로 시작한다.

표 8-3	각 연도 연령별 보육아동 수 (단위: 명)

연령별	2001[28]	2002	2003	2004	2005	2006	2007	2008	2009	2010
합계	734,192	800,991	858,345	930,252	989,390	1,040,361	1,099,933	1,135,502	1,175,049	1,279,910
만 0세	–	11,632	14,686	21,445	33,647	46,351	68,908	99,245	107,525	125,133
만 1세	–	57,007	66,901	73,686	89,403	102,473	122,663	160,320	198,831	229,486
만 2세	115,346	137,855	159,972	167,785	179,301	201,111	222,258	242,324	268,038	331,637
만 3세	–	198,000	213,557	230,516	223,628	221,529	237,919	229,424	227,966	243,264
만 4세	–	194,733	201,303	213,679	219,954	219,974	207,305	192,668	193,934	180,542
만 5세	–	159,393	172,225	183,917	195,455	198,631	179,562	175,323	152,380	149,278
만 6세	–	–	–	–	–	–	–	15,628	–	–
만 6세 이상	–	–	–	–	48,002	50,292	61,318	–20,570	26,375	20,570

연령별	2011	2012	2013	2014	2015	2016	2017	2018	2019	2020	2021
합계	1,348,729	1,487,361	1,486,980	1,496,671	1,452,813	1,451,215	1,450,243	1,415,742	1,365,085	1,244,396	1,184,716
만 0세	146,666	177,757	148,273	138,563	137,117	141,013	139,654	126,793	126,216	116,468	119,621
만 1세	249,787	321,716	325,921	342,056	308,227	318,245	330,868	319,016	294,242	263,128	252,542
만 2세	342,879	372,811	400,781	409,954	419,252	386,726	391,715	397,955	376,041	321,294	301,914
만 3세	272,034	259,112	255,786	265,338	253,294	263,652	236,665	233,274	240,429	214,853	190,393
만 4세	182,999	194,413	184,513	177,014	180,249	180,255	188,540	169,328	173,715	174,394	161,020
만 5세	137,349	149,522	161,877	155,510	147,278	153,893	156,093	163,314	148,832	149,201	154,363
만 6세 이상	17,015	12,030	9,829	8,236	7,396	7,431	6,708	6,062	5,610	5,058	4,863

자료: 국가통계포털(KOSIS), 「연령별 보육아동 현황」(유형별 어린이집 아동 수 총합).

금 정책의 효시가 되었다. 양육수당에 대한 더 자세한 논의는 제7장 4. 현금 및 세제 지원 정책에서 더 자세히 다루었다.

너무 이른 시기부터 어린이집에 아이를 맡기는 현상에 대한 정책적 고민은 두 가지 방향으로 새로운 정책발전을 자극하였다. 하나는 어린이집에 보

28 2001년도 당시에는 만 3세 이상 아동의 연령별 집계를 하지 않아 통계치로 반영할 수 없었던 것으로 생각된다.

내지 않고 가정에서 양육하는 아동이라 하더라도 보육이 필요할 때 일시적으로 이용할 수 있는 보육 프로그램, 이른바 시간제보육의 필요성이었다. 다른 하나는 12시간 종일 보육 프로그램 대신 오후 3~4시에 아이를 데려가는 표준형 보육 프로그램과 취업모가정의 자녀를 위한 종일형 보육 프로그램으로 이원화해 운영하는 방법에 대한 고민이었다.

이 시기 또 하나의 큰 변화는 국가가 각 어린이집에서 운영하는 표준적인 보육과정을 한 단계 더 업그레이드한 일이었다. 즉, 2012년에는 '만 5세 누리과정'을 도입하였다. 이것은 이원화되어 있던 어린이집 표준보육과정과 유치원의 교육과정을 일원화하는 것을 의미한다. 한편, 보육료를 지방교육재정교부금에서 지급하는 것으로 통합함으로써 유치원과 어린이집에 다니는 아동에 대한 정부 지원을 단일화하였다. 만 5세 누리과정의 도입은 이후 3~4세 이하 과정으로 확산되어 유치원교육과 어린이집 보육과정을 하나로 단일화하는 시발점이 되었다. 만 5세아 누리과정이 먼저 추진된 것은 만 5세들의 경우 만 3~4세 이하 과정보다는 초등학교 1~2학년군의 교육과정과의 연계성 강화가 더욱 시급한 것으로 인정되었기 때문이다. 아울러 2012년도에는 〈그림 8-1〉[29]에서 보는 것처럼 0~2세 영유아 아동까지 전 계층 지원 대상에 포함하게 되는데 0~2세 영유아 연령계층을 3~4세 연령계층에 앞서 전 계층 정부 지원 대상으로 넣었던 것은, 첫째 대상 인구가 더 적어 지원 총액이 적다는 점, 둘째 출산 동기를 자극하는 데 3~4세보다 0~2세가 더 효과적일 것이라는 판단이 작용하였다.[30]

29 보건복지부가 발행한 『2012년 보육사업안내』를 참조할 것.
30 이런 내막을 아는 사람들은 많지 않았는데, 저자는 당시 대통령실의 여성가족비서관으로서 해당 업무의 담당 비서관이었기 때문에 당시를 증언하는 바이다.

그림 8-1 연령별 지원 비교

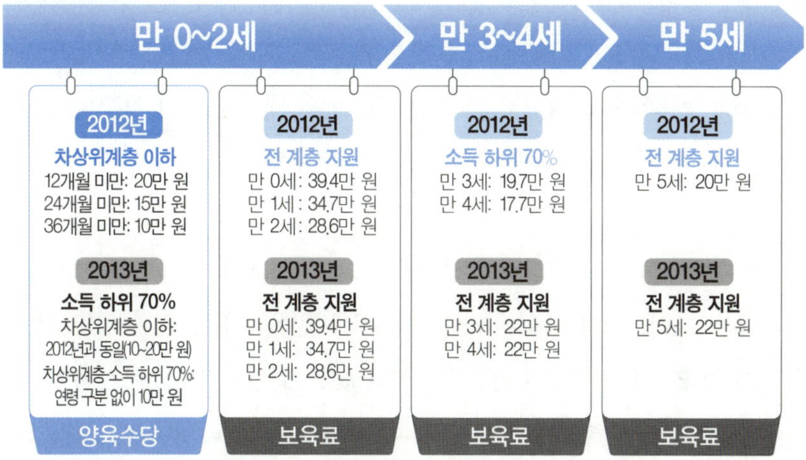

자료: 이혜원(2012), p. 11. 원자료는 보건복지부.

요약하면, 〈그림 8-1〉에서 보는 것처럼 법정 저소득층에 한정되던 보육비 지원을 전 계층으로 확대하였다. 일차적으로 소득 하위 70%까지 지원하다가 0~2세와 만 5세가 2012년 먼저 추진되었고, 이듬해인 2013년에는 3~4세 아동까지 포함하며 전 계층 지원으로 확대를 완료하게 된다. 돌이켜 보면, 재정적 여건이나 보육기관의 수용 여력, 보육관리 체계의 준비 정도 등에서 섣부른 듯한 정책 추진이었으나, 당시 1.3 이하였던 초저출산율을 반등시키기 위한 긴박한 상황에서 나온 의지의 표현이었고, 이는 합계출산율이 3년 연속 상승하는 일정 성과[31]로 보답을 받았다.

31 보육 예산이 매년 1조 이상 증가된 이 시기는 출산율이 반등하여 합계출산율 집계 이래 유일한 3년 연속 상승 구간이라는 기록을 만들었는데, 구체적인 수치는 2009년(1.149)→2010년(1.226)→2011년(1.244)→2012년(1.297)이다. 그리고 2013년(1.187)부터 다시 떨어지기 시작해 2021년 0.81명으로 추락하였다.

5) 보육의 고도화 단계(2013~현재)

이 시기는 2013년 이후부터 2023년 현재까지의 시기를 말한다. 이 기간의 한국의 보육사업은 제도적 틀을 정비한 이후 내실을 다진 기간으로 평가할 만하다. 이 기간의 성과를 살펴보면 다음과 같다. 첫째, 보육의 품질 개선에 노력을 경주한 시기이다. 2013년은 3~5세 어린이집과 유치원에 다니는 모든 영유아에 대하여 누리과정이라는 통합 교육·보육 프로그램을 처음 운영한 해이다. 그리고 보육아동에 대한 전 계층 지원을 처음 실시한 해도 2013년이다. 그럼에도 개별 가정의 입장에서 보육에 들어가는 경제적 부담은 여전히 남아 있었고, 보육사업의 운영상 불합리도 해소되지 않고 이어지던 상태였다.

그래서 이 기간은 여러 잔존 과제들을 조금씩 개선하고 정비하는 시기였기 때문에 보육의 고도화 단계라 할 만하다. 즉, 이 시기는 앞에서 본 것처럼 보육기관이 빠르게 늘고 보육인력의 신규 고용이 급속히 확대되는 가운데 그에 상응하는 보육 품질을 담보하지 못해 여러 가지 문제가 돌출되는 시기였다. 불행한 일이지만 역사상 가장 빈번하게 '어린이집 아동학대'가 뉴스를 장식한 것도 이 기간, 즉 2013년 전후 몇 년간의 시기였다. 덕분에 소관 부처인 보건복지부는 물론 정부나 국회 관계기관을 중심으로 한 다양한 재발 방지 조치들이 거론되고 시행되었으며, 새로운 사건이 터질 때마다 새롭게 더 강한 예방과 구제조치를 내놓는 일이 수년간 반복되었다. 그런 가운데 보육교사의 자격 기준을 높이고 재교육을 강화하는 노력이 지속되었다.

둘째, 보육 재정의 확보에 대해 부처가 합의를 법령 개정을 통해 완료하였다. 전 계층·전 연령층 보육료를 정부가 전액 부담하겠다고 결정할 당시에는 늘어난 재정지출을 어떻게 감당할 것인지에 대한 부분을 깔끔하게 정리해 두지 못한 상태였다. 그러던 것이 2012년 누리과정 도입을 결정하면서 지방교육재정교부금 재원으로 감당하기로 한 후, 2013년 일단 시행하였고 2014년에는 시행령을 고쳐 만 3세 보육료를 국비, 지방비 및 지방교육재정교부금에서 함께 부담하도록 하였다 그러다가 2015년에는 어린이집 보육 지원과 유치원 원비, 즉 누리과정 재원을 모두 지방재정교부금으로 일원화[32]하였다. 보육비를 지방교육재정교부금에서 부담하는 이 방식은 법리적으로 문제가 있어 후일 바로 잡는 개편을 하게 되지만, 건전 재정 기조 위에서 아동(보육) 지원을 확대하려는 시도였다고 본다면 당시로서는 궁여지책이었던 셈이다. 재정은 지방교육재정교부금으로 전액 부담하되, 어린이집 사업의 관리는 종전처럼 복지부와 지자체(시·도 및 시·군·구)가 나누어 수행하도록 하였다. 한편, 국가가 보육비용 부담을 확대하면서 우선 전 계층 지원은 세칭 '무상보육'이란 표현으로 불리며 가정의 보육 부담을 완전히 제거해 준 것 같지만 실상은 그렇지 못하였다. 문자 그대로 개별 가정의 교육·보육비용이 제로가 된다는 의미는 아니었기 때문이다. 단지 정부가 연령별로 정한 보육료 지원단가를 전액 지원한다는 의미일 뿐 학부모는 각 지방정부가 정한 한도 내에서 보육기관이나 유치원에서 정한 한도 내에서 자체적으로 책정된 추가비용 등은 여전히 남아 있는 상황이다.[33]

32 보건복지부 발행『2015년도 보육사업안내』, p. 259에 따르면, 2011년 누리과정 도입을 확정(만 5세는 2011년, 3~4세는 2012년 발표)하고, 관련 법령 개정 후 2012년 3월 만 5세아, 2013년 3월 만 3~4세아에 대해 도입하면서 종전 보건복지부와 지자체 일반회계에서 각기 부담해 오던 예산을 2012년부터 지방교육재정교부금으로 지원하기로 하였고, 2015년부터 누리과정 재원 전액을 지방교육재정교부금으로 일원화하였다. 좀 더 구체적으로 2015년 당시 아동 1인당 22만 원은 보육료, 7만 원은 만 3~5세 담당교사 처우개선비 및 누리과정 운영지원비로 활용하기로 하였다.

33 이런 상황은 그 이후에도 줄곧 이어져 2022년 현재까지도 보육기관에 아이를 보낼 경우, 여전히 적지 않은 비용을 개별 가정에서 부담한다.

셋째, '12시간 보육시간제'의 비합리를 합리적으로 조정하였다. 당시 우리나라 어린이집 운영시간의 기본은 '하루 12시간 주 6일'로 되어 있었다.[34] 그러나 이 운영시간제는 교사들의 8시간, 주 5일제 한국 노동시장의 표준에 맞지 않았고, 추가 고용 등 인력조정의 부담을 어린이집이 고스란히 떠안으면서 논란거리로 남아 있었다. 또한 이런 방식은 취업모와 전업모의 가정을 구분하지 않고 모든 아동에게 전일제 보육을 허용하는 바람에 전업모의 아이들에게까지 불필요하게 어린이집에 오래 머물게 하는 부작용을 낳음으로써 아동발달에 미치는 부정적 영향에 대한 지적이 끊이지 않았다. 게다가 어린이집 입장에서 보면, 동일한 비용으로 실제 보육 시간에서 차이가 나는 두 집단(전업모의 자녀들이 상대적으로 일찍 하교하는 경향이 있었기 때문에)을 균등하게 대하는 것이 억지스러울 수 있었으며, 취업모의 입장에서는 전업모의 자녀들에 비해 역차별을 당할 수 있는 상황(물론 이런 현상은 정원 이상으로 수요가 높은 이른바 인기 있는 어린이집에 한정된 이야기일 뿐이지만)으로 늘 논란을 낳았다.

이런 문제로 말미암아 12시간 운영시간제는 오랫동안 보육 정책의 딜레마로 인식되어 제도 개혁을 시도한 적도 있었다. 2012년 당시 맞춤형 보육이라는 이름으로 개혁을 시도한 바 있었으나,[35] 그해 연말 대선을 앞두고 무상

34 일례로서 보건복지부가 발행한 『2009년도 보육사업안내』, p. 48에는 어린이집 운영시간을 다음과 같이 설명하고 있다.

> 마. 보육 운영시간
> 1) 보육시설 운영시간 원칙
> • 07:30~19:30까지 운영하는 것을 원칙으로 하고, 보호자의 근로시간 등을 참작하여 조정 운영할 수 있음.
> ※ 월~금요일 12시간(07:30~19:30), 토요일 8시간(07:30~15:30)
> • 공휴일을 제외하고 연중 계속 운영하여야 하며, 지역 및 시설 여건에 따라 보호자와 시설장의 협의에 의하여 기준시간 초과보육 및 휴일보육을 운영할 수 있음.

35 김인경(2012), p. 12에 보면, "2012년 9월 정부는 보육 정책을 재차 수정하여 발표하였다.

표 8-4 한국의 어린이집 운영시간[36]

- **기본보육: 09:00~16:00(7시간)**
  - * 단, 지역별·어린이집별 사정에 따라 보호자와 협의하여 9~16시 전·후 30분 범위 내에서 보육시간 탄력 조정
  - * 07:30~09:00±30분의 등원지도 시간과 16:00~17:00±30분의 하원지도 시간은 기본보육으로 간주
- **연장보육: 16:00~19:30**
- **그 밖의 연장보육**
  - 야간 연장보육: 19:30~24:00
  - * 07:30 이전에 이용하는 경우도 야간 연장보육으로 간주
  - 야간 12시간 보육: 19:30~익일 07:30
  - 24시간 보육: 07:30~익일 07:30
  - 휴일보육: 일요일, 공휴일 07:30~19:30

시리즈를 내건 '공약 경쟁'으로 말미암아 그런 세부적 쟁점들은 다 사라지고 그 대신 '전 계층·전 연령 보육료 지원'(이른바 무상보육)으로 급선회하면서 무산되고 말았다.

그러나 이후 보육비 지원과 어린이집 운영시간의 모순은 법률 개정으로 완료되었고, 운영시간의 불합리도 〈표 8-4〉에서 보는 것처럼 변경되어 오늘에 이르고 있다. 이로써 1991년 「영유아보육법」 제정 이후 부단한 부침을 거쳐 발전을 거듭해 온 한국의 보육사업은 제도적 틀의 구성을 일단락지었다.

이번에는 영아보육료가 소득에 따라 차등 지원되고, 여성의 근로 여부에 따라 보육료가 지원되는 시간이 종일제와 반일제로 이원화되었다"라고 소개하고 있음을 참조할 것. 참고로 이 시기 저자는 청와대의 여성가족비서관으로서 보육 정책 개혁의 총대를 메고 예산 규모를 늘리지 않고도 합리적으로 이용시간을 조정하는 개편안을 들고 부단히 기획재정부를 설득해 동의를 얻어낸 바 있다.

36 보육시간 운영의 기본 틀은 보건복지부 발행 『2021년 보육사업안내』 참조.

[보육 정책 평가]

한국의 보육제도는 세계 역사상 전례가 없을 정도로 급속히 확대되었으며 제도적 성격 또한 매우 독특하다. 서비스의 공급이 수익을 목적으로 하는 민간인의 '사업' 형태를 띠면서도 비용과 프로그램은 철저하게 국가 표준의 규격을 준수해야 한다는 점에서 세계 어느 나라와도 유사하지 않다. 그나마 한국 사회 안에서는 또 하나의 공공 서비스인 '한국의 의료 시스템'과 비슷한 성격을 지닌다. 또한 한국의 보육기관은 너무 급속하게 늘어난 보육아동을 수용하느라 급팽창하였고, 그 바람에 촉발된 인력의 자질 문제가 한동안 사회 문제로 불거지기도 하였다. 아울러 국가 표준의 품질관리에 매진하기 위해 도입한 '평가인증제도'의 부작용으로 프로그램의 다양성과 자율성의 영역이 매우 협소해진 점 또한 문제로 남아 있다. 그러나 상대적으로 저비용 및 낮은 문턱, 그리고 높은 서비스 품질로 각광 받고 있는 한국의 의료 시스템과 마찬가지로, 보육제도 역시 많은 난제에도 불구하고 민간의 창의성과 국가의 관리가 만들어 내는 시너지 효과로서 '학부모들이 믿고 맡길 수 있는 시설'로 발전을 거듭해 나갈 것으로 기대된다.

4. 현금 및 세제 지원 정책

세계 어느 나라에서나 현금 지원은 자녀를 키우는 가정을 지원하는 가장 중요한 정책 중 하나이다. 비슷한 수준으로 중요한 다른 하나는 보육 서비스의 제공이다. 현물급여와 현금급여라는 두 정책 범주의 용도 차이를 보면 다음과 같다. '현물급여'란 모든 국민에게 최소 수준의 서비스를 제공할 필요가 있는 영역에서 주로 활용되는 정책으로서 의료나 보육처럼 국가가 일정한 틀의 서비스를 생산해 공급할 필 요성이 큰 분야에서 주로 활용된다. 반면, '현금급여'는 식생활이나 의생활과 같이 개인적 기호의 차이가 큰 영역 혹은 개별 소비자의 선택권에 존중할 필요가 있는 분야에서 주로 활용된다. 대부분 사회에서 '교육'이나 '건강' 영역의 사회보장은 주로 현물 지원의 형태로 지원되고 기초생계를 위한 사회보장 영역은 현금 지원이 주를 이룬다. '주거'와 '돌봄'의 영역은 현물 지원과 현금 지원이 복합적으로 활용되는데, 주거 정책의 경우 사회마다 그 사회가 중요시하는 가족 가치의 전제나 주거 시장의 구조, 또는 주된 주거 형태가 무엇이냐 등이 반영되어 현물 정책과 현금 정책의 구성이 달라진다.[37]

2023년 현재, 아이를 키우는 부모에게 지원하는 현금급여는 일반가정을 대상으로 한 (가정)양육수당, 아동수당, 영아수당(최근 부모급여로 개편) 세 가지가 가장 큰 축이며, 취약계층 가정을 대상으로 하는 정책들은 별개로 있다. 그 이외에 '첫만남이용권'이라는 출산 직후 1회 주어지는 바우처 형태의 현금급여와 현물급여의 중간 형태 급여가 있다. 이들 외에 각 지방자치단체에서 지급하는 각종 '출산장려금'들이 한국 현금 지원의 대표적 범주들이다.

여기서는 먼저 일반가정을 대상으로 하는 세 가지 수당에 대하여 도입 경위와 그 이후의 변화과정 및 향후 전망에 대해 간략히 살펴본 후, 현금 지원 정책을 종합적으로 평가하는 내용을 서술한다. 그다음 취약계층 가정을 대상으로 한 수당에 대하여 빈곤가족, 한부모가족, 장애인가족의 세 범주를 중심으로 차례대로 살펴보기로 한다.

---

37 현물급여와 현금급여의 구성과 효과에 대한 상세한 논의는 이현주 외(2018)를 참조할 것.

1) 자녀양육 현금 지원 정책

(1) (가정)양육수당

먼저 '(가정)양육수당'은 앞서 보육 정책에서 살핀 것처럼, 유치원·어린이집에 다니지 않는 0~6세 영유아에게 가정양육 지원을 명목으로 연령에 따라 월 10만~20만 원을 차등 지급하는 현금 지원 정책이다. 2009년 당시 만 24개월 미만(만 0~1세) 영유아 중 최저생계비의 120% 이하 차상위계층의 아동에 대하여 월 10만 원의 수당을 지급하는 것에서 시작되었다.[38] 보육 지원 아동과의 형평성을 고려하고, 또한 어린이집에 보낼 여건이 되지 않는 저소득가정(혹은 가정에서 양육할 여건이 되는 저소득가정)의 양육비용 보조 차원에서 시작되었다. 그 후 2011년에는 0~3세까지를 대상 연령으로 하면서 동시에 액수도 인상하되 12개월 미만에는 20만 원, 24개월 미만에는 15만 원, 36개월 미만에는 10만 원씩 지급하는 차등을 두었다.[39] 너무 일찍(24개월 미만) 어린이집에 보내는 쏠림 현상을 조절할 목적으로 도입된 정책이다. 이 정책은 곧 36개월 미만으로 확대되고 연령별로 차등 지급하는 형태로 지원을 하다가 현재 미취학 아동 전원으로 확대하여 운영하고 있다. 현재 연령별 지원액수는 〈표 8-5〉와 같다.

(2) 아동수당

아동수당제도는 세계적으로 아동양육을 위한 현금 지원의 가장 대표적

38 보건복지부, 『2009년 보육사업안내』, p. 319 참조.
39 이 시기 일반가정을 대상으로 하는 양육수당 이외에 유사한 성격의 수당으로 농어촌 양육수당과 장애아동 양육수당제도가 동시에 시작되었다.

표 8-5 연령별 가정양육수당 금액

연령(개월)	양육수당	연령(개월)	농어촌 양육수당	연령(개월)	장애아동 양육수당
0~11	200천 원	0~11	200천 원	0~35	200천 원
12~23	150천 원	12~23	177천 원		
24~35	100천 원	24~35	156천 원		
36개월 이상~ 86개월 미만	100천 원	36~47	129천 원	36개월 이상~ 86개월 미만	100천 원
	100천 원	48개월 이상~ 86개월 미만	100천 원		
	100천 원		100천 원		
	100천 원		100천 원		

자료: 보건복지부, 『2021년 보육사업안내』 참조.

인 정책이다. 이름은 유사하지만 아동수당은 양육수당과 그 도입 경위와 제도의 철학이 전혀 다른 현금 지원제도이다. '아동수당'은 아동가족 지원제도로서 가장 역사가 깊고[40] 많은 나라들이 채택하고 있지만,[41] 이 제도를 먼저 도입한 유럽 국가들의 경우에도 제도 도입 취지와 효과는 상당히 다양한 스펙트럼을 가지고 있다. 유럽 각국은 대체로 1940년대에 도입하였으며 도입 당시에는 주로 취약계층 지원에 집중되었으나, 차츰 보편적 급여로 변하면서 전 세계로 확산되어 지금에 이르렀다. 그러나 제도 도입 이후 물가 인상을 반영하지 않은 채 정액수당으로 유지되는 가운데 아동 있는 가정의 임금 보전의

40 20세기 들어 가장 먼저 도입한 나라는 1926년 뉴질랜드로 알려져 있으며, 프랑스는 1932년에, 영국은 1945년에, 스웨덴은 1947년에 도입하였다. 아시아에서는 일본이 1971년에 가장 먼저 도입하였다(조성은, 2018, p. 21).

41 아동수당제도는 다양한 현금급여 프로그램 중 가장 널리 도입된 제도로서, 특히 저출산 현상이 나타나기 시작하면서 세계적으로 확대되어 유럽 국가뿐 아니라 남미, 아프리카 등에서도 도입되었다. 2015년 현재 전 세계 108개국에서 아동수당 또는 아동수당에 가까운 주기적인 현금급여제도(법적 기반에 따른 정기적인 아동가족 관련 급여)를 시행하고 있다(조성은, 2018, p. 19).

의미가 약하며, 다른 아동가족 지원제도에 비해 제도의 목적과 대상이 모호하다는 비판도 많이 제기되어 왔었다.

유럽 각국에서 아동수당제도는 이런 식의 논란을 거듭하였지만, 한국의 경우 다른 종류의 현금급여제도를 갖지 못한 상황에서 2000년대 초반부터 수차례 제도 도입에 대한 건의와 실천 노력이 있어 왔다. 그러나 그럴 때마다 재정 여력의 문제와 양육수당의 우선 도입, 보육 서비스의 보편화 등에 밀려 무산되었다.

사실 보육 서비스의 확충과 아동수당 도입은 둘 다 2000년대 초반에 제기되었으나, 아동수당이 보육 예산의 확대가 마무리된 시점인 2017년경에 추진된 것은 두 제도가 가진 추진 동력의 크기 차이 때문이라고 생각한다. 즉, 아동수당에 비해 보육 서비스가 먼저 추진된 것은 두 제도 모두 매년 조 단위의 예산투입이 필요한 대형 과제이기 때문에 동시에 추진하는 것은 역부족이었다. 그런 상황에서 무상보육 정책은 비용 보전의 시급성 및 이해관계자(예컨대, 보육시설 관계자 및 어린이집에 자녀를 보내는 학부모 등)의 규모 면에서 추진 동력 확보가 유리하였고, 투자의 예상 효과 역시 명확하였던 점에서 먼저 정책 대상이 될 수 있었던 것이다.

문재인 정부가 들어선 직후인 2017년 7월 '국정 운영 5개년 계획'에 아동수당 도입을 포함하면서 급물살을 타게 되었고, 이듬해인 2018년부터 0~5세 아동에게 월 10만 원씩 지급하는 제도로 출발하였다. 2023년 현재 8세 미만 아동에게 매달 10만 원[42]을 지급하는 제도로 운영하고 있으며, 양육수당과 중복 수

42 아동 1명당 10만 원이라는 지급액수는 OECD 국가들 기준으로 중간쯤에 해당하는 액수이다. 참고로 제도 도입 당시 한 언론사의 분석 기사(헤럴드경제(2017. 9. 9), "아동수당 선진국선 얼마 주나…3만~41만원까지 다양")를 보면 다음 표와 같다.

급이 가능하다.

좀 더 세부적으로 살펴보면(조성은 외, 2018, p. 11), 2018년 3월 27일에 제도를 뒷받침하는 「아동수당법」(2018. 9. 1 시행)이 제정됨에 따라 2018년 9월부터 소득인정액 기준을 충족하는 만 6세 미만 아동에 대한 월 10만 원의 아동수당이 지급되기 시작하였다. 도입 첫해에는 소득인정액 하위 90%까지만 지급하던 것을 2019년 1월부터 만 6세 미만 전체 아동으로 확대하여 우리 사회에서 처음으로 보편적 사회수당제도가 시행되기에 이르렀다. 곧이어 2021년 9월부터는 만 7세 미만 아동으로 지급 대상이 확대되었다.

(3) 부모급여(영아수당)

다음으로 '영아수당' 혹은 '부모급여' 정책을 살펴보자. 영아수당은 24개월 미만 영아에게 월 30만 원을 지급하는 제도로서 2022년에 처음 도입되었는데, 그 이전까지 차등화되었던 양육수당과 부모보육료를 통합하고, 보육시설을 이용하지 않는 0~1세 아동에 대한 15만~20만 원의 현금 지원을 포함하여 보육시설을 이용하는 아동에게 시간제보육 이용권을 50만 원으로 인상 지급하는 것을 골자로 한다. 영아수당은 '부모급여'로 명칭을 변경하며 지급액을 크게 확대하였다. 2023년에는 만 1세 미만 아동에게는 70만 원, 1세에서 2세 미만 아동에게는 35만 원을 지급하다가 2024년에는 만 1세 미만 아동에

국가	아동수당 급여(월)		1인당 GDP 기준 환산액*
	급여액	원화 환산	
영국	£82.8	130,227원	78,873원
독일	€ 192	246,547원	135,730원
프랑스	€130.51	167,588원	100,890원
스웨덴	SEK 1,050	142,507원	64,599원

주: 1인당 GDP 기준 환산액 = 외국의 아동수당 급여액 × (우리나라의 1인당 GDP / 외국의 1인당 GDP).

표 8-6 연도별 영아수당 및 부모급여 지원금액

	영아수당		부모급여			
	2022년		2023년		2024년	
	가정양육	시설 이용	가정양육	시설 이용	가정양육	시설 이용
만 0세	현금 월 30만 원	바우처 월 50만 원	월 70만 원		월 100만 원	
만 1세			월 35만 원	월 50만 원	월 50만 원	

주: 부모급여의 경우 보육시설 이용 시 보육료 차감 후 지급.

게 100만 원, 1세에서 2세 미만 아동에게는 50만 원을 지급하는 내용이다.

'양육수당'은 어린이집에 아이를 보내지 않는 가정에 대한 지원의 형평성 차원에서 시작되어 시설 편중을 교정하는 방편으로 운영되어 온 '(자녀)양육수당'의 다른 이름인데, 월령별 계단식 지급을 하나로 통일하여 사실상 인상 효과를 도모하며 '영아수당'으로 그 이름을 변경하였다. 그러다가 윤석열 정부로 들어오면서 지원액을 큰 폭으로 증액하고 명칭을 '부모급여'로 변경하였다.

'자녀양육수당'에서 '영아수당'을 지나 '부모급여'로의 명칭 변경은 제도 운영의 철학이 변하고 있음을 잘 보여 준다. 〈표 8-6〉은 영아수당을 거쳐 부모급여로 이동하면서 지원금액을 점진적으로 확대하는 과정을 정리하였다.

그간 한국 사회는 출산양육으로 인한 경제적 부담을 경감시켜 주고자 이른바 무상보육이라는 이름으로 표준보육비 전 계층 전액 지원 등을 추진해 왔지만, 영아기에는 발달상의 특성으로 인해 가정에서 돌보는 비중이 높다. 따라서 부모의 소득 기회 상실이 급증하는데도 (가정)양육수당 금액으로는 양육에 따른 경제적 압박을 해소하는 데 일정한 한계를 지녔다. 가장 바람직한 대안으로 육아휴직제도의 이용률 제고가 빈번하게 거론되며 제도 개선의 필요성이 꾸준히 제기되어 왔고, 육아휴직제도 이용률을 제고하는 제도적 개선

(20대 국회 회기 내에서는 부모보험이라는 이름으로)에 대한 합의가 광범위하게 이루어지기도 하였다. 그러나 육아휴직제도를 '부모보험'의 방향으로 손질을 하더라도 일반회계 예산의 투입이 불가피한 상황에서 오히려 영아수당을 확대하여 육아휴직으로부터 배제되는 가정까지 포괄하는 것이 바람직하다는 판단에 따라 도입된 제도가 이번 부모급여제도라고 할 수 있다. 이 제도는 윤석열 정부에서 추진한 대표적인 양육 지원 정책으로서 12개월까지는 100만 원 그후 24개월까지는 50만원 이라는 획기적인 금액의 지급을 담고 있다.

보건복지부의 보도 자료[43]를 보면, 부모급여는 한국의 불완전한 육아휴직제도(제도보다는 제도 운영의 사각지대가 더 큰 문제이지만)로 인해 출산이 직장 여성의 부담이 되는 상황을 타개하고자 하는 의도를 담고 있다.

〈부모급여 기대 효과〉

- 육아휴직을 사용할 수 없거나, 육아휴직급여가 충분하지 않아 직접 양육하는 것이 부담이 될 수 있는 부모들에게 부모급여는 아이와 함께 할 수 있는 시간과 비용을 지원한다.
- 부모가 직접 양육할 수 없는 경우에도 가족 및 친지, 기타 돌봄인력의 지원을 받거나, 어린이집을 이용할 수 있도록 부모급여로 포괄하여 지원한다.

또 하나의 현금 지원제도로 '첫만남이용권'이 있다. 이 제도는 영아수당과 함께 2022년 처음 도입된 제도로서 당해년에 태어난 모든 아동에게 일시금으로 자녀양육에 활용할 수 있는 200만 원 바우처를 지급하는 프로그램이

43 보건복지부 보도 자료(2023. 1. 3), "부모급여가 모든 영아가족에게 힘이 되어 드립니다" 참조.

다. 유흥산업 등 지급 목적에 위배되는 일부 품목을 제외하고 전 업종에서 사용할 수 있는 바우처를 1년 기한으로 지급한다. 신생아를 출산하면 분유나 기저귀 구입 등 신규로 들어갈 비용이 많아지는 현실에서 경제적 부담감을 경감시켜 주는 조치인 셈이다.

(4) 지방정부의 현금 지원 정책

이상이 중앙정부 차원의 지원이라면, 최근에는 지자체에서도 파격적인 현금성 지원 정책을 발표하고 있다. 서울시는 2023년부터 조부모 돌봄비를 지급하기로 하였다. 조부모 포함 4촌 이내 가까운 친인척에게 월 40시간 이상 아이를 맡기는 경우 아이 1명당 월 30만 원(2명 45만 원, 3명 60만 원)의 돌봄수당을 지원하기로 한 것이다. 대상은 36개월 이하 영아를 둔 기준 중위소득 150% 이하인 가구이며, 최대 12개월 동안 지원한다.[44] 이 제도는 자녀를 지인

44 서울시가 2022년 8월 발표한 '엄마 아빠가 행복한 도시' 프로젝트에는 위에서 본 '조부모 돌봄수당' 이외에도 자녀를 키우는 가정의 필요를 겨냥하여 다양한 서비스와 혜택이 포함되어 있다. 지방자치단체 수준의 다양한 저출산 인구 정책의 한 예로서 간략하게 소개하면 다음과 같다. 맞벌이와 임산부, 다자녀가정에는 하루 4시간 가사 서비스를 지원한다. 기준 중위소득 150% 이하 가정(3인 기준 629만 2,052원)이 대상이다. 갑자기 아이가 아플 때 대신 병원에 데려가 주고 일시 돌봄까지 해주는 '아픈 아이 일시 돌봄·병원 동행 서비스'도 2023년 5개 자치구(전담 돌보미 100명)에서부터 시범 운영한다. 맞벌이 부부에게 꼭 필요한 '등하원 전담 아이 돌봄'도 2023년 전담 돌보미 500명을 지정해 운영을 시작한다. 365일 24시간 믿고 맡길 수 있는 긴급보육도 강화한다. 거점형 야간보육, 시간제보육 어린이집 등 '긴급 돌봄 제공 기관'을 2022년 745개에서 2026년까지 1,226개소로 늘린다. 놀이 기능과 돌봄 기능을 모두 지원하는 '서울형 키즈카페'는 2026년까지 동별 1개꼴인 400개소로 확대한다. 육아휴직 활성화를 위해 내년부터 '엄마아빠 육아휴직 장려금'을 최대 120만 원 지원하는데, 6개월 이상 육아휴직자(기준 중위소득 150% 이하)가 대상으로 6개월을 넘기면 60만 원, 12개월을 넘기면 60만 원을 추가 지급한다. 임산부와 맞벌이, 다자녀가정에 하루 4시간 가사 서비스 지원을 시작한다. 기준 중위소득 150% 이하 가정을 대상으로, 바우처 형태로 1가구당 총 6회(1회 4시간)를 지원한다. 또한 청소, 세탁, 정리정돈, 취사 등 서비스를 받을 수 있다. 내년 1만 3,000가구를 시작으로 2026년 5만 2,000가구까지 늘린다. 맞벌이가정 아이의 식사 지원도 강화한다. 기존에는 오후 10시까지 야간 연장을 하는 아동을 대상으로 제공되던 어린이집 석식 대상을 연장보육(오후 4시~7시 30분) 이용 아동

이나 친척의 조력으로 가정양육을 하는 맞벌이 부부를 대상으로 한 정책으로서, 중앙정부의 현금 지원에도 부족한 부분을 보충하는 성격을 띠며 맞벌이 부모의 시간적·경제적 긴장을 완화하는 데 도움이 될 것으로 전망된다.

그 밖에도 광역 및 기초단체들이 다양한 양육 지원 정책을 앞다투어 내놓은 것은 한동안 1.3 전후에 머물던 합계출산율이 2017년 이후 해마다 악화되어 0.7대 수준으로 내려앉은 데 대한 우려를 반영한 것으로 해석한다.

(5) 자녀양육 세제 지원

우리나라는 현재 자녀 있는 가정을 대상으로 한 대표적인 세제 지원제도로서 연말정산 시 제공하는 '소득공제'[45]와 '세액공제' 이외에 근로·자녀장려금제도를 운영하고 있다. 소득공제의 대상은 20세 이하 자녀와 60세 이상 부모가 된다(〈표 8-7〉 참조). 소득공제가 과세 대상 금액에서 부양가족 수만큼 공제하는 세제 인센티브라면, 세액공제는 결정된 총액에서 다시 공제해 주는 제도[46]이다. 자녀세액공제 대상에는 〈표 8-7〉에서 보는 것처럼, 자녀세액공제

까지 확대한다. 방학 중 키움센터(일반·거점형)를 이용하는 모든 아동에게 중식을 무료로 지원하고 편의점 업체와 협력해 0~12세 자녀가 있는 가정에는 도시락(밀키트) 할인도 추진한다(이상 서울시 보도 자료(2023. 1. 7), "아이키우기 좋은 도시 서울, '오세훈표 엄마아빠 행복프로젝트' 올해 본격 추진"을 기준으로 작성).

45 2023년 현재 소득공제는 20세 이하 자녀와 60세 이상 부모가 대상이 되며, 1인당 공제금액은 150만 원씩인데, 제도의 취지는 과세 대상 근로자에게 먹여살리는 가족이 있으면 그 가족을 부양하느라 수고한 만큼 세제상 인센티브를 준다는 의미이다.

46 소득공제와 세액공제의 차이는 아래 연말정산 환급금 계산식 상에서의 위치를 보면 좀 더 정확하게 이해할 수 있다.

1. 총급여액 - 근로소득공제 = 근로소득금액
2. 근로소득금액 - 소득공제 = 과세표준
3. 과세표준 × 세율 = 산출세액
4. 산출세액 - 세액공제 = 결정세액
5. 결정세액 - 기납부세액 = 추가납부세액 or 환급세액

표 8-7 2022년 출산 및 양육 관련 세제 지원제도

세목	방법	내용
소득세	비과세	• 출산 · 보육수당(8세 이하, 월 10만 원)
		• 육아휴직급여, 출산전후휴가급여
	소득공제	• 기본공제 중 인적공제로 20세 이하의 자녀에 대해 1인당 150만 원 소득공제 - 자녀는 소득금액 100만 원 이하 또는 총급여 500만 원 이하일 것
	세액공제	• 자녀세액공제 - 7세 이상 자녀 1인당 15만 원 세액공제, 셋째부터 1인당 30만 원 세액공제 - 출산 · 입양 자녀 첫째 30만 원, 둘째 50만 원, 셋째 70만 원 세액공제
		• 교육비 세액공제(공제율 15%) - 한도: 영유아~고교생 300만 원, 대학생 900만 원
		• 의료비 세액공제(공제율 15%) - 한도: 자녀 등 700만 원 - 난임시술비 등은 20% 공제
	자녀장려세제	• 연간소득이 4,000만 원 미만 가구에 대해 자녀장려금을 자녀 1인당 최대 70만 원 지급 - 자녀세액공제와 중복적용 불가
부가가치세	면세	• 유아용 기저귀 · 분유 및 산후조리원 면세

자료: 임동원(2022), p. 7.

(포괄적인 자녀양육의 비용 부담 보조), 교육비공제(자녀의 교육비용 보조), 의료비공제 등이 있다. 이러한 세액공제제도는 자녀가 없는 가구에 비해 자녀를 양육하는 가정에 대한 조세 당국이 제공하는 일종의 인센티브인 셈이다. 참고로 가구주가 여성이거나 한부모인 경우, 부모의 연령이 70세가 넘는 경우, 장애인 가족을 부양하는 경우에는 추가적인 세액공제를 제공함으로써 가중치를 둔 운영을 하고 있다.

'근로·자녀장려금'은 2008년 처음 도입해 시행 중(2009년부터 시행)인[47] 제도로서 대략 중위소득 50% 이하 빈곤가구를 대상으로 연 1회 혹은 2회로 나누어 근로장려금을 지급하며, 그중 자녀가 있는 가구에 대해서는 자녀장려금을 추가로 지급한다. 제도 도입 이후 꾸준히 확대 중[48]이며, 특히 2018년부터 크게 확장해 운영하고 있다.

2023년 현재 근로장려금은 일정한 소득 수준 이하[49]의 근로자 가구를 대상으로 적게는 연간 4만 원부터 300만 원까지 지급하며, 자녀장려금은 〈그림 8-2〉에서 보는 것처럼 소득 가구의 자녀양육을 지원하기 위해 총소득(부부합산) 4,000만 원 미만이면서 부양자녀(18세 미만)가 있는 경우 1인당 최대 80만 원(최소 50만 원)을 지급하고 있다.

'근로·자녀장려세제'가 도입되기 이전에 시행된 저소득 계층 가구의 기초생활보장제도로는 2000년부터 시행해 온 「기초생활보장법」에 기초한 복지급여[50]가 대표적이다. 그러나 이 제도는 일정 수준의 근로소득이 발생하는 즉시 복지급여가 끊기는 방식이기 때문에 수급자들이 일정 수준 이상의 소득 활동을 기피하게 만드는 문제를 안고 있었다. 그에 반해 근로·자녀장려세제는 근로를 하는 경우에도 일정한 소득 수준이 될 때까지 급여가 지급되는 구조이므로 수급자에서 탈락하지 않기 위해 소득활동을 기피하는 역설이 발생하

47 이 제도는 미국이 1975년 처음 도입하였다. EITC(Earned Income Tax Credits)라는 이름으로 빈곤복지의 가장 대표 정책으로 활용되고 있으며, 그 후 영국, 프랑스, 캐나다, 뉴질랜드와 같이 자유주의 복지레짐 국가들에서 유사한 제도를 운용하고 있다.

48 확대 내용을 보면, 도입 당시 근로소득자 한정이었던 것을 2014년부터 사업소득자로 대상을 확대하였고, 연령 조건에 대한 제한이 있었으나 점차 완화하다가 2018년에는 아예 조건을 폐지하고 지급 대상의 범위와 지급액을 크게 확대하는 과정을 밟아 왔다(신우리 외, 2022, p. i 참조).

49 2023년 기준, 가구원 구성에 따라 연간 부부합산 총소득금액이 기준금액(단독가구 2,200만 원, 홑벌이가구 3,200만 원, 맞벌이가구 3,800만 원) 미만이어야 하며, 총급여액에 따라 최대 연간 4만 원에서 300만 원까지 역비례 차등지급한다(국세청 홈페이지 참조).

50 이 제도를 뒷받침하는 이른바 「국민기초생활보장법」은 1999년 9월 7일 제정되었고, 2000년 10월 1일 시행되었다.

그림 8-2 자녀장려금 지급 기준 및 지급액 (단위: 만 원)

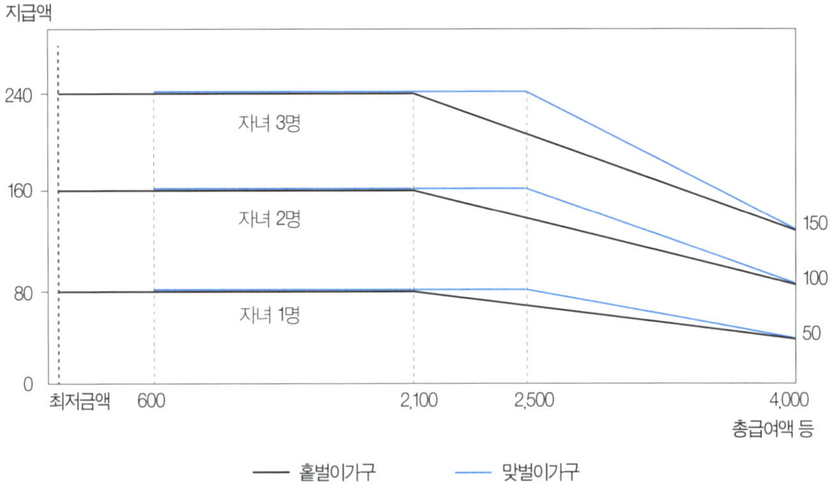

자료: 국세청 홈페이지(2023. 6. 17 현재).

지 않는 장점이 있다.

소득활동 기피의 역설 이외에 이 제도는 기초생활보장제도(저임금 근로자의 최소 생활보장이 목표라는 점에서 유사하지만)와 다음과 같은 두 가지 점에서 차이가 난다. 첫째, 절대빈곤선 및 차상위계층 수준(중위소득 30%)까지를 보호하는 기초생활보장제도와 달리 그 이상의 계층인 중위소득 수준(대략 중위소득 100%)까지를 급여의 대상으로 삼는다는 점, 둘째 재산이나 소득 수준 이외에 가구 형태(맞벌이·홑벌이·단독가구 등) 및 자녀 수에 따라 지급액을 달리한다는 점에서 가구 구성에 따른 지출 규모를 고려한 복지급여라는 이점을 가지고 있다. 이러한 내용 때문에 근로·자녀장려세제는 기초생활보장제도의 보완제로서의 잠재력이 큰 제도로 평가된다. 제도 초기에 비해 해마다 지급 대상이 꾸준히 확대[51](관련 예산이 지난 10년간 10배가량 증액될 정도로)되면서 빈곤가구의 소득 보전과 생활 안정에 기여하고 있다.

2) 취약계층 자녀양육 지원 정책

여기에서는 내용상 자녀양육 지원 정책이지만 다른 정책 분야에 흩어져 있는 정책들을 살펴보기로 한다. 즉, 빈곤 정책 및 장애인 복지 정책 등에서 지급하는 자녀양육 지원을 살펴보자. 우리나라 복지 정책 안에 대표적인 취약계층 가구 지원은 빈곤가정, 한부모가정, 장애아동가정의 세 범주가 있다.

(1) 빈곤가정 지원 정책

빈곤가정의 자녀양육 지원 정책을 이해하기 위해서는 빈곤가구 지원 정책의 전체적인 틀부터 볼 필요가 있다. 전반적인 빈곤가구 정책의 틀 위에서 빈곤계층의 자녀양육 정책을 이해할 수 있기 때문이다. 우리나라 빈곤 정책의 틀은 2000년 처음 시행된 「국민기초생활보장법」[52]에서 본격적으로 규정되어 운영되고 있다. 여기에 따르면, 일정 소득 수준 이하 빈곤계층을 대상으로 필

51 2023년도 예산안을 기준으로 근로장려금은 도입 당시인 2009년 4,369억 원이 지급되었으나, 2020년에는 4조 4,732억 원을 지급하여 10배 증가하였다. 2021년에는 4조 6,035억 원을 지급하였고, 2022년은 4조 4,895억 원의 지급이 전망되고, 2023년에는 2009년 대비 약 12배에 해당하는 5조 2,452억 원(전년 대비 7,557억 원 증가)의 지급이 전망되고 있다. 자녀장려금의 경우 2021년에는 6,080억 원을 지급하였고, 2022년은 4,937억 원, 2023년에는 전년 대비 1,104억 원이 증가한 6,041억 원의 지급될 전망이다(세정일보(2022. 12. 1), “정부, 내년에 지급하는 근로·자녀 장려금 ‘6조원’ 육박” 참조).

52 이 법의 개정으로 최소한의 기본생활 보장이 국가 시혜의 관점이 아니라 권리의 관점에서 운영되기 시작하였다고 평가된다. 물론 그 이전에도 시혜적 관점의 빈곤 정책이 있었으나 18세 이상 65세 미만의 생산가능인구는 대상에서 배제되는 등 전 국민의 보편적 권리라는 관점에서 최저생활 수준 이하 인구에 대한 지원을 수행하지는 않았다.

표 8-8 **2023년 생계급여 최저보장수준 및 선정 기준** (단위: 원/월)

가구원 수	1인	2인	3인	4인	5인	6인	7인
기준 중위소득(A)	2,077,892	3,456,155	4,434,816	5,400,964	6,330,688	7,227,981	8,107,515
생계급여 선정과 급여 기준(A의 30%)	623,368	1,036,846	1,330,445	1,620,289	1,899,206	2,168,394	2,432,255

자료: 보건복지부 홈페이지.

요한 급여를 지급해 이들의 최저생활을 보장하고 자활을 돕고 있다(「국민기초생활보장법」 제1조 참조). 현재 급여 대상 범위는 중위소득[53]을 기준으로 대상자 기준을 제시하는바 포괄 범위가 가장 적은 생계급여는 중위소득 30% 이하 소득인정액 기준 가정을 대상으로 하며 지원금액은 〈표 8-8〉과 같다.

그 밖에 주거급여, 의료급여, 교육급여, 해산급여 및 자활급여의 급여별 대상 가구의 범위 및 선정 기준은 〈표 8-9〉와 같다. 여기서 보는 것처럼 순차적으로 급여 대상 가구의 포괄 범위가 넓어진다.

교육급여는 자녀가 있는 가정의 양육을 지원하기 위한 급여이다. 〈표 8-9〉에서 보는 것처럼 교육급여는 그 대상 기준이 중위소득의 50% 수준 금액에 해당하는 월수입 이하 가정에 대해 자녀양육를 지급하는 내용으로 취약계층을 지원하고 있다. 연령별 지급액 기준은 〈표 8-10〉과 같다.

그렇다면 교육급여를 받는 대상 인구의 규모를 파악해 보자. 〈그림 8-3〉에서 보듯이 대상 인구의 수나 비율이 점차 확대되고 있다. 제도 시행 이래 개

53 2022년에 중앙사회보장위원회가 고시한 2023년 우리나라 중위소득 기준액은 아래와 같다(보건복지부 홈페이지 참조).

2022년 및 2023년 기준 중위소득

(단위: 원/월)

가구원 수		1인	2인	3인	4인	5인	6인
기준 중위소득	2022	194만 4,812	326만 85	419만 4,701	512만 1,080	602만 4,515	690만 7,004
	2023	207만 7,892	345만 6,155	443만 4,816	540만 964	633만 688	722만 7,981

표 8-9 급여별 대상 가구의 범위 및 선정 기준 (단위: 원/월)

가구원 수		1인	2인	3인	4인	5인	6인
교육급여 (중위 50%)	2022년	972,406	1,630,043	2,097,351	2,560,540	3,012,258	3,453,502
	2023년	1,038,946	1,728,077	2,217,408	2,700,482	3,165,344	3,613,991
주거급여 (중위 47%)	2022년	894,614	1,499,639	1,929,562	2,355,697	2,771,277	3,177,222
	2023년	976,609	1,624,393	2,084,364	2,538,453	2,975,423	3,397,151
의료급여 (중위 40%)	2022년	777,925	1,304,034	1,677,880	2,048,432	2,409,806	2,762,802
	2023년	831,157	1,382,462	1,773,927	2,160,386	2,532,275	2,891,193
생계급여 (중위 30%)	2022년	583,444	978,026	1,258,410	1,536,324	1,807,355	2,072,101
	2023년	623,368	1,036,846	1,330,445	1,620,289	1,899,206	2,168,394

자료: 웰페어뉴스(2022. 7. 29), "2023년도 기준 중위소득 5.47% 인상 … 4인 가구 기준 540만 원".

선을 거듭하며 급여의 인상과 포괄 범위를 확대해 오고 있는데, 특히 2017년 이후 점차 증가 추세를 이어오고 있음을 확인할 수 있다. 이때부터 부양의무자 기준의 적용을 단계적으로 폐지함[54]에 따라 기초생활보장제도의 첫 시행 이래로 꾸준히 제기되어 온 민원이 제도설계에 반영되었기 때문이다.

그럼에도 불구하고 「기초생활보장법」상의 교육급여는 대상 가구의 한정성(전체 가구의 5% 미만 저소득가구)과 급여의 제한성[55]으로 말미암아 너무나 협

54 정책브리핑(2022. 2. 22), "국민기초생활보장제도 부양의무자 기준 폐지" 참조.
55 『2021년도 가족과 출산조사-(구)전국 출산력 및 가족보건·복지실태조사』를 분석한 보고서(박종서 외, 2021, p. 266)에 따르면, 한국 가정 월평균 자녀양육비는 72만 원꼴로 조사되었으며, 또한 13년 전 발표된 신윤정·김지연(2010, pp. 146~148)에 따르면, 아래 표에서 보는 것처럼, 연령이 증가할수록 자녀양육 비용은 증가하며 저소득층(중위소득 50% 이하 가구)의 경우에도 평균 43만 원 이상 62만 원까지 지출하는 것으로 추계하고 있다.

USDA 추계 방법을 적용한 1인당 자녀양육 비용 추계액: 소득 3분위 구분

(단위: 원)

	막내 연령 0~2세	막내 연령 3~5세	막내 연령 6~8세	막내 연령 9~11세	막내 연령 12~14세	막내 연령 15~17세	막내 연령 18~24세
저소득층	435,915	505,657	538,652	560,751	617,731	650,699	611,528
중산층	616,587	686,330	719,324	741,423	798,404	831,372	792,200
고소득층	907,419	977,161	1,010,156	1,032,255	1,089,235	1,122,204	1,083,032

표 8-10 기초수급자 자녀 연령별 교육급여 액수

지급 대상	급여 항목	지급 내역	지급 방법	
초등학생	교육활동 지원비	1명당 331,000원	연 1회 일괄 지급	현금 지급
중학생		1명당 466,000원		
고등학생		1명당 554,000원		
고등학생	교과서	해당 학년의 정규 교육과정에 편성된 교과목의 교과서 전체	연 1회 일괄 지급	학교로 지급[1)]
	수업료	연도별·급지별 학교장이 고지한 금액 전부	분기별 지급	
	입학금		1학년 제1분기에 신청 시 전액 지급	

주: 1) 수급자가 입학금, 수업료, 교과서대금을 학교에 기납부한 경우, 해당 금액을 학교에서 수급자에게 환급.
2) 학교에서 수급자에게 교과서를 배부하되 낙인 효과가 발생하지 않도록 일반 학생들과 구별 없이 배부하고 교과서대 징수 시 교육급여 수급자 교과서대금 인출 유보.
자료: 교육부, 『2022년 국민기초생활보장사업 교육급여 운영 방안 안내』, p. 6.

소한 특정 인구 집단을 대상으로 하는 정책의 한계를 가지고 있다. 저소득계층의 자녀양육비용을 직접비로 보전하는 제도가 제한적이며, 빈곤가구 일반에 대한 급여는 「기초생활보장법」상의 교육급여가 대표적인 데 반해 그 대상 인구마저 2021년 기준 전 인구의 5%가 채 되지 않는다.

또한 급여 항목에 있어서 취학 전 아동양육의 비용은 아예 고려되지 않고 있으며, 특히 모든 연령계층의 급여액이 한국 사회의 실제 양육비용에 비추어 너무 적은 액수라는 데 문제가 있다(자세한 사항은 제9장 2. 한계와 문제점을 참조할 것).

(2) 한부모가정 지원 정책

빈곤 한부모가족의 자녀양육 지원 정책은 자녀양육 지원 정책 중에서 가장 중요한 의미를 지니며, 저출산 인구 정책의 차원에서 특별한 의미를 지닌

그림 8-3 국민기초생활보장 수급 현황 (단위: 1,000명, %)

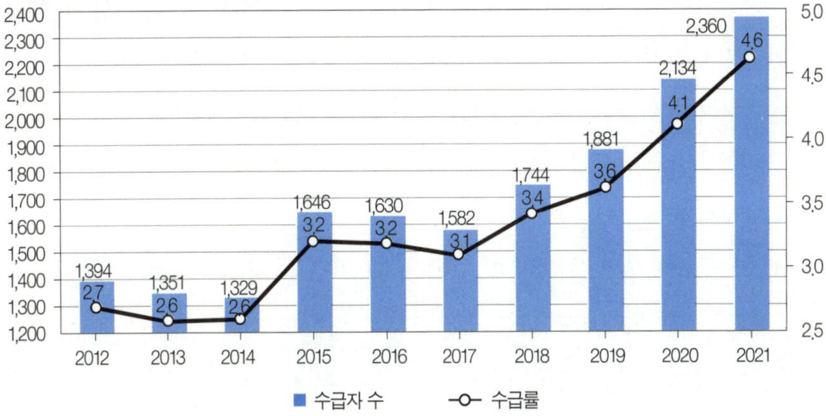

자료: e-나라지표, 기초생활수급자 현황.

다. 한부모가정이 자녀를 기르는 일은 독특한 성격을 지녔기 때문이다. 자녀 양육은 돈이 있다고 되는 일이 아니고(즉, 경제적 자원만으로 이루어질 수 없으며), 반드시 양육자의 시간 자원을 일정 수준 이상 확보해야 가능한 일이다. 이는 각 사회마다 출산율 및 여성 경제활동 참가율을 끌어올리기 위한 핵심 정책으로서 일·가정 양립 정책을 추진하는 배경이기도 하다. 그래서 모든 산업사회 국가들은 저마다 보육 정책과 돌봄 서비스 정책, 그리고 육아휴직 등의 시간 정책은 물론, 아동의 양육기 동안 경제적 안전을 보장하기 위한 현금 지원을 개발·운영하고 있다. 그러나 이 같은 제도적 인프라에도 불구하고 자녀가 등교하지 않는 시간 이외에 생활시간 관리는 오롯이 가정의 몫이며, 여기에 더해 평상시 자녀의 정서적·심리적 복지를 수호해야 할 책임 역시 부모를 비롯한 1차 양육자에게 지워진다. 그리고 시간적 자원을 포함한 상당한 정서적·정신적·물질적 투자가 수반되어야 한다.

이 같은 문제는 양부모가정에서도 문제지만 한부모가정에서는 문제의 심각성이 가중된다. 부와 모가 함께 자녀를 기르지 못하는 입장에 놓인 가정(즉, 한부모가정)에서는 경제적 자원과 시간적 자원의 경합이 격심해질 수밖에 없다. 그리고 종종 필수적인 시간적 자원을 확보하고 나면 소득활동이 제약되는 상황에서 한부모가정의 빈곤율은 양부모가정의 3~5배에 이르는 결과[56]를 산출하게 된다.

이 같은 아동양육의 특성을 고려할 때 저소득 한부모가정에 대한 현금지원 정책은 이 땅의 모든 아동에게 동등한 발달의 기회 부여라는 아동권리의 차원과 함께 '모든 국민이 행복할 수 있는 평생 사회안전망을 구축'[57]이라는 차원에서 볼 때 양부모가정에 대비해 더 강화될 필요가 있을 것이다. 그렇다면 이 같은 한부모가정의 특별한 수요와 우리나라 사회보장 정책의 궁극적 목표에 비추어 현재 수행하고 있는 지원 정책은 적정한지 짚어 보자.

저소득 한부모 지원을 위한 선정 기준 및 지원금액이 정리된 〈표 8-11〉을 보면, 중위소득 60% 이하 가정이 그 대상이며, 지원금액은 자녀 연령등급, 한부모의 연령등급, 가구 형태 등에 따라 가감되지만 대략 월평균 20만 원에서 25만 원이 지급된다. 이렇듯 우리나라 한부모가족 정책은 현재 우리나라 사회보장 시스템에서 정부 지원의 일반적 기준으로 삼는 중위소득 50% 수준을 상회하는 60% 수준에서 아동양육비용을 지원하고 있다. 지원 대상자 규모는 〈표 8-12〉에서 보는 것처럼 월별로 다소 편차가 있지만 그 대상 가구

56 김은지·황정임(2012, pp. 16~17)에 따르면, 2010년도 가계동향조사를 기준으로 모자가구의 빈곤율은 최저생계비 기준으로 15.6%, 중위소득 50% 기준으로는 25.1%에 이른다. 즉, 중위소득 50% 기준으로 네 가구 중 한 가구는 빈곤한 가구이다.

57 사회보장위원회 한덕수 위원장(국무총리) 인사말 중에서 인용(https://www.ssc.go.kr/home/kor/contents.do?menuPos=1).

표 8-11 저소득 한부모 지원을 위한 선정 기준 및 지원금액

지원 종류	지원 대상	지원금액
아동양육비	중위소득 60% 이하 만 18세 미만 자녀	가구당 월 20만 원
추가아동양육비	중위소득 60% 이하 조손 및 만 35세 이상 미혼 한부모의 만 5세 이하 아동	자녀 1인당 월 5만 원
	중위소득 60% 이하 만 25세 이상 만 34세 미만 청년한부모의 만 5세 이하 아동	자녀 1인당 월 10만 원
	중위소득 60% 이하 만 25세 이상 만 34세 미만 청년한부모의 만 6세 이상 18세 미만 자녀	자녀 1인당 월 5만 원
아동교육지원비 (학용품비)	중위소득 60% 이하인 가족의 중학생 · 고등학생 자녀	자녀 1인당 연 9.3만 원
생계비 (생활보조금)	한부모가족 복지시설에 입소한 가족 중 중위소득 60% 이하인 가족	가구당 월 5만 원

자료: 여성가족부, 『2023 한부모가족지원사업 안내』, p. 12.

표 8-12 차상위 및 한부모가족 수급자 현황

특성별(1)	특성별(2)	2019. 1	2020. 1	2021. 1
계	소계	939,371	940,166	977,964
성별	남	363,120	361,069	376,572
	여	576,251	579,097	601,392
연령대별	9세 이하	89,271	90,186	90,385
	10~19세	217,534	210,845	213,370
	20~29세	70,271	68,360	72,896
	30~39세	52,768	52,579	53,898
	40~49세	129,917	125,409	127,970
	50~59세	89,725	89,053	95,738
	60~69세	65,634	67,543	75,016
	70세 이상	224,251	236,191	248,691

자료: 국가통계포털(KOSIS), 「차상위 및 한부모가족 수급자 현황」(2023. 7 생성 기준).

규모는 대략 100만 가구에 좀 못 미치는 수준임을 알 수 있다.

그렇다면 저소득 한부모 지원 제도의 포괄 범위와 급여액은 적정한 수준일까? 2021년 기준 18살 이하 자녀를 양육하는 한부모가구는 37만 가구로, 전체 18살 이하 자녀 양육 가구(483만 가구)의 7.7%였다. 그중 아동양육비용을 지원받는 저소득가구(중위소득 60% 이하)는 전체의 절반가량 되는 규모(18만 5,000 가구)였다.[58] 모든 18세 미만 자녀 있는 한부모가정의 절반 정도는 이 제도의 지원을 받는 셈이니 지원 대상의 범위에 문제가 있는 것 같지는 않다.

문제는 급여 수준이다. 앞서 빈곤가구 정책에서 살펴본 것처럼, 한부모가정의 급여액은 현실적인 자녀양육비용에 비추어 상당히 차이가 나는 낮은 금액[59]이라는 점이 큰 문제이다. 이 금액으로는 해당 계층의 한부모가정이 자녀양육으로 인해 빈곤해지는 경향을 저지하기에 턱없이 부족한 금액이기 때문이다. 자녀양육 지원을 위한 금액이 현실적인 금액이 못 되는 것은 매우 심각한 영향을 미친다. 지원금액이 현실금액을 하회하면 한부모가정은 자녀양육의 질을 떨어뜨리거나 반대로 가계의 자산 비축 여력을 줄여야 한다.

교육열과 계층 상승 욕구가 세계에서 가장 높은 한국에서는 한부모가정의 양육 지원이 이렇게 열악하면 생애 가장 심각한 사회적 위험으로 고려될 소지가 다분하다. 한국처럼 조이혼율이 조혼인율의 50%를 넘어선 사회[60]에서(물

58 한겨레(2023. 4. 10), "저소득한부모가족 양육비 지원, 고교 졸업 때까지 연장".

59 신윤정·김지연(2010)의 연구에 의하면, 3분위 계층 구분(고소득층, 중산층, 저소득층)에 입각한 집계에서도 고소득층 자녀는 1인당 월평균 약 90만 원을, 중산층은 64만 원을, 저소득층은 48만 원을 지출하는 것으로 집계하고 있음. 보다 자세한 사항은 이 책의 p. 304를 참조할 것.

60 조혼인율과 조이혼율 추이

연도	2000	2005	2010	2015	2020	2021	2022
조혼인율[1)]	7.0	6.5	6.5	5.9	4.2	3.8	3.7
조이혼율[2)]	2.5	2.0	2.3	2.1	2.1	2.0	1.8

주: 1) 인구 1,000명당 혼인 건수 비율.

론 후기 산업사회를 이동한 세계 각국이 동일한 형편이지만) 한부모가 될 잠재적 가능성은 누구에게나 열려 있는바, 저소득 한부모가정의 경제적 안전에 자녀양육이 심각한 위협 요인이 되는 한 자녀 출산의 의지는 강하게 억제될 수밖에 없다.

이런 점에서 한국의 아동가족 정책 중 저출산 인구 정책 차원에서 가장 큰 문제는 한부모가족에 대한 지원이 지나치게 얇은 층을 대상[61]으로 이루어지며, 비현실적인 금액으로 운영되고 있다는 점이다.

(3) 장애아가정 지원 정책

앞에서 한부모가정이 주 양육자가 둘이 아니라 하나이기 때문에 경제적·시간적 자원의 경합에 더 취약하므로 양부모 빈곤가족보다 더 넓은 포괄 범위가 급여액으로 지원할 필요가 있음을 강조한 바 있다. 반면 장애아동가족은 비장애아동 한부모가족보다 상대적으로 돌봄시간의 길이가 길고 재활 등에 투입되는 양육비용이 높기 때문에 지원급여가 더 높게 설정될 필요가 있음을 주목할 필요가 있다. 즉, 장애아가정은 양육자 변수가 아니라 아동 변수의 측면에서 양육비용이 급속히 높아지는 조건을 가진 가정이다.

장애아동을 양육하는 가정에 대한 현금 지원의 급여 자격 기준 및 급여액은 〈표 8-13〉과 같다. 지급 대상은 「국민기초생활보장법」에 의한 수급자 및 차상위계층의 만 18세 미만 등록 장애아동인데, 「초·중등교육법」에 따른 학

2) 인구 1,000명당 이혼 건수 비율.
자료: 국가통계포털(KOSIS).

61 다만 저소득 한 부모가정의 양육 지원 정책의 포괄 범위는 앞서 수급자 가족의 '교육급여'와 맞물린 문제로서 저소득 한부모 지원제도만 따로 떼어놓고 보기는 무리가 있을 수 있다. 향후 빈곤가족 교육급여의 대상 범위가 좀 더 높은 소득계층까지를 포괄하게 되면 저소득 한부모가정 지원은 그 위에서 설계될 성격이라고 보아 제도 개선 시 두 제도를 연관시켜 리모델링해야 할 것이다.

표 8-13 장애아동 지원수당 지급 유형과 지급금액

수당지급 유형	금액
기초수급(생계 또는 의료) 중증장애인	월 22만 원
기초수급(생계 또는 의료) 경증장애인	월 11만 원
기초수급(주거 또는 교육), 차상위 중증장애인	월 17만 원
기초수급(주거 또는 교육), 차상위 경증장애인	월 11만 원

자료: 보건복지부, 『2023년 장애인연금 사업안내』, p. 239.

교에 재학(휴학 및 의무교육대상자 중 유예자도 포함) 중인 만 20세 이하의 장애인도 포함(단, 장애인연금을 받는 경우 제외)한다. 그리고 급여액은 〈표 8-13〉에서 보는 것처럼 장애 경중 및 소득 기준에 따라 월 11만 원에서 22만 원까지 세 종류로 구분되어 있다.

앞서 한부모가정과 마찬가지로, 장애아동을 양육하는 가정 중 수급자 및 차상위 수급자 가정을 대상으로 한정한다는 것은 지원 대상의 포괄 범위 및 급여 수준이 지나치게 과소하다. 장애아동양육이 수급자 및 차상위계층에서 심각한 곤란을 겪는다고 한다면, 중위소득 50%에서 중위소득 150%까지의 중간층 가정의 장애아동양육도 자력으로 해결하기 어려운 수준의 부담으로 작용할 가능성이 크다. 특히 장애 후유증이 장기간에 걸친 중증장애아동을 키우는 중위소득 이하 가정의 경제적 및 정신적 곤란은 국가의 지원 없이 자력으로 해결 가능한 수준이 아니므로 이같이 협소한 지원 대상은 매우 문제가 많다.

또한 급여 수준 역시 많은 경우 비현실적인 금액이다. 즉, 월 10만~20만 원의 금전적 여유로 비장애아동에 비교하여 원만한 아동양육을 수행할 수 있을 것으로 기대하기 어렵기 때문이다. 장애아동을 둔 부모를 대상으로 한

한 조사 연구에 따르면, 장애아동가구가 연평균 들어가는 자녀양육비용 가운데 정부가 분담한 비용은 약 43% 수준[62]인 것으로 파악되었다. 즉, 정부가 지원하는 비용과 실제 장애아동가정에서 지출하는 비용 사이에는 상당한 차이가 존재하는 것을 볼 수 있다. 물론 장애아동에 대한 양육자의 돌봄시간의 길이나 재활비용 등은 장애 범주에 따라 다양한 유형이 존재한다. 그런 가운데 장애아동 판정을 받은 자녀는 비장애아동보다 추가적인 돌봄시간이 소요되는 것은 분명한 사실이며, 경우에 따라 주 양육자 중 한 사람은 생애 기간 내내 혹은 일정한 자립 기반을 가질 때까지 가사노동 이외에 대부분의 시간을 장애아동 돌봄에 할애해야 하는 경우도 발생한다. 그런 여러 상황을 고려해 볼 때, 각 가정의 형편에 맞는 현실적인 급여라고 하기에는 이런 급여 기준은 너무 단순화된 지급 기준이며 지나치게 낮은 급여액이라고 할 수 있다.

누구나 한부모가 될 위험성이 상존하는 것처럼 장애아동을 양육할 가능성 또한 누구에게나 열려 있다고 보아야 할 것이다. 그러므로 어떤 가정에서 어떤 조건으로 태어난 아동이든 아동 발육에 필요한 동등한 발달 기회가 주어질 수 있을 때여야 누구나 안심하고 자녀를 낳아 키울 수 있을 것이다. 만약 태어난 가정의 처지에 따라 한부모 자녀라고 해서, 또는 장애아동이나 그 부모가 되었다고 해서, 그 모든 고난을 오롯이 개별 가정이 짊어져야 한다고 한다면 희망 자녀 수를 실제 자녀 수로 만드는 일은 매우 요원한 일이 될 수밖에 없다.

62 권미경(2016), pp. 21~22에 따르면, 조사 대상 가구(장애영유아 부모 478명 대상 2015년 수행한 조사 연구)의 연평균 양육비용은 6,085,725원이었으며, 그 가운데 치료비만 3,368,225원으로 보고하고 있다. 조사 대상 가구가 정부로부터 지원받은 금액은 연 2,663,470원으로 교육 및 보육비용이 1,845,789원이며 나머지로 치료비와 의료비, 돌봄보호비용 등이었다고 한다.

[현금 및 세제 지원 평가]

우리나라 자녀양육 지원 정책 중 대표적인 조세 지원 정책인 자녀장려금(2009년 시작 후 지속 확대)과 (가정)양육수당(2009년 시작해 2011년까지 확대) 및 아동수당(2018년 시작)을 비롯해 부모급여(자녀양육수당에서 출발해 영아수당을 거쳐 2023년 이름을 변경)는 모두 2009년 이후 본격 확대되었다. 즉, 아직까지 저출산 대응의 일환으로 영유아양육 가구에게 제공하는 지원은 보육·유아교육 중심으로 이루어지고 있다.[63] 2013년 전 계층·전 연령 지원의 목표에 도달한 이후 서비스의 질 개선에 집중하고 있는 '현물급여' 제도인 보육 서비스에 비해 다소 늦은 시기에 본격적으로 확대되고 있는 '현금급여'제도들은 아직 수급 대상 범위나 지원액 규모[64]에 있어서 확대 필요성이 많이 남아 있는 것으로 평가되고 있다. 아동수당은 급여 대상을 현재 8세 미만에서 그 이상 연령층으로 확대하는 과제가 자주 언급되고 있으며, 세제 지원제도는 혼인과 출산의 단계별로 더 다양한 공제제도를 도입해 가족을 일구고 자녀를 양육하는 가정에 대한 조세 차원의 지원을 늘려나가야 할 당위성[65]이 제기되고 있다.

그러나 무엇보다 시급한 과제는 빈곤가정, 한부모가정, 장애아동가족과 같은 취약계층 가족에 대한 현금 지원 정책이 그 포괄 범위 및 급여 수준이 너무 낮아 아동권 침해 소지 및 안전한 자녀양육 환경의 구축이라는 면에서 나타

---

63 2021년 기준으로 저출산 대책에 포함된 영유아 대상 지원 예산은 총 11조 2,093억 원인데, 이 중 아동수당(2조 2,195억 원)과 가정양육수당(7,608억 원)을 제외한 8조 2,290억 원이 모두 영유아 보육 및 유아교육과 관련된 예산이다(김우림, 2021, p. 133 참조).

64 신윤정 등의 집계에 따르면, 2011년 당시 우리나라 0~5세 아동 1인당 총 현금 지원 액수는 연 46만 원이며, 연평균 조세감면액은 33만 원 수준이라고 한다. 2009년까지는 대략 조세감면액이 더 큰 비중이었다가 (가정)양육수당이 2009년부터 2011년 사이에 확대되면서 현금 지원액이 조세감면액을 능가하는 것으로 나타난다고 보고하고 있다(신윤정 외, 2013, p. 102).

65 임동원(2022), 전병욱(2021) 등이 대표적임.

나는 한계를 극복하는 것이다. 자세한 내용은 제9장 2. 담론과 대응의 평가 및 이어지는 제3부 한국 저출산 인구 정책의 대전환 제언에서 살펴보기로 한다.

5. 방과후 돌봄 서비스

앞에서 임신·출산 지원 정책과 함께 양육 지원 정책으로서 보육 정책과 현금·세제 지원에 대하여 살펴보았다. 이번에는 또 다른 양육 지원 정책인 자녀돌봄 정책에 관하여 살펴보자. 초등학교 이상 교육이 의무교육이며 0세부터의 보육이 무상보육(실제로는 표준보육료 이외의 비용은 부모가 부담)으로 제공되는 현 상황에서 돌봄 수요가 주로 발생하는 시간대는 자녀들의 방과 후 시간이라고 할 수 있다. 따라서 자녀돌봄 정책의 대상은 방과 후 아동으로 요약된다. 아동의 바람직한 발달과 교육을 위한다는 아동 측면과, 부모의 유급 노동의 지속을 위해 대신 돌봄을 제공할 곳이 필요하다는 부모 측면이 함께 중요하다는 점에서 보육 서비스와 동일한 성격을 지닌다.

보육 정책이 1991년 이래 꾸준히 확대되다가 2013년에 전 계층 지원으로 한 단계 도약을 이루었다고 한다면, '방과후 돌봄' 사업은 『제4차 저출산·고령사회 기본계획(2016~2020)』 이전인 2015년까지 여전히 문제가 많았다. 그러다 보니 자녀가 있는 맞벌이가정의 경우 정작 자녀가 자라 학교에 입학한 뒤부터 더 문제가 되는 상황이 발생하기도 하였다. 방과 후 돌봄의 문제가 폭발적으로 터져 나온 배경이다. 2015년에 나온 한 보고서[66]는 상황을 이렇게 요약하고 있다.

66 강지원·이세미(2015), p. 60.

> 현재 우리나라 아동·청소년 돌봄은 초등돌봄교실, 방과후 학교, 지역아동센터, 청소년방과후 아카데미 등을 통해 제공되고 있다. 이들 사업은 정책 대상 범위와 서비스 내용이 유사하나 운영 방식과 전달체계는 달라 대상자의 연령은 중첩되는 반면 사각지대는 여전히 존재한다.

당시에도 이미 초등 연령부터 청소년에 이르기까지 지역에서 아동 및 청소년의 방과 후 프로그램은 교육부, 보건복지부, 여성가족부 등 여러 기관에서 다각적으로 운영되고 있었다. 그러나 부조화가 심하고 서비스 공급량이 태부족이라 정작 아이를 맡길 곳이 필요한 많은 맞벌이가정들은 자녀의 방과 후 돌봄 문제를 해결하지 못해 일·가정 양립에 상당한 곤란을 겪고 있었다.

이러한 상황이 개선되기 시작한 가장 획기적인 계기는 『제3차 저출산·고령사회 기본계획』 기간 중인 2019년에 새롭게 성안한 『제3차 저출산·고령사회 기본계획 수정본』에서부터였다. 아래[67]에서 보는 바와 같이 방과후 돌봄 서비스의 대상 인원을 순차적으로 확대할 중기 계획을 처음으로 제시한 것이 이때였다. 제3차 기본계획까지만 해도 2015년 24만 명의 초등돌봄교실 공급을 2020년까지 26만 명 규모로 5년간 2만 명 확대하겠다[68]는 목표에 비하여 거의 10배 가까운 20만 명의 공급 확대를 제시하였다.

- (온종일 돌봄) 학교 내 돌봄교실 및 지역사회 다함께 돌봄 등 초등학생 온종일 돌봄체계 안정적 정착*(2018. 4. 4 旣 발표) 및 질 관리 추진
  - * 학교-지자체 협력, 초등돌봄 2022년까지 20만 명 추가 확대(현-2019년 33만 명→2022년 53만 명)

67 대한민국 정부(2019a), p. 25.
68 대한민국 정부(2018c), p. 84.

이 시기 방과 후 아동의 돌봄 서비스를 위해 가장 중점적으로 확장된 곳은 교육부의 '온종일 초등돌봄교실' 프로그램이었으며 보건복지부의 '다함께돌봄' 프로그램도 새롭게 출발해 합류하는 형상이었다. 이 둘을 합쳐 정부는 '온종일 돌봄체계'[69]로 명명하고 2019년 『제3차 저출산·고령사회 기본계획 수정본』을 통해 앞에서 제시한 바와 같은 정도로 사업을 확대하는 것으로 계획·추진하게 된 것이다.

사실 교육부가 운영하는 '초등돌봄교실' 사업은 그 이전에도 꾸준히 확대해 오던 것을 2018년 4월 이후 가속을 붙여 추진하기 시작하였다. 이때 발표한 「온종일 돌봄 체계 구축·운영 계획」에 따르면, 2018년부터 2022년까지 5년간 총사업비 1조 1,053억 원을 투입해 예상되는 총수요에 버금가는 공급량을 제공하는 것을 목표로 제시하였고, 2020년까지 2010년에 비해 거의 2배에 가까운 숫자로 확대[70]한 바 있다.

마찬가지로 보건복지부가 운영하는 '다함께돌봄' 사업은 이 시기 처음 도입되었는데, 종전 3개 부처가 각기 제공하는 다양한 방과후 돌봄 사업(초등학교의 초등돌봄교실과 유치원의 방과후 교실은 교육부, 공동육아나눔터와 청소년 방과후 아카데미는 여성가족부, 어린이집과 지역아동센터, 드림스타트의 프로그램은 보건복지부가 운영)이 있음에도 불구하고 서비스의 공급 부족으로 심각한 애로를 겪던 맞벌이가정 아동을 위해 새롭게 설치해 운영하기 시작한 사업이었다. 2017

69 처음 이 표현이 나타난 곳은 2018년 4월 4일 교육부가 발표한 정책 참고 자료 「온종일 돌봄 체계 구축·운영 계획」에서부터이며, 그 후 정부에서 공급하는 방과후 돌봄 서비스 전체를 통칭하는 명칭으로 정착하였다.

70 교육부의 자체 보고서인 「초등돌봄교실 운영 개선 방안(안)」, p. 4에 따르면, 2010년부터 2020년 사이 10년간 초등돌봄교실 공급은 2배 이상 증가한 것으로 집계하고 있다.
- 돌봄교실 수: (2010) 6,200실→ (2014) 10,966실→ (2017) 11,980실→ (2020) 14,278실.
- 참여학생 수: (2010) 104,496명→ (2014) 221,310명→ (2017) 245,303명→ (2020) 256,213명.

년 시범사업을 거쳐 2018년에는 17개 '다함께돌봄센터' 리모델링 비용을 지원하기 시작하였으며,[71] 위에서 본 것처럼 '온종일 초등돌봄'과 함께 '방과후 돌봄' 서비스의 공급을 수요에 맞추어 끌어올리려는 구체적인 목표가 『제3차 저출산·고령사회 기본계획 수정본』에 포함되어 있다.

근래에 이르러 온종일 돌봄 사업은 각 지자체 주도로 더욱 발전된 모습을 보여 준다. 즉, 신규 다함께돌봄센터를 건립할 때는 수요 예측 모형[72]을 활용해 방과후 돌봄 수요가 집중되는 지역을 정밀 표적화해 추진하는 한편, 전국 각 센터의 운영을 뒷받침하는 법령 정비와 함께 본격적인 사업 집행을 위한 거버넌스 정비 등을 추진해 왔다.[73] 위 내용을 종합하여 초등학교 아동에게 방과후 돌봄을 제공하는 공급 형태를 유형별로 정리한 것이 〈그림 8-4〉이다. 그림에서 보는 것처럼 방과후 돌봄 사업은 네 가지 유형으로 구분할 수 있다. 왼쪽 위 칸은 공공 서비스로 제공되는 유형이며 교육청에서 운영하는 초등돌봄교실과 방과후교실 연계형 돌봄교실과 보건복지부가 관할하는 지역아동센터와 다함께 돌봄센터, 그리고 여성가족부가 운영하는 청소년 방과후 아카데미가 포함된다. 오른쪽 위 칸은 가정 내 사적 돌봄으로 조부

71 대한민국 정부(2018d), p. 328.
72 수요 예측 모형에 대한 자세한 사항은 『다함께돌봄 사업안내』, pp. 11~14를 참조할 것.
73 2021년 보건복지부가 발간한 『다함께돌봄 사업안내』, p. 4에 따르면 해당 제도의 연혁은 아래 표와 같다.

연도	내용
2017	• '다함께돌봄 시범사업' 10개소 실시(행안부-복지부 공동 공모사업, '17. 7월)
2018	• 관계부처 합동 온종일 돌봄 정책 발표('18. 4월) • '18년 다함께돌봄센터 17개소 설치·운영('18. 12월 기준)
2019	• 다함께돌봄센터 설치·운영 관련 「아동복지법」 개정('19. 1월) • 다함께돌봄사업지원단 발족('19. 1월) • '19년 다함께돌봄센터 173개소 설치·운영('19. 12월 기준)
2020	• 다함께돌봄사업지원단 아동권리보장원에 위탁('20. 1월) • '20년 다함께돌봄센터 424개소 설치·운영('20. 2월 기준)

그림 8-4 초등학교 아동에게 제공하는 방과후 돌봄 유형

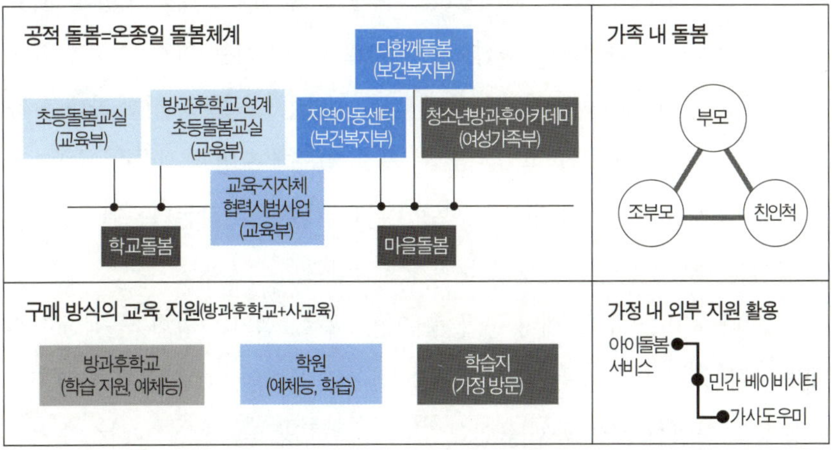

자료: 강지원 외(2020), p. 44.

모나 부모, 기타 친척 등에 의한 돌봄 유형이다. 왼쪽 아래 칸은 시장(사설뿐만 아니라 학교 안에서도 가능)에서 구매하는 서비스 유형으로 학교에서 구매하는 방과후 학교와 학교 밖에서 이용하는 사설학원들이 여기에 포함된다. 오른쪽 아래 칸은 가정에서 외부 자원을 활용해 돌봄을 제공하는 유형으로 여성가족부에서 운영하는 아이돌보미 사업과 민간 베이비시터 및 가사도우미에 의한 돌봄을 의미한다.

[방과후 돌봄 사업 평가]

방과후 돌봄은 아동의 바람직한 발달과 교육이라는 측면과 부모의 유급노동 지속을 위한 일·가정 양립 환경의 구축이라는 측면에서 중요한 정책이

며, 부모와 아동 모두에게 필요하다는 점에서 보육 서비스와 가장 유사한 성격을 지닌다. 영유아기 아동을 대상으로 하는 보육 서비스 정책에 비해 한 걸음 늦게 박차를 가하였으나 출산율이 가파르게 하락하는 환경 속에서, 특히 『제3차 저출산·고령사회 기본계획 수정본』을 성안한 시점부터 정책 확대를 가속하여 오늘에 이르렀다고 할 수 있다. 가장 최근에 도입된 서비스 정책으로서 수요 예측 모형에 입각해 센터 설립의 판단 기준으로 삼는다든가 하는 접근 방식 등에서 전향적인 운영도 눈여겨볼 만하다.

그러나 서비스 수요 대비 공급 충족률, 프로그램의 다양화, 돌봄교사의 역량 강화 등의 문제는 물론이고, 공급과 수요 사이의 미스매치와 사각지대 발생 등의 다양한 개선 과제를 안고 있다.[74] 특히 방과후 돌봄 서비스의 시설별 대상 선정 기준을 없애고 돌봄의 필요에 근거하여 서비스를 제공하도록 하는 대신, 더 필요한 아동에게 돌봄이 돌아갈 수 있도록 차등 지원을 도입하는 등의 보완 노력도 필요하다. 또한 공공부문 및 민간기관 통합 데이터베이스를 구축·운용함으로써 가용한 기관에 실시간 간편하게 접속할 수 있게 한다든지 하는 등의 운영 개선 노력이 절실하다.[75]

6. 청년세대 일자리·주거 지원

여기에서는 현재 우리나라 저출산 대응 예산 중 가장 비중이 큰 청년 일자리 및 주거 지원에 관한 내용을 살펴보자. 이 두 정책은 저출산 예산 범주

74 방과후 돌봄 서비스 사업의 개선에 관해서는 강지원 외(2020)를 참조할 것.
75 한국보건사회연구원 보도 자료(2021. 6. 9), “방과후돌봄 공백 여전”.

중 가장 최근에 편입된 정책 분야로 오로지 출산·양육에 대한 지원이라고만은 볼 수 없고, 고유한 사업 목적이 따로 또 있는 분야들이기 때문에 저출산·고령사회 기본계획 안에서도 다른 저출산 예산과는 달리 '간접 지원 예산'으로 분류한다. 그러나 예산 규모를 보면, 2021년 전체 저출산·고령사회 예산 총액 약 46조 원 중에서 간접 지원 정책인 고용(4조 2,000억 원)과 주거(22조 9,800억 원) 지원 등을 합친 금액이 28조 7,447억 원으로, 직접 지원인 보육 및 방과후 돌봄 예산(11조 4,500억 원 규모)과 아동수당(2조 9,000억 원) 및 영아수당(1조 5,500억 원) 등을 합친 금액 17조 9,399억 원보다 훨씬 큰 금액이 투자되고 있는 것을 볼 수 있다.

이렇게 청년세대 지원이 시작된 것은 〈표 8-15〉에서 보듯이 2015년 이후 일이었다. 그전까지 우리나라 저출산 예산은 주로 보육 서비스에 치중해 있었으며(보육 서비스 예산이 80% 이상[76]) 일부 임신·출산 지원 예산 및 현금 지원 정책, 그리고 일·가정 양립 예산으로 구성되어 있었다.

그런 상황에서 당대의 담론 지형을 계기로 약 5년 사이에 두 개의 저출산 예산, 즉 간접 지원이 늘어나게 되었다. 자녀양육의 여건 개선이나 맞벌이가족의 일·가정 양립 환경 개선에 치중하던 정책이 '만혼이 저출산의 주범'이라는 새로운 담론이 부상하면서부터 청년 일자리와 주거 문제로 강조점이 바뀌게 된 것이다.

우리나라 합계출산율의 하락 원인은 혼인한 커플들의 출산율 하락 때문이 아니라 만혼 경향의 증가로, 결혼 지연에 따른 결과로 풀이된다는 분석[77]이 이때 등장하였다. 2010년 한국보건사회연구원 보고서는 한국의 출생아 수

76 김영록·신동면(2016), pp. 185~186.
77 이철희(2012), pp. 128~131.

표 8-14 2021년 중앙부처 저출산·고령사회 분야 세부 예산 현황 (단위: 억 원)

구분		2021년 예산	비율
중앙부처 시행계획 총계		726,799	100.0
저출산 분야		466,846	64.2
직접 지원		179,399	24.7
현금		61,791	8.5
	육아휴직급여(기존+신규)	12,869	1.8
	출산휴가급여(기존+신규)	3,169	0.4
	영아수당(가정양육수당 지원), 첫만남꾸러미2	15,518	2.1
	아동수당	29,515	4.1
	기타	719	0.1
서비스		114,570	15.8
	아이돌봄 지원	3,956	0.5
	어린이집 및 직장어린이집 지원(공교육 50% 확충)	1,523	0.2
	영유아보육료 지원	49,343	6.8
	누리과정	39,168	5.4
	어린이집 및 직장어린이집 지원(교사 대 아동 비율)	14,196	2.0
	온종일 돌봄	5,319	0.7
	기타	1,066	0.1
의료비		3,038	0.4
	임산부·영아 건강관리	2,205	0.3
	난임 지원	21	0.0
	정신건강 증진	577	0.1
	기타	235	0.0
고용		42,198	5.8
	청년내일채움공제 및 저축계좌	14,355	2.0
	고용안정장려금	12,294	1.7
	근로 환경 개선	326	0.0
	여성경제활동 지원	901	0.1
	인재양성 및 훈련 지원	1,841	0.3
	청년 구직활동 및 창업 지원	12,349	1.7
	기타	133	0.0

구분		2021년 예산	비율
주거		229,833	31.6
	신혼부부, 아동양육 가구 주거 지원	80,069	11.0
	신혼부부 주거 구입, 전세 자금 대출	99,000	13.6
	다자녀가구 주거 지원	4,226	0.6
	청년 임대 출자, 융자	46,538	6.4
교육		6,496	0.9
	교육급여	1,246	0.2
	고교취업 연계 장려금	1,330	0.2
	학교공간 혁신	1,979	0.3
	기타	1,941	0.3
기타		8,919	1.2

자료: 저출산·고령사회위원회 보도 자료(2021. 3. 31), "저출산·고령사회위원회 인구문제 극복을 위한 제4차 저출산·고령사회 기본계획의 차질없는 이행을 약속," p. 7을 참조할 것.

규모가 정확히 결혼 건수와 연동됨을 보여 준다. 한국에서 합계출산율과 가장 민감하게 동행하는 지수는 혼인율이며, 특히 평균 결혼 연령이 상승하면 그만큼 혼인의 지연에 따른 혼인율 저하가 나타나 이 지표에 연동된 출산율이 직접적인 영향을 받게 된다는 것이다. 게다가 한국 사회에서는 연간 출생아 수의 대부분(2008년 98.5%)이 법률혼 부부에서 출생하는 사정으로 말미암아 출산율은 결혼 건수 증감과 연동하는 특성이 있다.[78]

이런 혼인감소의 영향은 2023년 현재까지 가속화되고 있는데, 최근 출생아 수의 감소 원인을 분석한 보고서[79]를 보면, 한국 사회에서 출산율은 혼인한 부부의 출산율 자체의 하락보다는 혼인감소에 주로 기인하며, 2019~2022년간 출생아 수 감소분(5.5만 명) 중 77%(4.2만 명)가 혼인감소의 영향인 것으

78 변용찬·김동회·이송희(2010), pp. 11~12.
79 국회예산정책처, 『2023 경제 현안 분석』, p. 151을 참조할 것.

표 8-15 **세부 영역별 저출산 정책 예산 추이** (단위: 백만 원, %)

구분	2006	2007	2008	2009	2010	2011	2012	2013	2014	2015	2016	2017	2018	2019	2020
결혼·임신·출산	77,970 (3.9)	79,316 (2.6)	91,322 (2.4)	106,375 (2.3)	96,949 (1.7)	157,217 (2.1)	157,925 (1.4)	169,564 (1.2)	185,547 (1.2)	211,468 (1.4)	244,063 (1.1)	301,153 (1.3)	168,531 (0.7)	249,165 (0.8)	295,016 (0.7)
돌봄·양육	1,750,601 (86.6)	2,664,960 (87.3)	3,370,002 (87.2)	3,822,274 (83.0)	4,750,684 (84.8)	6,209,045 (83.5)	9,408,521 (86.0)	12,162,748 (87.2)	12,412,583 (83.2)	11,324,244 (76.6)	15,703,551 (72.7)	16,177,879 (67.6)	17,372,162 (71.8)	15,086,045 (46.6)	17,686,330 (44.0)
일·가정 양립	145,500 (7.2)	182,990 (6.0)	227,049 (5.9)	359,535 (7.8)	359,640 (6.4)	421,709 (5.7)	631,111 (5.8)	689,107 (4.9)	770,232 (5.2)	928,732 (6.3)	1,004,471 (4.7)	1,174,903 (4.9)	1,384,868 (5.7)	1,614,121 (5.0)	1,672,400 (4.2)
주거	– (–)	– (–)	– (–)	– (–)	– (–)	– (–)	– (–)	– (–)	429,430 (2.9)	1,045,368 (7.1)	2,193,196 (10.2)	3,864,329 (16.1)	3,241,335 (13.4)	13,023,543 (40.2)	17,981,874 (44.8)
일자리 (여성, 청년 등)	1,300 (0.1)	9,045 (0.3)	2,515 (0.1)	1,418 (0.0)	2,304 (0.0)	17,114 (0.2)	14,912 (0.1)	11,071 (0.1)	6,933 (0.0)	7,357 (0.0)	1,418,813 (6.6)	1,176,570 (4.9)	653,054 (2.7)	1,423,035 (4.4)	1,511,897 (3.8)
아동·청소년복지 (발달, 안전 등)	34,796 (1.7)	90,590 (3.0)	129,252 (3.3)	265,465 (5.8)	319,498 (5.7)	613,120 (8.2)	711,369 (6.5)	900,019 (6.5)	1,094,377 (7.3)	1,248,907 (8.4)	875,792 (4.1)	1,048,158 (4.4)	1,189,700 (4.9)	649,315 (2.0)	648,134 (1.6)
가치관·가족	11,215 (0.6)	27,460 (0.9)	43,990 (1.1)	50,800 (1.1)	73,650 (1.3)	15,800 (0.2)	17,600 (0.2)	17,890 (0.1)	17,392 (0.1)	16,873 (0.1)	153,252 (0.7)	185,063 (0.8)	188,435 (0.8)	312,546 (1.0)	387,088 (1.0)
합계	2,021,382 (100.0)	3,054,361 (100.0)	3,864,130 (100.0)	4,605,867 (100.0)	5,602,725 (100.0)	7,434,005 (100.0)	10,941,438 (100.0)	13,950,399 (100.0)	14,916,494 (100.0)	14,782,949 (100.0)	21,593,138 (100.0)	23,928,055 (100.0)	24,198,085 (100.0)	32,367,770 (100.0)	40,182,739 (100.0)

자료: 김은정·오신휘·장인수·정종석·전주열(2020), p. 55.

로 분석되고 있다. 즉, 혼인의 감소로 신혼부부 수는 2019년 130.7만 쌍에서 2022년 106.2만 쌍으로 감소하였으며, 신혼부부 감소가 즉각 출생아 수 감소에 영향을 미쳤다는 것이다. 만약 2019년의 신혼부부 규모가 유지되었다면, 2022년 출생아 수는 현재보다 약 4.2만 명 많은 29.0만 명이 유지되었을 것으로 추정된다.

1991년 이후 우리나라 합계출산율 감소가 주로 유배우 여성 비율의 감소에 의해 초래되었다는 것을 보여 준다. 전체 여성을 대상으로 할 경우 유배우 비율의 감소는 합계출산율 감소의 100% 이상을 설명하며, 유배우 출산율의 증가가 그 효과의 일부를 상쇄한 것으로 나타났다. 심지어 2005년 이후에는 유배우 출산율 증가의 효과가 유배우 비율감소의 효과를 압도함으로써 합계출산율이 약간 상승하였던 것으로 분석된다.

이 연구 결과는 그간의 저출산 인구 정책의 변화 기조에 견주어 해석해 보면 그 의미가 분명해진다. 우리나라는 산아제한 정책이 멈추자 유배우 여성의 합계출산율 하락이 멈춤으로써 일정 정도 합계출산율이 더 가파르게 떨어지는 것을 막는 지지대 역할을 하였고, 특히 2005년부터 시행된 저출산·고령사회 기본계획의 시행은 만혼화로 인한 유배우 비율로 감소로 나타난 출산율 하락을 상쇄할 정도의 출산력 증가를 담당하였다는 이야기가 된다.

이 같은 판단에 입각에 정부는 그간 양육 환경 개선에 맞추어지던 정책의 초점을 청년 문제(청년들의 만혼화 혹은 비혼 경향의 차단)로 전격적으로 이동하는 결정을 하게 되었다. 이것이 2015년부터 시행되는 『제3차 저출산·고령사회 기본계획』이 저출산 간접적 지원이라는 이름으로 청년 일자리 사업과 청년 주거 지원 정책이 큰 폭으로 들어오게 된 배경이다. 청년들이 결혼과 출산을 할 엄두가 나지 않을 만큼 일자리와 주택 마련이 힘겨운 상황이 된 현실을 직시하며 관련 정책 과제들을 개발하여 저출산 인구 정책의 범주로 편입하는 계기가 되었다.

정책의 내용을 보면, 청년 일자리 분야 정책으로는 청년 고용률 제고 및 인적 자본 강화를 위한 거의 모든 정책이 망라된 것을 볼 수 있다. 예를 들어, 2019년에 개정된 『제3차 저출산·고령사회 기본계획 수정본』의 해당 페이지를 보면, '(안정된 일자리) 청년 일자리 안전망 강화(일자리위원회와 연계)'를 큰 제목으로 하여 다음 내용을 구체적 방안으로 제시하고 있다.

「청년 일자리 대책*(2018. 3. 15)」의 차질 없는 이행

- 청년 고용 문제 완화를 위해 청년·전문가·관계부처가 함께 대책 마련
- 청년 채용 기업 및 중소기업 취업 청년에게 인센티브 제공 및 취업준비 과정의 애로 해소에 중점

일하는 사람 모두를 보호하는 방향으로 고용보험 사각지대 해소

- 특고·예술인 등 고용보험 적용 확대
- 두루누리 사회보험료 지원 대상 확대(월 보수 기준 상향, 신규가입자 중심 지원 등)

중층적 고용안전망 구축을 위해 '한국형 실업부조' 도입 추진

- (2019) 청년구직촉진수당 확대·개편 → (2020) 저소득근로자 포괄 실업부조로 발전

이상 내용을 들여다보면, 이들 청년 일자리 정책이 중요하기는 하지만 저출산 해소 차원이 아니더라도 고용 정책의 일환으로서 마땅히 추진할 내용들임을 쉽게 알 수 있다. 즉, 저출산과 간접적인 연관밖에 없는 청년 일자리 정책의 경우 굳이 저출산 인구 정책의 범주에 포함시켜 관리할 필요가 있는지 의문이 든다.

주거 정책의 경우, 그보다는 저출산과의 연관성이 높아 보인다. 즉, 기본계획에 포함된 청년 주거 정책의 내용으로 청년 임대주택 공급 확대, 신혼부부 주택 공급 확대와 자금 지원 강화, 자녀 있는 가구의 공공주택 입주 여건 완화 등이 단골로 제시된다. 청년세대의 주거 안정 및 신혼부부들의 내 집 마련을 위한 정책 수단들로서 저출산 해소에 일정한 연관성이 인정된다고 하겠다. 다만 이 분야는 그 외 주택 공급의 경제성 등을 고려하는 다른 변수들의 영향하에 놓이며 그런 점에서 저출산 인구 정책에 속하는 다른 일반 재정투자 사업들과는 궤를 달리한다.

[청년 일자리 및 주거 정책 평가]

청년 일자리와 주거 지원을 위한 다양한 사업들이 청년들의 결혼·출산 환경 조성을 위하여 추진되었고, 예산투입도 아동가족 지원 예산에 비해 결코 작은 규모가 아니었다. 그러나 출산과 양육을 위한 청년 지원 정책은 무엇을 하는 것보다 무엇을 안 하느냐가 더 중요한 문제라는 점을 차제에 지적하고자 한다. 일찍이 우리나라가 1990년대 대학 정원 조절에 실패하여 대졸 실업자를 양산하였고, 그 덕분에 'N포세대' 청년을 양산하지 않았다면 다른 여타 아동가족 정책은 좀 더 소기의 성과를 냈을 것이고 우리의 출산율은 지금보다 훨씬 좋은 모습을 보였을 것이다. 그런 점을 생각하면 교육 정책은 그 나름의 필요성에서 추진되었지만, 인구 정책의 차원에서 그 폐해는 돌이키기가 어렵다(이 부분에서 대한 상세한 토론은 제5장을 참고할 것). 마찬가지로 지난 몇 년간 고공행진을 한 부동산 가격 덕분에 더욱 극심하게 출산율이 떨어진 점을 기억해야 할 것이다. 출산율 측면에서 볼 때, 어떤 경우에라도 부동산 투기와 폭등을 막을 책임이 정부에 있다는 점을 강조해 두고 싶다. 더 나아가 청년들을 위한 주거 안정, 특히 대도시 서울의 청년 임대주택 공급을 확대하는 일이 그 어떤 저출산 인구 정책보다 중요하다는 점을 되새기며 청년 일자리 및 주거 정책 평가를 마치고자 한다.

제9장

담론과 대응의 평가

이번 장에서는 한국 사회 저출산 인구 정책의 담론과 대응을 종합 평가해 보자. 이어지는 제3부에서 수행할 인구 저출산 정책의 대전환을 위한 제언을 위해 지금까지의 저출산 인구 정책에 어떤 문제가 있었는지에 관한 정확한 진단이 필요하기 때문이다. 우선 긍정적인 면을 요약하고 다음으로 한계와 문제점을 살펴보기로 한다.

1. 긍정적 측면

앞서 살펴본 것처럼 우리나라 저출산 인구 정책은 그 범위나 종류에 있어서 매우 짧은 기간 동안 빠르게 확대되었다. 대표적으로 육아휴직(2001, 유급화), 양육수당(2009), 무상보육(2012), 아동수당(2018) 제도를 도입 또는 확대함으로써 정책의 외연이라는 면에서 선진국 수준으로 끌어올렸다. 중앙정부의 지원 이외에 지방정부 차원에서도 출산장려금을 지급하거나 육아용품의 지급, 보육료의 추가 지원 등 출산·양육 관련 비용·현물·서비스 지원을 꾸준히 확대해 왔다. 어떠한 복지제도라 하더라도 도입과 안착에는 최소한의 시간(이른바 제도의 양생 기간)이 걸린다는 점을 고려하면, 한국의 저출산 인구 정책이 이 정도로 선진 각국의 주요 제도들을 대부분 갖출 만큼 성장한 것은 놀라운 면이 있다.[1]

결과적인 면뿐만 아니라 정책을 도출하는 과정 역시 20년이라는 짧은 기

1 사회의 골격을 이루는 대표적인 사회보장제도들은 그 도입과 성장에 일정한 양생 기간(養生期間)이 소요되기 마련이다. 예산 배정과 제도를 담당할 기구의 준비, 인력의 훈련, 정책 실효성에 대한 모니터링 등의 기간이 소요되며, 이런 점을 고려할 때 한국의 아동가족 정책은 압축성장이라 할 정도로 빠른 변화를 보였다.

간 동안 이룬 성취로서 매우 높이 평가할 만한 부분이 있다. 우선 정부의 저출산 관련 정책은 저출산 문제의 담론 지형이 변화하는 속도에 뒤쳐지지 않고 기민하게 대응하면서 출산율 하락에 대처해 왔다고 볼 수 있다. 특히 5년 단위의 '저출산·고령사회 기본계획'이라는 정책 인프라가 구심점을 제공함으로써 정부 부처 간 협업이나 신규 과제를 발굴하는 데 유용한 도구로 역할을 다하였다.

또한 지난 20년간 네 번의 기본계획 내용을 살펴보면, 1차 계획은 보육지원에, 2차 계획은 일·가정 양립 정책에, 3차 계획은 청년 일자리 및 주거 지원에, 4차 계획은 모든 국민의 삶의 질 제고에 목표를 두었다. 이런 방향 설정은 당시 언론 기사의 논조나 학술 토론회들의 주제 선정 흐름에 비추어 볼 때 결코 시의성이 뒤처지는 대응이 아니었으며, 심지어 정부의 패러다임 선언이 민간의 인식을 견인한 측면이 있었다.

무엇보다 한국의 저출산 인구 정책이 온전히 실패하였다고 보기 어려운 것은 성과를 거두었기 때문이다. 〈그림 9-1〉에서 보듯이 2006년부터 2021년까지 3번에 걸친 5개년 계획 중 첫 번째 기간은 횡보 추세, 두 번째 구간은 약간의 상승 추이를 기록하였다. 한국의 사회문화적 요인에 있어 출산율 하락 요인이 선진 국가 중 어느 나라보다 많은 상황에서 그나마 재정을 투자하여 아동가족 정책을 시행하지 않았더라면 이런 성적도 내기 어려웠을 것이라는 점을 지적하는 전문가들이 있다.

특히 이철희(2018) 등의 연구가 지적하듯이, 이 기간 유배우 여성들의 출산율은 확실히 제고[2]되었으며, 유배우 비율이 하락하는 가운데서도 오히려 미

2 이철희(2018)를 참조할 것.

그림 9-1 저출산·고령사회 기본계획 예산 규모와 출산율

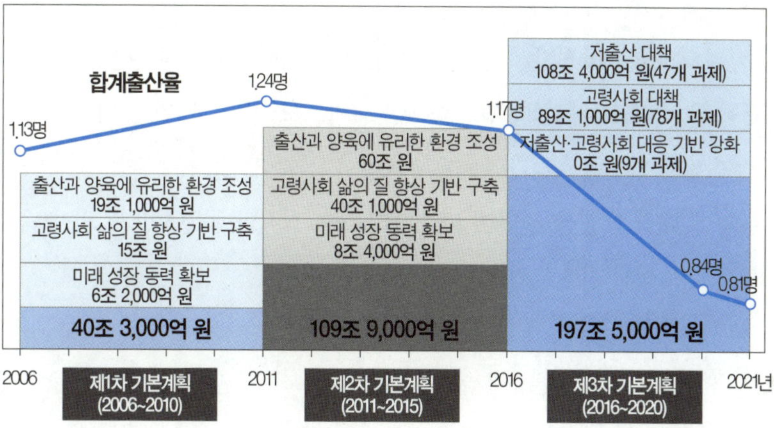

자료: 노컷뉴스(2022. 6. 29), "무늬만 저출산 정책 … 기본계획은 왜 실패의 길을 걸었나".

세하지만 상승세를 기록한 것은 제도와 정책의 힘으로 평가하는 것이 합리적일 것이다. 2010년의 당시 한 연구 결과도 동일한 결론을 제시한다. 즉, 혼인 지연의 효과를 통제하고 유배우 상태 보정 합계출산율만을 분리해 보면, 2009년도 1.48명 중 미혼인구로 인한 영향이 0.24명으로 유배우 합계출산율은 1.72명[3]으로 나타난다고 제시한 바 있다.

〈그림 9-1〉을 참조해 볼 때, 최소한 제1차 및 제2차 기본계획 동안에는 일정한 성과를 창출하여 약 10년 동안 현상 유지라도 할 수 있었던 것을 저출산 인구 정책의 성과로 보는 것은 결코 과장이 아닐 것이다. 다만 그 이후 2017년경부터 출산율이 또다시 역사상 가장 가파르게 하락하는 것은 정책

3 변용찬·김동회·이송희(2010), p. 3.

요인으로도 버티지 못하는 악재가 등장하였기 때문임을 앞서 제1부에서 진단하였다.

한편, 이러한 긍정적 측면에도 불구하고 대한민국의 출산율은 세계에서 가장 빠른 속도로 하락하였고, 정책적 노력으로 되돌리기에는 이미 역부족이라는 자포자기의 목소리가 높다. 이제는 지금까지 걸어온 길을 되돌아보고 현 상황에 대한 냉철한 진단이 필요하다. 또 그 진단에 일정한 동의가 숙성되어야 새로운 정책 기조로의 전환이 가능하다.

2. 한계와 문제점

앞에서 본 것처럼 우리나라 저출산 인구 정책이 본격화한 2005년 이래 채 20년이 되지 않은 현시점에 이르기까지 잘한 점도 많다. 그러나 저출산과 인구 문제를 둘러싼 진단과 대응은 여전히 심각한 한계 지점을 가지고 있다. 여기서는 저출산 문제에 대한 정책적 대응에서 나타난 문제점을 살펴보기에 앞서 담론적 각축 안에서 해소되지 않고 있는 문제를 먼저 살펴보기로 한다.

1) 불완전한 담론화 과정

저출산 문제를 둘러싼 각 집단의 다양한 이해는 서로 복잡하게 얽히면서 입법 성과 및 정책을 이끌었다. 그 과정에서 주류 담론의 위치를 점한 논제들은 저출산·고령사회 기본계획의 정책 기조로 채택되고 가시화되었으며, 공식 언어의 지위로 승격되곤 하였다. 그러나 때로 그렇지 못한 담론들이 있다. 그러한 담론들은 보통 담론장 일각에 등장해 일정한 수준까지 확산되지만 그 이상 지배적인 지위로까지 나아가지 못한 채 잠복 혹은 무시된다. 지배 담론과의 이해관계가 상충되거나 혹은 대중들이 수용할 만큼 친숙한 개념들로 배열되지 않을 때 종종 그러한 현상이 벌어진다.

'국가주의 담론'에 대한 통렬한 비판에서 출발한 '여성의 재생산권 담론'이 대표적인 예이다. 돌이켜 보면 제대로 된 진단을 제시할 잠재력을 가진 (여성의) 재생산권 담론이 제도권 안으로 의미 있게 진입하지 못한 탓에 지금의 저출산 현상이 나타나고 있다. 사실 여성의 재생산권 담론은 아이를 낳고 키울 당사자들 스스로는 물론 그들의 목소리를 읽어 내야 할 전문가들에게도 그다지 친숙하지 않다. 그런데 이를 해독하지 못해 그저 생경한 용어로 정책입안자 주위를 배회하는 한, 저출산에 대한 적절한 대응은 결코 온전할 수 없을 것이다. '재생산권 담론'의 언어들이 제대로 통역되고 울림을 가질 때 우리 사회의 저출산은 한 발 더 의미 있는 큰 걸음을 내디딜 것이라고 본다.

여성주의자들의 통렬한 비판 그대로 상당히 오랫동안 저잣거리 담론들에서는 물론이고 저출산 인구 정책의 공식 언어들에서도 여성은 곧잘 '의무의 수행자'로 호명될 뿐이었다. 심지어 이른바 '여자들의 개인주의'와 '여자들의 이기심'이 저출산의 원인이라는 비난이 공공연히 선포되기도 하였었다. 그러던 것이 2019년경에 이르면, '여성의 몸'이 국가사회의 필요에 복무하는 형태로 계몽의 대상이 될 수 없다는 자각에 일정한 동의가 이루어졌고, 그때까지 이어져 오던 출산율 목표(특히 수치로서) 제시를 삼가는 등의 변화가 나타났다.

제4차 기본계획(p. 6)에 보면, 계획 수립의 경과를 설명하면서 종래 국가주의 담론에 통렬한 비판을 가하였던 여성주의자들에게 경의를 표하는 최소한의 제스처가 나타나 있음을 읽을 수 있다. 즉, 여기서는 2019년에 배포된, 『제3차 저출산·고령사회 기본계획 수정본』에서 사용하기 시작한 표현을 계승하며, "정부는 그때까지 '출산장려'에 치중하였지만, 저출산으로 이어지는 사회구조적 '원인'에 집중하며 '전 생애에 걸친 질 제고'로 대응을 확장하겠다"고 설명하는 것을 볼 수 있다.

2. 주요 경과

- 2005년 저출산·고령사회 대응을 국가적 의제로 설정한 후 제1~3차 저출산·고령사회 기본계획 수립·추진

(중략)

2019년에는 제3차 저출산·고령사회 수정 기본계획 마련을 통해 저출산 정책의 패러다임을 출산율 제고에서 삶의 질 제고로 전환

– 출산장려가 아닌 저출산으로 이어진 사회구조적 '원인'에 집중하고 그 원인을 해소함으로써 전체적인 삶의 질 제고를 추구

⇨ 저출산·고령사회 정책 범위가 출산장려에서 '전 생애 삶의 질을 제고'하기 위한 종합적 대응으로 확장

그러나 이렇듯 제4차 기본계획에 나타난 국가주의 담론에 대한 성찰도 재생산권 개념으로 이어지지는 못하였다. 다만 더는 정책의 대상으로 누군가를 호명하지 않음으로써 청년들(특히 청년 여성)에게 임신·출산의 책임을 상기시키는 강압을 하지 않겠다는 정도의 지각을 보여 주고 있을 뿐이다. 청년세대라는 표현도 삭제한 채 그저 '모든 국민의 삶의 질 향상'을 저출산 인구 정책의 궁극적 목적으로 제시한 이런 봉합으로 인구 정책이 유효한 수단을

갖게 되었다고 믿는 사람은 거의 없을 것이다. 흔히 하는 말로 '모든 것이란 곧 아무것도 아닌 것'(Everything is Nothing)일 뿐이었다. 아니나 다를까 '개인의 삶의 질'이라는 모호한 표현으로 인구 정책의 목표를 제시하는 방식은 제4차 기본계획이 채 종료되기도 전에(2023년) 아래와 같은 포기 선언[4]이 나오게 된다.

> **'2023년 제1차 저출산·고령사회위원회' 개최**
> **윤석열 정부의 「저출산·고령사회 과제 및 정책 추진 방향」 발표**
>
> 지난 정책에 대한 평가와 반성을 바탕으로 윤석열 정부의 저출산 정책 추진 방향을 제시한다.
>
> - '개인의 삶의 질 향상'이라는 추상적이고 불명확한 목표보다는 '결혼·출산·양육이 행복한 선택이 될 수 있는 사회 환경 조성'이라는 더 구체적이고 명확한 목표를 설정하고, 저출산 대응 정책의 범위를 재정립하기로 하였다.
> - 매년 수십조의 예산이 투입되고 있음에도 형식적으로 이루어지던 평가 관행에서 벗어나, 제대로 된 정책 평가 방식을 도입하고 문제를 수정·보완할 수 있는 평가·환류체계를 구축하기로 하였다.

이런 점에서 제4차 기본계획에 급조되어 등장한 '삶의 질' 담론은, 국가주의 담론과 재생산권 담론 사이의 무책임하고 어정쩡한 임시 봉합에 불과하며 아직 보편적 재생산권의 관점에서 저출산 인구 문제를 바라보고 있지 못함을 의미한다.

4 저출산·고령사회위원회 보도 자료(2023. 3. 28), "「2023년 제1차 저출산고령사회위원회」 개최" 참조.

그렇다면 여성의 재생산권 관점은 무엇인가? 제2부에서 간략히 살펴본 것처럼 페미니스트들은 종종 저출산 위기를 '여성의 재생산권'[5] 개념으로 의제화할 것을 제안하면서 재생산권의 개념을 다음과 같이 정의하고 있다.

> 재생산권은 임신, 출산, 성생활 등 인간의 재생산과 관련된 모든 영역에서 모든 개인과 커플의 자기결정권과 건강권, 그리고 관련 정보·수단에 접근할 수 있는 권리를 뜻한다. 특히 임신, 임신 중지, 출산 등 재생산 현상이 여성의 몸에서만 벌어지기 때문에 재생산권은 모든 인간의 기본적인 인권이지만 여성의 인권과 시민권 측면에서 더욱 중요한 의미를 갖는다. 원하지 않는 아이를 낳을 권리는 '자기결정권' 차원에서 존중되어야 마땅하며, 동시에 아이를 낳고자 하는 여성들은 차별 없이 아이를 낳고 키울 수 있는 여건이 마련되어야 한다. 여성의 재생산권이 온전히 보장된다면 저출산의 위기는 해소될 수 있다.[6]

즉, "원하지 않는 아이는 낳지 않을 권리와 원하는 아이는 낳아 키울 수 있는 여건을 요구할 권리"가 바로 재생산권이라는 것이다. 이러한 (여성의) 재생산권 관점은 일정 정도 유익한 효과를 만들어 내며 공식 담론에 반영되는 성과도 거두었다. 이 개념의 도입 덕분에 기존의 '경제성장' 혹은 '국가발전' 같은 거대 담론이 얼마나 출산하고 양육하는 당사자 개별 시민의 자율성과 선택권을 도외시한 채 개개의 시민을 마치 국가발전의 도구나 수단인 양 인식하게 하며, 개인의 건강권, 자기결정권을 위협하는 강압을 자행[7]하였는지에

5 재생산권은 인간의 기본권으로서 남녀에게 보편적으로 적용되지만, 특히 여성의 몸 안에서 임신과 출산이 이루어진다는 특수성을 고려하면 여성의 재생산권 개념으로 포괄되어야 할 정책적 측면이 따로 있기에 이 책에서는 재생산권과 여성의 재생산권 개념을 병행하여 사용하고자 한다. 즉, 여성의 재생산권은 재생산권과 대립하는 개념으로서가 아니라 여성의 몸에서 이루어지는 특정한 국면을 강조할 필요가 있을 때 사용된다.

6 민주노동당 여성 정책네트워크(2006), p. 34.

대한 인식을 분명하게 할 수 있었다.

그러나 거기까지였다. 『제4차 저출산·고령사회 기본계획』 작성 당시 진행된 토론 수준으로 볼 때, 재생산권 개념에 대한 이해는 턱없이 부족하였다. 특히 '자기결정권'이나 '건강권' 개념의 재생산권에 비해 사회권적 권리에 대한 부분은 명백한 형태로 제시되어 있지 않은 문제점이 두드러졌다. 사실 재생산권이라는 용어는 국제사회에서 주창되고 확산이 될 당시(대표적인 계기로 1994년 카이로 인구개발회의와 1995년 베이징 세계여성대회)에도 다양한 이즘과 정치적 역학이 소용돌이치는 한가운데서 창출된 역사적이고 정치적인 협상의 산물이었으며, 완결된 형태로 제시되거나 고정적인 내용을 지칭한다고 보기 어려웠다(하정옥, 2013, p. 183).

마찬가지로 지금도 이 개념은 그 포괄 범위조차 열린 상태라고 하는 표현이 적합할 것이며, 정부가 펼치는 공론장의 토론도 이제 막 시작된 단계일 뿐임을 지적[8]하고자 한다. 이 개념은 여전히 의료·보건·복지의 쟁점을 모두 아울러 그 용어에 담아 내려고 하는 실천적 노력을 촉구하는, 확정된 실체를 가지지 못한 열린 개념으로 보는 것이 맞을 것이다. 재생산권 개념을 통해 저출산 인구 정책을 밝히고 견인할 어떤 지점을 생산하는 지금부터의 일이라고 할 수 있다. 따라서 저출산 인구 정책의 비전과 목표를 분명하게 하기 위하여 그 의미와 효과를 확대하는 더욱 담대한 담론적 실천이 요구된다. 제11장에서 '취약계층 현금 지원 강화'의 개념적 근거로서 재생산권 개념을 시론적으로 다루어 보고자 한다.

7 민주노동당 여성 정책네트워크(2006), pp. 14~31.
8 대표적인 재생산권 토론회는 2020년 11월 19일, 저출산·고령사회위원회와 한국여성정책연구원이 공동주최한 '성·재생산 건강 보장을 위한 정책토론회'가 아닐까 싶다.

끝으로 재생산권 담론이야말로 저출산 위기 해소를 위한 정책적 대안을 분명하게 제시할 수 있게 한다는 점을 한 번 더 강조해 둔다. 재생산권이라는 권리의 관점에서 볼 수 있을 때 우리는 다음의 정책적 과제를 합당한 방식으로 다룰 수 있을 것이다. 첫째, 일하는 노동자로서의 여성과 다음 세대를 양육하는 모성의 충돌을 해소하기 위한 일·가정 양립 환경의 구축이 선행되어야 한다는 점, 둘째 어떤 계층의 남녀이든 자녀양육이 가능할 수준의 가계소득이 확보되어야 한다는 점, 셋째 법률혼 외 자녀의 출산과 양육도 개인의 선택으로서 존중해야 한다는 점 등이 분명해질 수 있게 될 것이다.

2) 저출산 인구 대응의 문제점

이상에서 살펴본 바와 같은 담론과정의 불완전성은 곧바로 대응(저출산에 대한 정책적·제도적 대응 노력들)의 효과성과 적실성을 담보하지 못하는 주요 원인으로 귀결된다. 차례대로 살펴보기로 한다.

(1) 인구 정책 총괄 조직의 부재

한국 인구 정책의 효과성이 떨어지는 원인으로 가장 빈번하게 거론되는 이슈는 인구 문제 추진을 위해 강하게 드라이브를 걸 수 있는 사령탑(컨트롤 타워) 부재의 문제이다. 현재와 같은 정책 추진체계로는 저출산처럼 복잡하게 얽혀 있는 문제의 해결에 필요한 충분한 수준의 예산을 확보하는 일이나, 관련 사업 간 우선순위를 조정하는 일 등이 불가능하다는 것이다.

물론 앞서 제7장 정책 인프라의 확립에서 살핀 것처럼 한국의 저출산 인구 정책의 컨트롤 타워로는 '대통령 직속 저출산 인구 고령화위원회'가 있고,

개별 정책은 각 부처에서 수행하되, 주관 부서로 보건복지부 저출산 인구정책실이 있어서 대통령 직속 저출산 인구 고령화위원회의 실무적 뒷받침도 오랫동안 복지부의 이 부서에서 담당해 왔다.

그러나 이와 같은 추진체계로는 저출산 예산을 단일한 논리로 산출하거나 확보할 수 없는 구조이며, 심지어 저출산이라는 문제에 대응할 필요 예산의 규모조차 산출 불가능한 구조이다.

저출산 관련 각 사업 간 조율이나 우선순위를 부여하는 것이 또한 제한적이다. 즉, 기본계획 말미에 수록된 개별 과제 목록 및 수행부처에서 보는 것[9]처럼 40여 개의 세부 과제별로 거의 모든 부처에 분산되어 추진되고 있다. 부처별로 소관 사업에 대한 예산 편성과 사업 집행의 최종 책임을 각기 가지고 있는 구조하에서 사업 간 횡적 조율은 사실상 불가능하며, 실무 총괄부처인 보건복지부라 하더라도 예산의 증액 여부 등에서나 사업의 집행과정에서 관여나 개입은 사실상 불가능하다.

> 현재 출산·양육 관련 지원제도는 상호 간의 연계보다는 개별 제도의 발전을 위해 해당 부처들이 노력하는 양태를 보인다. (중략) 이러한 개별 제도의 확대는 정치권, 부처 간 업무 영역 개발 경쟁뿐만 아니라 부처 내부의 다양한 조직 간 정책 개발 경쟁이 원인이라 할 수 있다. 거시적으로 각종 제도의 연계성 및 효과성 제고를 위한 메커니즘은 존재하지 않는 상황이다. 개별 제도의 도입 및 확충에 주력한 결과, 각 제도 간 중복 내지 파편화 등으로 인해 전반적인 제도 목표와 이를 달성하기 위한 제도 구성 등 거시적 차원의 효과성 확보 노력이 부족한 상황이다.[10]

9 대한민국 정부(2020), pp. 212~214.
10 김미곤 외(2019), p. 480.

대통령 직속 저출산 인구 고령화위원회가 실질적인 관제탑이 되지 못하는 것은 이 기구는 집행부처의 성격을 갖지 못하는 이른바 '위원회 조직'으로서, 이슈에 대한 논쟁이나 대국민 캠페인 주도는 가능하겠지만 그 이상으로 각 부처에서 수행하는 예산의 배정과 집행에 개입할 권한이나 인력이 부재한 상황에서 그 한계가 자명하기 때문이다.

비록 대통령 직속 저출산·고령사회위원회가 기본계획 및 연도별 시행계획 등을 심의하는 권한을 가지고 있다고 하지만 기본계획의 성안은 보건복지부 장관의 책임하에 각 부처 협업으로 작성하도록 되어 있으며, 기본계획 작성 이후 실제 정책 추진은 각 부처의 자율에 따라 개별적으로 추진한다. 이에 따라 통합적인 저출산 대응 정책 추진이 효율적으로 이루어지기 어려운 구조이다(김은정 외, 2020, p. 162).

그렇다면 개별 부처 중 어느 한 부처에서 총괄 기능을 수행할 가능성은 전혀 없을까? 주무부처인 보건복지부 인구정책실은 여러 부처 중 가장 많은 사업 예산을 집행하며 저출산·고령사회위원회를 실무적으로 지원하는 부처이니 어느 부처보다 저출산 인구 정책에서 주도적인 역할을 하는 것은 맞다. 그러나 앞서 언급하였다시피 보건복지부가 다른 여러 부처에 흩어진 사업을 조율하고 조정하는 총괄 기능을 수행할 수단이 있는 것은 아니다.

저출산 인구 정책의 총괄 기능에서 가장 중요한 부분은 중장기적 사업기획 예산의 배정이다. 미래 중장기적 관점하에 인구 정책의 통합적 비전을 제시하며, 단기적으로는 이를 예산의 기획과 배정에서 어떻게 조정·조율할 수 있느냐의 문제로 귀결된다. 이런 점에서는 기획재정부도 저출산 인구 정책의 총괄 기능을 하기에 적합한 측면이 있기도 하다. 실제로 기획재정부에는 중장기적 목표 설정과 기획 기능을 하는 미래전략국도 있고 그 안에 인구경제과를 두고 있다. 그러나 기획재정부는 재정수지 관리가 주요 업무인 부처로서 각 사업부처를 재정적으로 총괄할 뿐 집행부처가 아니다. 보건복지부의 인구정책실 및 저출산·고령사회위원회가 인구 문제에 관한 장기 과제의 도출 기능을 하고 있으며, 정책 과제의 대부분을 보건복지부 및 다른 부처가 추진하는 상황에서 '저출산 예산'에 우선순위를 부여할 권한과 책임도 주어져 있지 않은 기획재정부 역시 현재의 구조하에서는 총괄 기능을 맡을 수 없다. 다만 중장기 재정과의 연관하에서 각 부처에 흩어진 모든 저출산 사업에 관한 중장기적 조율 및 단기적 총괄 기능에 필요시 일시적이고 부분적인 영향력을 행사할 수는 있을 것이다.

따라서 현재와 같은 부처 중심의 예산 기획과 집행 구조로는 각 부처에 흩어진 저출산 정책사업을 조정하고 조율하는 한편, 장기적 목표하에 관련 사업의 성과를 관리하고 견인할 방법이 없다. 요컨대, 저출산 문제를 여타 모든 국가사업에 우선하는 예산 배정을 가능하게 하는 국민적 동의와 행·재정적 제도를 갖추기 전에는 지금보다 더 나은 획기적 총괄 기능은 어느 부처에도 기대하기 어렵다. 더 자세한 부분은 제3부 제언 편에서 다루기로 한다.

(2) 저출산에 대한 낮은 투자

언제부터인가 저출산 사업들의 예산 낭비에 대한 비난이 끊이지 않고 있다. 저출산 예산으로 들어간 돈이 막대한데도 출산율이 하락하는 것을 보면, 엉뚱한 데로 돈이 새고 있어서 그렇다는 비난이 계속되고 있다. 그러나 전문가들은 한국의 저출산 관련 예산이 경제 규모 대비 낮은 수준임을 보고해 오고 있다. 저출산 예산의 실체가 무엇이길래 많이 사용하지 않는 예산을 과다하다고 인식하게 된 것인지, 이러한 오해를 불식시킬 방법은 없는지에 대해

차례대로 다루어 보기로 한다.

① 저출산 예산 유용에 대한 비난

저출산 기본계획이나 각 연도 시행계획이 발표될 때마다 예산의 과다와 관련된 언론의 문제 제기가 반복되고 있다.

> 2006년부터 15년간 총 280조 원의 예산이 저출산·고령화 대응에 투입된 것이다. 이처럼 많은 예산이 투입되었음에도 불구하고, 효과는 제한적이었다는 분석이 지배적이다. 예산이 투입되는 상황에서도 합계출산율은 계속 급락, 경제협력개발기구(OECD) 최저 수준으로 떨어졌고, 급기야 지난해 OECD 평균의 절반에도 못 미치는 0.78명으로 하락하였다.[11]

인구 문제에 관련된 기사가 나올 때마다 네티즌들이 쏟아내는 저출산 예산의 유용과 낭비에 대한 적개심과 분노는 하늘을 찌를 정도이다. 그리고 이와 같은 국민들의 불신은 '예산무용론'으로 번지고 있어 가뜩이나 커지는 '저출산 정책 포기론' 정서를 심화시키는 형편이다.

실제로는 수치에 현혹되지 말도록 주의를 당부하는 전문가들의 권고도 분명히 존재한다. 전문가들의 수많은 보고서가 한국의 가족지출이 현금이든 현물(보육 서비스 등)이든 그 수준이 매우 저조한 수준임을 꾸준히 지적해 왔음에도 불구하고 일반인의 상식 세계에서는 실제와 동떨어진 이야기[12]가 만연

11 경향신문(2023. 2. 22), "15년간 퍼부은 '저출산 대책', 왜 헛수고가 됐나".
12 노컷뉴스(2021. 9. 21), "380조 저출산 예산, '밑 빠진 독 물 붓기'라고요?"; 복지타임즈(2022. 9. 6), "380조 쏟았지만 출산율 세계 '꼴찌'"; 조선일보(2022. 2. 23), "380조 원 쏟아부어도 OECD 꼴찌" 외 다수 기사가 있음.

그림 9-2 2015년 OECD 각국의 현물 가족지출과 현금 가족지출 규모(GDP 내 비중)

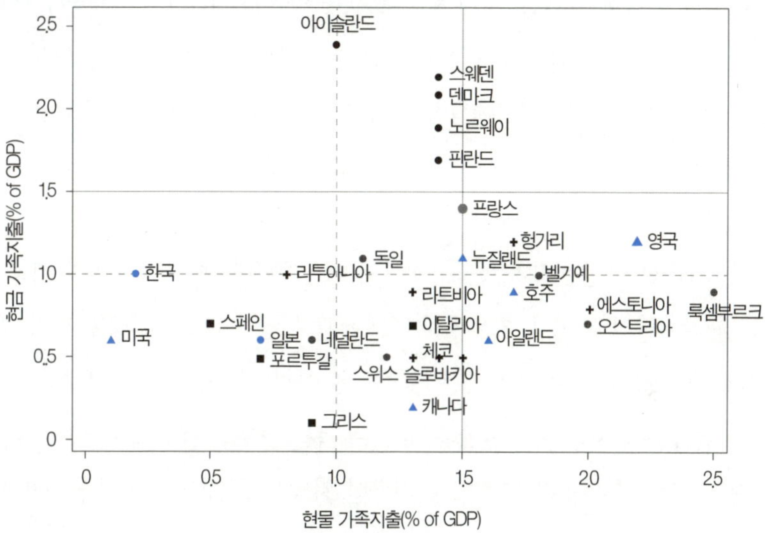

자료: OECD Data, Family benefits public spending에서 가공.

해 있다. 우리나라 저출산 예산의 규모가 어느 정도인지는 OECD 공식 데이터에서 확인할 수 있다. <그림 9-2>에서 보는 것처럼 우리나라는 현물지출과 현금지출 모두 약하지만, 현물지출은 그래도 일정 수준에 도달한 반면에 현금지출은 미국을 제외하곤 제일 저조하다는 것을 한눈에 알아볼 수 있다.

② 저출산 예산의 실체

과연 우리는 막대한 저출산 예산을 사용하고 있다는 이 말을 비판 없이 받아들일 수 있는 것일까? 이 문제를 제대로 짚고 넘어가기 위해서는 우리나라에서 사용하는 저출산 예산의 실체가 무엇인지를 규명할 필요가 있다.

통상 언론 기사에서 저출산 예산으로 집계 보도하는 액수는 저출산·고령사회 기본계획에 포함된 사업 중 저출산 분야 사업(고령사회 정책 분야 예산은 빼고)들의 소요 예산 합계를 말한다. 저출산 예산은 일반인들이 손쉽게 생각하는 것처럼 저출산 문제를 해결하기 위해 기획·추진하는 정부사업만을 의미하는 게 아니라, 실제로는 각 부처에서 저출산 해소와 관련이 있다고 보고해 온 사업들의 예산 총액을 망라하여 이른바 '저출산 예산'이라고 부르고 있다.

즉, 저출산 예산은 '저출산·고령사회 기본계획에 포함된 사업'의 예산 총액을 일컫는 말일 뿐이며, 기본계획에 포함된 사업이라고 해서 처음부터 저출산 해소 목적으로 기획·추진하는 사업만은 아니다. 저출산·고령사회 기본계획에서 취합하는 사업은 출산율 제고라는 목적을 위해 새롭게 시작한 사업이라기보다는 그전부터 각 부처에서 해오던 사업을 저출산과 연관성이 인정되면 저출산·고령사회 기본계획의 과제로 포함시킨 것에 불과하다.

상황이 이러하니 학술 보고서는 물론이고 언론 기사들을 꼼꼼하게 읽어보면, 저출산 예산이라는 이름이 주는 착시 현상을 경고하며 전체가 저출산 예산이라고 하기는 부적절하다는 단서가 붙어 있는 경우도 많이 있었다.

그렇다면 실제 저출산·고령사회 기본계획에 포함된 과제가 어느 정도로 저출산 효과와 관련이 있는 사업일지 의문이 들지 않을 수 없다. 이 문제와 관련된 연구 보고서 김영록·신동면(2016)의 내용을 요약하면 다음과 같다. 2011년부터 2014년까지 4년 동안 추진된 저출산 정책의 세부 과제는 총 422개인데, 그중 정책 목표-정책 수단 합리성을 기준으로 평가할 때, 정책 수단이 출산율을 회복하는 데 연계되어 직접적으로 영향을 미칠 것으로 예상되는 세부 과제는 130개 사업으로 30.8%에 불과하며, 정책 수단이 출산율 회복과 관련이 없고 직접적인 영향을 미치지 못하는 과제 수는 166개, 39.3%로 더 높았다[13]고 한다. 그리고 관련성은 있지만 연계성이 약하거나 효과가 낮은 과제도 126개(29.9%)에 달하는 것으로 평가되는 등 현행 저출산 기본계획에 포함된 사업은 저출산 목표에 합당한 정책 수단이라는 관점에서 볼 때 매우 문제가 많다.

조금 더 구체적으로 보면, 다섯 가지 범주(결혼 준비 지원, 일·가족 양립 지원, 보육 및 유아교육 지원, 임신·출산·건강 지원, 아동·청소년 보호) 중 '보육 및 유아교육 지원사업' 부문이 저출산 해소에 가장 직접적인 영향이 있는 과제가 많았으나, 이 분야에서조차 영향력도 연계성도 확인되지 않은 세부 과제가 7개(6.3%)나 포함되어 있다고 한다. 그리고 '아동·청소년 보호사업'에 속하는 과제는 총 118개의 사업 중 정책 수단이 출산율을 회복하는 데 연계되어 직접적인 영향을 미칠 수 있는 세부 과제는 전무하였다고 한다. 정책 수단이 출산율 회복에 연계라도 되어 있는 사업도 겨우 11개로 9.3%에 불과하였다.

물론 이런 연구 결과를 도출한 저자가 제시한 정책 목표–정책 수단 간 합리성의 평가 기준이나 평가 결과에 이의가 있을 수는 있겠지만, 한국의 저출산 사업을 집계하는 방식을 보면, 이 연구 결과에 상당한 수긍이 가는 것도 사실이다. 한국의 저출산 정책은 대분류, 중분류, 세분류라는 3층 층화 구조로 되어 있는데, 다분히 추상적인 대분류 범주하에 여러 부처 관련 사업들을 중분류, 세분류로 나누어 다소 작위적으로 편집하였다. 그러다 보니 중분류 수준에서는 이해가 가지만 세분류까지 내려가면 애초의 출산·양육 환경 개선과의 관련성이 모호해지는 경우가 종종 발생하였다.

예컨대, 『제3차 저출산·고령사회 기본계획』을 기준으로 살펴보면 다음과

13 김영록·신동면(2016), pp. 88~89.

같다. 대분류 범주로서 청년 일자리·주거 대책 강화, 난임 등 출생에 대한 사회적 책임 강화, 맞춤형 돌봄 확대·교육 개혁, 일·가정 양립 사각지대 해소 등 생애 단계별로 네 가지를 제시하고 있다. 그중 '청년 일자리·주거 대책 강화' 과제의 경우, '청년 고용 활성화'를 하위 과제로 하며 청년 고용 활성화의 세부 과제로는 고용 창출을 위한 노동 개혁, 청년 해외 취업 촉진, 중소기업 매력도 제고, 청년 창업 활성, 교육과 고용의 연결고리 강화 등을 열거하고 있다. 여기서 보듯이 청년 고용 활성화를 출산·양육 환경의 한 분야로 삼겠다는 데는 다소 수긍이 가는 부분이 있지만 정작 세부 과제로 들어가서 보면, 이는 고용부의 청년 관련 사업들을 망라한 것이지 저출산 사업이라고 하기에 다소 어색한 것이 사실이다.

이런 식이다 보니 위 연구는 '정책 목표–정책 수단 합리성 평가를 적합, 미흡, 부실의 3등급으로 평가해 볼 때, 정책 목표–수단 합리성이 부실한 사업이 전체 저출산 예산에서 8.4%에 이른다고 보고하고 있다(김영록·신동면, 2016, p. 185).

③ OECD 평균에 못 미치는 저출산 예산

앞서 보았듯이 우리나라 저출산 예산의 집계에는 정책의 주된 목적이 '저출산 해소'가 아닌 사업들도 다수 포함되는 식이다 보니 저출산 예산을 집계하지 않는 국가들과 동일 선상에서 예산 규모를 비교하는 것이 용이하지 않다. 그 때문에 우리나라의 저출산 예산은 오히려 OECD나 EU에서 집계하는 가족지출 혹은 아동가족 예산을 중심으로 하는 비교가 더 일반적이다. 그에 따르면 우리나라의 저출산 예산은 높지 않고 아래와 같다.

아동·가족에 대한 공공지출은 2015년 기준으로 GDP 대비 약 1.2%에 불과하며,

이는 OECD 회원국 평균 2.0%인 것을 고려할 때 매우 낮은 수준이다. 또한 아동 가족 예산의 상당 부분은 보육 서비스와 같은 현물급여로, 이를 제외할 경우 아동가족 예산은 현저히 낮아진다. 현금 급여지출은 GDP 대비 약 0.2%에 불과하며 OECD 평균인 1.1%와 상당한 격차가 있다.[14]

즉, 이들 정책 및 사업에는 일반적인 복지 정책 관점에서 수행되는 정책 및 사업이 다수 포함되어 있다. 이와 같은 상황을 고려하여 실제로 저출산과 직접 연관성이 높은 정책에 소요된 예산만 살펴볼 경우, 재정투입은 그리 많지 않으며 저출산 정책의 핵심 정책인 가족 정책에 대한 공공지출은 매우 적은 수준이다(김은정 외, 2020, p. 9).

요컨대, 우리나라 저출산 예산 규모는 저조한 편이며, 게다가 특정 분야에 지나치게 편중되어 있다. 물론 2018년 9월 이후 아동수당이 도입되고 2023년부터 부모급여로 개명된 자녀양육수당이 큰 폭으로 확대되고 있는 등 현금 지원이 확대되는 상황이 개선되는 중인 것은 맞다. 현금급여 비중은 점차 높아지는 중으로 2021년 기준으로 저출산 예산 중 직접 지원 분야 예산의 63.8%가 현물급여라고 하는 보육·교육 서비스 공급이고 34.4%만 자녀 있는 가정의 가처분소득을 확대하는 효과가 있는 현금급여로 나타난다.

게다가 우리나라 가족지출의 큰 특징은 취약계층을 더 두텁게 덮어 주는 선별적 지원 예산의 규모는 여전히 그 비중이 낮다는 점이다. 대표적인 현금 지원인 아동수당을 비롯해 보육 지원 등 거의 대부분의 가족지출 예산이 보편적 지원의 형태를 띠고 있다. 그 결과 동일 비율의 가족지출을 하는 다른 사회와 비교해 볼 때도 지원이 필요한 가족을 지원하는 수준이라는 측면에

14 김은정 외(2020), pp. 9~10.

서는 지원 정도가 낮은 나라이다.

이러한 모든 요소를 고려할 때, 한국의 저출산 예산은 결코 높은 수준이 아니다. 그런데도 저출산 예산 과다라는 이미지는 왜 생겨났는지 자세히 살펴보자.

④ 저출산 예산에 대한 오해의 근원

저출산 예산에 대한 오해가 이렇게 커진 데에는 정부의 책임이 크다. 일본과 한국을 제외하고 OECD 국가 어느 나라도 명시적으로 저출산 정책 목록 및 예산 총액을 집계하지 않는다.[15] 그러나 양국이 이렇게 하는 이유는 각 부처의 관련 사업을 독려하려는 의도 이외에 저출산 인구 정책에 관한 정부의 노력을 국민에게 홍보하려는 의도가 없지 않았다고 보아야 할 것이다.

실제로 기본계획 초기에는 이런 방식이 정부의 저출산 해소에 대한 노력을 대내외적으로 홍보하는 효과와 함께 정책적 노력으로 저출산을 해결하지 않겠느냐라는 국민적 기대감을 불러일으켰다. 그러나 저출산 사업 과제로 포함된 사업의 가짓수가 많으면 시각적으로 총예산 규모를 키우는 착시 효과는 있겠지만, 출산율 제고에 별 연관성이 없는 사업들이 그 목록에 포함된다고 저출산 해소에 도움이 될 수는 없는 일이었다. 그러다 보니 시간이 흐를수록 출산 예산액 집계가 정부의 노력을 홍보하는 효과는커녕 앞에서 본 것처럼, "그런 거액을 쓰고도 출산율은 그대로냐"는 질타에 시달리는 역효과를 낳게 되었다.

일이 이렇게 되자 정부는 예산 집계 방식을 개선하려는 관심을 드러냈다.

15 김우림 외(2019), p. 12.

저출산 해소와 직접적 관련성이 낮고 시의성도 막연한 다수의 과제가 기본계획에 포함되어 소요 예산 액수가 부풀려 집계되고 돈만 쓰고 효과가 없다는 오해를 불러일으키는 문제점에 대한 인식은 제3차 기본계획 기간 중 집중적으로 제기되었다. 그 연장선상에서 2019년 발간한 제3차 기본계획 수정본에 따르면, 정부는 예산 부풀리기 오해를 벗어나고 필요한 곳에 재정투자를 집중하기 위해 기존 과제를 재평가해 구조조정을 시도한 바 있다. 즉, 기본계획에 포함된 저출산 과제를 정합성, 중요성, 시의성의 세 가지 기준으로 각기 평가한 뒤 전체 총 194개 과제를 '역량집중과제'와 '계획관리과제' 및 '부처자율과제'라는 세 범주로 분류[16]하였고, 예산 배정에서는 저출산과 직접적인 관련이 있는 역량집중과제에 집중하는 '선택과 집중 전략'을 도입하며 출산·양육과 연관성이 거의 없는 예산으로서 저출산 예산 부풀리기 차원에서 각 부처에서 임의로 삽입된 예산들을 일부 걸러내기도 하였다.[17]

그러나 제4차 기본계획에는 2019년 보고서에서 배제된 사업들이 슬그머니 다시 올라오는 불상사가 벌어지는 등 그 후에도 상황은 별로 개선되지 않고 있다. 직접적인 연관성이 있는 예산으로 한정하자니 정부의 노력이 과소평

16 대한민국 정부(2019a), p. 69에 따르면, 아래와 같은 과제 분류 기준을 놓고 보건사회연구원 연구진과 전문가, 그리고 정부부처 담당자 및 저출산·고령사회 위원들을 중심으로 194개 과제를 심도 있게 평가한 결과, 2018년 세부 사업 기준, 역량집중과제 18개, 계획관리과제 29개, 부처자율과제 89개로 가려낸 바 있다.

과제 분류 기준

기준	역량집중과제	부처자율과제
정합성	패러다임 전환 방향과 부합	정책 로드맵 추진 방향과 낮은 정합성
중요성	비전-정책 목표 달성에 필수적	정책 목표 달성과 간접적 연관
시의성	주요 국정 과제, 현안과 연관	뚜렷한 정책 구현 수단이 없는 선언적 과제

17 실제로 2019년에 나온 제3차 기본계획 수정본에서는 저출산 기본계획 과제 중 대학등록금 부담 경감, 직업 능력 개발체계 강화, 고용 지원 인프라 확충 등 94개는 기본계획에서 제외한다고 발표한 바 있다.

가될까 두렵고, 예산 범위를 넓게 잡자니 예산의 효과적 사용에 대한 비난이 뒤따르는 딜레마 국면에 빠져들게 되었다. 이렇게 정부가 오락가락하는 사이 이 문제를 바라보는 국민들의 시선은 더욱 얼어붙는 중이다.

통계적 조작을 임시변통으로 삼는 지금까지의 정책 행보는 더 근본적인 문제를 내포하고 있다. 가족을 위한 공공지출(이하 가족지출)의 확대를 위해서는 증세가 불가피한데 어느 정권도 이를 정면으로 맞설 역량과 의지를 갖추지 못하였다. 아무리 국가 차원에서 중요한 문제라 하더라도 정권 차원에서는 오히려 손해 보기 좋은 의제가 바로 '증세'이기 때문이다. 국회의원선거와 지방선거는 고사하고 대선 공약에서조차 저출산 관련 적정한 소요 예산에 관한 언급을 삼가하였고, 그 결과 이 의제는 지금까지도 저출산·고령사회 기본계획과 같은 중장기적 정책 틀 안에서도 자리를 잡지 못하고 있다.

그럼에도 불구하고 저출산 예산에 대한 착시와 오해가 널리 유포되어 있어 이를 바로 잡지 않고는 적극적 재정투자를 통한 저출산 대책을 수립하기가 곤란한 상황이다. 적정 수준의 예산 증액을 이끌어 내야 할 당위성 앞에서 이는 큰 장애물이 아닐 수 없다.

⑤ 오해를 불식시킬 방법

이렇게 저출산 예산의 크기에 대한 착시 현상은 실제 크지 않은 예산 규모를 과도하게 부풀려 보이게 하는 문제를 낳고 있지만, 그럼에도 저출산과 직·간접적으로 관련이 있는 사업과 예산을 목록화해 관리하는 것은 그 나름의 장점(뒷부분에서 제시할 내용인 저출산 인구 정책의 예산심의 및 성과평가관리제도의 개선을 고려할 때 더욱 그러하며)이 없지 않다. 청년의 주거나 일자리 예산이 비록 출산·양육을 위한 직접적인 지원은 아닐지언정 청년세대의 혼인과 출산 지연에 영향을 미치는 요인임에는 분명한 만큼 저출산 관련 정책의 목록 안에서 모니터링하는 것은 유의미한 일일 것이다.

이런 점에서 한국처럼 저출산에 대한 정책적 관심이 지대한 국가에서는 이와 같은 저출산 관련 예산의 바구니를 하나로 묶어서 관리하는 방식 자체는 일정한 효과가 있다. 다만, 저출산 총액 그 자체보다는 유럽 각국의 유사 예산과의 비교를 용이하게 하는 통계 생산에 더욱 주의를 기울이며, 단순화한 수치에 현혹되어 본질을 벗어난 논의가 나오지 않게끔 예산 집계의 범주를 다원화하고 범주별 의미를 분명하게 하려는 노력을 기울이는 일은 계속되어야 할 것이다.

> 일반적으로 가족지출은 저출산 예산과 유사한 의미로 사용되거나 검토되는 경향이 있다. OECD는 저출산 예산으로 볼 수 있는 '가족지출'에 가족 구성원에 대한 직접 지원 예산만 포함하며, 주거, 고용, 교육 등 결혼·출산을 간접적으로 지원하는 경우에는 가족지출에 포함되지 않는다. 이는 해당 정책의 경우 결혼·출산 및 가족 지원에 간접적으로 영향을 주지만 해당 정책 고유의 목적과 기능이 있기 때문에 가족지출에서 다루지 않는 것으로 이해할 수 있다. 반면 우리나라의 경우 기본계획 중심의 저출산 예산은 결혼·출산을 비롯한 고용, 주거, 교육 등 전 영역에 해당하는 정책을 모두 포함하고 있다는 점에서 매우 큰 차이가 있다.[18]

저출산 관련 보고서들은 현재 예산 규모의 최소 2배 이상 확대를 저출산 인구 정책의 일차적 목표로서 제시해 왔다.[19] 그럼에도 불구하고 지난 네 번에

18 김은정 외(2020), p. 44.
19 이 대목에서 OECD 국가 가족지출의 평균을 기준으로 한 2배 규모가 전혀 적정 예산이 아니라는 점을 강조하고 싶다. 한국의 저출산 요인은 이들 국가보다 최소 3배 이상 더 어려운 악조건을 가지고 있음을 감안한다면 OECD 국가 평균 수준 정도, 즉 현재의 4배 정도

걸친 저출산·고령사회 기본계획 어디에도 이 금액 정도의 예산을 확보할 수단이나 추진체계에 대한 논의 자체가 없다.

이런 상황에서 저출산 인구 정책의 성공과 실패를 논하는 것 자체가 어불성설이라고밖에 볼 수 없다. 가장 중요한 재정투자의 규모와 추진체계에 관한 문제를 논외로 해놓은 채 정책 수행에 '필요한' 예산이 아니라 '가능한' 예산을 집행하는 식이었을 뿐이고, 그 대신 관련 정책의 취합 및 합산에나 노력을 기울이는, 사실상 미봉책을 구사한 결과가 오늘의 이 오해와 억측을 낳았다.

요컨대 저출산 예산에 대한 오해가 이 지경에 이른 것은, 인구 정책과 같은 국가사업에는 적정한 소요 예산을 추계하고 재원 확보에 나서는 일이 긴요함에도 그런 노력의 흔적 없이 어떻게든 재정 부담을 크게 늘리지 않는 선에서 해결을 모색하려 한 결과이다. 따라서 궁극적인 상황 개선은 다른 나라에 없는 우리 식의 '저출산 예산 총액'의 집계 방법을 통해 상황을 개선하려고 할 것이 아니라 예산 규모를 실제로 OECD 국가 평균 이상 수준으로 끌어올려야 할 것이다.

이와 같이 저출산 예산에 대한 오해는 실제 재정투자의 확대로 귀결되어야 비로소 해결될 문제이다. 그리고 이 모든 일은 이 일의 당위성을 현실로 만들어 낼 인구 정책 총괄 조직이 제대로 구축되는 일과 별개의 문제로 보이지 않는다.

(3) 정책 평가 및 정책 환류 시스템 미비

저출산·고령사회 기본계획에 속한 정책들, 즉 저출산 해소사업들 역시

의 예산 규모를 집행해야 OECD 국가 평균 수준의 합계출산율을 기대라도 해 볼 수 있다고 본다.

각기 이러한 과정을 거쳐 정책을 수립·운영되고 있는데, 이 성과관리 과정이 다른 국가사업에 비해 잘 이루어지기 어려운 구조이다. 이 점이 저출산 정책의 수행 성과를 국민들에게 분명하게 인지하지 못하게 하며, 덩달아 기대에 못 미치는 성과를 내고 있다는 인상을 주고 있다.

비단 정부 조직뿐만 아니라 재원의 효율적 관리를 추구하는 모든 민간과 공공 조직은 나름의 성과관리(performance management)제도를 적용한다. 네이버 사전에 따르면, "성과관리란 구성원들이 조직의 요구에 부응하여 가능한 효율적이면서도 효과적으로 업무를 수행하고 성과를 향상시킬 수 있도록 관리하고 지원하는 체계적인 조직관리"를 말한다. 이러한 성과관리[20]의 대표적인 예로서 저출산 정책을 포함, 모든 정부 재정이 투입되는 정책의 효율과 효과성을 배가하기 위해 현재 정부가 운용하는 제도가 '성과주의 예산제도'(performance budgeting system)이다. 1990년대 말부터 논의를 시작해 2003년 '4대 재정혁신'(four major fiscal reform)의 한 과제로서 본격 도입된 이 성과주의 예산제도는 정부의 사업 단위별로 사업 목표, 정책 수단, 성과지표의 구성, 수행 결과 평가를 적시하는 보고서를 매년 작성하여 예산서에 부기하게 하는 제도인데, 도입 이전보다 재정의 효과와 효율성을 끌어올린 주요한 변화로 손꼽히고 있다.[21]

20 김창수(2018), p. 155에 따르면, 정책을 평가하는 3요소의 정의는 다음과 같다. 효과성 평가는 의도한 정책 효과가 그 정책의 수행을 통해 달성되었는가를 평가하는 것이며, 능률성 평가는 정책 수행에 투입된 경제적·사회적 비용 대비 산출 결과가 얼마나 큰지를 보는 것이며, 공정성 평가는 정책 효과와 정책비용의 배분이 사회 집단 간 혹은 지역 간 공정하게 이루어졌는가를 보는 것이라고 한다.

21 한국의 『정부업무평가기본법』에서는 '성과관리'를 "정부 업무를 추진함에 있어서 기관의 임무, 중·장기 목표, 연도별 목표 및 성과지표를 수립하고, 그 집행과정 및 결과를 경제성, 능률성, 효과성 등의 관점에서 관리하는 일련의 활동"으로 규정하고 있다. 성과주의 예산제도의 내용과 배경 등에 대해서는 John M. Kim and Nowook Park(2007), pp. 2~3을 참조할 것.

이 성과주의 예산제도의 효과적 운영을 위해서는 보통 성과관리 관련 제반 사항(성과지표의 적절성, 성과 목표의 도전성, 성과 목표의 달성도, 예산 집행률)을 높은 수준에서 만족시킬 것(김영록·신동면, 2016, p. 187)이 요구된다. 이 네 가지가 모두 성과주의 예산제도의 효과적 운영을 위해 반드시 필요한 사항으로 성과주의 예산이 제도로서 정착한 이후에도 지속적으로 성과관리의 질을 제고하기 위한 노력으로서 여전히 강조된다.

그러나 저출산 예산의 경우 정책의 특수성으로 인해 예산 집행의 성과관리가 여의치 않은 점이 있다. 이런 점은 저출산 예산의 확대와 효과적 집행에 큰 걸림돌이 되고 있지만 잘 개선이 되지 않고 있다. 이유는 다음과 같다.

첫째, 저출산 사업의 경우, 앞에서 보았듯이 '저출산 해소'라는 목표와 해당 정책 수단의 연계성이 모호한 점(개별 가정에서 일어나는 출산이라는 사건은 매우 다양한 주·객관적 요인에 의해 설명된다는 점과 아울러)으로 인해 출산율 변동에 끼친 해당 정책의 효과가 어느 정도인지를 특정하기가 매우 어렵다는 특성이 있다.

둘째, 저출산 해소라는 정책 목표는 해당 정책의 1년 사업의 효과로서 설명하기 어려운 경우가 너무 많다. 예컨대, 출산사업의 과제로서 '신혼가정 임대주택 확대'가 있다고 하자. 공급 목표 주택 확대가 그해 출산아 수를 바로 결정할 수 없을 것이다. 정책이 효과를 낸다 해도 몇 년 뒤이거나 적어도 일정한 시간적 간격을 두고 정책의 효과가 날 수밖에 없다. 그런 점에서 매년 그해의 성과 목표 달성을 측정하는 일반적인 정부 정책의 평가 시스템으로는 성과관리가 어렵다는 특성을 가진다.

셋째, 저출산 정책은 저출산 해소라는 동일한 정책 목표하에 일관성 있는 정책 추진이 어렵고, 따라서 저출산 효과라는 정책 효과를 하나의 틀로 평가하기가 매우 어려운 구조(김은정 외, 2020, p. 29)로 되어 있다. 즉, 중앙 행정기관과 지방정부를 함께 평가하는 것은 물론, 중앙정부 간에도 각 부처가 추진하는 개별 정책이 전체적 목표에 부합하는 효과를 발휘하기 위해서는 사업에 대한 통합적인 성과관리가 필요(김영록·신동면, 2016, pp. 53~54)하다고는 하지만 현재의 각 부처 각개 약진 구조로는 이것이 사실상 불가능하다는 것이다.

저출산 정책의 성과관리가 어려운 두 번째 문제는 정책의 성격상 개선에 한계가 있다. 그러나 첫 번째와 세 번째 문제는 정부부처의 성과관리 구조를 개선하는 일로 해결이 가능한 부분이다. 따라서 현재와 같은 개별 부처 중심 체계의 한계를 보완하는 노력과 함께 새로운 성과지표를 개발하고 관리하는 제도적 장치를 구축할 필요가 있다.[22]

(4) 아동양육 지원 내용상의 문제

앞에서 현재의 저출산 인구 정책이 소기의 성과를 내지 못한 세 가지 문제점을 짚어 보았다. 첫째, 적정한 규모의 저출산 예산이 투입되지 않고 있으며, 둘째 재정투자를 효과적으로 총괄하고 집행할 사령탑이 부재하며, 셋째 재정투자의 성과를 최적화할 성과관리 체계가 없다는 점이었다.

이 세 가지가 저출산 정책의 추진체계와 밀접한 관련이 있다면, 이번에는 그 안에 담긴 아동양육 지원에 대한 재정투자의 내용상 문제를 보기로 한다.

22 이런 문제로 인해 최근 현 윤석열 정부에서는 과학적 '근거 기반 출산 정책의 수립'을 주요한 하나의 정책 목표로 설정해 놓고 통계적 데이터 생산에 박차를 가하기 위하여 통계청과 저출산·고령사회위원회 간 '저출산 통계지표 체계 구축을 위한 업무협약'을 체결하기도 하였다. 보건복지부 주관 블로그 청출어람단 기사 참조(2023. 7. 29 기준).

① 보편적·간접적 지원 편중의 문제

앞에서 살핀 아동양육 지원의 적정 기준에 비추어 볼 때, 우리나라 아동가족 지출은 전체 국가 경제 규모에 비해 너무 과소하다. 거기다 간접적 지원에 해당하는 현물급여에 치우쳐 있고, 직접적 지원에 해당하는 현금 지원은 모두 보편적 지원 방식을 취한다. 보편적 지원 방식이란 전 계층을 동일하게 지원하는 방식으로 소득 수준을 고려한 선별적 지원의 반대 개념이다.

각각의 저출산 정책들이 출산율 제고에 미치는 효과는 다양할 뿐만 아니라 정책 과제를 어떻게 디자인하는가에 따라 계층별 반응은 달라질 수 있다. 출산율 제고라는 목적에서 재정투자의 효과를 최대화하기 위해서는 당연히 각 사업 과제별로 예산에 반응하는 계층을 중심으로 정책을 디자인하고 각 정책들의 포트폴리오를 잘 구성하는 것이 요구된다. 그런데 계층별·연령별 반응의 차이를 고려하지 않는 보편적·간접적 지원으로 전체 예산 집행이 집중되어 있다면 투입된 예산 규모에 비해 그 효과를 최적화하기 어려울 것이다. 그 이유를 아래에서 파악해 보자.

자녀출산은 통상 두 가지 측면에서 개별 가정의 경제적 여건을 악화시킨다. 개별 가구들은 자녀를 키우기 위한 양육시간을 확보하기 위해 퇴직을 하거나 노동 일수 혹은 노동시간을 줄일 수 있다. 그로 인한 소득감소(이른바 기회비용의 발생)가 나타나고 여기에 더해 자녀양육비용이 추가되면서 가계 압박이 생긴다. 이른바 이중고가 발생하는 것이다. 물론 자녀를 양육하기 위한 기회비용이나 자녀양육비용은 연령별·계층별로 다양한 스펙트럼을 지닌다. 그리고 경제 합리성을 높이기 위한 개별 가구의 대응 전략에 따라서도 달라진다.

대체로 연령이 낮을수록(특히 12개월 미만) 가정에서 소득 상실의 위험이 더 높아지며, 장애아동가정일 경우에는 비장애아동가정보다 소득 상실의 위험이 더 늘어나고 자녀양육비용도 증가한다. 한부모가족의 경우 소득 상실의 위험은 더 크게 해당 가족의 경제적 안녕을 더 크게 위협할 수 있다. 당연히 자녀 수가 많은 가정이 적은 가정보다 소득 상실의 위험은 높아지며 양육비용은 증가한다. 이들 가구들은 상대적으로 비교 대상 가구보다 빈곤 위험이 높아지는 것을 예상해 볼 수 있다.

하나의 정책 목적을 달성하기 위해 시행하는 정책 패키지는 국가별로 상이하다. 일례로, 보육 정책을 보자. 스웨덴처럼 우수한 국공립 어린이집 인프라를 통해 공보육을 실시하는 나라도 있고, 한국처럼 일정 수준의 보육 품질을 보증하는 민간시설을 활용하되 그 비용을 국가가 전 계층에 지원하는 나라도 있다. 앞에서 보았듯이 사회복지사업의 경우, 대체로 일정 수준 이상의 질(quality) 보장이 필요한 사업(예를 들면, 보육이나 교육 등)에는 현물급여 방식을 적용하고, 개별 가정의 취향에 따라 선택의 폭이 큰 분야의 지원(출산용품 구매 등)에는 현금급여 방식[23]을 적용하는 경우가 많다(이현주 외, 2018, pp. 25~35).

그런데 한국은 압도적으로 많은 예산이 현물급여 방식에 집중되어 있다. 2021년도 저출산 예산 집계의 경우 현물급여가 총 아동·보육 예산에 차지하는 비중은 약 63% 정도였고 〈표 9-1〉에서 보는 것처럼 2023년도 예산안 기준으로는 약 66%로서 대략 아동·보육 예산의 2/3가 현물급여, 즉 서비스 제공 예산이다.

주지하다시피 자녀양육과 함께 늘어난 비용과 더불어 자녀양육으로 인한 노동 손실비용, 즉 기회비용을 더하면 자녀양육은 각 가정의 경제적 부담

23 현금급여는 지원하고자 하는 대상의 복지로 이어지지 않는 부작용도 발생하는 단점도 있지만, 개별 가계의 입장에서 꼭 필요한 지출을 할 수 있어 지출 효용성을 배가할 수 있어 동일한 예산으로 더 많은 효과를 볼 수 있는 장점도 있다.

표 9-1 2023년 아동·보육 예산 (단위: 억 원)

유형	사업 분류	예산액
현금급여	부모급여	16,214
	가정양육수당	1,759
	아동수당	22,564
	첫만남이용권(바우처)	3,194
	아동발달지원계좌	499
	소계	44,230
현물급여	영유아보육료 지원	30,251
	누리과정 예산	34,700
	보육교직원인건비 및 운영 지원	17,504
	어린이집 확충	492
	기타 보육사업	530
	지역아동센터 운영	2,289
	기타 아동사업	2,684
	소계	88,450
합계		132,680*

주: *보건복지부 해당 페이지에 아동·보육 예산 총액은 9조 8,271억으로 나와 있지만, 각 세부 사업을 합산한 결과 총액은 9조 7,980억으로 집계되는바 291억 차이가 발생. 여기에 교육부 누리과정 예산 3조 4,700억을 더하면 13조 2,680억이 됨. 여기서는 보고서상 나와 있는 사업의 각 예산 총액인 9조 7,980억을 기준으로 표기함.
자료: 보건복지부, 『2023년도 보건복지부 소관 예산 및 기금운용계획 개요』, pp. 90~105와 교육부 보도 자료(2023. 12. 24), "교육부 2023년 예산 및 기금 102조 원 국회 확정"을 재구성.

을 가중시킨다. 그런데 현금급여 방식이 자녀를 양육하는 개별 가정의 선택권을 확대하면서 국가 지원이 필요한 가정의 부담을 직접 덜어주는 데 비해 서비스 제공은 아동의 발육기회의 균등성 측면이나 일·가정 양립 기반의 제공 면에서는 유리하지만 개별 가정의 경제적 양육 부담을 경감시키는 데에는 한계를 지닌다. 우리나라의 아동가족 분야 재정투자가 현물급여에 치우쳐 있다는 것은 출산·양육으로 인한 개별 소득감소가 빈곤으로 귀결되는 저소득계층의 출산율 제고에 상당한 한계를 안고 있음을 의미한다.

물론 최근에는 보육 관련 사업 한 가지에 치우친 구조로부터 벗어나 현금 지원 정책을 확대하는 일련의 흐름으로 이어왔다. 2018년 아동수당 도입 및 2023년 부모급여 지급 결정이 그것이다. 특히 최근 2023년부터 12개월 미만 아동의 가정에 전 계층 75만 원(2024년부터는 100만 원), 12개월부터 24개월의 아동이 있는 가정에는 그 절반의 부모급여가 지급되기 시작하였다. 이런 부모급여는 출산과 육아로 소득활동을 못하는 시기의 부족한 소득을 보충해 줄 것으로 기대되고 있다.

그뿐만 아니라 육아휴직급여를 받는 가정이 전체 출생아 기준 절반 수준에 불과한 우리나라에서 이 부모급여제도는 불완전한 육아휴직제도를 보완하는 효과를 기대할 수 있을 것으로 판단된다. 자녀양육 기간 중 생후 12개월에서 24개월 기간까지가 부모의 가정 내 양육 및 돌봄 노동이 집중되는 시기인 만큼 이로 인한 부모의 실직이나 휴직이 가장 빈번한 기간 동안 육아휴직을 사용하지 못하는 계층에서도 육아휴직급여의 효과를 발휘할 것으로 기대되기 때문이다.

하지만 부모급여제도도 자녀를 양육하는 가정의 경제적 안전에 지속적으로 기여하기에는 한계가 있다. 즉, 이 제도를 전 연령으로 확대하기에는 높은 재정 부담 때문에 한계가 있으며, 따라서 부모급여는 양육으로 인한 기회비용의 증가는 가장 높은 생후 24개월까지에 한정해 운영할 것으로 기대된다. 그렇다고 할 때, 자녀양육으로 인한 기회비용 외에 자녀양육에 수반되는 비용은 그 이후 연령이 올라갈수록 늘어나는 문제에 대해서는 해결책이 되지 않는다는 것이다.

현금 지원이 아닌 현물 지원에 치우쳐 왔다는 특성 이외에 우리나라 아동

보육 정책의 또 하나의 특성은 대부분의 지원이 보편적 지원, 즉 전 계층 지원 방식에 집중되어 있다는 점이다. 자녀양육으로 인한 개별 가구의 소득보전을 통해 출산율 저하를 막고자 하는 정책 목표에 비추어 볼 때, 이런 특성도 출산율 제고 목표에 결코 긍정적인 영향을 발휘할 수 없다는 면에서 문제점으로 지적된다.

현물이든 현금이든 우리나라 아동가족사업들이 얼마나 보편적 지원 방식으로 구성되어 있는가 하는 점은 〈표 9-1〉에서 조 단위 대형 예산 사업 5개 모두가 보편적 지원 방식을 선택하고 있는 데서도 잘 확인된다. 보육 지원이든 아동수당이든 모든 대형 지원이 보편적 지원 방식, 즉 소득 수준이나 자녀 수, 장애 유무 등에 구애받지 않고 균일하게 같은 액수로 지원되는 경우는 해외 어느 나라에서도 그 선례를 찾기가 어렵다. 가장 보편적 지원 방식을 많이 하는 현금 지원 정책인 아동수당을 제외하면 대개 해외 각국은 소득에 역진적인 방식으로 아동·보육 지원을 추진하는 것을 볼 수 있다.

물론 한국도 저소득 한부모가족 지원이나 장애인가족 지원 사업 혹은 극히 제한된 사업 분야에서 저소득계층만 대상으로 하는 제도도 있고, 시간제보육과 아이돌보미 사업처럼 저소득계층 지원 비율을 중간층보다 더 두텁게 하는 선별적 지원이 일부 포함되어 있다. 그러나 김영록·신동명(2016)에 따르면, 2011년부터 2014년까지 보육 및 유아교육 지원사업 예산은 보편적 정책 수단을 활용하는 사업들에 39조 6,231억 원이 지출되었고, 선별적 정책 수단을 활용하는 사업들에 4,422억 원이 지출되어 선별 지원은 보편 지원 금액의 약 1.1% 규모[24]밖에 되지 않는다.

24 김영록·신동명(2016), pp. 129~130에서 『제2차 저출산·고령사회 기본계획』 기간 중인 2011

다른 한편 대표적인 현물급여 정책이며 전체 아동 예산에서 가장 주요 사업인 보육비 지원(누리과정 포함)의 경우에는 일방적으로 보편적 지원 방식을 선택하고 있다. 그런가 하면 세계 대부분의 나라들은 〈표 9-2〉에서 보는 것처럼 국공립 및 민간시설을 이용하는 학부모들에게 계층별로 역진적인 지원을 통해 양육비용 분담을 실현한다.

마찬가지로 세계 각국의 아동 관련 현금보조금 정책을 살펴보면, 아동수당처럼 예외적으로 전 계층 지원 수행이 일반적인 경우가 있기는 하지만 대부분의 경우 앞서 보육비 지원제도와 유사하게 자녀 연령별, 자녀 수별, 소득계층별로 차등적으로 지원하는 것이 일반적이다. 계층별 차등은 주로 혜택 계층을 일정 소득 수준 이하(중위소득 이하 혹은 차상위계층 이하 등)로 적용하거나 몇 가지 계층 범주별로 역진적 지원을 하는 경우도 있어 제도의 구성이 매우 다양하다.

일반적으로 자녀양육으로 인해 늘어나는 경제적 비용 부담으로 가계가 곤란을 겪을 가능성은 빈곤가정일수록 높아진다. 이런 점을 고려하여 세계 어느 나라나 아동가족 지원 정책을 구사함에 있어 선별 지원을 다양하게 활용하고 있고 그 결과 취약계층일수록 지원이 커지는 역진적 지원이 보편적으로 발달해 있다.

그러나 한국은 서비스의 공급이든 현금 지원 정책이든 보편적 지원 정책을 채택함으로써 저소득계층의 자녀양육 역량을 명백하게 제약하고 있다. 일부 저소득계층 지원 프로그램에 대해 좀 더 구체적으로 살펴보자.

년에서 2014년까지 보육 및 유아교육 지원을 위해 추진된 세부 과제 총 112개의 정책 수단 특성을 분석하여 이 같은 결과를 제시하고 있다.

표 9-2 해외 주요국의 보육비 지원 현황

국가	지원 대상	지원 방법
스웨덴	3~6세	• 3~6세 아동에게 주당 15시간(연간 525시간) 지원 • 부모가 취업 · 학업 중이면 주당 40시간 지원 • 부모 부담 보육료 상한제 운영
핀란드	6세 이하	• 재산, 소득, 자녀 수에 따라 보육비용 차등 부담 • 유연수당제도(3세 미만) – 부모의 근로시간이 기준 – 22.5시간 이하 일하는 경우 €241.19(304,700원) – 30시간 미만 일하는 경우 €160.8(203,100원)
노르웨이	6세 이하	• 부모 부담 상한액을 설정하되 가구소득, 자녀 수 등에 따라 차등 지원 • 3~5세 아동은 주 20시간 보육 서비스 제공
네덜란드	4세 이하	• 부모가 취업 · 학업 중인 경우 보육료 지원 • 부모의 소득, 근로시간, 보육기관 이용 자녀 수 및 이용 시간 등을 고려하여 차등 지원
프랑스	3세 이상	• 3세 이상 모든 유아에게 유아교육 제공(주당 24시간) • 보육료 및 방과 후 서비스는 부모 소득 비례 차등 지원
독일	3세 이상	• 보육시설을 이용하지 않는 3세 이하 영유아에게는 보육지원금 지원
영국	3~4세	• 3~4세 연간 570시간 보육료 지원(주당 15시간, 38주) • 저소득층 가구 자녀, 장애아 등은 2세부터 보육료 지원
미국	0~5세	• 저소득 아동 대상 조기 보육 · 교육 프로그램(Head Start) 운영
호주	0~5세	• 보육급여(CCB) – 부모 소득 및 아동 연령을 고려하여 주 24시간 제공 – 부모의 취업 · 학업 등 조건에 따라 주 50시간까지 지원
일본	0~5세	• 표준보육단가 산정 후 국가와 부모가 각각 1/2씩 부담 • 부모의 부담액은 8등급으로 차등화
한국	0~5세	• 어린이집 및 유치원을 이용하는 모든 영유아에게 보육료 및 유아학비 지원 • 어린이집 및 유치원을 이용하지 않는 모든 영유아에게 가정양육수당 지원 ※ 부모의 소득, 취업 상태 등에 관계없이 지원

자료: 이채정(2017), p. 23.

② 취약가족 직접 지원 불비(不備)

앞서 살펴본 것처럼 한국의 아동·보육 예산은 개별 가정에 대한 직접 지원보다 보육 서비스의 제공과 같은 간접적 지원에 치중해 있고, 직접 지원 또한 전 계층 지원이 대부분이다. 저소득계층 개별 가정의 양육 부담에 대한 소득 보전이 아동·보육 예산에 아주 미미한 정도로만 들어가 있는 셈이다. 이런 보편적 지원, 간접 지원 방식의 치중 현상은 정책 지원이 보다 시급한 가정의 정책 수요를 외면한 한계를 지니지만 그럼에도 불구하고 일정 정도 정당성을 부여할 수는 있다. 즉, '보육 및 방과후 돌봄' 정책과 같은 공공 서비스는 모든 계층을 위한 공공재의 성격을 지닌 정책으로서 공공인프라의 수준을 높이고 보편적인 접근성을 보장하며, 언젠가는 국가 부담으로 귀결하는 것이 바람직한 정책이라는 것이다. 또한 아동수당이나 부모급여 역시 저소득층뿐만 아니라 중간층까지도 자녀양육의 부담을 국가가 일부 분담하는 것은 세계적 추세로서 외국의 선례에 비추어 보더라도 한두 가지 분야의 보편적 지원은 많이 있으며, 따라서 현물급여를 막 시작한 국가로서 지금까지 한 것은 수용하고 갈 수도 있을 것으로 생각된다.

그러나 이렇게 보편적·간접적 지원에 치중한 아동 지원 정책은 출산율 제고의 관점에서는 매우 심각한 문제점이 있다. 앞에서도 누차 지적하였듯이 개별 커플들의 자녀출산 의미는 제각기 다르다. 또한 개별 커플들이 자녀 출산(및 선행 사건인 동거나 혼인)을 선택(혹은 결정)하는 데는 반드시 경제적인 요인 외에 다양한 요소들이 고려된다. 그런 만큼 출산과 그 총합인 합계출산율이 사회·경제적 요인들과 문화·심리적인 요인들의 복합적 결과물이라는 사실은 분명하다. 하지만 경제적 비용 문제가 그 결정에 미치는 영향도 역시 가볍게 볼 수 없는 문제이며, 정책 변수로서 출산율에 영향을 주고자 하는 관점에서 보자면 가장 중요한 사안이라고 할 것이다.

따라서 보편적 아동 지원 정책이 아닌 취약계층별 아동 지원 정책을 정밀하게 검토할 필요가 있다. 취약계층 가족으로 빈곤가족, 한부모가족과 장애아동가족에 대한 지원이 일반적인 아동 지원과는 별개로 있으며 그 내용에 대해서는 앞에서 살펴본 대로이다. 빈곤가족에 대한 지원은 앞서 제7장 4. 현금 및 세제 지원 정책에서 살펴본 것처럼 학령기 자녀(초등학교에서 고등학교 재학생까지)를 둔 가정을 대상으로 하여 일정 금액(월 33만 원에서 55만 원 상당의 교육활동 지원비 및 고등학생 학비)을 제공하는 방식으로 이루어지고 있다. 이는 기초생활을 보장할 정도의 생계비 지원 이외에 다른 소득 자원을 확보하지 못한 가정에 대한 지원으로는 그 한계가 분명한 정책이라고 볼 수밖에 없다. 앞서 인용한 자녀양육비용 실태조사 연구 결과들을 토대로 살펴볼 때, 한국 가정의 높은 자녀양육비용에 비추어 지나치게 낮은 금액을 지원하고 있기 때문이다.

특히 가장 큰 문제가 되는 지점은 생계급여의 지급 대상이 아닌 중위소득 30%에서 중위소득 50%에 속하는 계층의 자녀양육가정은 생계비 지급 없이 현실 자녀양육비에 하회하는 '교육급여'만으로 자녀를 양육해야 하는 점이다. 이들 계층의 자녀양육 실태가 생계비 급여 계층(중위소득 30% 이하)보다 더 열악하다는 것은 뒤에 나오는 제11장의 〈표 11-3〉에서 보다 자세히 확인할 수 있다.

물론 최근 생후 24개월까지는 부모급여가 지급되기 시작하였고(2024년부터 12개월까지는 월 100만 원, 그 후 24개월까지는 50만 원씩 지급), 아동수당 역시 만 8세 이하 자녀를 둔 가정에 보편적으로 월 10만 원씩 지급되며, 아이를 보육시설에 맡기지 않고 자녀를 가정에서 돌볼 경우 지급되는 자녀양육수당 역시 더해지기 때문에 자녀양육에 대한 현금 지원이 정말 없다고 할 수는 없다. 그러나 내용을 정밀하게 뜯어보면 계층별 사각지대와 연령별 단절 구간이 나타난다. 즉, 부모급여는 연령상으로 2년으로 제한되며, 아동수당은 월 10만 원의 지원금액으로 한계가 있고, 보육시설에 안 가는 아동에게 지급되는 자녀양육수당은 부모의 노동시간에 대한 대체비용에 못 미친다는 점에서 역시 지원 수준이 낮다. 결론적으로 볼 때 저소득계층의 자녀양육에 소요되는 경제적 부담을 해소시켜 주기에는 현재의 지원제도는 매우 불충분한 수준이다.

이런 식으로 정부의 지원이 실제 비용을 밑돌 경우, 개별 가계의 대응은 두 가지 양태로 나타날 것이다. 하나는 삶의 질 혹은 양육의 질 저하로 버티면서 현 상태를 유지하려는 방향일 것이며, 다른 하나는 가계의 자립 가능성을 포기하면서 아이를 키우는 비용을 지출하는 방향으로 대응할 것이다. 이런 상황에서 출산 결심은 어렵다고 보아야 할 것이다.

따라서 빈곤가족에 대한 아동양육비용 보전 정책은 '충분성의 기준'에 따라 지원금액이 해당 가족의 인간다운 삶과 최소한의 자녀양육(교육)비용을 감당하기에 충분한 금액인지 살펴야 할 것이며, '효과성의 기준'에 따라 지원금액이 자녀 출산의 장애 요인을 제거하는 수준으로 합당한지를 살펴야 할 것이다. 그런 관점에서 볼 때 앞에서 확인한 대로 기초생활수급자 가구에 대한 교육급여는 충분하지도 효과적이지 않은 금액이라는 것이다(보다 제사한 사항은 제11장을 참조할 것).

물론 기초수급자에 대한 지원이 중앙정부가 하는 공적 지원 이외에 한정되지 않으며, 지방정부의 급여 및 지역사회 민간에서 제공하는 서비스와 현물 역시 일정한 역할을 하는 것은 사실이다. 그러나 빈곤가정의 자녀양육을 위해 필수적인 지출을 지역 자원의 임의 배정에 맡기는 것은 합당한 일이 아니며, 더 중요한 문제는 그 금액을 합쳐도 현실 양육비에 미달하는 금액이라는 점이다.

한부모가족에 대한 지원은 어떠한가? 한부모가족에 대한 지원 예산은 앞서 제7장 4. 현금 및 세제 지원 정책에서 살펴본 것처럼 총중위소득 60%까지로 일반 빈곤가정보다 넓은 포괄 범위를 잡고 있으나, 금액 면에서는 역시 현실 양육비와 큰 격차를 보이고 있다.

다음으로 장애인가족에 대한 지원을 보기로 한다. 앞서 제7장 4. 현금 및 세제 지원 정책에서 살펴본 것처럼 한국의 장애인가족 양육 지원은 장애아동을 둔 가정의 실제 양육비용에 대한 지출 부담 경감으로서 심각한 한계를 노정하는 수준의 급여액을 제공함으로써 장애아동가정이 겪는 양육의 어려움을 덜어 주는 데 제한적인 기여밖에 하지 못하고 있다.

요컨대, 아동·보육 지원은 예산 이외에 사회복지 정책에 포함된 계층별 역진 정책의 비중이 지나치게 약소하며, 취약계층 대상 세 가지 별도 지원 정책들 역시 포괄 범위가 지나치게 좁고 급여액 또한 자녀양육으로 인한 발생비용과 큰 차이가 벌어져 효과성이 제한적이다. 그에 따라 취약계층의 자녀양육 부담은 고소득계층이나 중간층에 비교해 차별성이 너무 없으며, 따라서 늘어난 자녀양육비로 인한 가계 부담이 개별 가정의 몫이 되는 문제를 야기하고 있다. 계속 방치된다면 출산율에도 매우 부정적인 영향을 줄 것으로 예상되므로 엄중하게 다룰 필요가 있다.

③ 취약계층 아동가족 지원의 빈곤과 저출산의 심화

앞에서 일정 소득 수준 이하 계층의 자녀양육은 그들의 빈곤을 악화시키는 요인으로 작용하며, 따라서 빈곤으로 말미암아 취약계층의 출산력이 억제될 수 있음을 지적하였다. 이번에는 빈곤이 출산력 억제에 영향을 미치고 있

표 9-3	소득 수준별 기대 자녀 수

특성별(1)	특성별(2)	2018년					
		응답자 수 (명)	1명 이하 (%)	2명 (%)	3명 (%)	4명 이상 (%)	평균 (명)
기혼 여성 전체	소계	10,121	23.3	60.9	14.2	1.6	1.92
가구소득별	60% 미만	713	32.8	49.6	14.6	3.0	1.83
	60~80% 미만	1,619	25.2	59.4	13.3	2.1	1.90
	80~100% 미만	1,923	23.6	59.7	15.3	1.4	1.92
	100~120% 미만	1,757	21.6	63.3	13.8	1.4	1.93
	120~140% 미만	1,396	22.0	63.3	13.5	1.2	1.92
	140~160% 미만	952	23.8	59.9	15.2	1.1	1.92
	160% 이상	1,759	20.0	64.7	13.9	1.4	1.95

자료: 박종서 외(2021).

는지 실증적 자료를 통해 검토해 보기로 한다. 이철희 연구(2022)와 유진성의 연구(2022)는 다른 데이터와 다른 통계 기법을 활용한 분석이지만 결론은 일맥상통한다. 현재의 출산력 수준을 소득분위별로 검토하기 이전에 계층별로 기대 자녀 수에 차이가 있는지를 먼저 살핀 다음, 실제 자녀 수의 차이를 비교해 보기로 한다.

한국보건사회연구원이 시행한 「2021년도 가족과 출산조사」[25]에 따르면, 〈표 9-3〉에서 보는 것처럼 가구소득 수준별 기대 자녀 수는 큰 차이를 보이지 않는 것으로 나온다. 또한 1983년부터 합계출산율 2.1명 이하로 지속 하락하

25 조사주기는 3년이며, 전국 700개 조사구 12,000가구(목표 표본 10,000가구) 내 거주하는 19~49세 가구원 전원을 대상으로 가구원 및 가족에 관한 사항(일반특성), 부모와의 관계, 동거와 결혼, 임신·출산 건강, 산전·산후 관리, 자녀양육, 일, 성장기와 주거이동, 가치관과 인식 등 항목을 조사함. 여기서 소득분위는 조사 대상 연도의 월평균 가구소득을 기준으로 하였으며 2018년은 453만 510원이었음.

였음에도 불구하고 기대 자녀 수는 2명대가 가장 많으며, 소득계층별로 적게는 49.6%에서 많게는 64.7%의 기혼 여성들이 기대 자녀 수를 2명으로, 모든 계층의 평균 기대 자녀 수는 1.92명으로 응답하고 있다. 소득계층별로도 큰 차이 없이 유사한 패턴을 보이며, 2명이 제일 많고, 그다음 1명 이하, 3명 순으로 기대 자녀 수를 응답하고 있다. 비록 중위소득 60% 미만 저소득계층은 다른 계층들보다 1명 이하 응답이 약간 높고 2명이 약간 낮지만, 소득계층별로 기대 자녀 수에 큰 차이가 나지 않는 것을 확인할 수 있다. 이렇게 최소한 기혼 여성들의 경우는 그간 출산력 하락에도 불구하고 출산에 대한 근본적인 태도 변화를 보이지 않고 있음을 시사한다. 앞서 잠시 언급한 바와 같이 실제로 유배우 여성(기혼 여성)의 출산력은 2005년부터 2012년 당시까지의 합계출산율[26]을 0.44 규모로 높였고 이는 전체 합계출산율 증가의 2배에 이르는 수치이며, 유배우 비율의 하락으로 인한 하락 효과 0.33에도 불구하고 다소나마 증가세를 기록하는데 기여한 것임을 밝힌 연구[27]도 있다. 말하자면, 전체 합계출산율의 하락을 주도한 것은 기혼자 집단의 출산율 하락이 아니며 결혼하지 않는 비혼자의 집단의 증가, 즉 유배우 비율의 감소가 주로 작용하였다는 것이다.

이번에는 계층별로 실제 자녀 수를 파악해 보자. 기대 출산과 실제 출산의 갭(2018년의 기대 자녀 수는 1.92이며 실제 합계출산율은 0.98임)이 상당한 것은 여전히 사회·경제적 여건 등 기대를 포기하게 만든 요인들의 작용으로 가정해

26 당시 합계출산율 변화는 2005(1.08)→2006(1.13)→2007(1.25)→2008(1.19)→2009(1.14)→2010(1.22)→2011(1.24)→2012(1.29).

27 이철희(2018), p. 20. 이 논문에서 연구자는 본격적으로 저출산 인구 정책이 출현해 사업과 예산이 집행되기 시작한 2005년부터 2012년까지 기간 다소나마 합계출산율이 상승한 기간으로 보며 2005년 무렵 시작한 저출산·고령사회 기본계획의 수립·시행이 여기에 기여하였다는 점을 지적한다.

그림 9-3 **직장가입자 소득 수준별 합계출산율** (단위: 명)

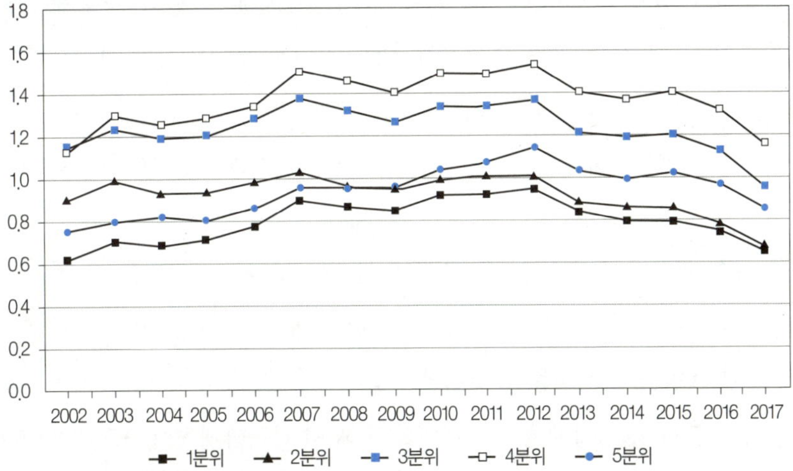

자료: 이철희(2022), p. 63.

볼 수 있을 것이다. 만약 기대 자녀 수와 실제 자녀 수와의 갭이 어느 계층에서 더 벌어지는지를 밝힐 수 있다면, 소득계층별로 자녀양육 환경의 개선 혹은 하락 정도를 유추할 수 있다.

실제 출산 자녀 수는 소득분위별로 큰 차이를 보이며, 특히 시간이 지날수록 최하위 소득분위의 출산력이 더 빠르게 악화되는 것을 볼 수 있다. 즉, 건강보험공단 자료를 토대로 소득분위별 합계출산율 자료를 생성한 이철희의 연구(2022, pp. 62~63)에 따르면, 〈그림 9-3〉에서 보는 것처럼 직장가입자의 경우 4분위의 출산율이 가장 높고, 3분위의 출산율이 그다음으로 높으며, 그 다음으로 소득 최고위 분위(5분위) 출산율이 높은 수준으로 나온다. 특히 저출산 기본계획이 시작되기 전인 2002년경에는 중간 수준이었던 2분위 소득계층 출산율이 원래 제일 낮은 출산율 계층이었던 1분위 계층과 함께 합계출산율 최하위 분위로 떨어지는 것을 볼 수 있다. 상대적으로 고소득 분위 출산율 대비 소득 하위 분위 출산율이 원래 낮거나 더 낮아지는 것을 관찰할 수 있다.

전체 평균에 비해 5분위 고소득계층의 출산율은 2002년부터 2012년 구간까지는 꾸준히 상승하면서 당시 횡보 추세이던 전체 평균 출산율에 비해 호조를 보이다가 그 이후 2017년까지도 전체 평균보다는 덜 떨어지는 것을 확인할 수 있다. 반면 소득 수준이 중간 이하인 2분위 소득계층의 출산율의 경우, 2002년 당시 소득계층별 순위에서 중간을 기록하다가 2012년에 이르는 구간까지 전체 평균 합계출산율 하락에 비해 더 급격하게 떨어지고, 2017년에 이르면 2002년 출발 당시 가장 낮은 계층이던 1분위 출산율 수준에 합류하는 것을 관찰할 수 있다.

지역가입자의 경우도 유사하다. 〈그림 9-4〉에서 보는 것처럼 건강보험 지역가입자의 소득분위별 합계출산율은 전반적으로 동일 소득분위 직장가입자의 합계출산율에 비해 낮은 것으로 나타난다. 여기서도 지역가입자 소득 최하 분위 출산율은 분석 기간 초반인 2002년경에는 상위 및 중간 수준을 유지하다가 2010년 이후부터 빠르게 감소하는 추이를 보이며 2017년경에는 가장 낮은 출산율로 내려앉는다. 즉, 2분위 계층은 더 낮은 출산율을 기록하던 3분위와 4분위 계층 아래로 내려갔으며, 1분위 계층 역시 더 낮은 출산율을 기록하던 4분위와 5분위 계층 아래로 출산율이 떨어지는 것을 확인할 수 있다.

이상 내용을 종합해 볼 때 기대 자녀 수와 출산 자녀 수에 갭이 계층별로 차이가 있고 하위 소득계층에서 그 차이가 더 크다는 것을 알 수 있다. 특히

그림 9-4 지역가입자 소득 수준별 합계출산율 (단위: 명)

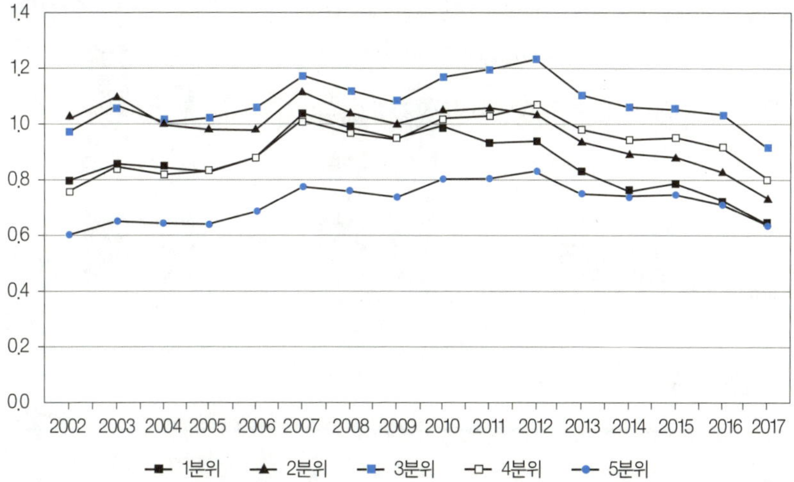

자료: 이철희(2022), p. 63.

〈표 9-3〉과 〈표 9-4〉가 제시하는 2002년부터 2017년까지의 기간은 우리나라의 저출산 인구 정책이 출발한 2005년 이후의 정책 변화에 따른 소득분위별 반응을 보여 준다고 해석할 때 한국의 저출산 인구 정책은, 특히 저소득계층의 출산력 유지에 더욱 효과가 떨어진다는 것을 보여 준다. 그리고 이 사실은 또한 우리나라의 저출산 인구 정책에서 저소득계층을 위한 선별 지원이 매우 제한적이었던 그간의 사정을 감안할 때 정책 효과가 반영된 결과로 이해하는 데 무리가 없다.

또 다른 연구로 유진성의 연구를 보기로 한다. 이 연구는 한국노동패널 2010~2019년 자료(가구주의 연령이 15~49세인 가구를 대상)를 사용하며, 소득계층이 가구 출산율에 미치는 영향을 검증하기 위해 패널 회귀 분석 기법을 적

그림 9-5 출산가구 내 소득분위별 비중 증감 (단위: %)

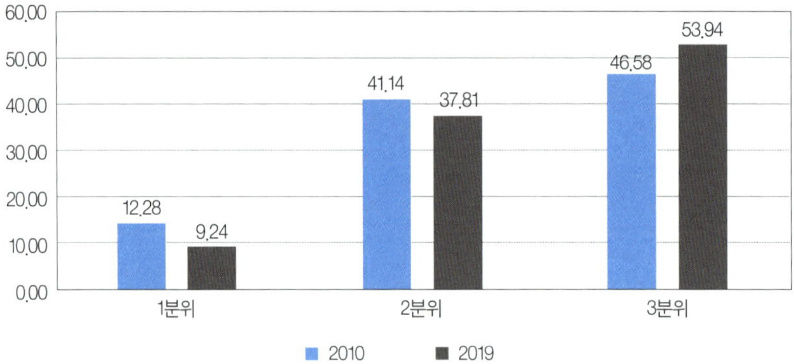

자료: 유진성(2022), p. 10.

용하고 있다. 분석 결과에 따르면, 한국 사회에서 2010년부터 10년 기간 동안 출산력 하락이 더 급격한 계층은 소득 하위 계층임을 알 수 있다.[28] 2010년과 2019년 사이의 소득분위별 출산율의 변화를 살펴보면, 소득 상위층(소득 3분위)의 출산가구 수가 높은 것으로 나타났으며, 상대적으로 상위층에서의 출산율 하락이 작은 것으로 나타남을 알 수 있다고 한다.

〈그림 9-5〉에서 보는 것처럼, 2010년과 2019년을 비교하면 상대적으로 소득 상위층의 비중이 높은 가운데 2010년에 비해 2019년에 소득 상위층의 비중이 더 증가한 것으로 분석되었다. 2010년 출산가구 중에서 소득 상위층의 비율은 46.58%였으나 2019년에는 53.94%를 기록하여 출산가구 내 비중이 13.7% 상승한 것으로 나타난다. 소득 하위층의 경우 2010년 12.28%에서

28 유진성(2022), pp. 1~2.

표 9-4 소득분위별 출산율(100가구당 출산가구 수) 추정값

	소득 1분위	소득 2분위	소득 3분위
추정 계수값	0.0321***	0.0531***	0.0822***
(Standard errors)	(0.00392)	(0.00297)	(0.00467)
100가구당 출산가구 수	3.21	5.31	8.22

주: 1) Standard errors in parentheses.
2) *** $p<0.01$.
3) 다른 변수들은 평균값으로 일정하다는 가정하에 추산된 수치.
자료: 한국경제연구원 보도 자료(2022. 5. 3), "2010년~2019년 출산율 하락폭, 저소득층·고학력층에서 최대".

2019년 9.24%로 24.7% 감소하였으며, 소득 중위층의 경우 2010년 41.14%에서 2019년 37.81%로 8.1% 감소하여 소득 하위층(소득 1분위)에서의 감소폭이 가장 큰 것으로 나타난다는 것이다.[29]

그 결과 〈표 9-4〉와 같이 다른 변수들이 평균값으로 일정하다는 가정하에 소득 1분위의 출산가구 수는 100가구당 3.21가구로 나타났으며, 소득 2분위는 5.31가구, 소득 3분위는 8.22가구인 것으로 나타났다. 요컨대, 소득 3분위는 소득 1분위보다 출산율이 5.01% 포인트 증가하는 것으로 분석되었으며, 소득 2분위의 경우 소득 1분위보다 출산율이 2.09% 포인트 높은 것으로 나타나 소득분위가 높으면 출산 가능성도 높은 것으로 나타났다. 소득 1분위(하위층)의 출산율은 소득 3분위(상위층) 출산율의 39.1%에 불과한 것으로 분석되었다.

이렇게 전반적인 출산율 하락 추세 속에서도 소득분위별 하락 정도가 차이가 나는 것은 그간 우리나라 아동가족 지원 정책이 보편적·간접적 지원에

29 유진성(2022), p. 10.

치중하며 저소득계층을 위한 지원이 지나치게 과소하였던 정책의 효과로 분석된다. 이러한 연구 결과를 토대로 연구자는 "소득 하위층에서의 출산율이 낮게 나타나는 만큼 저소득층 지원 중심으로 출산 정책을 전환할 필요"가 있다고 전제한 후 "출산장려금, 아동수당, 영아수당 등에서 소득 상위층 지원보다는 저소득층 혹은 소득 하위층에 대한 지원을 확대 및 강화하는 맞춤형 정책 지원이 필요"하다고 제안하였다(유진성, 2022, p. 24).

(5) 요약: 과소한 재정투자 및 취약계층 지원 불비와 저출산의 심화

결론적으로 그간 한국 사회의 저출산 인구 정책은 적극적인 정부의 노력(혹은 노력 표명)에도 불구하고 근본적인 한계를 안고 있어 성과를 낼 수 없었다. 앞서 살펴본 내용을 요약하면 다음과 같다.

첫째, 경제발전 수준이 유사한 나라들(통상 OECD 국가군)과 비교해 볼 때 아동양육을 위한 재정투자가 상당히 저조한 수준을 유지하고 있다. 높은 재정투자를 유지한다고 가정하더라도 우리나라는 사회문화적 및 생태학적 요인으로 인해 비교 국가군보다 낮은 출산율이 불가피한데, 재정투자마저 저조하니 출산율이 오르지 않는 것은 결코 놀라운 일이 아니다. 엎친 데 덮친 격으로 우리 사회에서는 언젠가부터 '저출산 분야 예산지출의 효과가 없다'는 상식 아닌 상식이 지속되고 있어 더욱 문제가 심각하다. 예산지출의 규모나 내용에 대한 오해가 만연해 있는데다 재정투자 확대를 위한 적극적인 노력 및 그에 대한 본격적인 논의가 시작되지 않았기 때문이다.

둘째, 정책 추진의 인프라라고 할 만한 행·재정적 여건에서 소기의 성과를 거둘 만한 조건을 갖추지 못하고 있다. 낮은 재정투자 규모에 비추어 특단의 재정투입 및 집행을 위해서는 개별 부처 사업을 견인할 수 있는 별도의 총괄 조직이 요망됨에도 불구하고 현재 상황은 전혀 그렇지 못하다. 즉, 중장기적 예산투입 계획 수립이나 변경을 주도할 정부 조직이나 예산 시스템이 부재한 상황에서 저출산 인구 정책의 추진은 사실상 개별 부처의 역량에 맡겨져 있는 상황이다. 지금처럼 저출산 대응 사업들이 각 부처에 흩어져 부처 내부 역학에 의존하는 한, 저출산 해소에 필요한 전체 예산 규모를 도출하고 그 기반 위에서 세입, 세출의 균형을 맞추어 나가는 것은 불가능하다. 총괄 조직의 부재와 연결된 문제로서 투입된 비용의 성과를 측정하는 공동의 지표 개발도 지연되었고, 그에 따라 재정투입의 우선순위에 관한 논의를 심화 발전시킬 수 없을 것이다.

셋째, 아동양육을 위한 재정투자는 내용상 문제가 많다. 즉, 보편적 지원 방식이고 간접투자(현물 중심)에 집중됨에 따라 중간층 이상 가정에 비해 저소득계층 가정의 자녀양육이 최소한의 경제적 안전을 확보하지 못한 문제점을 노정한다. 자녀양육으로 인한 소득 제약에 더 부담을 체감할 저소득계층의 소득 보장을 위해서는 이들 계층을 타깃으로 빈곤선 아래로 추락할 위험을 선제적으로 예방하거나 보호해야 함에도 그렇지 못하다는 것이다. 특히 한부모가족 및 장애아동가족의 경우에는 일반 저소득가족보다 더욱 직접적이고 선별적이며 개별 가정에 맞춤식인 지원이 필요함에도 불구하고 현재 전혀 그렇지 못하다는 것이다.

넷째, 그간 아동가족 정책의 특성으로 인해 한국 가족에서 저소득 빈곤층의 출산력이 상대적으로 더 하락하였다. 따라서 지금 수준의 지원에 더해 만약 취약계층 요인 저출산율까지 방어할 수 있었다면 지금보다 높은 출산율을 유지할 수 있었을 것이다.

앞서 살펴본 것처럼 그간 한국의 아동가족 정책(저출산 인구 정책)은 보편적이거나 간접적인 지원 방식을 선택하는 경향이 뚜렷하였다. 그 경향성이 얼마나 두드러지느냐면, 그것이 마치 우리나라 아동가족 정책의 고유한 속성인가 할 정도이다. 그 결과 한국 아동가족 정책의 가장 치명적인 약점으로서 취약계층 가족(빈곤가족, 한부모가족, 장애아가족)의 자녀양육 환경을 개선해 주지 못한 문제점을 노정하고 있다.

이와 같은 정책 평가에 기반하여 향후 정책의 방향성을 제안하자면, 현금·조세 정책 수단을 활용한 선별적 지원의 확대일 것이다. 즉, 소득 하위층에서의 출산율이 낮게 나타나는 만큼 저소득층 중심의 저출산 정책을 확대할 필요가 있다. 최근에는 취약계층 지원 확대가 정책 제언의 하나의 기류를 형성하고 있으며, 확대되어야 할 정책으로는 출산장려금, 아동수당, 영아수당 등[30]이 종종 언급되곤 한다. 그러나 저자는 취약계층 현금 지원을 지지하나 그 수단이 종전까지의 현금 지원의 확장인가에 대해서는 의견을 달리한다. 그 이유는 다음 제3부에서 자세히 살펴보자.

30 유진성(2022), p. 24.

제 3 부

한국의 저출산 해법

앞서 제2부에서 한국의 인구 담론과 대응을 살펴보았다. 그리고 그 끝에 정책 인프라와 정책 내용의 한계를 정리해 보았다. 이번 제3부에서는 한국의 인구 대도약을 위해 개혁이 필요한 정책과 정책 인프라를 함께 다루기로 한다. 먼저 제10장에서는 취약계층 지원의 방향성 설정을 다루며, 제11장에서는 취약계층을 위한 구체적 지원 방안을, 그리고 제12장에서는 육아휴직 정책 및 세제 지원을 다루기로 한다. 그리고 제13장에서는 정책 분야의 개혁을 이끌기 위한 선결 과제로서의 정책 인프라 개혁 문제를 다룰 것이며, 마지막 제14장에서는 비재정적 정책으로서 한국 사회에 도입이 가장 절실한 등록동거혼제를 다루는 것으로 마무리한다.

제10장

취약계층 지원의 방향성 검토

앞서 제2부에서 한국 저출산 인구 정책의 담론과 대응을 고찰하였다. 그러면서 한국의 현행 아동가족 정책의 가장 큰 문제점으로 취약계층의 자녀양육 지원이 과소하다는 점을 살펴보았다. 제3부에서는 그 문제 해결을 염두에 두고 정책의 기조 변화에 해당하는 현금 지원 대책을 중점적으로 검토하기로 한다. 그와 더불어 정책 확대가 필요한 몇 가지 현안들을 정리해 볼 것이다. 재정투자 분야로는 현금 지원 이외에 육아휴직과 세제 지원을 다룰 것이며 정부 조직 개편 등 제도적 인프라 정비도 아울러 살펴볼 것이다. 마지막으로 비재정 정책으로서 동거혼등록제를 검토하기로 한다. 그 외에 다양한 쟁점들이 있을 수 있겠지만 위의 쟁점들에 비하면 경중이 다르다고 보아 차후로 미루고자 한다.

제10장에서는 먼저 취약계층 지원의 방향성 설정을 위한 이론적이고 논리적인 근거를 축적해 보자. 그리고 제11장에서 취약계층 현금 지원 정책 강화를 위한 구체적인 방안을 모색해 보기로 한다.

1. 자녀양육 지원 정책의 모범 사례: 스웨덴과 프랑스

취약계층 지원의 방향성 설정을 위한 이론적이고 논리적인 근거를 찾는 첫 번째 작업으로서 아동가족 정책의 우수 사례국인 스웨덴과 프랑스를 살펴보기로 한다. 스웨덴과 프랑스는 사회보장제도의 운영 철학이나 복지제도가 운영되고 있는 정치경제 시스템이 서로 다른 나라들이다. 그렇지만 두 나라는 자녀양육으로 인한 비용이 가계의 빈곤 심화로 귀착되지 않도록 사회보장제도를 운영하고 있다는 점에서 각기 한국에 시사하는 바가 크다.

두 나라의 대표적인 아동가족 정책들과 그 정책을 떠받치는 철학적 기반을 제법 상세하게 검토하는 이유는 다음 두 가지이다. 첫째, 각국의 현재가 있기까지 작용한 다양한 시계열적 계기들을 살펴봄으로써 한국 사회가 처해 있는 제도적·사회문화적·의식적 맥락과 대비·대조해 보고자 함이다. 둘째, 이상적인 제도 조합을 갖춘 나라를 조감함으로써 우리나라가 궁극에는 도달해야 할 목표 지점을 확인하기 위해서이다.

1) 스웨덴과 프랑스의 아동양육 정책과 그 철학

두 나라 정책의 발전 궤적을 간략히나마 살펴보자. 주요 사회 정책과 함께 그것들을 견인한 특정한 계기들을 살펴볼 것인데 그 계기들은 행위자 요인, 정치경제적 요인, 사회문화적 요인들이 결합해 창출하는 것임을 확인하고자 한다. 미시적으로 접근하자면, 새로운 정책은 늘 기존 정책들과 제도적 친화력 및 현재의 담론 지형 혹은 의제화 수준, 그리고 행위자 요인들(예컨대, 정치권의 선거 전략)이 적절히 결합할 때 비로소 제대로 작동한다는 점을 밝히고자 한다.

(1) 스웨덴의 아동양육 정책 개요 및 발달과정

먼저 스웨덴의 자녀양육 지원 시스템을 알아보자. 자녀양육 지원 정책은 '부모보험'과 '공보육'의 양대 축 위에 일·가정 양립을 위한 시간 정책과 주거 정책까지 종합적으로 꼼꼼하게 챙기는 방식이다.

허민숙(2021)이 요약·정리한 것처럼, 2010년 이후 다소 하락하고는 있지만 여전히 합계출산율 2명에 근접한 수준을 견지하는 스웨덴의 출산율 하락을 저지하는 기반은 두 가지이다. 하나는 믿고 맡길 수 있는 국공립 보육시설의 완비이고, 다른 하나는 90%에 육박하는 소득대체율을 자랑하는 부모보험(한국의 육아휴직제도)의 운영이다.

> 현재 스웨덴에서는 자녀 1명당 총 480일의 육아휴직이 부여되는데, 육아휴직급여를 지급받을 수 있는 기간을 1인당 총 240일로 제한하여, 부모 모두가 동등하게 육아휴직을 사용하는 것이 가장 큰 이익을 가져올 수 있도록 제도를 설계하였다. 또한 높은 소득대체율로 남성들의 참여를 독려하고 있다. 195일의 기간 동안 소득의 77.6%를 보전해 주고 상한액은 SEK 486,000(한화 약 6,696만 원)이고, 1일당 SEK 2,492(약 34만 원)의 급여를 받을 수 있다. 이에 더하여 단체협약 등을 통해 추가로 임금을 보전받을 수 있기 때문에 소득대체율은 90%에 이르고 있다.[1]

육아휴직제도 이외에도 스웨덴의 아동양육 지원 정책은 연령별·상황별로 매우 촘촘하게 구성되어 있어 아동을 양육하는 데 드는 비용과 시간으로 말미암아 개별 가정의 경제 여건이 하락하는 것을 예방하고 있다.[2] 학령기 교육은 대학까지 전액 무료이며, 1~5세까지 드는 교육에 대해서는 부모가 능력이 되는 만큼 조금 더 분담하는 형태로 부모의 재정 능력을 떠나 교육을 받을 수 있도록 보장하고 있다. '아동수당'의 경우에도 16세까지 모든 아동에게 지급되는 '기본아동수당'과 16세 이후 고등학교 졸업 때까지 지원되는 '연장아동수당', 2명 이상 자녀를 둔 가정에 지원되는 '다자녀가족 아동수당' 등으로 구성하고 자녀 수가 증가할수록 누증하는 방식으로 더 두텁게 지원

1 허민숙(2021b), p. 9.
2 보다 자세한 내용은 주스웨덴 대사관에서 2016년 작성해 제출한 보고서, 「스웨덴의 아동양육 정책」을 참조할 것.

한다.

또한 한부모가정일 경우 이혼한 배우자가 지급하기로 한 양육비가 월 양육비 1,573크로나(185달러)에 못 미치거나 지급 능력이 없으면, 사회보험청에서 자녀 1인당 최대 1,573크로나(185달러)를 지원한다. 또한 장애아동가정일 경우 아동 병간호 휴가를 사용해 자녀를 돌볼 수 있으며, 병간호수당 및 부대비용 지원을 통해 부모가 아픈 자녀를 위해 부담하는 비용도 지원한다.

스웨덴식 사민주의 복지 체제의 특징은 초기부터 강한 민간기업과 시장 중심의 자본주의 경제 모델에 매우 평등하고 보편적인 복지를 결합한 형태라는 것이다. 스웨덴이 이렇게 독특한 사민주의 복지 체제를 구축한 것은 산업화 초기부터 작동하기 시작한 계급 정치의 산물이며, 스웨덴 특유의 정책조합의 연장으로 평가된다. 그 내용은 대략 아래와 같다.

> 스웨덴 모델의 '핵심 기둥'(fundamental pillars)은 노동시장, 보편적 복지 정책, 경제 정책으로 이 3개의 기둥이 스웨덴 모델을 떠받치고 있다. '기둥 1'은 환경 변화에의 유연한 대응과 적응을 촉진하는 노동시장으로 임금조정, 적극적 노동시장 정책, 효과적인 실업급여 등을 특징으로 하고 있다. '기둥 2'는 보편적 복지 정책으로 질 높은 복지 서비스, 교육, 의료 등 보편적 사회 서비스 제공, 사회보장 시스템이 그것이다. '기둥 3'은 경제 정책으로 개방과 경쟁력, 경제안정화 정책, 역동적인 기업 부문을 위한 조건 만들기가 그것이다.[3]

즉, 스웨덴 사회민주당은 분배를 강조하는 이념적 지향과 함께 자유시장 경제를 중시하는 정책 기조를 일관되게 추구하였다. 그리하여 1920년대부터

3 김인춘(2019), p. 32.

완전고용과 경제성장, 생산성을 중시하였는데, 실제로 완전고용과 고성장은 스웨덴 복지국가의 토대가 되었다. 특히 1960년대 말까지 스웨덴 모델이 누린 전성기는 고도 경제성장과 균등한 소득분배, 완전고용이 선순환을 이루었기 때문이다(신정완, 2007, p. 1). 이후 1970년대 중반 이후 거시경제의 여건이 악화되자 스웨덴 모델이 동요하며 좌우 양쪽으로부터 공격의 대상이 되기도 하였다. 특히 1980년대 이후 세계적인 신자유주의 물결 속에서 경제 및 사회 정책은 보다 자유주의적인 방향으로 수정·변경되는 우여곡절을 겪기도 하였다.

이처럼 스웨덴 모델이 초기의 원형으로 지속·유지되는 것은 아니지만 그럼에도 여전히 세계에서 가장 불평등 완화와 보편적 복지의 실현에 앞서 있는 것이 사실이다. 또한 산업 구조조정으로 산업 생산성을 높이고 인적 자본의 향상과 효율적인 활용, 포괄적인 사회보장 체제로 전체적인 사회·경제 역량을 끌어올리는 성과를 내는 장점 역시 본받을 만하다.

그렇다면 우리나라 고유의 방식으로 구축한 복지 체제 안에, 스웨덴의 공보육과 부모보험 정책 패키지를 우리나라의 출산력 제고 정책으로서 이식하는 것이 바람직할지 생각해 보자. 일반적으로 각국의 복지 체제는 그 나라의 사회·경제적 여건 및 제도 구축의 역사적 경로에 의해 제한받으며, 따라서 개별 사업들은 다른 사업들과 이른바 일정한 '제도적 친화력' 안에서 효과적으로 작동하는 경향이 있다. 따라서 스웨덴의 사회보장제도 안에서 바람직한 것이라 할지라도 한국에 그대로 이식하기에는 무리가 있을 수 있다.

각론적으로 들여다보더라도 스웨덴 아동양육 정책을 한국에 도입하는데 일정한 한계가 있다. 예컨대, 부모보험은 완전고용(완전고용에 가까운 실업급여와 실직자 교육 및 재고용의 노동시장 정책이 작동)을 지향하는 노동시장 정책과 짝을 이루어 작동하는 제도이다. 즉, 스웨덴의 육아휴직은 불완전고용을 최소화한 기반 위에 작동되는 데 반해, 우리는 이와 다른 노동시장 구조를 지닌 까닭에 육아휴직제도 확장도 일정한 한계[4]가 있다. 마찬가지로 우리나라 보육제도 또한 고유한 경로를 발전시켜 온 까닭에, 지금에 와서 스웨덴식 공보육 시스템으로 역행해 돌아갈 수는 없다. 다만 스웨덴은 이런 방식으로 **개별 가족의 자녀양육이 자녀양육가정의 빈곤을 심화시키는 요인으로 작용하지 않을 수 있도록 보호하는 사회 시스템을 만들었다**는 점을 유의해야 한다.

(2) 프랑스의 아동양육 지원 정책 개요 및 발달과정

그렇다면 출산력 수준이 높은 두 모범국가 중 프랑스는 어떨까? 이 나라는 이른바 에스핑 앤더슨 식의 복지레짐 분류에 따르면, 절충주의적 조합주의 모델로 불리는 나라로서 일련의 가족수당 프로그램을 통해 자녀양육으로 말미암아 가족의 경제적 빈곤을 가중시키지 않도록 보호하고 있으며, 우리가 차용하기에 상대적으로 용이할 것으로 기대된다. 프랑스는 다양한 가족 지원 정책을 운영하지만, 핵심은 다양한 가족수당의 운영에 집약되어 있다고 해도 과언이 아니다. 그만큼 프랑스의 가족수당들은 유럽 다른 나라들에 비해 긴 역사를 가지며 그 가짓수나 종류도 지속적으로 보완해 온 가족수당의 모범국으로 평가된다. 이 다양한 가족수당 프로그램들은 제2차 세계대전 이전부터 시작된 이후 시대별 이슈를 차례로 반영하면서 다양하게 발전해

4 한국의 육아휴직제도는 제도의 수혜 비율(전체 출생아동가정 대비 육아휴직급여를 수령하는 가정의 비율) 및 급여의 소득대체율에서 일정한 한계를 노정한다. 심지어 우리나라는 저소득계층일수록 육아휴직제도를 통한 소득보장으로부터 오히려 거리가 멀다. 즉, 비정규직 근로자, 소상공인, 학생, 무직자 등은 육아휴직 대상에서 제외되면서 양육기 부모의 노동 손실 및 증가하는 가계 부담으로 인한 경제적 곤란으로부터 더 무방비 상태로 내몰린다. 이러한 차이는 양 국가가 터하고 있는 제도 발전의 역사를 무시하고 설명할 수 없을 뿐만 아니라 제도 도입 및 구축의 다양한 계기들을 생략하고 그 결과만 이전하기는 곤란하다는 것을 의미한다.

온 독특한 역사적 배경을 지닌다. 예를 들면, 세계에서 가장 빨리 가족수당을 도입한 배경은 다음과 같다.

> 19세기 후반부터 20세기 초반은 프랑스 가족수당 정책이 태동한 시기이다. 이 시기에는 가톨릭교회가 중심이 되어 가족에 대한 지원을 제공하였다. 현대적인 모습으로서의 가족수당제도는 20세기 이후부터 가족의 생계를 책임지는 남성 근로자에게 고용주가 특별 수당을 지급하는 것에서 시작되었다. 19세기 말과 20세기 초반 일부 고용주들은 부양가족이 있는 남성 근로자가 부양 의무가 없는 독신자와 동등한 생활 수준을 누릴 필요가 있다고 보고 이들에게 임금 외 특별 수당을 지급하였다. 이와 함께 특별 수당은 남성 근로자의 임금이 상승하는 것을 막는 역할도 하였다. 이후 고용주가 부담하는 특별 수당 지급 의무에 공동 대응하기 위해 몇 개의 기업으로 구성된 보상 금고가 단계적으로 창립되었다. 이후 1932년 근로자에게 가족 특별 수당을 지급하는 것이 법적으로 의무화되었다.[5]

이렇게 처음에는 기업주가 부담하던 가족수당비용이 1945년 「가족수당법」이 제정되면서 폐지된 이후 프랑스의 가족수당은 당대의 사회적 이슈와 함께 등장한 새로운 필요를 반영하면서 확대 및 개혁을 거듭해 왔다.

> 1975년부터 2004년 기간은 경제성장이 둔화되면서 사회적 불평등이 확대되어 이러한 문제를 가족수당을 통해 해결하려는 노력이 이루어진 시기이다. 또한 경제 불황으로 국가 재정이 어려워지자 그동안 확대하였던 다양한 가족수당제도를 조정하고 통합하려는 시도가 이루어졌다. (중략) 가족수당제도의 개혁에 따라 2015년 7월부터 수당액은 월 순 소득이 6,000유로가 넘는 가족에게는 절반으로 감소하였으며, 월 순 소득이 8,000유로가 넘는 가족에게는 4분의 1로 감소하였다. 가족수당 개혁이 지향하는 명목적인 목적은 상대적으로 빈곤한 사람들에게

5 신윤정(2017), p. 28.

더 많은 수당을 지급함으로써 사회적 정의를 실현하는 것이다. 하지만 실질적인 목적은 사회보장의 가족 분야 재정이 적자에 직면함에 따라 공공지출을 절감하고자 하는 데 있었다고 볼 수 있다.[6]

위에서 보는 것처럼 프랑스의 가족수당은 새롭게 등장하는 사회적 이슈를 포괄하는 한편 재정 상태를 반영하였고, 그러면서도 취약계층의 보호를 확대하는 방향으로 거의 한 세기에 걸쳐 개혁을 거듭하였다. 그 결과 현재와 같은 다양한 수당제도들을 발전시킬 수 있었고, 자녀양육으로 인한 부모의 노동시간 손실 및 비용 부담을 국가와 분담하는 제도적 환경을 구축하게 되었다.

프랑스 가족수당의 중요한 특징 중 하나는 가족수당이 단일한 하나의 수당이 아니라 자녀양육을 지원하는 성격을 가진 다양한 현금 지원 정책들을 가족수당이라는 하나의 커다란 체계 안에 포함하고 있다는 것이다. 아동수당과 유사한 형태로 둘째 자녀 이상을 가진 가족에게 매월 일정 금액을 제공하는 가족수당을 포함하여, 육아휴직급여를 수당의 형태로 제공하고 있으며, 보육 지원에 해당하는 가정 보육사 이용수당도 모두 가족수당 체계 안에 포함된다. 이뿐만 아니라 한부모, 장애아, 빈곤가정 등 취약가정에 대한 지원도 가족수당 체계 안에 포함된다.[7]

이렇게 가족이 기본 생활을 유지할 수 있도록 하는 방향에서 새로운 지원의 필요가 제기될 때마다 그에 대응하여 끊임없이 보완·발전해 온 프랑스의 가족수당제도는 다양한 내용을 포괄하고 있다는 점뿐만 아니라 모든 개

6 신윤정(2017), pp 27~31 참조.
7 신윤정(2017), p. 26.

별 수당들을 하나의 체계 안에 포섭해 운영함으로써 중복성을 피하면서 보다 촘촘하게 가족을 지원하는 특징을 가진다(신윤정, 2017, p. 33).

(3) 스웨덴과 프랑스의 아동양육 지원 철학

앞에서 스웨덴과 프랑스의 자녀양육 지원 정책들에 대해 살펴보았다. 여기서는 이러한 정책을 추진함에 있어 그 기반으로 삼는 사회적 가치들이 작동한 역사적 계기들을 통해 간략히 정리해 본다.

스웨덴의 아동양육 지원 정책에서 가장 먼저 짚어야 할 것은 스웨덴 복지정책은 관대하고 포괄적이며 보편적인 성격이 강한데, 이런 성격은 사회복지제도의 도입 초기인 1930년대부터 시작되어 세계대전 이후 자본주의의 고도성장기인 1950~1960년대에 주요한 사회복지제도를 차례로 구축하면서 일관되게 나타난 방향이었다는 점이다.

> 스웨덴 복지국가의 근간은 1928년 사회민주당 한손(Per-Albin Hansson) 당수가 주창한 '인민의 집'(Folkhemmet, the People's Home) 개념에 있다. 국가는 모든 인민의 집과 같은 역할을 함으로써 **노동자 및 사회적 약자에 일정 수준의 삶의 질을 보장하고 평등한 사회적 권리를 갖도록 해야 한다는 것**이다. 이러한 **평등적·보편적 복지의 사상**은 1930년대 이래 지금까지 스웨덴 복지국가의 이념으로 자리 잡아 왔다. (중략) 1946년 연금 개혁을 시작으로 1947년 아동수당법, 1949년 산업재해보상법, 1954년 주택수당법, 그리고 1955년에는 병가보험법이 도입됨으로써 보편적인 사회보험제도가 구축되었다. 1955년에는 국민 모두에게 거의 무상의 의료서비스제도가 시작되었고 1959년에는 기초노령연금에 더해 소득연계 보충연금제도가 도입되었다.[8]

8 김인춘(2019), p. 50.

스웨덴 사회복지제도가 이처럼 높은 소득대체율 및 전 계층을 포괄하는 보편 복지로 자리 잡은 데에는 사회민주당의 장기 집권 및 각 계급의 이해를 정책 입안에 적극적으로 반영할 수 있었던 점과 아울러 여러 세력의 조합주의적 계급 정치를 제도화한 점등이 주요한 배경으로 지목되곤 한다. 즉, 1930년대 이래 장기 집권한 사회민주당은 주요 지지세력이었던 노동계급 이외에 보수적인 색채가 강하였던 농민당과 이른바 적녹연정을 통해 농민계급의 이익을 동시에 보장하면서 복지 개혁을 추진할 수 있었으며, 1938년 노사 대타협을 이루어내며 자본가계급까지도 사민당의 복지 개혁을 지지하기에 이르렀다. 그 이후 1960년대 들어 사회복지는 더욱 확대되었고 완벽한 소득대체 수준의 사회급여 시스템을 구축하였다.

아래에서 보듯이 1970년대까지도 그 추세는 확대되었으며, 이런 식의 보편적 복지의 확대는 높은 조세와 재정 확대를 불가피하게 수반하며, 따라서 역진적 조세의 강화와 고용주의 부담증가를 초래하였으나 복지국가에 대한 사회적 합의와 국가에 대한 높은 신뢰로 그 기조가 유지될 수 있었다.

> 1970년대까지 사회보험, 공적부조, 공공사회 서비스 등 모든 사회복지제도가 완비되었고, 연금을 제외한 사회보험의 소득대체율은 80~90% 수준에 달하였다. 이에 따라 복지지출이 급증하였는데, 1970~1971년 조세 개혁으로 누진적 조세를 더욱 강화하고 사회보장세, 소비세 등 역진적 조세도 강화하였다. 사회보험에 대한 고용주의 부담도 크게 늘렸는데, 이러한 높은 증세는 복지국가에 대한 사회적 합의와 국가에 대한 높은 신뢰로 가능하였다.[9]

한편, 1970년대 이후 스웨덴 모델의 전성기는 지나가고 1980~1990년대는

9 김인춘(2019), p. 51.

세계적인 신자유주의 물결 속에서 스웨덴 모델의 전환과 재조정기로 평가되며 다양한 형태로 복지 개혁이 나타났다(김인춘, 2019, p. 57). 그럼에도 불구하고 스웨덴 모델의 기조는 스웨덴의 아동가족 정책의 기조를 잘 설명해 주고 있다.

보편복지의 기조는 앞에서 살펴본 바와 같이 1970년대 이후 가족복지제도들에서 뚜렷한 영향을 유지하고 있다. 자녀양육 정책의 철학은 위에서 살펴본 바와 같이 사회복지에 대한 보편적 접근을 기조로 하며, 자녀양육에 소요되는 서비스, 비용, 시간에 접근할 권리 역시 전 계층의 모든 커플들에게 적용되는 권리로 만들어놓음으로써 자녀양육이 개별 가구의 부담으로 작용하거나 개별 가구의 소득 하락으로 귀결되지 않게끔 보호하고 있다. 즉, 스웨덴의 아동가족 정책은 모든 아동과 자녀 있는 가구가 일정 수준 이상의 삶의 질을 보장받는 것을 보편적 권리의 차원에서 누릴 수 있게 하였다.

또한 프랑스는 가족수당의 목적을 다음과 같이 명시하였다. "아동 정책의 목표를 자녀양육으로 인한 비용을 국가가 분담함으로써 무자녀 가족과 한 자녀 혹은 다자녀 가족 간의 생활 수준 차이가 벌어지는 것을 막는 것"과 함께 "고소득 가정과 저소득 가정의 생활 수준 차이가 자녀양육으로 인해 더 벌어지지 않도록 국가가 지원한다"는 언명이 그것이다.

한편, 프랑스에서 가족수당이란 '가족 부양에 따른 위험으로부터 가족을 보호'하는 수당만을 의미하지 않는다. '가족생활과 관련한 사회적 위험'으로부터 가족을 보호하는 수당을 포괄하는 것을 의미한다(신윤정, 2017, pp. 26~27).[10] 수당별로 계층별·자녀 수별 지원액이 다른 것은 물론 빈곤가족인지,

10 여기서 가족부양수당에는 자녀부양수당, 임신·출산 및 영아양육수당, 한부모 지원수당, 장애아 자녀에 대한 수당이 포함되며, 가족생활과 관련한 사회적 위험으로부터 가족을 보호하

한부모가족인지, 장애아동가족인지에 따라 각기 정밀하게 디자인된 보조금 지원제도를 별개로 운영한다.[11]

강조하고 싶은 바는 이렇게 다양한 보조금제도를 운영하는 프랑스 가족복지제도의 가장 중요한 특성은 자녀 수가 많을수록, 소득이 낮은 계층일수록 더 많은 보조금을 받도록 설계한다는 점이다. 이른바 가족수당 지급액의 역진성이 두드러진 특징이다. 그만큼 프랑스 가족수당은 종류도 많고 역진적 체계로 인해 자녀가 많은 저소득 가정일수록 안전한 양육을 보장한다. 보편적 지원(전 계층 동일 금액 지원) 기조로 자녀양육 지원제도를 운영하는 우리나라와는 상당히 차이가 나는 지점이다.

이렇게 프랑스가 다양한 방식으로 취약계층의 자녀양육을 국가가 분담하는 제도를 운영하는 바탕에는 특유의 '연대'와 '평등'의 정신이 작동한다. 이른바 '**수평적 형평과 수직적 형평**' 정신이 그것이다. 수평적 형평성은 자녀가 있는 가정의 소득을 보전해 줌으로써 자녀가 있는 가정과 자녀가 없는 가정 간의 생활 수준 차이를 최소화하는 것이다. 그리고 수직적 형평성은 고소득 가정과 저소득 가정 간의 형평을 위하여 일정 수준 이상의 소득 가구에는 수당을 지급하지 않는 것[12]을 의미한다. 그렇게 함으로써 어떤 소득 수준의 가정이든 자녀양육으로 인한 경제적 곤란이 일정 수준 이상으로 높아지지 않도록 하는 가족복지 시스템을 가동하는 것이다.

이것이 프랑스가 유럽 어느 나라보다 안정적으로 출산율을 방어하는 비

는 수당에는 주거수당, 성인장애수당, 빈곤자 지원수당 등이 포함된다(신윤정, 2017, p. 27).

11 김우림(2021), pp. 70~71에 보면 프랑스의 다채로운 아동가족 정책들이 소개되어 있다.

12 프랑스는 소득 수준과 무관하게 두 자녀 이상을 둔 가족이면 누구에게나 지급하던 가족수당도 2015년 7월부터는 소득 수준에 따라 차등 지급하는 것으로 전환한 바 있다(신윤정, 2017, p. 27).

결로 평가된다. 반면 한국의 자녀양육 지원 정책은 계층 간 혹은 가족 유형 간 연대의 개념을 읽어낼 만한 대목이 거의 없다. 바로 이러한 점이 한국의 저출산을 초래한 정책 차원의 핵심 문제이다.

요약해 보면, 두 나라는 각기 다른 방식으로 **각 계층(특히 중간층 이하 계층)의 자녀양육이 개별 가족의 빈곤을 심화시키지 않게끔 하는 제도 운용을 하나의 목표로 삼고 있으며, 그런 정책 목표하에서 출산율 방어에도 성공**하고 있음을 확인할 수 있었다. 그렇다면 한국의 아동가족 정책(혹은 저출산 인구 정책)은 어떤 방향으로 나아가야 위 두 나라처럼 아동을 키우는 모든 가정이 일정 수준 이하 빈곤으로 추락할 위험으로부터 안전하게 보호할 수 있을지에 대한 문제를 다루어 보자.

2. 취약계층 자녀양육 지원 정책의 방향성 검토

제2부 끝에서 우리나라 저출산 인구 정책의 기조 가운데 가장 변화가 시급한 부분이 '취약계층 양육 지원 강화'임을 강조한 바 있다. 현재의 정책 환경이나 여론 동향에 비추어 볼 때 이러한 주장에 대한 동의가 언제, 어떤 방식으로 이루어질 것인가에 대해서는 예단하기 어렵다. 다만 그 방향성에 대해 동의가 이루어진다면, 다음은 어떤 철학적 개념을 기반으로 정책을 개발할 것인가 하는 문제가 될 것이다. 그런 관심하에 **취약계층 자녀양육 지원의 당위성을 구현할 철학적·개념적 기반 및 제반 고려사항**에 대하여 살펴보자.

1) 취약계층 자녀양육 지원의 철학 모색

취약계층 가족 지원을 확대하기 위해서 '지원의 철학'을 정립하는 일은 무엇보다 중요하다. 어떤 공공선(公共善)에 근거하여 그 지원을 추구할 것인지가 분명해지면 적절한 지원 범위나 지원 수준도 그에 따라 결정되기 때문이다. 그러므로 양육 지원의 기반으로서 어떠한 권리 혹은 가치 개념을 적용할지에 대한 토론은 양육 정책의 구체적 모형을 제공하는 이상으로 중요한 의미를 지닌다. 그럼에도 지금까지 이런 관심의 선행 연구와 토론은 극히 빈약하였던 것이 사실이다.

굳이 따지자면 우리 사회의 경우 제도의 필요성과 당위성을 토론하는 일이 그다지 긴요하지 않았던 면이 있다. 선진국 제도들을 도입하면서 그 제도들이 깃든 철학적 기반이나 근거 개념 등을 함께 들여온 예가 허다하기 때문이다. 그런 점에서 우리 토양에 적합한 아동가족 정책의 철학을 가다듬는 일은 어쩌면 지금부터의 과제일 것이다.

취약계층 양육 지원을 뒷받침할 철학적 근거는 어디에서 찾는 것이 좋을까? 저자의 소견으로는 한국 사회의 제도적 경로 및 사회문화적 토양을 고려할 때 두 가지 권리의 개념이 특히 중요하다고 본다. 하나는 '아동권' 개념이고, 다른 하나는 '재생산권' 개념이다.

아동권이란 "이 땅에 태어난 모든 아동에게 천부적으로 부여된 권리로서 신체적·지적·정신적·도덕적·사회적 발달에 맞는 적절한 생활 수준을 누릴 권리"로 정의할 수 있다.[13] 이렇게 아동권은 철학적·당위적 권리의 개념이지

13 뒤에서 살필 「유엔아동권리협약」 참조.

만, 다른 한편 자녀양육 지원의 근거로 활용할 가능성을 내포하고 있다. 즉, 이 개념을 근거로 하면 자녀양육 정책의 보장 수준과 지원 범위를 결정할 기준선 제시가 가능하다.

또 다른 개념으로 개별 커플들의 재생산권 관점을 고려할 수 있다. 어떤 커플일지라도 '경제적 여건 때문에 자녀양육을 포기하지 않도록 개별 가정의 부담 능력 이상의 지출 소요에 대해서는 국가가 지원'해야 하는 근거로 부부의 재생산권 개념을 정의하면 어떨까 한다.

(1) 자녀양육 지원 정책의 철학적 기반 I : 아동권

아동권 개념은 일종의 사회권적 권리 개념으로서 아직 그 내용이 구체화되어 있지 않은 상태이다. 그렇지만 이 개념은 자녀양육 지원의 근거로서 도움이 될 수 있다. 그 이유는 다음 세 가지이다. 첫째, 보편적 권리 개념에 근거하여 복지제도를 운용한 선례가 있다. 둘째, 국제법적 근거가 있다. 셋째, 양육 지원의 대상 및 금액의 기준을 유추할 만한 선행 연구 및 연구의 여건이 된다. 이러한 이유를 바탕으로 어떻게 아동권 개념이 취약계층 양육 지원의 근거가 될 수 있다는 것인지 아래에서 살펴보기로 한다.

① 양육 지원 근거로서의 아동권 개념

우선 우리나라에서 아동권 개념의 지원제도를 만든다고 할 때 선례로 삼을 만한 본보기 제도가 있는데 그것이 바로 '국민기초생활보장제도'이다. 기초생활보장제도가 '최저생계비'[14]를 계측하고, 그에 근거해 빈곤가족의 생계비

14 네이버 지식백과에 따르면, 최저생계비란 "국민이 건강하고 문화적인 생활을 유지하기 위하여 필요한 최소한의 비용"을 말한다. 보건복지부 장관은 최저생계비 계측을 위하여 「국

를 지급하는 것처럼, 일정 수준의 급여 제공을 통해 아동의 적절한 양육을 위한 최소한의 생활 수준을 보장하도록 아동권 개념을 활용할 수 있다. 기초생활보장제도의 선례에 비추어 볼 때 아동권 개념에 근거한 현금 지원제도를 성안하고 시행하게 되면 취약계층 가족의 아동양육 환경을 안전하게 보장하는 일이 국가의 책임이라는 인식이 오히려 확고해질 것이다. 기초생활보장제도가 도입되어 우리 사회에 끼친 영향을 보면 그 점이 분명해진다.

2000년부터 「국민기초생활보장법」 제도가 시행되었는데, 이전에도 빈곤계층을 위한 보조금 사업이 없었던 것이 아니었다. 그러나 이 제도 시행 전에는 '최소한의 인간다운 삶을 누릴 권리'를 보장하는 일이 국가의 책임이라는 인식이 빈약하였다. 그러나 이 제도의 운용하면서 '국민의 기본권' 인식이 확산되었고, 제도 시행 20년이 지난 현시점에 이르러 '빈곤에 대한 국민의 인식'은 과거와 크게 달라졌다[15]고 본다. 즉, 생계급여를 포함한 현금 지원에 대하여 더 이상 시혜 차원이 아닌 권리 차원으로 받아들이는 국민의 인식 전환이 이루어졌다. 마찬가지로 아동권 개념에 입각해 이들 취약계층 가족에 대한 지원이 이루어지면, 시혜 차원이 아닌 보편적 권리 차원으로 접근하게 함으로써 지원 대상 집단에 가해지는 낙인과 차별을 제거하는 데 도움이 될 것이다.

민기초생활보장법」 제20조의 2, 제4항에 따라 3년마다 실태조사를 실시·공표하여야 한다. 또한 보건복지부 장관 또는 소관 중앙행정기관의 장은 매년 8월 1일까지 「국민기초생활보장법」 제20조 제2항에 따른 중앙생활보장위원회의 심의·의결을 거쳐 다음 연도 급여의 종류별 수급자 선정 기준 및 최저보장 수준을 공표하여야 한다(기획재정부(2017. 11), 『시사경제용어사전』 최저생계비 항목 참조).

15 책임성 있는 복지제도가 등장하기 이전에 가난은 그저 국민 각자의 문제로 방치되었고, 심지어 개인의 나태와 무지의 탓으로 받아들여졌으며 낙인찍기가 성행하였다. 그에 비해 권리 개념이 정립된 현 사회에서 빈곤으로 인한 생활상의 제약을 해소하는 것은 사회적 책임이고 국가의 임무로 인식한다.

표 10-1 유엔아동권리협약

제27조 (발달에 맞는 생활 수준)

① 당사국은 모든 아동에게 신체적·지적·정신적·도덕적·사회적 발달에 맞는 생활 수준을 누릴 권리가 있음을 인정한다.

② 부모 또는 그 외 아동에 대해 책임이 있는 자는 능력과 재산의 범위 안에서 아동발달에 필요한 생활 여건을 조성할 일차적 책임을 진다.

③ 당사국은 국내 여건과 재원 범위 내에서 부모 또는 그 외 아동에 대해 책임이 있는 자가 이 권리를 실현할 수 있도록 적절한 조치를 취해야 하며, 필요한 경우에는 특별히 기본적인 의식주에 대해 물질적 지원과 지원 프로그램을 제공해야 한다.

주: 이 협약은 1989년 11월 20일 유엔총회에서 채택되어 1990년 10월 2일부터 국제법으로서 효력이 발생하였는데, 국제아동인권센터 번역본에서 인용하였다.

물론 '인간다운 기본 생활'이 무엇이며, 그것을 가능하게 하는 최저생계비를 어떻게 산출할 것이냐에 대해서는 논란이 있을 수 있다. 그럼에도 '인간으로서의 존엄을 유지할 수 있는 최소한의 생계비용'이라는 개념은 생각해 볼 수 있으며, 그렇기 때문에 기초생활수급자 생계급여를 포함한 빈곤복지를 현재 운영해 오고 있다. 마찬가지로 현실적으로 아동양육비용은 천차만별이며 무엇이 아동발달을 위한 적절한 환경인지 자명하지 않지만, 그럼에도 '아동의 기본 발달에 맞는 적절한 생활 수준을 위한 양육비'라는 개념을 생각해 볼 수 있으며, 그에 입각해 복지제도를 운영할 수 있다는 것이다.

② 아동권의 국제법적 근거

그렇다면 아동권 개념의 국내법적 혹은 국제법적 근거는 있는지 알아보자. 아동권 개념을 논할 때 출발이 되는 문건은 「유엔아동권리협약」으로 우리나라도 비준을 마친 상태이다. 동 협약 제27조 제1항, 제2항, 제3항에 따르면 아동은 신체적·지적·도덕적·사회적 발달에 맞는 생활 수준을 누릴 권리가 있으며, 그에 대한 일차적인 책임은 부모가 지지만, 이러한 권리가 실현될 수 있도록 필요한 경우 국가도 적절한 조치를 하도록 규정하고 있다.

이렇듯 국제법적 근거로서 아동권의 개념이 확보된 상황에서 다음으로 필요한 일은 추상적인 개념을 현실에 적용할 적절한 방법론적 도구를 개발하는 일일 것이다.

③ 아동권에 입각한 지원 수준과 대상

이번에는 아동권 개념이 자녀양육비용을 지원하는 정책의 대상 및 지원 수준을 특정할 수 있는지 검토해 보자. 기초생활보장제도의 최저생계비 개념이 좋은 모델이 될 것이다. 최소한의 인간다운 생활에 소용되는 비용을 최저생계비로 정의하게 되면 '모든 인간은 인간다운 삶을 누릴 권리'에 입각해 그 금액 이하 소득 가정에서는 격차가 나는 만큼 국가의 지원을 받게 된다. 이때 아동발달에 필요한 생활 수준에 드는 적절한 금액을 계측할 수 있다면, 이에 못 미치는 자녀양육비용을 벌고 있는 가정에 대해서 정부가 지원금을 제공할 수 있다. 그런 점에서 아동권은 지원 수준 및 대상을 특정할 수 있는 근거 개념이 될 수 있다.

한편, 자녀양육비용이라고 하면 실제로는 소득계층에 따라, 학력 수준에 따라 또는 개별 가정의 경제 합리성 전략에 따라 매우 큰 편차를 보임에도 불구하고, 이론적으로는 **'아동발달을 위한 동등한 기회의 제공'**이라는 관점 하에 경제적으로나 문화적으로 최소 수준의 생활 환경을 제공할 수 있는 비용이라는 개념을 상정해 볼 수 있을 것이다. 이를 근거로, 예컨대 **'연령별 표준양육비'**라는 기준선을 구성해 이를 국가가 양육비를 분담하는 형태를 고려해 볼 수 있다고 본다.

(2) 자녀양육 지원 정책의 철학적 기반 II: 부모의 재생산권

아동권 개념에 이은 두 번째 접근으로서 '개별 커플들의 재생산권을 보장하기에 적합한 수준'이라는 기준을 생각해 보기로 한다. 먼저 재생산권과 아동권의 관계를 짚어 본 다음에 이어서 재생권 개념의 효과를 정리해 보자.

① 재생산권 개념과 아동권의 관계

앞서 제2부에서 검토한 바와 같이 재생산권은 "가난한 가족이든, 장애가 있는 가족이든, 또는 한부모가 양육하는 가족이든, 또는 그 밖의 **어떠한 형편의 가족이든 자녀를 낳아**(혹은 입양해) **기르고 싶은 만큼 기를 수 있는 여건을 만들어 주는 것**"을 의미한다. 물론 이 여건 조성에 필요한 적정 비용 수준이 어느 정도이냐에 대해서는 참조할 만한 선례나 조사 연구가 거의 없다. 다만 스웨덴을 포함한 북유럽이나 프랑스가 보여 준 다채로운 지원 정책들이 각기 자녀양육을 위한 필요에 부응해 발달한 것이라고 볼 때, 그 나라들을 기준으로 정책들의 재정투자 규모나 유형을 유추해 볼 수 있을 것이다.

한편, 개념적으로 볼 때 부모의 재생산권 보장은 아동권 보장과 별개의 문제일 수가 없다. 즉, 부모의 재생산권은 사실 장차 태어날 자녀에게 일정 정도 이하의 생활 수준에 노출될 위험을 감수하지 않도록 보장함으로써 달성될 수 있는 권리라고 한다면, 아동권이 보장되는 사회는 부모의 재생산권이 보장되는 사회라고 할 수 있을 것이다. 개별 커플들이 자녀를 낳아 양육함에 있어 장차 예견되는 실직이나 빈곤, 장애에도 불구하고 그 자녀의 아동권을 온전히 보호할 장치가 사회적으로 준비되어 있다면, 이 상태를 재생산권의 실현으로 간주해도 무방할 것이다. 마찬가지로 자신의 출산 결정이 주어진 사회 환경과 각자 삶의 전망에 비추어 모험으로 간주할 가능성이 상존

한다면, 그런 사회적 환경은 재생산권의 실현을 가로막고 있는 것으로 볼 수 있다.

이와 같은 논거에서 우리나라 취약계층 가족복지가 취할 가치는 아동권 및 재생산권 개념임을 강조하고자 한다. 다만, 아동권 개념과 차이가 있다면 재생산권 개념에서 더욱 바람직하고 중요한 정책 조건은 미성년 자녀를 키우는 내내 안정적으로 아이의 양육과 교육을 보장할 수 있는 지원이어야 한다는 점이다. 즉, 부모의 재생산권은 아동권과 달리 공시적인 문제에 그치지 않고 생애 양육 기간을 포괄하는 통시성을 내포한다는 차이가 있다.

② 2040 청년세대와 재생산권 보장의 중요성

앞에서 재생산권의 보장은 아동권의 보장과 내용상 다른 이야기가 아님을 확인하였다. 이 땅에 태어나는 모든 아동에게 적절한 양육 환경을 제공할 여건이 되지 못하다는 것은 우리나라 청년세대들이 부모의 재생산권을 누리지 못하고 있다는 말과 동의어가 되는 것이다.

한국 사회에서 유난히 부모의 재생산권이 문제가 되는 것은 앞서 제4장에서 살핀 바와 같이 가임 연령층인 청년세대(2040[16]연령계층)의 삶이 미래 전망 및 사회적 안전이라는 측면에서 역사상 가장 불리한 세대라는 점 때문이다.

궁극적으로 생각해 보면 저출산 대책이 따로 있다기보다는 아동과 그 부모가

16 우리 사회의 '청년 문제'의 시작은 앞서 제5장에서 본 것처럼 1990년대 초반에서 2000년대 초반까지 일어난 대졸 정원의 확대에 있다. 뒤를 이어 나타난 '청년 구직난'이 또 하나의 중요한 역사적 계기였으며, 그 이후 '부동산 가격 앙등' 및 '노동시장 불안정 구조' 등이 중첩되어 오늘의 청년 주거와 청년 일자리 문제가 배태되었다. 그런 관점에서 볼 때 20대, 30대, 40대는 공통된 속성을 가진다. 아울러 40대 가임층까지도 조망권 안에 두기 위해 2040 청년세대라는 표현을 사용하였음을 밝혀 둔다.

행복하고 안정적인 삶을 누릴 수 있도록 제반 사회·경제·문화적 여건을 마련해 주는 것이 근본적인 대책이 될 것이다. 불안정성(insecurity)과 불확실성(uncertainty)이 큰 사회일수록 결혼과 출산에 따른 기회비용도 커지기 마련이며, 따라서 그러한 선택을 하나의 모험으로 여길 가능성도 커진다. 여기에 불평등(inequality)이 크고 사회 이동성이 낮은 사회라면, 저소득 청년들이 오늘의 열세를 딛고 후세대에 투자할 여력과 의지는 더욱 약해질 수밖에 없다. 이러한 의미에서 아이를 낳을 경우 빈곤하고 불안정한 환경에서 키워야 할 수도 있다는 두려움을 덜어주는 정책, 모든 아동이 균등한 기회를 갖고 미래 빈곤의 대물림으로부터 벗어날 수 있도록 하는 적극적 정책, 통틀어 아동빈곤 예방을 위한 정책적 지향성을 가지고 체계적 계획과 추진 로드맵을 그리는 것은 그 자체로 의의를 가질 뿐 아니라 저출산 대책의 중요한 출발점이 될 것이다.[17]

노동자로서의 생애 전망이 불투명하며 안전한 일대기가 보장되지 않은 2030 세대에게 비혼과 무자녀의 선택은 결코 특이하거나 이상한 선택이라고 할 수 없다. 오히려 합리적이고 심지어 윤리적인 선택일 수 있을 것이다. 아동권의 관점에서 보자면, 자녀의 양육기 동안 경제적 안전이 보장되지 않는 출산 결정은 '아동권의 훼손'으로 귀결될 가능성을 안고 있기 때문이다.

안전한 노동자의 일대기를 보장하지 못하는 사회[18]에서 부모의 재생산권은 정부가 얼마나 '자녀 있는 가정의 사회안전망' 구실을 하는가에 따라 보장받거나 그러지 못하거나 할 뿐이다. 따라서 아동의 다면적 발달을 위한 적절한 환경을 구축하는 데 드는 비용에 대하여 부모의 능력으로 부족할 때는 정부가 부족한 만큼 보전해 주는 이외에 달리 방법이 없을 것이다. 아동권 보장이 매우 어려우니 부모의 재생산권이 위험에 처한 오늘날 한국 현실에서 이

17 여유진(2018), pp. 38~39.
18 여기에 대해서는 제5장의 4와 5의 내용을 참조할 것.

는 중요한 복지 개편의 한 지점이라고 본다.

2) 취약가족 양육 지원의 얼개: 포괄 범위와 지원 수준

이번에는 한국의 아동복지가 놓여 있는 제도적 환경을 고려할 때 우리에게 적절한 제도의 기본 얼개가 어떤 것인지 살펴보고자 한다. 즉, 지원금액 및 지원 대상의 범위에 관한 논의를 좀 더 구체화해 보기로 하자. 먼저 아동권 내지는 재생산권에 근거한 지원 정책이 취할 기본 원칙을 살펴본 다음, 지원 금액과 관련한 선행 연구들을 검토하고, 지원 수준에 관한 논의로 이어가 보도록 하겠다.

(1) 양육 지원 정책의 쟁점 및 고려사항

앞에서 자녀양육 지원 정책의 철학적 기반으로 아동권 내지 재생산권 개념의 도입을 검토해 보았다. 이 개념들에 의거해 아동양육 정책을 설계하려면 지원 범위나 금액에 있어 몇 가지 고려할 지점이 생긴다.

첫째, 지원 방식을 고려할 때 현행 아동수당 등의 제도에서처럼 고정된 금액을 일괄 지급하는 방식은 적합하지 않다는 점이다. 아동권 개념은 무엇보다 모든 아동에게 최소 수준의 생활 환경을 보장하는 데 주안점이 있다. 따라서 미성년 자녀를 둔 가족을 대상으로 최소한도의 생활 수준에 못 미치는 경우 그 격차만큼 국가가 지원하는 방식이어야 한다(보충성의 원리). 아울러 새롭게 설계할 현금 지원 정책은 기존의 현금 지원제도들과 별도로 운영하지 말아야 한다. 현재의 현금 지원제도(부모급여, 아동수당, 양육수당, 교육급여 등)들을 다 포괄하고 그 사업들의 총지원액으로도 부족한 금액만큼 보충하는 방식이어야 할 것이다.

그와 관련하여 아동권 개념에 입각한 보조금제도를 고려함에 있어 유념해야 하는 또 다른 점은 정부가 지원금액을 늘린다고 해서 그에 비례하여 출산력이 오르지 않는다는 사실이다. 즉, 개별 커플들은 일정 수준의 안전이 보장되어야 비로소 출산이라는 결정과 실행이 도출될 수 있고, 그 이하에서 지원하면 출산 결심에 영향을 줄 수 없다는 점을 명심해야 한다. 마찬가지로 필요 이상의 예산을 지출해도 출산 결심이 더 늘지 않는다.

둘째, 자녀의 연령별 양육비의 차이를 고려하되 자녀의 미성년 기간 내내 일정하게 지속되어야 한다. 즉, 양육비에 못 미치는 수준으로 지원하는 연령 구간이 생기지 않도록 미성년 자녀의 양육 기간 내내 안전한 양육을 보장하도록 제도를 설계할 필요가 있다. 만약 제대로 지원하지 못하는 연령 구간이 생기면 지원이 있는 연령 구간의 효과성도 떨어뜨리기 때문이다. 부모의 재생산권은 아동의 양육을 미성년 기간 내내 책임지는 것으로서 특정 연령대에 집중적인 지원이 있다고 해서 보장되는 것이 아니라는 점을 특히 강조하고 싶다. 현재 우리나라 아동가족 정책은 연령별 사각지대가 발생하는 구조(특히 24개월 미만에 집중)로서 이렇게 되면 생애 기간 동안 안전을 보장할 수 없어서 출산 결심의 제약 요인으로 작용한다.

셋째, 한부모가족이나 장애아동가족처럼 양육비용 및 가족의 경제적 안전에 차이가 나는 가족은 더 역진적으로 두텁게 보호하도록 설계해야 한다. 한부모가족은 양부모가족에 비해 아동양육을 위한 기회비용이 더 커질 수밖에 없다. 즉, 아동의 긴급한 돌봄의 필요가 발생할 때 부모의 노동시간을 줄이거나 중단할 때 그 타격이 양부모에 비해 크다. 이런 점을 고려해 한부모가족은 양부모가족과 비교해 조금 더 높은 소득분위 가정까지 지원할 필요가 있다. 또한 장애아동가족의 경우 아동의 재활치료비용 등 양육비용의 상승 요인은 물론이고, 돌봄비용이 추가로 들어가는 점을 고려하여 안정한 양육을 위한 비용이 추가로 고려되어야 한다.

넷째, 그 밖에 한국에서 취약계층의 자녀양육 정책은 부모의 소득이 일정 수준 이하로 떨어질 때(이른바 표준양육비용 이하로 떨어질 때) 그 격차만큼 국가가 책임진다는 신호가 명확하게 전달될 수 있도록 제도설계와 홍보를 병행해야 한다. 그런 신호의 의미가 분명하게 인지된 때 비로소 출산력에 의미 있는 영향을 미칠 것이다.

(2) 자녀양육비 관련 선행 연구

취약계층의 양육 지원제도 설계를 위한 원칙을 염두에 둔 가운데 이번에는 자녀양육 지원금액 산정에 대하여 알아보자. 먼저 자녀양육비용 관련 연구를 살펴보면 약 10년 전까지 일부 이루어지다가 최근에는 거의 끊어진 추세이다. 따라서 여기서 소개할 세 건의 연구 중 두 건의 연구는 각기 2007년과 2010년의 연구로서 지난 10여 년간 물가 상승 및 전반적인 가구소득 향상을 고려해야 한다.

이성림(2007)과 신윤정·김지연(2010)의 연구는 각 연도 「가계동향조사」 자료를 활용한 2차 연구들로서 적용한 연구방법론은 각기 다르다. 전체 가계비용 자료를 토대로 자녀양육비용을 추계하는 일은 그리 간단치 않으며, 역사적으로 상당히 다양한 이론적 전제와 산식(算式)을 기반으로 다양한 방법론[19]들이 개발되었다. 두 연구물 중 이성림은 한계비용 추계 방식을 신윤정·

19 과거부터 지금까지 자녀양육비용 측정 방식은 다양하게 발달해 왔다. 먼저 1차 자료를 활

김지연은 두당 집계 및 회귀 모형을 응용한 1인당 비용 측정 방식을, 적용해 전체 가계소득 자료에서 자녀양육비용을 구분해 보려는 노력을 기울였고, 그 결과 도출된 평균 자녀양육비용은 〈표 10-2〉에서 보는 바와 같다.

그 밖에 복잡한 산식을 동원하지 않고 실태조사 결과를 집계한 박종서 외(2021)의 연구가 있는데 여기서는 자녀양육비용 항목 이외에 가구원 공통의

용하는 방법론으로 자녀양육비용에 대한 소비자 조사를 이용하는 방법과 일정 수준의 생활을 누리기 위해 필요한 재화와 서비스의 목록을 전문가들이 먼저 작성하고 이를 기반으로 항목별 실제 소비량을 조사하여 집계하는 '마켓마스켓 방식'(예산 분석 방법론)이 있다. 이 둘은 모두 설문 응답자 및 전문가의 자의적이거나 주관적 판단의 개입으로 인한 부정확성 때문에 초기에는 조금 사용되다 지금은 거의 사용하지 않고 있다. 다음으로 「가계동향조사」와 같은 2차 자료를 활용하여 추정하는 방식인데, 여기에도 크게 두 가지 접근 방법이 있다. 하나는 '두당 접근법'이라고 하여 가계소비지출 전체를 가구원 수로 나누어 1인당 지출액을 자녀 1인당 양육비용으로 간주하는 방법이다. 이 방식은 성인과 아동이 동일한 비용을 지출한다는 가정이 유발하는 과도한 문제를 보완하기 위해 현재는 수정된 방식으로 주로 시행되고 있다. 바로 전체 비용 항목을 성인비용 항목, 자녀비용 항목, 공동비용 항목으로 나눈 다음 각 항목의 비용을 각기 성인 가구원 수와 자녀 수, 그리고 전체 가구원 수로 나누어 1인당 자녀양육비용을 산출하는 방식이다. 그런데 이 방법도 자녀가 태어나고 가구원이 늘어나는 데 따른 규모의 경제를 반영하지 못하는 문제점으로 인해 잘 사용하지 않고 있다. 또 다른 방법으로 '한계비용 접근법'이 있는데, 이 접근의 기본 가정은 부모가 자녀가 태어나기 전에 누리던 후생 수준과 현재 자녀가 태어나고 자녀 수가 늘어나는 동안 누리는 후생 수준의 차이가 곧 자녀양육비용이라는 것이다. 즉, 자녀 출산 전에 누리던 후생 수준을 계산하고 현재와의 격차를 비용으로 계산해 그만큼을 자녀양육비용으로 추정하는 접근이다. 한계비용 접근법에도 또 다양한 갈래가 있는데 총효용이 같은 가족을 무엇으로 식별하느냐에 대한 각기 다른 주장의 학파들이 병립해 있는 실정이다. 엥겔계수가 같으면 같은 복지 수준의 가구로 가정하는 방식(Engel 방법), 성인의 복지 수준을 반영하는 성인 재화를 선정하고 이 재화들의 지출 수준이 같으면 같은 후생 수준을 누리는 가구로 가정하는 방식(Rothbarth 방법), 그리고 부모의 후생 수준을 각 소비재를 대상으로 한 부모의 간접효용함수로 측정하는 방법(Barten-Gorman 방법)으로 나뉜다. 그러나 이 한계비용 접근법은 부부가 자녀를 가져도 부부의 선호체계는 변하지 않고 유지한다는 강한 가정을 기반으로 하고 있어서 부모가 되면 선호와 효용의 체계가 변하는 현실 부부들의 상태를 잘 반영하지 못하는 한계점을 가진다. 이런 점들 때문에 최근 연구자들은 2차 자료를 활용하되 자녀 1인당 양육비를 과거처럼 두당 1/N 방식으로 접근하는 대신 '지출 항목별 자녀양육비 추계 방법'을 적용한다. USDA(U.S. Department of Agriculture)의 1인당 비용 측정 방식이 대표적인 방법인데, 이것은 지출 항목별 회귀 모형을 추정하고 회귀 모형 추정 결과에 따라 항목별 지출액 규모를 추정한다. 그리고 이를 합산하여 1인당 양육비를 집계하는 것이다. 이상 자녀양육비용의 접근법에 대한 정리는 이성림(2007)과 신윤정·김지연(2010)을 참조하여 재구성하였다.

표 10-2 전국 자녀양육비용 평균 비용

<table>
<tr><th>연구자</th><th>자녀양육비용(월평균)</th><th colspan="2">집계 방식</th><th>원자료(표본 수)</th><th>특징</th></tr>
<tr><td>이성림
(2007)</td><td>1명: 68만 원
2명: 104만 원
3명: 118만 원</td><td colspan="2">한계비용 추계 방식</td><td>2004년 「가계조사 동향 자료」(7,500개 중 2,553개 가구)</td><td></td></tr>
<tr><td rowspan="2">신윤정·
김지연
(2010)</td><td>1명: 76만 원
2명: 132만(인당 66만 원)
3명: 165만(인당 55만 원)</td><td rowspan="2">1인당 비용 측정(가구 공통비용 포함)</td><td>두당 집계</td><td rowspan="2">2009년 「가계조사 동향 자료」(9,999개 가구)</td><td rowspan="2"></td></tr>
<tr><td>1명: 95만 원
2명: 160만(인당 80만 원)
3명: 192만(인당 64만 원)</td><td>회귀 모형 적용</td></tr>
<tr><td>박종서 외
(2021)</td><td>1명: 76만 원
2명: 144만(인당 72만 원)
3명: 189만(인당 63만 원)</td><td>1인당 비용 측정</td><td>자녀지출 항목 합산</td><td>2021년「가족과 출산조사」(4,055개 가구)</td><td></td></tr>
</table>

자료: 저자 작성.

비용 가운데 자녀분을 포함하고 있지 않아[20] 실제로는 자녀양육비용에 못 미치는 비용을 집계하고 있는 한계가 있다. 아울러 「가족과 출산조사」는 조사 주기가 3년이며, 「가계동향조사」처럼 일기식 가계부에 기초한 응답을 요구하지 않고 있어 응답자의 신뢰성에도 제한점이 있어 보인다.

이상 세 연구를 검토하면, 추정된 자녀양육비용 규모에 다소 차이가 있음을 알 수 있는데, 조금 더 구체적으로 지출 규모를 살펴보자. 2007년에 수행한 이성림의 연구(2004년 우리나라 7,500개 표본가구를 대상으로 생산된 가계조사 원자료를 활용한 분석 추계)는 우리나라 자녀양육의 월평균 비용을 자녀 한 명

20 「2021년도 가족과 출산조사」에서 자녀양육비용은 공교육(초·중·고 및 대학의 등록금 및 특별활동비 등)+유치원과 어린이집 이용료+사교육비(학원, 과외, 학습지 등)+돌봄비용(조부모, 기타 친인척과 비혈연)+기타(의복, 장난감, 분유, 기저귀, 용돈, 의료, 교통, 통신 등)로 구성된 항목에 응답한 비용의 합산으로 구성되어 있다.

일 경우 68만 원, 두 명일 경우 104만 원, 세 명일 경우 118만 원으로 추정하였다. 2010년에 나온 신윤정·김지연의 연구(2009년 「가계조사동향」에서 추출한 9,999개의 표본을 활용 추계)는 한 달 평균 자녀 1인당 양육비 지출 추계액은 두당 비용 접근법을 적용한 결과 한 자녀 가계는 월 76만 원, 두 자녀 가계는 자녀당 월 66만 원, 세 자녀 가계는 자녀당 월 55만 원, 지출 항목별 추계방법을 이용한 결과 한 자녀 가계는 월 95만 원, 두 자녀 가계는 자녀당 월 80만 원, 세 자녀 가계는 자녀당 월 64만 원으로 산출된다고 보고하고 있다. 또한 박종서 외에 따르면, 한 자녀 가계의 경우 자녀당 월 76만 원, 두 자녀 가계의 경우 자녀당 72만 원, 세 자녀 가계의 경우 자녀당 63만 원인 것으로 집계되었다(박종서 외, 2021, p. 266). 살펴본 선행 연구들을 하나의 표로 정리하면 〈표 10-2〉와 같다.

이 세 연구에서 밝히는 전국 평균 자녀양육비 규모는 서로 다르며, 신윤정·김지연의 연구처럼, 같은 시기 같은 자료를 활용한 경우조차 접근 방법에 따라 다른 액수를 추정한다. 그만큼 자녀양육비용의 규모는 활용하는 자료에 따라서도 다르며, 어떤 가정을 기반으로 접근하느냐에 따라 꽤 편차가 생길 수 있다는 것을 알 수 있다.

그럼에도 이들 자녀양육비 연구가 출산력 정책에 던지는 함의가 적지 않다. 자녀양육에 드는 경제적 부담을 추계한 자녀양육비들은 자녀양육으로 인해 그 부모의 후생 수준을 떨어뜨리지 않을 수 있는 비용의 규모가 대략 어느 정도인지를 시사하기 때문이다.

(3) 자녀양육비용 지원의 수준 검토

그렇다면 앞에서 본 바와 같은 평균 양육비 추정에 비추어 어느 정도 수준에서 국가가 분담하는 것이 적정할지 검토해 보아야 한다. 이에 대해서는 몇 가지 논의가 진행되고 있지만 아직까지 합의된 기준선이 없다. 다만 자녀양육비용의 집계 방법들에서 유추할 수 있듯이, 지금까지의 연구들은 대략 국가의 아동양육비 지원 적정선을 평균적 자녀양육비용 수준으로 가정하는 경향이 있음을 볼 수 있다.[21] 일견 합당한 가정으로 보인다. 평균선 이상의 지출은 개별 가정의 취향일 뿐 필요불가결한 부분이라 보기 어려운 측면이 있으며, 평균선 이하의 지출을 기준으로 삼게 되면 인위적으로 아동에게 필수적인 비용을 낮추라는 압력으로 작용할 여지가 있다는 점에서 그러하다.

실제로 프랑스의 경우 적절한 사회적 양육비 보상 수준을 '**평균적인 사회적 조건하에서 소요되는 자녀양육비**'로 정의하고 있으며, 중산층 가족을 대상으로 하는 소득공제와 현금 지원을 가지고 완전하게 보상하는 수준으로 평가되고 있다(신윤정·김지연, 2010, p. 164). 따라서 자녀양육비용을 보전하기 위한 하나의 기준으로서 전국적 평균 자녀양육비용이라는 선이 일정한 타당성을 가지고 있는 것은 사실이다.

그러나 한국의 경우 **지금 당장 전국적 평균 수준으로 모든 계층의 평균적인 자녀비용을 국가가 지원한다는 것은 바람직하지 않다는 것이 아니라 불가능하다.** 따라서 차선책을 강구하지 않으면 안되며, 그 차선책은 최소한의 자녀양육비용을 감당할 수 없는 계층부터 그 비용을 감당할 수 있도록 도와주는 정책이어야 할 것이다. 한국 사회의 경우 자녀양육이 부부의 생활수준 격하를 막아주는 수준의 지원을 해야 한다는 개념은 생소하며, 따라서 그에 대한 본격적 논의가 시작조차 된 적이 없는 상태이다.

21 신윤정·김지연(2010), 이성림(2007) 등을 참조할 것.

그러므로 한국의 아동 투자의 규모가 OECD 평균 수준에 못 미치는 낮은 수준임을 고려해 투자를 확대하되, 우선 당장 시급한 계층이 있고 그 이후 확대할 계층이 있음을 유의해야 한다. 마찬가지로 지원금액도 전국 평균보다 낮은 수준에서 시작해 점진적으로 전국 평균 수준으로 이행하는 것이 올바른 방법이라고 생각한다. 아래에서는 우선 지원할 계층 및 지원 수준에 대하여 탐색해 보기로 한다.

3. 주양육자-미성년 자녀 기반 사회보장 시스템 도입

이제까지 살펴본 취약계층 자녀양육 지원을 뒷받침할 철학적 기반 내지는 개념적 근거를 토대로 하여 보다 구체적인 정책 모형의 기본 틀을 제시해 보자면, '표준양육비' 개념과 '주양육자-미성년 자녀 기반 사회보장 시스템'이라는 두 가지 제도를 들 수 있다. 다음에서 차례로 보기로 한다.

1) 표준양육비의 도입

앞서 자녀양육비용에 관한 추계 연구들을 기준으로 볼 때, 현재 우리나라 자녀양육 정책에서 지원하는 금액이 지나치게 낮은 금액을 지원하고 있다는 점은 분명하다. 특히 지원이 절실한 계층을 포괄하지 못하고 있다는 데 대해서는 제9장에서 자세히 설명한 바 있다.

그러나 바람직한 지원 수준이 어느 정도이어야 하는가에 대해서는 전문가들 사이에 별다른 논의가 없었다. 다만 앞서 아동 지원 철학의 검토에서 살펴본 것처럼, 아동권의 관점에서 본다면, 아동의 적절한 발달에 필요한 금액이 얼마인가에 대한 최소한의 기준을 정립할 필요가 있으며, 그 비용 수준을 '표준양육비' 혹은 '최소양육비'로 하는 것이 바람직하다고 생각한다. 현재 활용되는 유사 개념인 '최저생계비' 및 '표준보육비용'[22]의 정의를 참조하여 표준양육비를 정의하면 다음과 같다.

표준양육비는 국가가 양육 관련 비용을 지급할 때 기준으로 삼는 금액으로서 정기적인 실태 및 산식 보정 연구를 기반으로 하되 재정 상황을 고려하여 정책적으로 결정·고시하는 금액을 말한다.

이러한 표준양육비 개념은 앞서 본 것처럼, 양육 지원에 대한 국가의 책임을 환기시키고 권리의 관점에서 지원금을 수급함으로써 시혜에 따른 낙인 효과를 방지하는 효과를 발휘할 수 있다. 그뿐만 아니라 자녀양육에 소요되는 지출에 민감성을 높여 줄 수 있고, 아동권 및 재생산권의 관점에서 출산력에 장애 요소가 되는 경제적 제약을 가시화할 수 있다는 점에서 그 의의가 있다.

그렇다면 표준양육비 개념에 근거한 새로운 현금 지원 정책은 어떤 형태를 띠어야 할 것인가? 이를 검토하기에 앞서 소득계층별 자녀양육 관련 지원 제도의 현황을 다시 한번 상세히 들여다보자. 현재 우리나라에서 취약계층 자녀양육을 지원하는 정책의 종류 및 내용 그리고 소득계층 기준을 보면 〈표

22 표준보육비용은 "어린이집에서 영유아에게 일정 수준의 보육 서비스를 제공하기 위해 필요한 비용"을 의미하며, 보육료를 포함하여 어린이집에 지원되는 무상보육비용의 산정 근거로 활용된다. 어린이집이나 유치원에 지급하는 보육비용의 기준이 되는 이 금액은 3년마다 계측해 공표하며, 보건복지부가 중앙보육정책위원회의 심의를 거쳐 확정한다(보건복지 홈페이지 참고(2023. 8 생성 기준)).

표 10-3 선정 기준별 주요 아동빈곤 정책 현황

<table>
<tr><th rowspan="2">주요 대상</th><th colspan="5">소득인정액(또는 소득) 기준, 기준 중위소득 대비 비율</th></tr>
<tr><th>30% 이하</th><th>40% 이하</th><th>50% 이하</th><th>60% 이하</th><th>60% 이상</th></tr>
<tr><td rowspan="4">기초보장
수급자
(생계, 의료)</td><td>국민기초생활보장제도(생계급여)</td><td></td><td></td><td></td><td></td></tr>
<tr><td colspan="2">국민기초생활보장제도(의료급여)</td><td></td><td></td><td></td></tr>
<tr><td colspan="2">• 아동발달지원계좌(디딤씨앗통장)
• 에너지바우처(영유아, 임산부)
• 기저귀 · 조제분유 지원(0~1세)</td><td></td><td></td><td></td></tr>
<tr><td colspan="2">영구임대주택(생계, 의료수급자)</td><td colspan="3">(국가유공자, 북한이탈주민, 장애인,
아동복지시설 퇴소자, 한부모 등)</td></tr>
<tr><td rowspan="3">기초보장
수급자+
차상위계층</td><td colspan="3">국민기초생활보장제도(주거급여)</td><td></td><td></td></tr>
<tr><td colspan="3">국민기초생활보장제도(교육급여)</td><td></td><td></td></tr>
<tr><td colspan="3">• 드림스타트, 초등돌봄교실, 방과후 보육료 지원
• 교육복지 우선지원사업, 방과후학교 자유수강권
• 사회통합전형 대상자 교육비 지원, 우수학생 해외유학 장학금, 고교학비 지원
• 소아암 환자 의료비 지원, 출산비용 지원
• 급식비 지원, 학교 우유급식, 아동급식사업(지방 이양)
• 사랑의 그린PC 보급, 산림복지서비스 이용권, 스포츠 강좌 이용권(5~18세), 통합문화 이용권(5세 이상), 교육 정보화 지원(초중고)</td><td></td><td></td></tr>
<tr><td rowspan="3">차상위계층</td><td colspan="4">한부모가족 아동양육비 지원(중위 52%)</td><td></td></tr>
<tr><td colspan="3"></td><td>초중고학생[2]
교육비 지원</td><td></td></tr>
<tr><td colspan="3"></td><td>청소년 한부모
고교생
교육비 지원[3]</td><td></td></tr>
<tr><td>기초보장
수급자+
차상위계층+
일부 중산층</td><td colspan="5">• 지역아동센터(중위 100%)
• 청소년 방과 후 아카데미(소득하위 60%)
• 근로장려세제(EITC), 자녀장려세제(CTC)
• 영양플러스(중위 80%)
• 신생아 난청조기진단(전국 가구 평균소득 60%)
• 산모 · 신생아 건강관리 지원(중위 80%)
• 취학 전 아동 실명 예방(수술비 지원: 소득인정액 기준 중위소득 80%)
• 희귀난치성 질환자 의료비 지원(중위 120%)
• 발달재활 서비스(전국 가구 평균 150%)
• 미숙아 및 선천성 이상아 의료비 지원(중위 180%)</td></tr>
</table>

주: 1) 이 표에 지시된 내용 중 그 뒤 지원 범위가 늘어난 항목으로 한부모가족 지원 아동양육비가 중위소득 52%에서 현재 중위소득 60%로 늘어나는 등 개선 사항이 있었음을 밝혀 둔다.
2) 중위소득 50~60%.
3) 중위소득 53~60%.

자료: 여유진(2018), p. 35.

10-3〉과 같다.

요약한 것처럼 취약가족 대상 지원제도들(및 이들 정책에서 제시하는 금액들) 중 현금 지원 정책의 관점에서 중요한 제도는 '생계급여제도'와 '교육급여제도' 두 가지이다. 아울러 한부모가족과 장애아동가족에 대한 현금 지원 정책을 운영하고 있다. 앞서 제2부에서 살펴본 바와 같이 이 제도들의 포괄 범위 및 지원 수준은 아동양육에 소요되는 실제 비용과의 갭이 너무 커서 양육비용에 관한 국가의 책임을 천명한 정책이라고 보기 어려우며, 시혜적 차원의 의미밖에 없다고 할 것이다.

따라서 취약계층 가족의 자녀양육을 위한 새로운 현금 지원제도를 도입할 필요가 있다. 아동양육비용으로 말미암아 빈곤이 심화하는 가정은 빈곤가족, 한부모가족, 장애아동가족의 세 유형을 대상으로 **표준양육비 개념에 근거한 유의미한 금액을 제공하는 한편, 자녀양육비용 수급을 각 가정의 권리로서 정립할 필요가 있다.**

2) 표준양육비의 대상 및 지원 수준 검토

본격적으로 아동권과 재생산권의 관점에서 볼 때 어디까지가 적절한 지원 대상 및 지급액수인지 그 문제를 다루어 보자. 즉, 소득계층별로 어느 계층까지를 포괄할지, 지원액 규모를 어느 수위에서 설정할지, 지급 대상 연령대별은 어디까지가 적합한지를 물어야 할 것이다.

관련 연구들에 따르면, 자녀양육비에 영향을 미치는 대표적 변수는 거주지역, 부모의 학력 수준, 자녀의 연령대, 부모의 소득 수준이다. 그중에서 상대적으로 중요성이 떨어지는 두 가지는 간략히 살피고, **자녀 연령대와 소득**

표 10-4 자녀 1인당 월평균 지출비용 (단위: 만 원, 명)

구분	자녀 1인당 월 지출비용	표준편차	사례 수
전체	72.1	49.0	4,055
지역			
동부	75.1	51.1	3,314
읍면부	58.7	34.7	741
성별			
남자	60.5	46.4	174
여자	72.6	49.0	3,881
연령			
19~24세	36.9	21.0	35
25~29세	57.0	37.2	189
30~34세	57.9	36.2	510
35~39세	65.1	39.0	951
40~44세	75.3	42.8	1,142
40~49세	83.9	62.7	1,227
교육			
고졸 이하	60.7	35.8	1,320
대졸	75.7	45.8	2,509
대학원졸	99.5	103.1	226
취업 여부			
취업	76.0	52.5	2,254
비취업	67.3	43.7	1,801
가구소득			
60% 미만	46.1	27.2	451
60~80% 미만	52.9	26.0	682
80~100% 미만	65.6	35.1	749
100~120% 미만	71.8	39.0	730
120~140% 미만	77.4	38.9	443
140~160% 미만	82.8	41.0	333
160% 이상	108.3	79.0	667
지원 자녀 수			
1명	75.9	57.1	1,470
2명	72.0	42.8	2,126
3명	63.2	47.1	406
4명	43.4	22.8	46
5명	31.0	13.2	7

자료: 박종서 외(2021), p. 266.

수준별 차이에 대해서는 집중적으로 살피기로 한다.

먼저 거주지와 부모의 학력에 따른 차이이다. 〈표 10-4〉에서 보는 것처럼 농촌 지역의 자녀양육비용이 도시에 비해 상당한 규모로 현저히 차이가 나는데, 이 차이를 정책에 반영할 가능성은 극히 낮다고 본다. 주지하는 대로 우리나라는 여전히 '농촌인구 유출' 및 '수도권 과밀화'가 심각한 상황이다. 그런 연유로 지역 균형발전 차원의 역진적 지원에 명분이 있는 상황이어서 비록 농촌 지역 양육비가 적게 들지라도 이를 지원액에 반영할 가능성은 거의 없다. 마찬가지로 부모의 학력계층별로도 자녀양육비 지출액수에 차이가 나지만, 이 역시 역진적 지원의 필요가 있는 변수로서 굳이 그 차이를 정책적으로 고려할 필요는 없다고 보아 이 지면에서는 생략하기로 한다.

① 자녀 연령대별 양육비용의 차이 반영

〈표 10-5〉에서 보는 것처럼 자녀 연령대별로 양육비 차이를 보면, 영·유아기가 평균보다 낮고 그 이후 점차 높아지다가 중·고등학교 때 가장 높고, 대학 시기부터는 낮아지는 것으로 나온다. 이런 연구 결과들은 정부가 자녀양육비용을 지원한다면 반드시 자녀 연령대별 비용의 차이를 고려하는 것이 바람직함을 시사한다. 만약 자녀 연령대를 불문하고 평균적으로 반영하면 실제로 필요한 금액에 하회하는 구간에 이르러서는 지원액 과소로 자녀양육이 가계의 경제적 빈곤을 가속화할 것이기 때문이다.

한편, **자녀양육비 지원 대상 연령대를 어디까지로 할 것인가**에 대한 정책적 판단도 현재로서는 예단하기는 이른 쟁점 중 하나이다. 보편적 아동수당 이외에 저소득계층의 자녀양육과 관련해서는 대체로 고등학교 졸업까지를 기준으로 하며, 국제적으로도 고등교육 기관이 대학 진학 이전 연령까지를 기준

표 10-5 소득 수준별·자녀 수별·자녀 연령별 양육비 추계 (단위: 원, 명)

첫째아의 교육 상태	한 자녀 가구			두 자녀 가구		
	고소득층	중산층	저소득층	고소득층	중산층	저소득층
학령 전(유치원 포함)	1,176,437	743,347	533,115	934,843	640,563	419,290
초등학교 재학	1,203,541	832,629	484,375	1,073,120	658,664	448,005
중학교 재학	1,561,925	892,636	693,978	1,145,114	699,020	479,372
고등학교 재학	1,422,281	877,239	686,136	1,174,772	785,865	615,030
대학교 재학	1,275,922	754,558	608,269	1,076,780	765,201	518,475
평균 자녀양육비	1,284,786	786,740	584,983	1,091,198	692,959	486,858

주: 3인 가구 중위소득 월 2,631,388원, 4인 가구 중위소득 월 3,095,750원, 고소득층 중위소득 150% 이상, 중산층 중위소득 50~150%, 저소득층 중위소득 50% 이하, 월평균소득은 한 자녀 가구 고소득층 6,079,753원, 중산층 2,694,754원, 저소득층 716,086원, 두 자녀 가구 고소득층 6,699,997원, 중산층 3,121,243원, 저소득층 927,993원.
자료: 신윤정·김지연(2010), p. 133.

으로 삼는 경우가 가장 흔하다. 또한 자녀양육에 대한 정부 지원은 결코 다다익선이 미덕이 아니며, '최소한 지원 수준이라도 자녀가 미성년인 동안에는 지속된다'는 확신이 중요하다는 점에서 볼 때 현금 지원 역시 고등학교 졸업 연령대까지로 한정하는 것이 타당해 보인다. 다만 한국의 저출산은 한국 청년 노동시장의 불안정에 크게 기인하는 특성이 있고, 그 때문에 '청년 일자리' 및 '청년 주거'를 저출산 인구 정책의 주요한 한 범주로 간주해 왔다.

또한 한국의 높은 교육열과 고등교육 진학률에서 짐작하듯이 한국의 부모들은 부모의 의무 부양 연령을 높게 잡는 경향이 있다. 가장 높은 비율의 사람들이 자식의 대학교육까지를 그들의 부모 의무 기간으로 여기는 것을 볼 수 있다. 한 보고서에 따르면, 한국인이 생각하는 적정한 부양 시기에 대한 설문에 한국인의 86.1%가 자녀를 낳으면 대학 졸업할 때까지 부양해야 한다는 응답을 선택하며, 심지어 24.2%는 취업할 때까지라고 응답함으로써 자녀가 자립할 때까지는 부모가 부양할 의무가 있는 것으로 인식하는 경향이 있음을 보여 준다(박종서 외, 2021, p. 277).

그런 만큼 자녀양육 정책의 대상 연령을 어디까지로 할 것인가에 대해서는 추후 더 논의가 필요할 수 있다. 다만 성인기 연령의 자녀가 그들의 부모에 의존하는 정도는 그 이하 연령층에 비해 질적인 구분이 가능하다고 본다.

② 소득계층별 양육비용의 차이 반영

소득계층별로도 자녀양육비용에 차이가 많이 나는데, 이 부분은 지원액 규모에 어떻게 반영하는 것이 바람직할 것인가? 우선 소득계층별로 어느 정도 차이가 발생하는지를 살펴보자. 박종서 외(2021)에 따르면, 〈표 10-4〉에서 보는 바와 같이 가구소득 기준 7개 계층을 보면 맨 아래 중위소득 60% 미만 가정이 1인당 월평균 46.1만 원을 지출하는 데 반해 160% 이상 계층에서는 1인당 월평균 108.3만 원을 지출하는 것으로 보고되고 있다.

신윤정·김지연(2010)의 연구에 의하면 3분위 계층 구분(고소득층, 중산층, 저소득층)에 입각한 집계에서도 고소득층 자녀는 1인당 월평균 약 90만 원을, 중산층은 64만 원을, 저소득층은 48만 원을 지출하는 것으로 집계하고 있다. 이 같은 연구 결과들을 고려하여, 정부가 자녀양육비용을 지원할 우선 대상을 저소득계층부터라고 한다면, 그 비용은 2010년대 당시 월평균 48만 원선(약 50만 원) 이상이어야 함을 시사한다.

한국 사회에서 최소양육비 기준을 어느 소득분위 가족을 기준으로 할 것인가 하는 문제는 좀 더 복잡한 쟁점을 포함한다. 앞서 언급한 바와 같이, 전국 평균 자녀양육비용을 기준으로 하게 되면 이상적 기준이기는 하지만, 현재 한국의 재정 능력으로 볼 때 이 기준을 현실적인 준거로 차용하기 곤란

할 것으로 보인다. 따라서 저자는 2분위 소득 구간으로 나누어(즉, 중위소득 이상의 고소득계층과 중위소득 이하의 저소득계층으로 구분하여), 1분위 소득 구간의 평균치를 최소양육비로 제시하는 방안을 제안해 본다.

제11장에서 자세히 다루겠지만, 만약 취약계층 자녀양육 정책의 대상을 중위소득의 50% 지점(사회보장제도에서 원용하는 빈곤가구의 기준선)까지를 잡는다고 한다면, 그 이하의 수준으로 자녀양육 환경이 하락하는 것을 막아야 한다는 당위에 비추어 타당한 기준선이 될 것으로 보인다.

이상의 내용을 종합하면 다음과 같다. 기준이 되는 지원 대상 소득계층은 2분위 가족 중 1분위 가족이며, 따라서 **표준양육비는 중위소득 이하 가족(2분위 모델의 1분위 가족)의 평균에서 출발하는 것이 바람직할 것**이다.

3) 주양육자-미성년 자녀 기반 사회보장 시스템 도입

앞에서 일명 표준양육비 개념에 근거한 취약계층 양육지원제도의 도입을 제안하였다. 그러나 이 개념에 근거한 양육비 인상만으로는 취약계층 아동양육을 온전히 잘 보호하기 어려운 경우가 발생할 수 있다고 본다. 따라서 이번에는 **표준양육비에 근거한 자녀양육비를 지원하되, 그럼에도 가족의 소득 총액이 지원 대상 계층의 소득 기준에 미달할 때는 '아동과 주양육자 한쌍'에 한해 추가로 생계급여까지 지급할 필요가 있다**는 데 대한 토론을 해보기로 한다.

주지하는 대로 현재 「국민기초생활보장법」상의 수급자 가구에 대한 현금급여는 가구원 규모별로 빈곤선 기준을 책정하며 그 이하 가정에 대하여 소득 보충을 해 주는 방식으로 운영되고 있다. 그러나 이 두 제도의 현행 운영 방식은 아동권 및 부모의 재생산권 관점에서 문제가 있어 확대를 요한다는 점을 알아보기로 한다.

우선, 지원 대상 소득계층의 편협함이 문제이다. 현행 제도에서 생계급여나 교육급여가 지나치게 협소한 가구에게 제공되고 있어(2023년 기준 생계급여의 대상 가구는 전체의 4.6%에 불과함), 통상 빈곤층으로 분류되는 중위소득의 50% 이하 낮은 소득 수준의 부모들 대다수가 그 혜택에서 제외되는 문제점이 있다는 데 대해서는 이미 앞에서 살펴보았다.[23] 이런 점에서 **한국의 빈곤 정책은 그 무엇보다 먼저 자녀와 주양육자를 다른 가구원들에 비해 우선적으로 보호하도록 제도를 개선**해야 할 필요가 있다. 그러므로 여러 가지 쟁점들이 있겠지만 생계급여 대상을 '18세 미만 자녀를 둔 중위소득 50% 이하 가족'으로 확대하는 것을 검토해야 한다.

아동이 있는 가정의 생계급여 대상을 확대해야 할 당위성은 현행 중위소득 30% 이하 가정의 생계급여 지원이 아동권이나 부모의 재생권의 관점에서 문제가 많기 때문이다. 즉, 일반 빈곤가구 이외에 앞에서 보듯이 차상위 한부모가족을 위한 아동양육비[24]와 수급자 및 차상위계층의 18세 미만 장애아동을 양육하는 가정에 지급하는 약간의 수당[25]이 있다. 이러한 자원으로는 지원 대상 범위가 지나치게 좁고, 지원 수준 역시 한국의 높은 교육열과 자녀양육비용에 비추어 너무 과소한 탓으로 아동의 기본권 차원에서 한계를 안고 있다는 것이다.

---

23 우리나라 자녀양육 지원 정책의 가장 심각한 문제점은 기초생활수급자 이상 계층에서 중위소득까지의 계층에 대한 지원이 거의 없다는 점이었다. 즉, 중위소득 50% 미만이면서 생계비 급여자에 포함되지 못한 가구 및 중위소득 50% 수준에 배치된 가족과 한부모가족 및 장애아가족 등이 긴급한 정책 대상임을 확인하였다. 제9장 pp. 251~254를 참조할 것.

24 제8장 〈표 8-11〉 참조.

25 제8장 〈표 8-13〉 참조.

이상 내용을 요약하면 다음과 같다. **빈곤계층, 한부모가족, 장애아동가족은 각 가정의 필요에 비해 현행 양육비 지원이 지나치게 낮게 책정됨으로 인해 아동권 및 재생산권 실현에 큰 애로를 경험하고 있다고 판단되며, 따라서 표준양육비 개념의 양육비 지원제도를 도입·시행함은 물론 「국민기초생활보장법」상의 생계급여 지원 대상으로 포괄하는 두 가지 보호망을 가동해야 한다.**

한편, 앞에서 생계급여를 차상위계층으로 확대하되 가족 구성원 전체가 아니라 미성년 자녀와 주양육자 두 명을 우선적으로 지원 대상에 포함할 필요가 있음을 지적한 바 있다. 물론 왜 다른 인구 집단에 비해 '미성년 자녀를 양육하는 주양육자'에 대하여 우선적으로 생계급여 대상으로 포함해야 한다고 보는지 다른 사회적 약자 집단과 달리 '자녀와 주양육자'의 삶의 안전에 대해서만 특별한 보호를 한다는 것이 정치적으로 올바른 일인지 하는 의문을 제기할 수 있다. 향후 선별적 현금 지원 정책을 입안하는 과정에서 치열한 사회적 논의와 합의 도출과정이 필요한 부분이다.

다만 앞서 재생산권 개념에서 다루었듯이 자녀양육을 안전하게 하는 복지의 확대는 여타 사회적 약자 집단 예산과 달리 아동권의 관점, 재생산권의 관점, 출산율의 관점이라는 3중 트라이앵글 효과를 창출할 가장 '극적인 재정투자'라는 점을 간단히 지적해 두고자 한다. 즉, 아동에 대한 재정투자는 다른 사회보장제도의 미래 재원을 확보하는 의의로 말미암아 다른 인구 집단에 우선하는 재정 지원이 일정 정도 정당화된다는 점을 지적해 두며 논의를 마친다.

제11장

취약계층 현금 지원 정책 강화

이 장에서는 취약계층 지원을 확대하는 정책 수단을 보다 구체적 형태로 제언해 보고자 한다. 취약계층을 위한 현금 지원을 확대하고자 하면 수당 혹은 급여 형태의 현금보조금 정책을 확대하거나 세제 지원을 강화하는 두 가지 방법이 있다. 둘은 상호보완적으로 운용할 수 있는 제도로서 현금 지원 정책을 펼치면서 세제 지원을 보완하는 방향이 바람직할 것이다. 우선 현금 지원제도부터 보기로 한다.

1. 취약계층 양육 지원 정책 모형 제안

앞에서 취약계층의 자녀양육 지원을 위하여 접목되어야 할 개념 및 지원 수준과 포괄 범위의 원칙들을 다루어 보았다. 여기에서는 빈곤가족, 저소득 한부모가족, 그리고 장애아가족의 유형별로 구체적인 지원 모형을 검토해 보자.

1) 빈곤가정의 자녀양육 정책

먼저 일반 빈곤가족의 자녀양육을 위한 현금 지원제도에 대해 알아보자. 한부모가족 및 장애아가족의 지원은 기본적으로 일반 빈곤가족의 지원의 틀 위에 일부 내용을 추가하는 정도로 다룰 수 있는 만큼 여기서 이 세 가족 유형의 현금 지원제도를 설계하는 데 있어 기본 사항을 정리해 본다.

(1) 빈곤가족 양육 지원 확대의 당위성

지원제도의 구체적인 내용을 다루기에 앞서, 한국 사회의 사회보장제도가 빈곤계층의 사회적 위험을 잘 보호하는지 알아보기로 한다. 먼저 우리나라 사회보장 체계가 안고 있는 문제점부터 파악해 보자. 주지하듯이 우리나라의 대표 빈곤 정책인 '기초생활보장제도'는 개별 가구의 소득이 국가가 정한 소득 기준[1]에 미달하는 빈곤층을 대상으로 생계, 의료, 주거, 교육 등 기초적인 생활을 영위할 수 있도록 현금 또는 현물을 지원하는 복지제도를 지칭한다. 이 제도는 빈곤층에 대한 소득보장을 '사회권'의 하나로 규정하고 있으며, 근로 능력 유무와 무관하게 모든 빈곤층에게 소득보장을 하도록 규정하고 있다는 점에서 한국 사회보장제도에서 매우 상징적인 의미를 지니고 있다.

그런데 김태완 외(2020, pp. 156~172)에 따르면, "통계청(「가계금융복지조사」) 경상소득 기준 중위소득 30% 이하에 속한 소득보장제도 사각지대 규모는 26.3%(2018년 기준)로, 추계인구 기준으로 보면 약 40만 명 정도로 추정된다".

1 2023년 국민기초생활보장 급여별 선정 기준

가구 규모	1인 가구	2인 가구	3인 가구	4인 가구	5인 가구	6인 가구	7인 가구
생계급여 선정 기준 (기준중위소득 30% 이하)	623,368	1,036,846	1,330,445	1,620,289	1,899,206	2,168,394	2,432,255
의료급여 선정 기준 (기준중위소득 40% 이하)	831,157	1,382,462	1,773,927	2,160,386	2,532,275	2,891,193	3,243,006
주거급여 선정 기준 (기준중위소득 47% 이하)	976,609	1,624,393	2,084,364	2,538,453	2,975,423	3,397,151	3,810,532
교육급여 선정 기준 (기준중위소득 50% 이하)	1,038,946	1,728,077	2,217,408	2,700,482	3,165,344	3,613,991	4,053,758

주: 1) 생계급여 수급자 선정 기준 기준중위소득 30%는 동시에 생계급여 지급 기준에 해당.
2) 8인 이상 가구의 급여별 선정 기준: 1인 증가 시마다 7인 가구 기준과 6인 가구 기준의 차이를 7인 가구 기준에 더하여 산정.
- 8인 가구 생계급여 수급자 선정 기준: 2,696,116원=2,432,255원(7인 기준)+263,861(7인 기준-6인 기준).

자료: 보건복지부, 『2023년 국민기초생활보장 사업안내』, p. 50.

표 11-1 아동빈곤율(중위소득·지출 기준) (단위: %)

구분	소득									지출					
	시장소득			경상소득			가처분소득			소비지출			가계지출		
	중위 40%	중위 50%	중위 60%	중위 40%	중위 50%	중위 60%	중위 40%	중위 50%	중위 60%	중위 40%	중위 50%	중위 60%	중위 40%	중위 50%	중위 60%
가계동향조사															
2012	6.1	9.5	15.0	4.7	9.0	14.9	4.9	8.6	14.4	1.0	2.4	6.3	1.6	4.1	9.0
2013	5.1	8.4	14.3	4.2	7.8	13.4	4.0	7.5	13.4	0.9	2.4	6.6	1.2	3.7	8.6
2014	4.5	7.7	13.2	3.5	7.0	12.6	3.3	7.0	12.6	1.2	3.4	6.5	1.9	4.2	8.5
2015	5.1	8.1	13.7	4.0	7.2	12.5	3.8	6.9	12.1	0.9	2.9	7.4	1.6	4.3	8.2
2016	4.8	7.6	13.0	3.8	6.9	12.7	3.5	6.7	11.9	0.8	2.4	7.0	1.3	3.9	8.3
가계금융복지조사															
2016	10.3	15.5	21.0	9.3	15.2	21.5	9.3	15.2	21.7	1.3	3.9	8.5	2.7	5.7	11.0
2017	9.6	14.5	19.7	8.6	13.9	20.1	8.5	14.2	19.9	1.7	4.1	8.0	2.8	5.5	10.4
2018	8.3	13.1	18.5	7.3	12.3	18.8	7.0	12.3	19.0	1.1	3.4	7.4	2.0	4.6	9.2
2019	8.1	12.1	18.0	5.7	10.8	17.4	5.5	10.6	17.2	1.1	2.9	6.6	1.9	4.4	8.8

주: 「가계동향조사」는 농어가 제외. 「가계금융복지조사」는 전 가구에 농업, 임업 및 어업 포함됨.
자료: 한국보건사회연구원, 『2020년 빈곤통계연보』, p. 53.

이러한 상황은 기초생활보장제도의 수급자 선정 기준에서 2021년 부양의무자 기준을 폐기함으로써 상당 부분 개선되었을 것으로 기대되나, 생계급여 중위소득 30% 기준으로는 아동의 빈곤율 개선에 매우 제한적인 역할밖에 할 수 없다는 점을 주목할 필요가 있다.

즉, 현재 기초생활수급자의 생계비 급여는 중위소득의 30%까지 보호하는데, 그 인구는 지나치게 협소한 규모이다. 그 결과 한국의 아동빈곤율(중위소득 50%까지 인구 기준)은 최근(2019년 당시)까지도 가처분소득 기준 10.6%이며 이는 시장소득 기준 상대적 빈곤율 12.1%에서 다소간 개선되는 수준에 머물고 있음을 확인할 수 있다.

한편, 이러한 아동빈곤율이라도 OECD 국가군에 비해 상대적으로 양호하다는 평가가 있다. 하지만 이것을 그대로 한국 아동의 복지가 상대적으로 괜찮다는 의미로 읽어서는 곤란하다. 한국의 아동빈곤율이 비교적 낮은 것은 빈곤가족일수록 비혼이나 무자녀 가구가 많다[2]는 의미를 내포하고 있어 반드시 긍정적인 지표가 아닐 수 있다.

그렇다면 아동빈곤은 아동발달과 어떤 관련이 있는 것일까? 아동빈곤은 아동의 안전한 발달에 긴밀한 관계가 있음을 보여 주는 대표적 연구로 여유진·김미곤·정은희·이주미·정희선·권지성(2016)을 살펴보자. 이 연구는 빈곤계층 아동의 빈곤 실태를 다차원적으로 접근하였는데, 중위소득 50% 미만 아동(전체의 9.7%)의 빈곤계층 중 비수급자 가족의 아동 상태가 가장 열악함을 보여 준다. 〈표 11-2〉를 통해 알 수 있듯이 다양한 지표에서 이 구간 아동의 빈곤 상황이 중위소득 100% 이상 150%까지의 중간층 아동에 비하여 현저히 열악한 상태의 양육 환경에 처해 있음을 확인할 수 있다.

이와 같은 관심에서 최근 취약계층 지원의 중요성을 강조하는 연구들이 늘어나기 시작하였다.

> 소득분위별 출산율 격차가 유의적으로 나타나고, 특히 소득 하위층에서의 출산율이 낮게 나타나는 만큼 향후에는 저소득층 중심의 출산 정책을 추진할 필요가 있다. 출산장려금, 아동수당, 영아지원금 등을 저소득층 중심의 정책으로 전환하여 저소득층 혹은 소득 하위층에 대한 지원을 확대 및 강화하고 상위층에 대해서는 지원을 줄이는 맞춤형 지원이 필요할 것으로 사료된다.[3]

2 그 증거로 제9장 〈그림 9-3〉, 〈그림 9-4〉, 〈그림 9-5〉에서 보는 바와 같이 하위 소득분위 계층의 출산율이 낮으며, 하락 추이도 다른 상위 소득분위 계층에 비해 더 가파른 데서 찾을 수 있다.

3 유진성(2022), p. 2.

표 11-2 아동가구 계층별 다차원적 빈곤 실태(2014년 기준, 단, 빈곤율은 2015년 기준)

영역	세부 영역	지표	기초보장 수급	중위소득 50% 미만 비수급	중위소득 100~150%
소득	소득 빈곤	빈곤율	• 아동빈곤율: 6.3% • 모자가구의 16.5%, 부자가구의 5.6%가 수급가구, 모자가구의 28.4%, 부자가구의 22.1%가 비수급 빈곤가구 (합해서, 모자가구의 44.9%, 부자가구의 27.7%가 빈곤가구)		
경제활동·경제 수준	가구 내 성인의 경제활동	가구주의 경제활동 참여 상태			
		• 실업	3.8%	8.5%	0.5%
		• 비경활	50.0%	26.2%	1.7%
		가구주 상용직 비율	8.0%	17.6%	73.7%
		가구 내 취업자 수	0.61명	0.80명	1.42명
	가계수지 균형	적자가구 비율	25.9%	57.6%	5.1%
		부채보유 및 과부채가구			
		• 부채보유가구	60.7%	52.9%	60.5%
		• 과부채(부채가 연간 소득 3배 이상)	9.6%	22.2%	7.6%
		• 과부채(부채가 총재산 75% 이상)	36.2%	24.9%	4.2%
	기초생활 박탈	경제적 어려움으로 인한 박탈 경험			
		• 식사량을 줄이거나 식사를 거른 적이 있다	3.0%	2.6%	0.3%
		• 공과금을 기한 내 미납한 경험이 있다	24.0%	19.4%	0.8%
		• 전기세, 전화세, 수도세 중 하나 이상 미납하여 끊긴 적이 있다	5.4%	6.5%	0.1%
		• 추운 겨울에 난방을 하지 못한 적이 있다	5.8%	6.9%	0.3%
		• 본인이나 가족이 병원에 갈 수 없었던 적이 있다	3.6%	8.9%	0.4%
		• 집세가 밀렸거나 그 이유로 집을 옮긴 적이 있다	3.1%	5.9%	0.1%
		• 자녀의 공고육비를 한 달 이상 못 준 적이 있다	2.3%	2.6%	0.5%
	미래 대비 결여	미래 대비 결여			
		• 긴급 대비 저축	29.7%	42.3%	13.6%
		• 노후 대비 저축	32.1%	24.4%	2.4%
		• 사적 보험 가입	11.1%	20.2%	1.7%
	주거 점유 형태	월세 거주 비율	62.3%	41.5%	4.9%
		임대료(월세) 과부담가구(가처분소득 대비 20% 이상)	12.5%	20.2%	0.6%

주택 및 주거 환경	주거 빈곤	주거 기준 미달 가구 비율	40.6%	31.7%	9.8%
		• 방 수 기준 미달	21.4%	14.7%	7.3%
		• 면적 기준 미달	15.8%	11.5%	1.7%
		• 시설 기준 미달	22.0%	9.7%	2.1%
	주거 환경	10분 내 대중교통 이용시설	0.5%	1.5%	0.6%
		옥탑방이나 (반)지하가 아닌 지상 거주	3.8%	4.1%	0.6%
교육	교육 과부담	교육비 과부담가구 비율			
		• 가처분소득 대비 20% 이상	13.0%	26.7%	17.4%
		• 가처분소득 대비 30% 이상	4.4%	16.5%	5.0%
		아동 1인당 사교육비 지출액	4.8만 원	10.2만 원	23.9만 원
	교육 접근성	교육 영역의 결핍			
		• 자녀 고등교육	11.8%	10.3%	1.5%
		• 자녀 학원수강, 과외	21.7%	7.5%	2.4%
		• 자녀 도서 구입	2.8%	5.1%	0.2%
건강	영양섭취	식사 해결 방법(아동이 직접 챙겨 먹음)	26.3%	23.3%	8.2%
		식생활 영역에서의 결핍 비율			
		• 주 1회 고기, 생선 구입	16.1%	12.9%	0.4%
		• 주 1회 과일 구입	18.6%	11.8%	0.2%
		• 가끔 기호식품 구입	2.9%	4.7%	0.0%
	의료 서비스 접근성	의료 서비스 영역에서의 결핍 비율			
		• 만성질환의 경우 정기적 진료	5.2%	6.1%	4.6%
		• 가족 중 치과 치료	12.6%	15.9%	2.7%
		• 의약품 구입	0.0%	0.5%	0.2%
문화 가족	문화생활	1인당 문화생활비	1.0만 원	0.7만 원	3.7만 원
		문화생활 영역에서의 결핍 비율			
		• 연 1회 여행	19.3%	22.8%	11.1%
		• 가족생일 등 특별한 날 기념(외식 등)	11.3%	8.7%	1.9%
		• 취미, 여가활동	8.2%	7.9%	6.7%
	보육과 돌봄	돌봄 형태: 보육시설, 유치원	70.6%	70.6%	77.1%
		방과 후 혼자 지내는 시간 있음	27.8%	40.8%	25.9%
	부모 양육 태도	잦은 부부싸움(일주일 3회 이상)	7.2%	4.5%	0.3%
		경제적 부담으로 인한 아동양육의 어려움	68.4%	79.1%	30.6%
		현재 자녀를 잘 키우고 있다고 생각함(5점 척도)	2.7점	2.5점	3.0점

주: 1) 음영 표시는 해당 항목에서 박탈의 비율이 두드러지게 높은 계층을 표시한 것임.
2) 보고서에서는 기초보장수급, 중위소득 50% 미만 비수급, 중위소득 50~100%, 중위소득 100~150%, 중위소득 150% 이상 가구 등 5개 집단으로 구분하고 있으나, 본고에서는 이를 단순화해 보여 주기 위해 3개 집단으로 구분하였다. 또 중위소득 100~150% 가구를 빈곤가구(수급과 비수급 빈곤가구)의 비교 집단으로 설정하였다.

자료: 여유진·김미곤·정은희·정희선·권지성 등(2016), 원자료는 보건복지부·한국보건사회연구원(2015), 「2014년 복지욕구조사」.

소득계층 하위층으로 정책의 초점을 이동해야 한다는 위 연구자의 지적처럼 취약계층을 대상으로 하는 구체적인 정책 수단과 지원 범위 등 정책 추진을 위한 토론이 활발하게 제기될 필요가 있다고 본다. 보편적·간접적 지원의 비중이 너무 높고 이런 식으로 계속 가면 투입하는 예산의 규모가 출산력에 미치는 효과는 점점 줄어들 수밖에 없기 때문이다.

다만 취약계층에 대한 현금 지원 정책으로 어떤 것이 바람직한가에 관해서는 일부 연구자들이 언급하는 바와 같이 출산장려금이나 영아수당, 혹은 아동수당을 일부 확대하는 방안이 썩 바람직하다고는 보지 않는다. 모든 아동에게 적절한 발달의 권리를 보장하는 데 한계가 있기 때문이다.

(2) 빈곤가족 자녀양육 정책 모형Ⅰ : 자녀양육급여 도입

앞서 제10장 취약계층 현금 지원의 방향성 검토에서 취약계층 자녀양육 지원 정책의 정책 수단으로 기초생활보장제도와의 연계를 제안한 바 있다. 특히 수급자 가정 및 중위소득 50% 이하 차상위계층을 대상으로 하는 교육급여가 가장 중요한 타깃이 될 수밖에 없다. 다만 현행 교육급여는 개별 가정의 실제 지출비용에 비해 너무 적은 금액을 제공하고 있어 빈곤계층의 가계 부담을 완화하는 데 제한적인 도움을 주고 있다는 점에서 지원 수준을 현실화하는 것이 당면 과제이다.

이에 대하여 아동의 발달에 요구되는 적절한 환경을 제공할 수준의 양육비용을 일명 '자녀양육급여'(제도명은 추후 여론 수렴을 거쳐 적절한 것으로 확정할 필요가 있음)라는 이름으로 신설·제공함으로써 자녀양육으로 인해 빈곤이 심화되는 것을 방지하며, 이로써 아동의 생활권적 사회권 및 부모의 재생산권을 보장하자는 제안을 한다. 자녀양육급여가 도입되면 이미 시행 중인 여타 현금성 보조금들을 재정비해 가면서 지원 범위는 더 심도 있는 논의를 거쳐 결정되어야겠지만, 다음과 같은 내용을 그 기준으로 삼을 수 있을 것이다.

자녀양육급여를 도입하기 위해서는 타당한 지원금액의 산정 및 포괄 소득계층의 범위, 그리고 지원 대상 자녀 연령의 한도 등 다양한 쟁점이 검토되어야 한다. 자녀양육급여의 지원금 수준에 대해서는 제10장에서 검토한 표준양육비를 참고하면 될 것이다. 또한 지원 대상의 포괄 범위 역시 중위소득 50%의 가구를 대상으로 하는 것이 가장 유력하다고 본다. 다만 재정 여력 및 여론의 추이를 보아가며 확대하는 차원에서 중위소득 40%에서 시작하고 확대해 가는 방안이 현실적일 수도 있을 것으로 판단된다.

한편, 자녀양육급여는 각 가정의 표준양육비 개념을 통해 적절한 아동양육에 필요한 최소한의 환경을 제공하기 위한 금액의 설정인 만큼, 그 금액은 각종 지원금(아동수당 및 부모급여, 가정양육수당 등)의 제공에도 불구하고 그 기준에 하회하는 차액만큼 보충하는 방식이 합리적일 것이다. 따라서 자녀양육급여는 기존의 아동양육과 관련된 정부 보조금을 제외한 나머지 금액을 보충성의 원리에 따라 제공하는 방식으로 설계되어야 한다.

(3) 빈곤가족 자녀양육 정책 모형 II : 주양육자-미성년 자녀 기반 생계급여 도입

자녀양육급여제도가 도입된다고 하면 소득이 낮은 가계의 양육비용을 보전하는 데는 상당히 기여하겠지만, 우리 사회의 여건을 고려해 볼 때 '아동권'적 개념에 적합한 수준이 될 것인지에 대해서는 여전히 의문이 있다. 그런 점을 고려하여 자녀 있는 가정의 빈곤 위험을 보다 꼼꼼하게 보호할 제도적 장치를 검토할 필요가 있다. 우선 검토할 수 있는 정책이 미성년 자녀 가정을 대상으로 한 생계급여의 대상 확대이다.

이때 지원 대상 소득계층을 어느 선까지로 할 것인가, 그리고 어느 연령대까지 지원할 것인가 하는 문제가 대단히 중요하다. 앞에서 검토한 것처럼 중위소득 50% 선까지 지원하는 것이 1차 고려 대상이다. 그러나 그보다 협소한 중위소득 40% 선 혹은 그보다 관대한 중위소득 60% 선까지를 정밀하게 모의실험하며 장단점을 검토할 필요가 있다. 간략하게 중위소득 50% 안과 40% 안의 장단점을 비교해 보면 다음과 같다.

먼저 50% 안의 장점은, 첫째 명분이다. 중위소득 50% 선은 다양한 사회보장제도의 설계에서 상대적 빈곤층의 기준으로 가장 빈번하게 제시되는 경계선으로서 자녀가 있는 가정(의 주양육자와 미성년 자녀)은 빈곤층으로 추락하지 않도록 보호한다는 철학을 담을 수 있다는 점에서 우선 고려할 필요가 있다.

둘째, 각종 실태조사의 결과가 시사하는 바와 같이 이 소득 구간의 아동양육이 가장 열악하기 때문이다. 앞서 여유진(2018)의 연구는 우리 사회에서 가장 시급한 지원 대상 계층은 중위소득 30% 미만의 생계급여 계층보다 오히려 그 위의 차상위계층인 중위소득 50% 미만에서 더 열악한 상황이라고 판단할 만한 정황을 보여 주고 있다.

그렇다면 이번에는 중위소득 40% 이하 가정으로 하는 안의 장점을 살펴보자. 첫째, 제도 적응의 시간을 벌 수 있다. 생계급여 중위소득 50% 이하 기준은 현재의 기준(중위소득 30% 이하)보다 대상 인구를 너무 갑자기 확대함으로써 감당하기 어려울 정도로 많은 역기능과 부작용을 초래할 수 있다는 점에서 바람직하지 않을 수 있다. 기초생활보장제도는 사회보장제도의 기초 토대와 같은 정책으로서 자녀양육 정책으로서의 효과성이나 재정 능력 이외에도 다양한 변수를 함께 고려할 필요가 있는 제도인 만큼 이런 문제에 관한 심도 있는 토론과정을 거쳐야 한다. 즉, 타 제도와의 조율과정을 보면서 양생 기간을 거쳐 확대해 나가는 방향이 온건한 노선이라는 점에서는 시범적 운영을 중위소득 40% 선으로 시작하는 것도 합리성이 있다.

둘째, 그간 도입 시행되고 있는 우리 사회의 아동가족 정책의 사각지대가 바로 이 계층이기 때문이다. 2005년 저출산 인구 정책의 본격 시행 이후 상대적으로 소득 2분위 계층(소득계층 하위 40% 구간)의 출산력 하락이 가장 눈에 띄는데(이철희, 2022, pp. 62~63), 이는 하위 소득 2분위 구간의 자녀양육 환경의 개선이 그동안 가장 많이 지체되어 왔음을 의미한다.

한편, 생계급여를 제공할 가정의 자녀 연령대 한도를 어디까지로 할 것인지에 대해서는 18세 미만 미성년 자녀까지가 타당하다는 의견을 제시한 바 있다. 아동양육에 소요되는 비용이 연령대가 올라갈수록 높아지는 점 등을 고려하면 만 18세 미만이 바람직할 것으로 보이지만, 주양육자의 노동시장 적응의 곤란 등을 고려하면 생계급여 제공 기간을 아동기 연령(만 12세 전후)까지로 단축하는 방안도 심도 있게 고찰할 필요가 있다고 본다.

국제적으로 대표적인 현금성 아동 정책인 아동수당도 나라별로 지원 연령은 다양한 범주를 가진다. 우리나라처럼 영·유아기(만 8세 미만)에만 지급하는 그룹, 아동기 연령(만 12세 전후)까지 지급하는 그룹, 혹은 중등학력 기간(만 18세 미만)까지 지급하는 그룹 등 다양한 유형이 있다. 아동수당의 지급 연령이 이렇게 세 그룹으로 나뉘는 것은 연령대별로 안전한 양육 환경이라는 의미에 차이가 있기 때문일 것이다. 영·유아기 아동은 생활 전반에 보호자가 필요하며, 중학교 가기 전 초등 연령대까지의 아동은 일정한 모니터링이 요구되고, 그 이후 중등학교 시절부터는 정기적인 감독만 있으면 양육이 가능한

표 11-3 취약계층 자녀양육 지원 정책 모형(안) I: 빈곤가족

지원 종류	지원 대상	지원금액
교육급여→ 자녀양육급여 개편	만 18세 미만 미성년 자녀를 둔 중위소득 50% 이하 가정(혹은 40% 이하) 자녀	연령계층별 표준양육비(타 지원금을 제외한 차액 지급) 적용
생계급여 대상 확대	만 18세 미만 미성년 자녀를 둔 중위소득 40% 이하(→50% 이하) 가정의 주양육자와 미성년 자녀	〈가구별 지원금액 산식〉 소득계층 기준금액(보충성의 원리)

자료: 저자 작성.

연령이라고 볼 수 있다. 즉, 생활 전반에 대한 보호와 돌봄의 시기가 아니라면 주양육자에게 더 긴요한 것은 생계급여가 아니라 근로의 기회일 수 있기 때문이다.

이런 점을 고려해 생계급여 소득 기준은 지금의 중위소득 40%에서 출발해 점진적으로 50% 수준으로 상향 조정하는 안을 고려해 볼 수 있으며, 자녀 연령에 관해서는 '만 18세 미만(안)'과 '만 12세 전후(안)'를 동시에 검토할 필요가 있다.

이상 내용을 〈표 11-3〉에 요약하면 다음과 같다. 먼저 표준양육비는 18세 미만 자녀를 둔 중위소득 50% 이하(혹은 40% 이하) 가정을 대상으로 기수납한 중앙정부 보조금(자녀양육수당 및 부모급여, 아동수당 등)을 제외한 나머지 금액을 매달 지급한다. 그런 다음 생계급여 또한 중위소득 40% 이하 가정의 주양육자와 미성년 자녀를 대상으로 시작하되 마찬가지로 생계급여를 보충성 원리를 적용해 지급한다. 즉, 소득계층 기준금액을 지급하되 개별 가구의 소득인정액(자산을 소득으로 환산한 금액)과 개별 가구의 모든 현금 수입, 그리고 정부 보조금 일체를 합친 금액을 빼고 그 나머지를 채워 주는 방식으로 급여를 지급한다.

2) 한부모가정의 자녀양육 정책

일반 가정과 비교해 한부모(미혼 한부모, 청소년 한부모 포함) 가정은 1인 생계를 꾸리는 사람이 아동양육을 병행하는 가정이라는 특수성으로 인해 안정적인 생계벌이 환경이 현저히 떨어진다. 그 결과 한부모가정은 소득 수준이 낮고 고용 불안정이 높으며 빈곤율 또한 매우 높게 나타나는 특성이 있다. 그러므로 일반 빈곤가정에 비해 한부모가정의 아동양육을 위한 사회보장을 보다 강력하게 추진해야 할 필요가 제기된다.

실제로 한부모가정의 양육 실태는 일반 빈곤가정보다 한층 열악하다. 빈곤가정의 영유아는 통상 다차원적 영역(보육·교육, 보건, 복지 분야 등)에서 열악한 상황에 놓여 있으므로 아동권 차원이든 부모의 재생산권 차원이든 우선적 지원 대상임을 앞에서 보았다. 같은 빈곤가족이면서 한부모나 미혼 한부모, 조손가족 등은 좀 더 다양한 곤란을 경험하는 것으로 실태조사 결과들이 보고하고 있다. 기초생활수급가구, 차상위계층 수급가구를 포함하여 중위소득 50% 이하인 가정으로 영·유아를 양육하고 있는 빈곤가정을 가정 유형별로 실태를 비교한 이정림(2021)의 연구도 그 한 예이다.

〈표 11-4〉에서 보는 것처럼 한부모가정은 양육 스트레스를 묻는 모든 항목에서 일반 빈곤가정보다 높게 나오며, 양육에 대한 우울감을 묻는 문항도 결과는 비슷하다. 또한 한부모가족은 "지난 1년간 돈이 부족하였다는 보고"를 더 많이 하는 등 곤란의 정도가 더 심각하다(이정림, 2021, pp. 7~9). 한부모나 미혼모의 경우 경제적 곤란과 양육 스트레스, 우울감이 모두 일반 빈곤가

표 11-4 가정 유형별 자녀양육 스트레스 설문조사 결과 (단위: 점, (명))

구분	아이가 생긴 이후로 내가 하고 싶은 일을 거의 할 수 없다	자녀와 잘 지내고 싶은데 뜻대로 되지 않아 괴롭다	자녀를 위한 노력이 크게 인정받지 못하는 것 같다	양육자가 되는 것은 생각한 것만큼 만족스럽지 않다	아이가 귀찮고 짜증스럽게 여겨진다	(수)
전체	4.1	3.1	3.0	3.1	2.1	(350)
가정 유형						
일반 저소득가정	4.0	2.9	2.8	2.8	1.9	(150)
한부모가정	4.0	3.2	3.2	3.3	2.2	(96)
미혼모가정	4.2	3.2	3.1	3.3	2.3	(104)
F	2.1	2.2	3.3*	6.1**	6.4**	

주: 1) 전혀 그렇지 않다(1점)-매우 그렇다(5점)로 평정한 결과의 평균값임.
2) * p<.05, ** p<.01.
자료: 이정림(2021), p. 8.

족보다 더 높게 나오는 것은 배우자의 도움 없이 홀로 자녀를 키우면서 생계 부양자와 양육자의 역할을 병행해야 하는 구조적인 문제 때문이다.

그러므로 정부는 개별 가족의 결핍 혹은 필요에 비례하여 역진적으로 더 많은 지원을 하는 것이 바람직하다. 한부모에 대한 지원은 일반 빈곤가족보다 가중하여 지원하는 것이 원칙이라고 할 것이다. 현행 한부모가족 아동양육비 지원제도 역시 중위소득 60% 이하를 대상으로 함으로써 여타 빈곤가족 현금 지원보다는 넓은 포괄 범위를 가지고 운영하고 있는 것도 이와 같은 현실 인식 반영이라고 할 것이다. 다만, 현행 제도는 그 지원 수준이 1인당 5만 원에서 20만 원까지로 매우 낮아서 빈곤 한부모가정의 자녀들을 위한 적절한 보호와 교육을 보장하지 못하기 때문에 새로운 정책 모형 개발의 필요성이 제기되고 있다.

한편, 이러한 한부모가족의 아동권 보장은 법률혼 밖의 커플들(동거나 사실혼 커플)의 재생산권 보장이라는 면에서 또한 큰 의의가 있다. 주지하듯이, 한국이 유럽 국가들에 비해 출산율이 떨어지는 주요 원인은 그 사회들에 비해 우리가 법률혼 외 자녀의 출산이 너무 낮은 데 있다. 우리가 이렇게 비혼 출산율이 낮은 것은 혼외 자녀에 대한 터부와 편견이라는 사회문화적 요인 탓이 크지만, 그에 못지않게 한부모가정에서 자녀를 안전하게 양육할 제도적 환경이 조성되지 않은 영향도 크다. 한부모, 특히 미혼 한부모가정에 대한 정부 지원이 거의 이루어지지 않고 있는 상황에서 배우자 없이 단독으로 자녀양육비용과 시간 자원을 확보할 수 있는 사람은 소수의 고소득계층에 한정되기 때문이다. 그 결과 오랫동안 비혼 출산율이 확대되지 않았다고 해석된다.

이런 점에서 자녀가 있는 한부모가족 대상으로 일정 수준 이하의 생활과 교육을 보장하는 이 정책은 혼인과 출산을 별개로 생각하는 커플들의 재생산권을 보장함으로써 비혼 출산에 대한 터부를 줄이는 데 유익한 영향을 끼칠 것으로 기대된다. 그뿐만 아니라 한부모 지원은 법률혼 내 가정의 출산 결정에도 유익한 영향을 끼칠 수 있다. 부득이한 경우 한부모가 되더라도 자녀를 안전하게 양육할 수 있다는 기대감은 기혼 부부의 (추가)출산 결정도 쉽게 만들어 줄 수 있다. 한부모 지원이 양부모가정 모두의 자녀 출산 결정에도 긍정적인 영향을 줄 수 있는 이유이다. 빈곤가족에 대한 지원 정책이 서민이나 중산층 가족의 안전망이 될 수 있는 것과 마찬가지이다. 그런 점에서 이 정책 모형은 한국 사회에 결혼과 출산 인식에 대한 중대한 변화를 몰고 올 가능성이 매우 높으며, 중요한 분기점을 제공할 것이라는 점을 강조해 두고자 한다.

앞서 지적하였듯이 일반 빈곤가정의 생계급여와 자녀양육급여 범위에 비해 한부모가정은 한 단계 더 두텁게 보호할 필요가 제기된다. 따라서 빈곤

표 11-5 취약계층 자녀양육 지원 정책 모형(안) II: 빈곤 한부모가족

지원 종류	지원 대상	지원금액
자녀양육급여	중위소득 60% 이하(혹은 50% 이하) 한부모가정의 미성년 자녀	연령계층별 표준양육비(타 지원금을 제외한 차액 지급) 적용
생계급여	만 18세 미만 미성년 자녀를 둔 중위소득 60% 이하(혹은 50% 이하) 한부모가정의 주양육자와 미성년 자녀	〈가구별 지원금액 산식〉 소득계층 기준금액(보충성의 원리)

자료: 저자 작성.

가정의 포괄 범위가 중위소득 50%일 경우 중위소득 60% 선으로 상향하고 40% 선일 때는 50% 선으로 맞추는 방안이 합리적이라고 판단한다. 그 내용을 요약하면 〈표 11-5〉와 같다.

〈표 11-5〉에서 보는 것처럼 빈곤 한부모가정의 경우의 자녀양육 지원도 빈곤가정과 구조는 같다. 즉, 우선 자녀양육급여를 산출해 지급하며, 그런 뒤에도 각 가구의 가처분 소득이 생계급여에 못 미칠 경우 소득계층 소득 기준 보충성의 원리에 입각해 생계급여를 지급함으로써 한부모가정의 자녀양육을 지원하도록 한다.

3) 장애아가정의 자녀양육 정책

이번에는 장애아동가정을 위한 현금 지원 정책에 대하여 살펴보기로 한다. 장애아동 양육에 드는 시간적·경제적 비용을 고려할 때 다른 어떤 가구 유형보다 폭넓은 지원이 합리적이다. 그러나 선행 연구의 과소함 등으로 인해 자세하고 구체적인 토론은 역부족임을 고백한다. 그렇지만 분명한 것은 현재 장애아동의 양육을 위해 서비스 제공과 현금 지원, 바우처 등 다양한 형태의 지원이 있지만, 아동권이나 부모의 재생산권 개념에서 볼 때 필요와 실제 지원 사이의 간격이 너무 크다.

장애아동의 양육에 대한 정부 지원이 너무 모자라다 보니 자녀를 낳아 기르고 싶은 커플들의 심리적 부담이 가중될 수밖에 없다. 따라서 이런 상황을 방치하는 것은 장애아동의 아동권 실현에 가장 큰 걸림돌일 뿐만 아니라 출산력 회복에도 그 영향이 좋지 않을 것이 분명하다. 장애아동가정을 위한 현금 지원은 한국의 아동가족 정책 중 가장 시급하게 개선되어야 할 사항임을 거듭 강조하며, 장애아동가정의 필요에 걸맞은 현금 지원을 위한 지원 범위와 적정 수준을 중심으로 간략하게 정리해 보자.

먼저 장애아동가정에 대한 지원금액의 수준 문제이다. 원칙적으로 자녀 양육급여는 적절한 아동발달을 위한 최소한의 비용을 기준으로 책정해야 한다는 대전제에서 볼 때 장애아동가정에 대한 급여는 일률적인 금액일 수 없다. 장애 유형별로 장애 정도에 따라 각기 다르게 들어가는 비용에 대한 측정이 선행되어야 할 것이며, 이를 근거로 적정한 비용 기준이 제시되어야 할 것이다. 불행히도 지금까지의 선행 연구들을 보면, 취약가족 유형별(빈곤가족, 한부모가족, 장애아가족)로 기준이 될 양육비용 연구가 거의 없다. 특히 장애아동의 경우에는 자료가 더욱 부족하다. 다만 여러 형태의 연구들에서 장애아동 양육 지원의 경우에는 장애 유형과 정도에 따라 다른 기준이 마련되어야 함을 지적하는 점에서 있어서 공통점이 있다.[4]

그렇다면 해외 사례를 살펴보자. 각종 수당제도가 잘 발달되어 있는 프랑스의 경우 장애수당은 아래와 같이 구성된다고 한다.

4 허민숙·박진우(2020), p. 12.

장애아동 교육수당은 20세 미만 자녀의 장애율이 적어도 80% 이상인 경우 받을 수 있는 수당이다. 장애율이 50~79%인 경우라도 특수학교에 다니거나 집에서 특수교육을 받는다면 이 수당을 받을 수 있다. 기본적인 급여액은 월 130.51유로이다. 장애아동을 돌보기 위해 부모가 근로시간을 줄이거나 일을 그만둔 경우, 장애 자녀를 돌보기 위해 제3자를 고용한 경우 자녀 장애의 심각성에 따라 받을 수 있는 급여액은 월 97.88~1107.49유로로 다양하다.[5]

이처럼 프랑스의 장애아동 교육수당의 경우, 먼저 장애 정도가 중증일 경우 지급되는 수당이 있고, 장애가 심하지 않은 경우에도 장애에 따른 특수교육비용(혹은 재활비용)과 부모의 돌봄활동에 따른 소득 상실비용, 장애자녀를 돌보기 위한 인력 고용비용 등을 고려하여 차등적으로 수당을 지급함을 볼 수 있다. 이런 내용을 토대로 살펴볼 때 우리나라도 하루속히 국내외 선행 연구들을 기반으로 장애아동의 양육에 관한 양육비용 책정 연구[6]를 수행해 지원금액 기준을 수립해야 할 것이다.

다음으로 장애아동가정에 대한 현금 정책은 소득계층 어느 선까지 지원하는 것이 적합할 것인가를 살펴볼 필요가 있다. 장애아동가정 자녀양육급여 책정과 함께 어느 소득계층까지 지원하는 것이 장애아동가정의 복지 욕구 및 사회적 형평에 맞을 것인가에 대한 판단 역시 사회적 합의가 필요한 부분이라 예단하기 어려운 점이 있다. 그러나 한부모가정에 대한 현금 지원을 중위소득 60% 이하까지 가정한다면, 장애아동가정은 그보다는 더 높은

5 신윤정(2017), pp. 32~33.
6 참고로 보육시설에 지급하는 비용의 기준이 되는 표준보육비용의 경우에 과거 장애 유무와 관련 없이 하나의 비용기준만을 제시해 오다가 근래 들어 처음으로 '장애아동 보육비용'을 계측 고시한 바 있다. 참고로 이때 '2022년 장애아동 표준보육비용'은 174만 원으로 발표되었다. 경향신문(2023. 3. 30), "표준보육비용 3년만에 평균 21.3%… 장애아동 표준보육비용도 첫 산정" 참조.

표 11-6 취약계층 자녀양육 지원 정책 모형(안) III: 빈곤 장애아동가족

지원 종류	지원 대상	지원금액
(신설) 장애아동 자녀양육 급여	만 18세 미만 중증 장애가 있는 미성년 자녀(및 그 이상 연령으로 부모와 동거하는 중증 장애인 자녀)를 둔 중위소득 70% 이하 가정	장애 정도별 · 연령계층별 양육비 기준 적용

자료: 저자 작성.

수준으로 이루어지는 것이 합당하다. 일반 빈곤가정은 물론, 한부모 빈곤가정보다 장애아동가정은 자녀양육에 따르는 기회비용이 더 크며 양육에 소요되는 추가 비용 또한 심대하기 때문이다. 그러므로 중위소득 70% 선에서 시작하여 재정 능력에 따라 지원 한계를 상향 조정하는 방안을 제안해 본다. 이상 내용을 요약하면 〈표 11-6〉과 같다.

위에서 보듯이 장애아동가정에 대한 현금 지원 정책은 '(가칭)장애아동 자녀양육급여'를 신설·운영해야 한다는 말로 요약할 수 있다. 장애 유형과 장애 정도에 따라 달라지는 양육비용 실태를 측정하고, 그 기반 위에서 범주별 장애아동 양육비용 지원 기준을 책정·고시해야 할 것이며, 만 18세 혹은 중등학교 졸업 연령까지 매달 기준금액을 지원하는 내용이어야 한다고 본다. 물론 장애아동 양육을 위한 정책은 아동 정책 범주 이외에 장애인 복지의 범주에서 다루어질 내용도 많이 있을 것이다. 하지만 그런 정책들과는 별도로 장애아동 양육에 드는 고비용에 대한 국가의 지원 필요성을 지적하고자 한다.

2. 취약계층 양육 지원 정책 모형의 쟁점

앞에서는 주양육자–미성년 자녀 단위의 가구원을 대상으로 최소양육비를 보전하는 기준 아래 새롭게 표준보육비 개념을 도입한 자녀양육급여제도를 신설·운영하는 안을 살펴보았다. 아울러 자녀양육급여의 지급에도 불구하고 기준소득이 보장되지 않는 가정에 대해서는 추가로 생계급여의 확대까지 검토해 보았다. 이와 같이 새로운 아동가족 정책을 입안하고자 할 때 고려할 쟁점들을 추가로 짚어 보자.

1) 포괄 범위 및 지원 수준 쟁점

아동권의 관점에서 볼 때 표준양육비의 도입과 생계급여의 대상 확대는 우선적 도달해야 할 목표이자 기준이며, 출산율을 견인하는 데 일정한 효과를 낼 것으로 기대된다. 그러나 이 방법으로 자녀양육에 기인한 개별 가구의 경제 수준 하락 위험이 완전히 제거되리라 기대하기는 어렵다. 우선 계층적으로 사각지대가 발생할 수 있다. 중위소득 40% 이하 혹은 50% 이하까지의 지원은 재정투자를 집중할 우선적인 대상인 것은 맞지만, 충분한 대상일지에 대해서는 논란의 여지가 있기 때문이다. 특히 지원 대상 집단과의 경계선에 위치한 중위소득 60% 이하 가정들은 계층 간 형평성의 문제를 제기할 가능성이 크다. 이 쟁점과 관련해서는 뒤에서 다루겠지만 근로·자녀장려세제로서 이 제도를 보완 운영할 필요가 있다.

다음으로 지원 수준 책정의 문제도 마찬가지다. 표준양육비를 계측할 때 현재의 재정 능력을 고려하지 않은 채 높은 수준으로 잡기 어려울 것이며, 따라서 지원금액 역시 보수적으로 책정될 가능성이 매우 크다. 그래서 한국처럼 교육열이 높은 사회에서는 최소한의 자녀양육비용(즉, 중위소득 이하 가족의 평균 자녀양육비 수준) 지원으로는 지원금액을 상회하는 양육비용 압박에 노출될 가능성이 여전히 남는다. 그로 말미암아 국가의 지원에도 불구하고 유자녀 가정의 빈곤 위험은 현존할 것이며, 이런 요인들로 인해 결혼과 출산은 특수한 일부의 선택으로 여기는 개인 혹은 개별 커플들이 여전히 존재할 것이다. 그러나 중요한 사실은 지금처럼 현금 지원의 불모지로 남는 것보다는 충분치 않은 수준이라도 시작하는 것이 '아동양육에 대한 국가의 의미 있는 분담'으로 작용할 가능성이 있다는 점이다.

2) 지원 대상 연령 범위 쟁점

생계급여를 제공하는 가정의 자녀 연령대 문제도 복합적인 쟁점을 내포한다. 앞에서 아동양육에 소요되는 비용이 연령대가 올라갈수록 높아지는 점과 아울러 한국인들의 자녀에 대한 강한 부양 의식 등을 고려하면 만 18세 미만이 바람직할 것으로 보인다고 지적한 바 있다. 특히 자녀양육급여의 경우 만 18세 미만까지는 제공되어야 안전한 양육 환경으로 받아들여질 소지가 크다. 한국 사회의 치열한 교육열 및 높은 사교육 의존도를 고려할 때 이 시기에 빈곤가정 양육자들의 좌절감이 가장 고조되는 경향이 있기 때문이다. 하지만 생계급여의 경우는 사정이 다를 수 있다. 한국 부모들은 자녀에게 부모가 필요치 않은 연령층이 이르면 생계급여에 의존하며 육아에 전념하는 것보다 경제활동에 나설 필요를 능동적으로 모색하는 것이 바람직하다는 판단을 할 수 있기 때문이다. 게다가 자녀가 성인기에 이를 때까지 경력이 단절되는 경우 경제활동을 재개하기가 어려워진다는 점에서, 주양육자의 노동시장 적응 문제 등을 고려하면 생계급여 제공 기간을 아동기 연령(만 12세 전후)까지로 단축하는 방안이 합리적일 수 있다. 그러므로 생계급여의 경우 만 12세로 제한하고 자녀양육급여는 만 18세까지 연장하는 투 트랙 모형을 검토할 필요가 있다.

연령 범위 쟁점과 관련하여 또 하나의 쟁점은 기지급된 다른 현금 지원과 중복해서 지원을 하느냐의 문제이다. 예컨대, 24개월 미만 가정에는 이미 부모급여가 제공되고 있는데 추가로 자녀양육급여를 제공할 것인가 하는 문제이다. 자녀양육급여를 지급하는 목적이 각종 정부 보조금 총액을 합쳐 표준양육비 수준을 보장하는 데 있으므로, 이미 부모급여를 받는 24개월 미만 자녀의 가정은 그 부분을 제외하고 남은 금액을 받아야 한다고 생각해 볼 수 있다. 그렇다면 장애아동가정의 경우가 아니라면 추가로 지원받은 금액이 없을 가능성이 커 보인다. 따라서 빈곤가정 자녀 및 한부모가정은 만 24개월까지는 다른 계층과 마찬가지로 부모급여와 아동수당 등을 받고, 만 2세부터 자녀양육급여를 제공하는 구조가 합리적일 것으로 사료된다.

3) 지원 외 가족과의 형평성 쟁점

위에서 제안한 방식으로 중위소득 50% 이하 가족을 대상으로 한 이른바 최소양육비를 보장하면 대상에서 제외된 나머지 계층에게는 불만을 살 수 있으며 경우에 따라 형평에 어긋난다는 지적을 들을 수도 있다. 그러나 부모의 재생산권 관점에서 볼 때 이런 방식의 문제 제기는 꽤 잘못된 독해에 기안한다. 제도의 수혜계층이 아니더라도 어떤 가족이든 일정 수준 이하로 가계소득이 떨어질 경우 국가의 조력을 활용할 수 있다는 사실은 '심리적 안정' 효과를 발생시킬 수 있다. 중위소득 50% 이하 가정의 아동양육비용을 국가가 책임지게 되면, 50%에서 150% 계층이나 그 이상 계층에서도 안심하고 출산·양육을 결심할 수 있다. 따라서 이 제도는 지원 대상인 빈곤 가족들에게 유익하지만, 중간층 가족 대부분에게도 도움이 된다는 점을 강조하고 싶다. 다만 인접 계층일 경우 경제 형편이 유사함에도 인위적 기준에 따라 지원 유무가 갈라지는 불합리가 발생할 수도 있으며, 따라서 이런 부분에 대해서는 근로·자녀장려금제도를 활용해 일정한 수준까지는 증액 구간으로, 그다음에는 평탄 구간을 운영하다가 순차적으로 감액되는 지원 구조를 유지할 필요가 있다고 하겠다.

4) 재정 건전성 쟁점

이제 대규모 재정 부담을 어떻게 감당할 것인지가 쟁점으로 남는다. 이에 대해서는 제13장에서 상술하기로 하되, 여기서는 현재와 같은 예산심의 구조나 재원의 한계를 그대로 둔 채 저출산 인구 정책에 필요한 제도 개혁을 논하기는 사실상 불가능할 것이라는 점만 확인하자.

5) 생계급여 대상 가구원 분리의 쟁점

주양육자와 미성년 자녀 두 사람에 한정한 생계급여 및 자녀양육급여를 중위소득 50% 수준(혹은 중위소득 40%)까지 제공하는 것으로 지원 범위를 확대하면, '현재 가구 단위로 생계급여제도의 운영 방식을 어떻게 변경할 것인가' 하는 기술적인 문제가 제기될 수 있다. 그런 점을 고려해 아동이 있는 가구의 생계비 지원은 아동이 없는 가구와 구분하여 중위소득 30% 대신 중위소득 40%(혹은 50%)까지 생계급여를 확대하되, 전체 가구원을 대상으로 하는 제도 등을 대안으로 검토할 수 있다. 이러한 사항을 포함하여 제도설계에 따른 효과의 검토와 더불어 더욱 세심한 손길로 지원 기준 및 대상을 가려낼 필요가 있음을 고백하며 이 책의 출간 후 각계의 논의를 기대한다.

제12장

육아휴직 및 세제 지원 확대

앞서 제10장과 제11장에서는 그간 우리나라 아동가족 정책에서 등한시되었던 취약계층 대상 아동가족 정책의 개편을 집중적으로 다루었다. 그러나 우리나라 사회의 아동권 혹은 부모의 재생산권 실현이 취약계층 가정을 대상으로 하는 현금 지원만 추가하면 실현될 것으로 기대할 수는 없다. 이번 장에서는 현금 지원제도와는 다른 범주의 주요 두 정책에 대해 다루어 보기로 한다. 하나는 '육아휴직제도'이며, 다른 하나는 '자녀양육에 대한 세제 지원'이다. 먼저 육아휴직제도 관련 논의를 살펴보자.

1. 육아휴직제도 강화

위에서 취약계층을 위한 현금 지원 정책을 강조한 바 있지만, 사실 일정 소득 수준 이상의 맞벌이 부부에게는 양육비용 이상으로 '경력 손실 없이 육아에 전념할 수 있는 시간 자원의 확보' 및 남녀평등 육아 등이 더 큰 관심사가 되고 있다. 세계 각국이 앞장서서 육아휴직을 확대·강화하는 이유이다. 앞서 제2부(제8장의 2. 양육 관련 휴가제도 및 시간 정책)에서 우리나라 육아휴직제도의 개요 및 그 한계에 대해 짚어 보았는데, 여기서는 향후 육아휴직제도가 나아갈 방향을 살펴볼 것이다.

1) 육아휴직제도 개편의 쟁점

맞벌이가 일반화한 후기 산업사회에서 양육은 비용 문제 이상으로 (돌봄) 시간과 직장 일 사이를 중재할 사회제도에 관심이 쏠린다. 특히 우리 사회 최하위 분위 소득계층에게는 현금 지원의 필요성이 절박하다면, 중산층 이상 계층에게는 육아휴직 등 일·가정 양립을 위한 사회적 환경의 개선이 더 중심 사항으로 대두된다. 이런 관심하에 현재 우리 사회의 육아휴직 상황을 간단히 정리한 다음 개선책에 대한 논의로 넘어가자.

2023년 현재 육아휴직급여는 첫 3개월은 월 통상임금의 80%(상한액 150만 원, 하한액 70만 원)이고 나머지 기간(최대 9개월)은 통상임금의 50%(상한액 120만 원, 하한액 70만 원)를 육아휴직급여로 받을 수 있으며, 남성의 육아휴직을 유도하기 위한 아빠의 달 인센티브가 운영 중이다.

과거부터 현재에 이르기까지 육아휴직제도 개편의 쟁점은 주로 포괄 범위의 확대와 소득대체율이었고, 또 다른 쟁점으로 남성들의 육아휴직 참여 촉진이 거론되었다. 주요 쟁점 사항들을 차례대로 보기로 한다.

(1) 육아휴직제도의 포괄 범위 확대

육아휴직 사용자 수를 증대시키기 위한 노력은 어느 정부에서나 지속적인 관심사였으며, 실제로 육아휴직 대상자 수는 꾸준히 증가해 온 것도 사실이다. 다음에서 제시한 〈그림 12-1〉에서 보는 것처럼 육아휴직 사용자 수는 매년 증가하여 10년 전 대비 약 2배 이상 늘었고, 2021년을 기준으로 보면 당해 연 총출생자 수는 26만 명인데 총육아휴직 사용자 수는 17만 3,631으로 집계된다.[1]

그러나 여전히 육아휴직제도의 사각지대에 놓인 집단이 많아 정부와 정치권의 지속적인 개혁 노력이 절실하다. 국민 누구나 육아휴직제도를 활용

---

1 통계청 보도 자료(2022. 12. 21), "2021년 육아휴직통계 결과(잠정)" 참조.

그림 12-1 각 연도 육아휴직자 수 및 남성 사용자 비중 (단위: 1,000명, %)

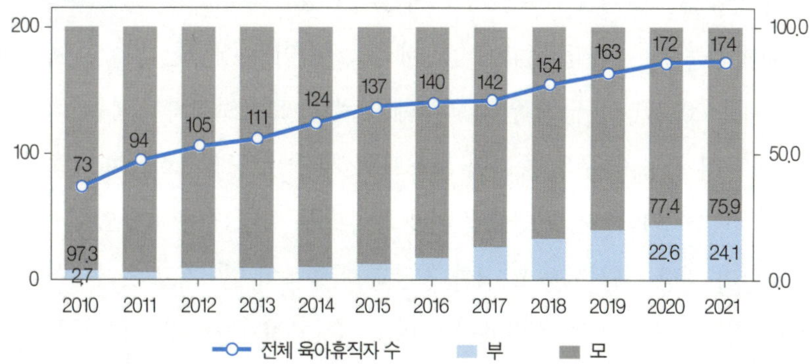

자료: 국가통계포털(KOSIS).

하기 위해서 새롭게 육아휴직제도 안으로 포괄해야 할 대상은 대략 다음 네 가지 범주로 구분해 볼 수 있다.[2] ① 고용보험 가입 대상임에도 자격요건 미달자(자격요건 180일 근로 미만 근로자 및 임신 전 퇴직자 등), ② 고용보험 가입 대상이지만 고용보험 미가입자(비정규직, 영세사업장 종사자), ③ 고용보험 적용 제외 임금근로자(가사 서비스업, 소규모 농림어업, 극단시간 근로자 등), ④ 고용보험 가입 대상 외 비임금근로자(특수형태근로종사자와 자영자)가 그것이다.

이 네 범주의 취업자들은 각기 비용 분담 구조나 매월 적립액 규모 등의 결정에서 서로 상황이 달라 일률적인 확대 방안을 강구할 수가 없는 형편이다. 그렇지만 포괄 범위 확대의 최대 걸림돌은 '비용을 누가 부담할 것인가'를 결정하는 일일 것이다. 즉, 육아휴직급여 대상자를 확대하기 위해서는 자영자처럼 사용자가 없거나 영세사업장처럼 사용자의 부담 능력이 낮은 경우 일정

2 김상호 외(2017), pp. 95~127.

액의 적립금(고용보험료 중 일정 요율에 해당하는 금액)을 정부가 분담하거나 육아휴직급여의 일정 금액을 사후적으로 지원하는 방법(즉, 일반회계의 전입금으로 메꿀 수밖에 없는)을 강구할 수밖에 없는데 어느 쪽이든 상당한 긴장을 수반한다. 실제로 2022년 말 당시 언론 기사에 따르면, 고용보험의 적자 누적 구조 및 육아휴직 사용자 수의 증가와 고용보험 계정 내 모성보호급여 비중의 증가로 말미암아 일반회계 전입금에 대한 의존도가 상당히 높아져 있는 상태에서 정부 내 재정 분담을 놓고 심한 긴장과 파열음이 빚어지고 있다.[3] 이런 가운데 여성가족부가 2021년 발표한 '제4차 건강가정기본계획'에 따르면, 육아휴직급여 지급 대상자를 특수고용직, 프리랜서, 플랫폼 노동자, 예술인, 자영업자 등 고용보험에 가입하지 않은 취업자를 포괄할 방침이라고 제시하였다.[4] 한걸음 먼저 육아휴직급여 대상으로 포함된 예술인과 특수형태근로종사자 및 플랫폼 노동자 등[5]에 이어 농어민, 자영업자, 소상공인을 육아휴직급여 대상자로 포괄하고자 하는 입법이 2023년 실제로 발의[6]되어 있는 상태이다.

한편, 2022년 취임한 윤석열 정부는 대선 공약 사항으로 '부모급여'는 물론 부모보험 실시를 약속하였으며, 앞서 살펴본 것처럼 2023년 현재 부모급여

3 그 한 예가 2023년도 예산배정을 두고 국회와 정부가 벌이는 신경전일 것이다. 2022년 말 예산심의 당시 일반회계 전입금 규모를 두고 국회 환경노동위원회는 2023년도 전입금 3,000억 원의 두 배인 6,301억 9,000만 원을 요구하는 한편, 긴축 재정을 내세운 정부는 2023년도 규모인 3,000억 원 동결 방침을 내세우는 등 치열한 긴장 국면을 연출하는 기사가 보도된 바 있다(매일노동뉴스(2022. 11. 24), "2조원 넘어선 모성보호급여 '국고 30% 부담' 이번엔 지켜질까" 참조).

4 한겨레(2021. 4. 27), "2025년까지 프리랜서·특고노동자로 '육아휴직' 급여 받는다" 참조.

5 언론 기사에 따르면, 예술인, 노무제공자(특수형태근로종사자, 플랫폼 종사자) 등의 집단은 「고용산재보험료징수법」에 의해 고용보험 가입에 준하는 지위를 부여받아 육아휴직 급여자로 포함되는 대상자 확대가 이루어졌다고 한다(한국유아교육신문(2023. 3. 1), "농어민·자영업자·소상공인, 출산휴가·육아급여 지원 추진" 참조).

6 대한뉴스(2023. 2. 24), "농어민·자영업자 엄마 아빠도 출산전후휴가 급여 받는다… 소병훈 의원, '고용보험법 개정안' 대표 발의" 참조.

의 시행[7]을 개시하였다. 대상 연령이나 지급액 규모 등에서 부모급여가 육아휴직제도의 기능을 일부 수행할 것으로 기대되며, 취업자만이 아니라 전업주부까지도 일시에 출산 후 급여를 받게 한 점은 평가할 만하다. 부모급여가 제공되면서 모든 출산가정에 일종의 육아휴직급여가 제공되는 효과를 보는 시점이라 종전까지 육아휴직 관련 논의는 새로운 국면에 접어들었다고 판단한다.

특히 일반회계 전입금이 들어가는 육아휴직 개편은 국가 재정 투입 요구가 높은 다른 현금 지원 정책들과 비교하여 경중을 따져가며 확대할 필요가 있을 것이다. 다만 장기적으로 볼 때 육아휴직의 급여 대상자로 모든 취업자가 포함되는 것은 직역 간 형평 차원에서 바람직하며, 특히 소상공인, 농어민, 자영자 등 경기 변동에 취약한 계층에서 출산 후 겪는 빈곤 위험을 완화하는 정책은 코로나 및 세계적 불황을 겪고 있는 요즘 시대에 이르러 따로 고심할 부분이다.

(2) 소득대체율 제고

현재 우리나라 육아휴직급여는 첫 3개월은 월 통상임금의 80%(상한액 150만 원, 하한액 70만 원), 나머지 기간(최대 9개월)은 월 통상임금의 50%(상한액 120만 원, 하한액 70만 원)를 매월 지급하는 구조로 되어 있다. 그 통상임금이 50%에서 80%라고는 하지만 급여 한도가 설정되어 있어 실제 소득대체율은 이보다 낮은 편이다. 육아휴직에 관한 한 가장 선진국인 스웨덴의 경우 소득대체율이 90%에 육박하는 부모보험을 통해 자녀 출산 후 생계 압박을 거의 완전

7 2023년 현재 24개월 미만 자녀를 둔 모든 가정에 12개월까지는 70만 원, 그 후 24개월까지는 35만 원을 지급하기 시작하였으며, 2024년부터는 더욱 본격적으로 12개월까지는 매달 100만 원, 그 후 24개월까지는 50만 원을 지급하는 안을 시행하기 시작한 것이다.

히 해소하는 데 비해, 한국의 육아휴직제도는 여전히 포괄 대상도 제한적인데다가 소득대체율까지 높지 않아 자녀 출산에 수반되는 소득감소의 위험을 잘 보호하지 못하는 편이다. 하지만 통상임금의 40%대 수준이던 우리나라 육아휴직자의 소득대체율을 지난 몇 년 사이 끌어올리는 데 일정한 성과가 있었던 것은 사실이다.

그러므로 앞으로도 지속적으로 현재보다 더 높은 수준으로 소득대체율을 끌어올리기 위해 노력해야 할 것이며, 자녀가 태어날 때의 경제적 곤란을 평소에 분산하여 분담하는 차원의 제도 개선이 추진되어야 한다고 본다. 예컨대, 필요하다면 고용보험료율 인상 및 고용보험 내 '모성보호 계정'의 신설 등 관련된 쟁점을 적극적으로 타개해 나가되 기업 규모에 따른 능력별 합의 구조를 만들어 나갈 수 있도록 정부와 정치권이 적극적으로 협력하고 노력할 필요가 있다.

2) 남성 육아휴직 사용률 개선

육아휴직제도에 있어서 위 두 가지 쟁점, 즉 포괄 범위 및 소득대체율에 못지않게 중요한 쟁점이 육아휴직의 남녀사용률 문제이다. 우리나라는 부부 각자 한 자녀당 1년의 육아휴직을 사용할 수 있게 되어 있지만, 실제 남성 사용자의 숫자는 여전히 크게 낮은 수준이다. 〈그림 12-1〉에서 보는 것처럼 과거 미미한 수준에 머물다가 2014년 첫 도입된 '육아휴직 아빠의 달' 시행 이후로 점차 늘어나 2021년에는 전체 육아휴직 사용자의 24.1%로까지 확대된 점은 고무적이다.

특히 2022년에는 한시적으로 '3+3 부모육아휴직제'를 도입하여 남성 휴직자에 대한 인센티브를 더욱 강화하였다. 이 제도는 부모가 동시에 또는 순차적으로 자녀 생후 12개월 내 육아휴직을 사용할 경우, 첫 3개월에 대한 육아휴직급여를 부부 각각 통상임금의 100%로 상향하여 지원하며, 그 상한액도 첫 번째 달 200만 원, 두 번째 달 250만 원, 세 번째 달 300만 원으로 정해 3개월을 모두 사용하면 최대 각각 750만 원까지 수령하도록 하였다.[8] 이를 통해 더 많은 남성의 육아휴직 사용을 촉진한 것으로 분석된다.[9]

앞으로도 부(父)의 육아휴직 사용을 확대하기 위해 더 다양한 유인제도가 가능할 것으로 보이나 문제는 이로 인한 고용보험기금의 재정 건전성 악화일 것이다. 지금처럼 육아휴직급여 지출이 빠르게 늘면 고용보험기금의 재정수지를 더 악화시키지 않기 위해, 일반회계 전입금에 의존하는 방법 이외에 고용보험 내 모성보호 계정을 신설하는 방안 및 새로운 기금을 별도로 설치하는 방안, 그리고 심지어 건강보험으로 이관하는 방안[10] 등이 심도 있게 검토될 필요가 있다. 어느 쪽이 되었건 필요한 제도 개혁을 위해서는 정치권과 정부의 노력 못지않게 각 사업장의 고용주들에게도 고통을 나누려는 연대의 정신이 요망된다.

8 고용노동부 홈페이지 아빠지원넷(아빠넷) 참조.

9 2022년 전체 육아휴직자 수는 13만 1,087명으로 전년 대비 육아휴직자 수는 20,532명(18.6%) 증가하는 효과를 낳았다. 남성 육아휴직자는 총 3만 7,885명이었는데, 이는 전체 육아휴직자 중 28.9%에 해당하는 규모이다. 자료는 대한민국 정책브리핑(www.korea.kr, 2023. 7. 26 생성 기준).

10 최숙희(2016), p. 56; 한지영(2016), pp. 177~179.

2. 근로·자녀장려금제도 확대·개편

지금까지 우리나라 아동가족 정책은 주로 서비스 제공에 치중하며 그다음으로 현금 지원에 주력하였다. 최근까지 조세 지원은 아주 부분적인 작은 역할만 담당하였던 것이 사실이다. 여기서는 자녀장려금을 포함한 조세 지원 방식 정책을 대폭 확대해야 함을 보이고자 한다.

주지하다시피 자녀장려금은 모든 가족 성원의 근로 유인을 강화하는 동시에 부양 자녀가 있는 저소득 가정의 가구소득을 높여 주는 정책으로서 2009년 첫 도입 이래 빠르게 확대해 왔다. 이 정책 수단의 고유한 특성을 살펴본 후 확대·개편의 방향성을 살펴보자.

1) 근로·자녀장려금제도의 현황

앞서 살핀 바와 같이 우리나라 가족아동 정책의 지출 총액은 OECD 국가 평균의 절반 정도에 불과하며, 그나마도 보육사업에만 심하게 편중되어 있어 저소득계층의 자녀양육을 위한 현금 지원 및 세제 혜택은 초기 단계에 불과한 상태라는 지적이 빈번하게 제기되어 왔다. 그러다가 근로·자녀장려금이 도입·확대되면서 지원 규모가 확대되어 〈표 12-1〉에서 보는 것처럼, 2022년 현재 총 가구 수는 493만여 가구에 총지급액은 4조 9,382억 원 규모로 확대되었다.

전체 근로·자녀장려금 가운데 자녀장려금만을 분리해 계산해 보면, 2022년 기준 가구 수는 약 69만 9,000가구에 총지급액은 약 573억 원 규모이다. 즉, 가구당 평균 82만 원가량 지급한 것으로 파악된다. 한국의 자녀장려금은

표 12-1 근로·자녀장려금 현황(2020, 2021년 지급금 기준)

항목	근로·자녀장려금별	2020	2021
가구 수(가구)	합계	4,906,016	4,936,172
	근로장려금	4,206,833	4,362,325
	자녀장려금	699,183	573,847
금액(백만 원)	합계	5,030,337	4,938,201
	근로장려금	4,428,643	4,444,702
	자녀장려금	601,695	493,499

자료: 국가통계포털(KOSIS).

그림 12-2 2022년 가구 유형별 근로장려금 및 자녀장려금 급여체계 (단위: 만 원)

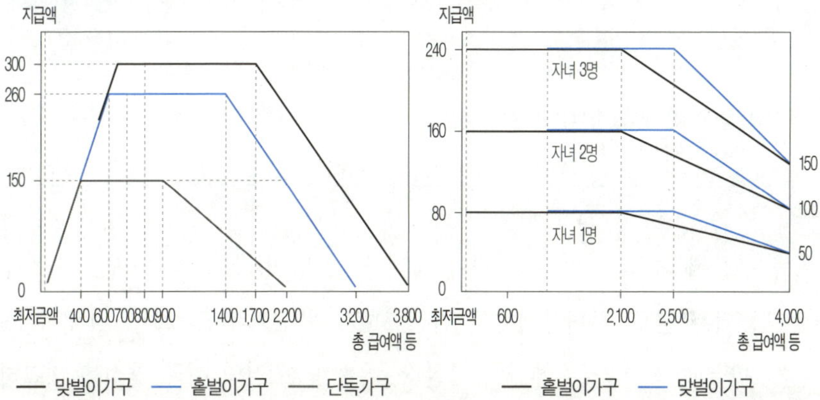

자료: 국세청 홈페이지.

제도 운영의 초기 상태로서 앞으로 발전잠재력이 크다. 그렇다면 현재 지원 수준이 다른 나라와 비교해 어느 정도 단계인지 판단해 보자.

먼저 〈그림 12-2〉를 적용해 한국의 2022년도 근로장려금 및 자녀장려금의 지원 수준을 계산해 본다. 예컨대, 연간 900만 원부터 1,400만 원 사이의

그림 12-3 2018년 미국 EITC 가구 유형별 급여체계 (단위: 달러/연)

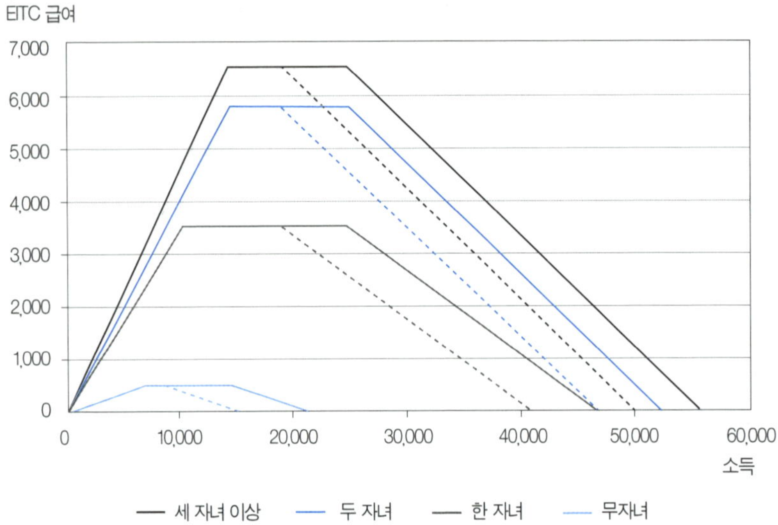

주: 실선은 기혼가구, 점선은 미혼가구임.
자료: Robert Bellafiore(2019), p. 3.

소득 구간에 속하는 홑벌이가구에 자녀가 한 명 있다고 가정하면, 이 가구에 제공되는 근로·자녀장려금은 연간 310만 원(근로장려금 260만 원에 자녀장려금 80만 원 합산)이라는 계산이 나온다. 유사한 조건의 미국 가정을 비교하기 위해 연간 소득 1만 달러에 자녀 수 한 명인 가정을 예로 들어 보면, 〈그림 12-3〉을 기준으로 연간 3,500달러 가량(환율 달러당 원화 1,200원 기준, 약 420만 원)의 세제 혜택을 제공받을 것으로 파악된다. 이 계산이 정확하다면, 두 나라에서 운영되는 저소득자 대상 소득 지원 정책 환경 및 국민소득 수준 등이 매우 다름에도 불구하고, 두 나라의 제도 운영의 방식과 지급 수준은 유사한 것으로 파악된다.[11]

그림 12-4 스웨덴 아동부양 가구에 대한 소득보장 급여체계 (단위: 만 원/연)

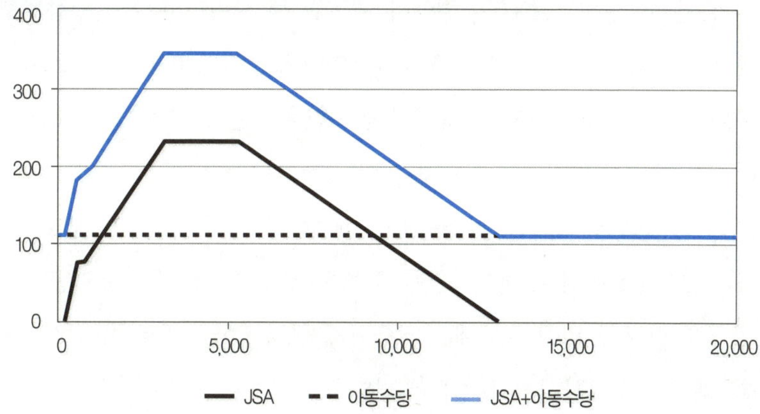

주: 이 그림은 스웨덴과 한국의 소득 수준 차이를 평균임금의 상대적 비율을 기준으로 소득 구간의 차이를 보정하였으며, 환율을 적용해 표에 제시된 액수는 원화 가격으로 표시된 금액임.
자료: 이상은·정상미(2016), p. 135.

그에 반해 해외 주요 국가의 자녀장려세제[12]는 자녀 2인 기준의 경우 영국 약 1,000만 원, 호주 약 1,100만 원, 캐나다 720만 원 등 한국이나 미국보다는 월등히 높은 금액으로 운영되는 것으로 파악된다. 한편, 또 자유주의 복지 국가들과는 그 성격이 상당히 다른 예로 스웨덴의 근로·자녀장려금은 어떤 수준일지 살펴보자. 스웨덴의 아동수당과 조세 지원(JSA)을 결합한 소득 구간별 급여체계를 보면, 〈그림 12-4〉에서 제시된 바와 같다. 즉, 연 가구소득 약 1억 3,000만 원까지는 아동수당과 JSA 세액공제 급여를 함께 지급하고 그

11 김재진(2014), p. 59를 참조할 것. 다만 이 연구도 이미 10년 전 통계이므로 현재와는 다소 차이가 난다고 보아야 할 것이다.
12 각국의 근로장려세제 비교를 위해서는 이상은·정찬미(2016), 김재진(2014), 문진주·이병화(2017) 등을 참조할 것.

이상의 소득을 가진 경우에는 아동수당만 지급한다.

만약 연 소득이 약 3,000만 원에서 5,200만 원 사이에 해당되는 경우(한국의 경우 중간층 가정의 소득 수준)라면 최대급여액으로 약 340만 원(JSA 세제 지원 240만 원과 아동수당 100만 원을 합친 금액)의 지원을 받는다. 이렇듯 스웨덴의 경우에는 그 지원 수준보다는 지원계층에서 한국과 상황이 꽤 다르다. 즉, 스웨덴의 아동부양 가구에 대한 소득보장 체계는 보편적 아동수당과 함께 중산층의 근로소득에 대한 세액공제를 결합시킨 구조라는 특징을 가지고 있다. 미국과 한국에 비해 스웨덴의 세액공제제도는 한국으로 치면 서민에서 중산층 계층까지 포괄하는 특징을 지닌다.

이상의 논의를 통해 간략하게나마 외국의 경우와 우리나라를 비교해 보았다. 이런 정도의 데이터를 가지고 우리나라 자녀장려금제도의 향방을 제언하기 위해 어떤 결론을 내리기는 적절치 않아 보인다. 만약 앞으로 '(가칭)자녀양육급여'제도를 도입할 경우 미국식으로 저소득계층의 소득 보전 및 근로유인 정책으로 갈 것인지, 아니면 스웨덴처럼 중산층 지원 정책으로 확장할 것인지는 한국의 아동가족 정책이 성숙하는 과정을 지켜보며 판단할 문제이다. 그럼에도 근로·자녀장려금제도는 기초생활보장제도의 운영을 보완하는 기능을 수행해 온 점을 고려할 때 적절한 시기를 보아가며 확대·개편을 해야 할 것으로 판단된다.

2) 근로 · 자녀장려금의 확대 · 개편

근로·자녀장려금은 기초생활보장제도와 함께 대표적인 빈곤계층을 위한 사회보장제도이다. 그러나 그 기능은 기초생활보장제도와는 달리 빈곤층의 소득보장 자체만이 아니라 이 제도의 역기능을 보완하는 기능을 함께 담당한다. 일정 금액을 일정 구간까지 일률적으로 지급하는 기초생활보장제도와 달리, 이 제도는 보통 일정 소득 수준까지는 소득에 비례하여 환급금을 늘려나가다가 평탄 구간을 거쳐 일정 소득 수준 이후부터는 감액하는 구조로 설계된다. 이런 구조로 소득이 늘어날수록 급여를 증액 또는 유지해 해주면, 복지 수요 계층이라 하더라도 현금보조금에 안주하지 않고 추가 소득을 위해 노력하게 됨으로써 저소득계층의 생계보조는 물론 근로 의욕을 고취하는 효과를 가지게 된다. 미국에서는 1975년 EITC(근로장려금)와 1998년 CTC(자녀장려금)라는 이름으로 최초 도입하였고, 그 후 스웨덴의 JSA, 영국의 CTC와 WTC, 프랑스의 PPE, 캐나다의 CCTB와 NCBS, 뉴질랜드의 FTC와 IWTC 등의 이름으로 유사한 세액공제 혹은 환급형 세액공제제도가 운영되고 있다. 이 제도는 소득재분배 효과는 물론 소비지출 규모 확장과 노동 공급의 확대라는 측면에서 긍정적인 효과를 창출하는 것으로 평가되어 왔다.[13]

그렇다면 향후 한국은 이 제도를 어떤 방향으로 개선을 모색해야 하는가? 앞서 살펴본 것처럼, 한국에서도 근로장려금제도는 2009년 첫 도입 이래 대상 제도 적용 범위의 확대 및 환급액 한도 증액 등 꾸준히 추진해 왔다. 특히 2015년에는 자녀장려세제를 도입·운영함으로써 수급자 계층에 포함되지 않는 저소득계층의 가구소득 증대에 기여하는 한편, 자녀양육비용 부담을 덜어주는 데 기여하고 있다는 평가이다. 그러므로 이 제도의 보완·발전은 계

13 물론 이런 식의 근로장려금제도가 가진 현금성 빈곤복지에 대한 보완 기능 관점이 모든 연구자들에게 일제히 수용되는 것이 아니라, EITC 제도의 정책 효과에 대한 선행 연구들의 결론은 각기 다르다고 한다(송헌재·전병힐, 2022, pp. 17~22). 즉, 근로장려금이 노동 공급(근로시장 참여 및 근로시간 길이의 연장 등)을 늘린다는 결론을 제시하는 연구들이 많지만, 별 영향이 없다는 연구나 심지어 부정적인 영향을 끼친다는 결론을 펼친 연구들도 다수 있다고 한다.

속해 열려 있다고 할 수 있다.

다만 앞에서 지적하였듯이 장차 자녀양육급여를 도입하여 일정 소득 구간까지는 최소양육비를 현금으로 채워 주는 정책을 시행한다는 전제하에서 해당 정책의 경계선 계층을 대상으로 제도 확대를 탐색하는 것이 가장 바람직하다고 본다. 아울러 늘어날 재정 부담을 고려해 속도 조절을 하는 한편, 주된 빈곤 정책이 작동하는 것을 관찰해 가며 보완적으로 확대를 해야 할 것이다. 아직까지는 한국의 환급금 수준이 미국을 제외한 다른 자유주의 복지체제 국가들 대부분보다 낮은 수준이기 때문이다.

특히 근로·자녀장려금의 확대가 재정 건전성에 주는 부담이 일반 현금 지원보다 월등히 적다는 점도 고려할 필요가 있다. 이 제도는 일반 현금 지원과는 달리 근로 의욕 고취에 따른 세입 기반의 확충 효과 및 장기적으로 사회보장비용의 경감 등의 효과를 창출하는 장점이 있다. 참고로 한 연구 결과에 따르면, 근로장려금 지출 중 약 40~70%가 소득세 증가로 인해 회수되고, 부가가치세를 추가로 고려하면 전체 회수율은 약 50~100% 범위의 값을 가지는 것으로 추정된다.[14]

3) 혼인과 자녀 출생, 육아비용 관련 세제 혜택 강화

앞에서 보았듯이 우리나라의 아동가족 정책은 현물과 현금 중 현물(즉, 보육과 같은 서비스 제공)에 치중해 있으며, 세제 혜택을 통한 아동가족 지원도 취약하다. OECD 국가군 평균 두 자녀 홑벌이가구와 독신가구의 조세 격차

14 송헌재·전병힐(2022), pp. 57~59.

가 10.2%인 데 비해, 한국의 두 자녀 홑벌이가구와 독신가구의 조세 격차는 5.0%에 불과해 유자녀가구에 대한 세제 혜택이 부족함을 알 수 있다.[15]

따라서 앞서 정리한 바와 같이, 자녀장려금제도의 확대가 정말 중요하므로 다양한 세제 지원 정책 수단을 개발할 필요가 있다. 다행인 것은 최근 '자녀 결혼 시 증여세 면세 한도를 1억 5,000만 원씩[16]으로 상향 조정'하는 내용의 혼인 증여 관련 세법개정(안)이 발표[17]되어 이 분야 정책에 대한 기대감을 높여 주고 있다는 점이다. 그 밖의 제도들에 대해서도 간략하게 살펴보자.

먼저 현재 우리나라는 연말정산 시 인적공제로서 20세 이하 자녀 1인당 150만 원씩 공제해 주는 제도를 운용하고 있지만, 혼인에 대하여도 소득공제해 주는 방안이 필요하다. 또한 혼인 및 육아와 관련한 비용(즉, 결혼, 임신, 출산, 육아비용)에 대하여 자손에게 증여하는 경우 일정액 이하에서는 비과세하는 방안 등을 적극적으로 검토할 필요가 있다.[18]

특히 혼인 및 자녀 출산으로 인한 세제상 이점을 높이기 위해 현재의 개인 단위 소득세 부과에서 한 걸음 더 나아가 N분N승제도[19] 또는 선택적 2분2승제도 도입을 검토할 필요가 있다. 이런 방식으로 세금을 부과해야 자녀 수가 많을수록 세금 감면 효과가 발생할 수 있기 때문이다. 또한 세액공제 항목을 시대 변화에 따라 수시로 확대하고, '교육비 세액공제 한도'를 현실화

15 임동원(2022), p. 1.
16 종전에 성인 자녀 비과세 한도가 1인당 5,000만 원이었으므로 추가로 확대된 증여세 공제금액은 1억 원이며, 양가 각자 1억 5,000만 원씩이면 총 3억까지 비과세 증여를 받을 수 있는 내용이다.
17 2023년 7월 28일 각종 일간지 참조.
18 이 제도는 이웃 나라 일본에서 이미 시행 중이다(임동원, 2022, p. 90). 실제로 우리나라 중산층 부모들은 손자녀 양육비용을 부담하는 경우가 많고, 따라서 자녀양육 관련 증여세 비과세 항목을 늘리는 세제 개편은 이런 부분을 현실화하는 의미가 있을 것으로 보인다.
19 가족원의 소득을 모두 합쳐 가족 수로 나눈 액수를 기준으로 과세하는 제도를 말한다.

하며, 소득공제 대상 자녀의 기준도 상향 조정(현재의 20세 이하에서 일정 소득 이하인 경우 25세 혹은 30세로 조정)할 필요가 있다고 본다. 이러한 내용들은 자녀 양육의 고비용을 점점 더 오래 지출해야 하는 한국 가정의 특성을 고려할 때 필요한 지원이고 합리적인 지원일 수 있기 때문이다.

한편, 혼인, 출산, 양육에 대한 세제상 혜택이 늘면 세수가 감소하는 부정적인 효과가 분명 발생한다. 하지만 결혼한 가족이 결혼하지 않은 가족보다, 그리고 유자녀가족이 무자녀가족보다, 다자녀가족이 소자녀가족보다 사회적 기여가 크다는 관점에서 보면, 이런 방향의 개혁이 형평에 맞을 뿐만 아니라 상징적 격려의 의미를 전달함으로써 출산장려의 효과를 발생시킬 수 있다.

제13장

인프라의 정비: 행·재정적 개혁

제10장, 제11장, 제12장에서는 저출산 인구 정책의 개편에 관한 내용을 다루었다. 제13장에서는 위 정책들을 뒷받침할 제도적 인프라에 관한 부분을 살펴보기로 한다. 비록 그간 저출산 인구 정책이 예산 규모의 확장 및 필요한 정책 수단의 도입에 일정한 성과를 보여 주었다고는 하지만 당면한 인구위기의 심각성을 해소하기에는 역부족임을 인정한다면, 이제는 패러다임의 변화라 할 정도의 담대한 전환이 요구되는 시기이다. 정책의 내용적인 개혁에 못지않게 저출산 인구 정책의 제도적 인프라라 할 만한 네 가지를 동시에 개혁할 필요가 있다. 첫째, 예산심의 구조의 변경, 둘째 세원 확보 방안, 셋째 정부 조직 개편, 넷째 환류체계의 재구성이 그것이다.

1. 예산의 기획과 배정 트랙 정비

한국도 내후년이면 저출산·고령사회 기본계획을 수립하고 시행한 지 약 20년으로, 4차에 걸친 기본계획을 마무리하고 제5차 기본계획을 수립하는 시기이다. 앞서 제2부에서 현재와 같은 예산심의 구조로는 저출산 예산처럼 여러 부처에 걸쳐 있으며 중장기적 전망이 요구되는 사안을 효과적으로 다루기 어렵다는 점을 지적한 바 있다. 즉, 현재의 예산심의 구조하에서는 개별 부처의 총액 (예산)한도에 구속되어 필요한 예산 규모를 적정한 속도로 배정하는 것이 불가능하다.[1]

대한민국의 인구 정책이 소기의 성과를 내기 위해서는 그 기조를 과감하

1 보다 자세한 내용은 앞서 제9장 1. 2) 저출산 인구 대응의 문제점 중 (1) 인구 정책 총괄 조직의 부재 부분을 참조할 것.

그림 13-1 2019년 한국과 OECD 각국의 공공사회복지 지출 규모 (단위: %)

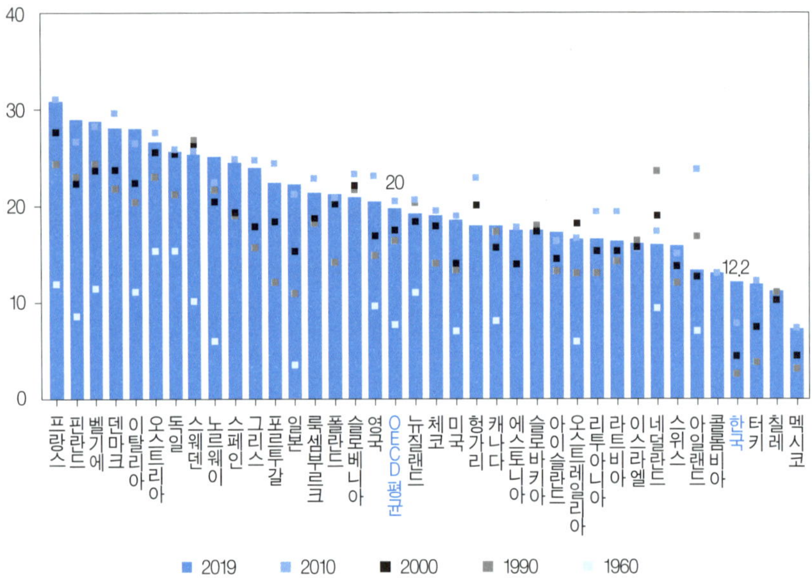

자료: 시사IN(2022. 3. 4), "어떤 복지국가를 택할 것인가[2022 대선 의제 ⑦]".

게 바꾸는 일로부터 출발해야 하며, 이를 위해 가장 중요하고 시급한 일은 저출산 예산의 심의 구조 개혁이라고 본다. 이 부분을 살펴보기로 한다.

1) 예산심의제도 변경의 필요성

〈그림 13-1〉에서 보듯이 한국의 공공사회복지 지출은 세계에서 가장 빠른 속도로 증가하였지만, 여전히 국가 규모에 비해 저조하다는 특징을 동시에 지닌다. 물론 한국과 OECD 국가 평균과의 격차는 점점 좁혀지고 있으며 인위적으로 끌어올려야 할 당위성이 있는 것도 아니다. 또한 빠른 고령화 속

도로 말미암아 고령화 관련 복지 예산들은 현재의 지출 구조하에서도 시간이 흐를수록 OECD 국가 평균에 근접할 것으로 예상된다.

반면, 아동가족 예산의 경우에는 그 같은 자연증가 요인에 의해서 규모가 커질 가능성보다는 오히려 경합하는 예산 항목들을 취사선택해 가며 아직도 큰 폭으로 증액해야 하는 예산이라는 점에서, 고령화 관련 사회복지 지출과는 구분해 고찰할 필요가 있다. 저출산은 워낙 대규모 재정투자가 불가피한 사업들로서 획기적인 증액이 필요한 것은 물론 사업 간 통합적이고 일관성 있는 운영이 절실하다는 점에서 현존하는 다른 어떤 예산과도 차이가 있다.

굳이 유사한 선례를 찾자면 교육에 국가의 미래를 걸었던 1960년대 당시 '인재부국'의 슬로건하에 내국세의 일정 비율(최근까지 20.79%)을 교육 예산으로 우선 할당하고자 도입한 '지방교육재정교부금'제도[2]가 가장 근접한 예산 유형이라 할 것이다. 50여 년 전 가난을 벗기 위해서 국민의 교육에 내국세를 최우선 사용하게 한 지방교육재정교부금처럼 2020년대는 인구위기를 타개하기 위해 출산력 향상에 내국세의 일정 비율을 선할당(先割當)하는 것도 고려할 필요가 있다.

현재와 같이 소관 부처의 각개전투 방식으로는 저출산 예산의 통합적 운영을 효과적으로 뒷받침할 수 없다는 문제 이외에 대규모 재정지출을 위한 세원 발굴과 세출계획을 하나의 회계하게 통합적으로 관리할 필요성이

2 지방교육재정교부금은 지난 50년간 유지되면서 한국 정부가 그 어떤 사업보다 교육에 우선적으로 예산을 배정하도록 역할을 하였다. 다만 현재는 다음과 같은 문제점을 노정한다. "내국세수에 연동된 교부금 산정 방식은 인구 팽창기인 1972년에 도입되어 50년간 유지되고 있다. 그러나 초·중·고 학령인구는 지속적으로 감소하고 있는 반면, 복지 정책의 주요 대상자인 고령인구는 급증하고 있다. 생산가능인구뿐만 아니라 절대인구의 감소도 피할 수 없다. 이러한 추세는 거의 불가역적이다. 인구고령화가 더욱 빠르게 진행되고 코로나19와 같은 경제사회적 위기에 적극적으로 대응하면서 재정 여력은 계속 고갈되고 있으며 재정의 지속가능성에 대한 우려가 제기되고 있다"(김학수, 2021, pp. 1~2).

있다. 즉, 인구 정책의 획기적인 전환을 뒷받침하기 위해서는 각 부처에 흩어져 있는 정책 과제들을 연결지어 추진할 수 있는 예산제도가 바람직하는 이야기이다.

이 같은 관심을 반영하여 생각해 볼 수 있는 제도 개선 방안은 두 가지가 있다. 하나는 저출산 예산에 특별회계제도를 적용하는 방안이며, 다른 하나는 종래 예산심의 트랙과 구분되는 별도의 '저출산 예산심의 트랙'을 만들어 운영하는 방식이다. 즉, 재정 담당 부처(즉, 기획재정부)가 저출산 관련 예산의 기획과 배정을 총괄하고, 여타 집행부처는 재정 담당 부처가 제시하는 기준안에서 각 연도 예산 수요를 제출하고 배정된 예산의 집행 결과를 보고하는 역할을 하는 이원 체제를 구상해 볼 수 있다.

2) 특별회계 도입(안)

대규모 재정투자를 출산력 회복(혹은 방어)을 목적으로 새롭게 추진할 경우, 개별 정책 범주의 도입 이상으로 재정 운영 방식의 변경이 중요해진다. 그 방법으로서 특별회계의 도입에 대하여 알아보자.

특별회계는 "전체 국가 재원 가운데 일정한 자금을 다른 사업과 섞이지 않도록 칸막이를 허용함으로써 재정 운영의 합리성과 효과성을 담보하려는 법적 형식"이다. 반면 일반회계는 "국가의 모든 수입은 전체 수입의 일부로 처리되고 전체 수입은 전체 지출에 배정될 수 있다"는 국가 재정 통합 운영의 원칙하에서 통합적으로 운영되는 회계(특별회계 이외의 모든 회계)를 말한다. '국가 재정 통합 운영의 원칙'은 정부 조직 간 칸막이 행정을 재정 영역에서는 방지함으로써 재정 운영의 적법성과 효율성을 제고하기 위한 장치이며, 이에 예외를 두는 법적 제도가 특별회계인 것이다. 요컨대, 특별회계란 특정 사업의 정책적 중요성이 비상할 때 혹은 구분되는 세원의 활용을 특정 사업에 한정하고자 할 때 일정한 자금에 한해 특정 사업의 목적으로만 집행하게 하는 예산절차이자 과정이라고 할 수 있다. 국내 대표적인 사례로는 국가균형발전특별회계 및 교통시설특별회계 등이 있다.

이렇게 재정법상 예외적 지위의 특별회계를 저출산 예산에 도입하고자 하는 이유는 안정적인 재원 기반 위에서 사업들 간보다 통합적이고 거시적인 관점 및 일관성 있는 정책 집행을 위해서이다. 현재까지 우리나라 저출산 예산은 저출산·고령사회 기본계획을 중심으로 각 부처에 흩어진 사업을 하나의 표 안에 병렬적으로 묶어 내는 이상으로 큰 의미가 없는 가운데 저출산의 원인을 해소하기에 미흡하였다고 평가된다면, 현재와 같은 부처 중심 재정심의의 한계를 넘어서는 새로운 재정 운영 방식이 필요하며 그 좋은 예가 특별회계라는 것이다. 즉, 저출산 정책의 효과적인 추진을 위해서는 정책 영역의 확대, 지원 방식의 다양화와 함께 근본적인 사회 구조를 변화시키기 위한 노력이 통합적이고 거시적인 관점에서 추진될 필요가 있다. 이를 위해서는 관련 정책 추진을 위한 안정적인 재원을 기반으로 정책을 총괄관리하며 통합적으로 추진할 필요가 있는데, 그 방법 중 하나가 '저출산특별회계'이다.[3]

또한 저출산 예산에 특별회계를 도입하는 또 하나의 장점은 저출산 해소라는 목적을 추진하기 위해 보다 적극적으로 세원 발굴에 나설 수 있다는 점이다. 즉, 저출산 예산을 특별회계 방식으로 운영하게 되면, 예산 집행의 성과를 통합적으로 검토·평가할 수 있고 그 기반 위에서 세원 확보의 명분이나

3 김은정 외(2020), p. 10.

당위성을 설득하기가 지금보다는 용이할 것으로 기대된다.

그렇다면 그동안 특별회계 도입과 같은 방법에 대한 논의는 없었던 것일까? 전에도 저출산 대응 안정적 재정 운영 방안의 일환으로 특별회계제도가 간헐적으로 거론[4]된 바 있지만 본격적으로 실현되지는 않았다. 아마도 당시 재정 운영의 원칙상 유익이 그다지 크지 않다고 보았거나, 아니면 제도 개혁을 밀어붙일 만큼 정치권 혹은 정부의 의지와 공감대가 형성되지 않았던 탓이라고 본다.

그 결과 2023년 현재, 과거 어느 때보다 저출산 문제의 심각성에 대한 인식이 절박해졌고 대대적인 정책 전환이 불가피한 상황에 이르게 되었다. 이제는 문제의 심각성에 걸맞은 재정 운영 방법론의 필요성을 인식하고, 필요한 행·재정적인 개혁의 한 가지 방책으로 특별회계제도를 적극 검토해야 한다고 본다.

한편, 저출산특별회계 도입 또한 다양한 쟁점과 과제를 안고 있다. 저출산특별회계를 도입하기 위해서는 저출산 예산 중 어느 사업을 대상으로 할 것인지, 해당 사업의 재원은 현재의 일반회계를 그대로 둘 것인지, 신규 세원을 발굴할 것인지, 걸맞은 세원 항목을 무엇으로 할 것인지 등의 문제들을 풀어 내야 하지만, 그에 못지않게 부처 간 조직 통폐합 과정도 이슈화할 전

4 저출산 정책 특별회계와 관련된 논의는 2010년 저출산 문제 대책 TF(국회사무처, 예산정책처, 입법조사처 등 국회 내 기관으로 구성)에서 범정부 차원에서 저출산 정책을 총괄적으로 운영할 수 있는 '저출산대책특별회계'를 설치해야 한다고 제안한 바 있다(국회 저출산 문제 대책 T/F팀, 2010). 당시 TF 자료에 따르면 다부처 유사·중복 정책 추진에 따른 비효율 문제가 진단되었으며, 이를 위해서는 정책 간 연계·조정을 통한 시너지 효과의 극대화를 이룰 수 있는 총괄 기능의 수행과 저출산 관련 예산을 기획재정부 장관이 관리·운영하는 '저출산대책특별회계' 도입을 제안한 바 있다(국회 저출산 문제 대책 T/F팀, 2010). 이 밖에 2016년 국회 저출산·고령화대책 특별위원회는 아동수당 재원 마련을 위해 목적세 검토 필요성을 제시한 바 있다(김은정 외, 2020, p. 12).

망이다. 물론 특별회계의 운영이라 하더라도 그 포괄 범위는 논의하기에 달린 문제로서 다양한 형태가 가능하다. 각 부처에 흩어진 동일한 사업 몇 개를 묶어 주는 수준이 있는가 하면, 대규모 예산투입이 요구되는 사업(육아휴직 대상 확대, 자녀교육급여의 신설 등)에 아예 재원을 확보하여 특별회계로 묶는 방법이 있을 것이며, 주요 저출산 사업 범주를 모두 포괄(저출산 예산 중 간접예산을 제외한 전부)하는 경우 등 다양한 형태를 생각해 볼 수 있다.

부처 간 이견의 조율과 더불어, 특별회계 도입에 대한 재정 당국의 경계심도 간단치 않겠지만 재정투자를 안정적으로 확대할 목적으로 도입하는 특별회계라면 더욱 순탄치 않을 것이다. 그럼에도 향후 대규모로 확대될 수밖에 없는 저출산 대응 예산의 운영 방법으로서 특별회계제도의 도입은 분명한 의의가 있다.

그러나 특별회계 방식도 그것만으로는 분명한 한계가 있다. 이를테면 소액 사업 몇 개를 묶는 특별회계라면 초저출산 국면을 타개하기에 영향이 너무 미미할 것이다. 그런가 하면 대형 예산사업을 포괄하는 특별회계는 세원 발굴이나 효과성 입증 등이 정말 중요한 문제인데, 그런 문제는 특별회계로 묶는다고 자동으로 해결될 일이 아니기 때문이다. 특별회계가 일반회계 전입금의 비중을 얼마나 하느냐에 따라 다르긴 하겠지만, 특별회계 방식이기 때문에 오히려 예산 수요 확대에 경직적으로 반응할 가능성도 배제하기 어려운 것이 사실이다. 요컨대, 특별회계라고 하여 재원 조달의 문제, 저출산 대응 효과성 문제가 자동으로 해결되는 것이 아니며, 총체적인 문제 해결의 의지가 매우 강하다는 전제하에 하나의 방편이 될 수 있을 뿐임을 지적하고자 한다.

3) 저출산 예산 트랙 신설(안)

앞에서 저출산 예산의 운영 방식으로 특별회계제도를 도입하게 되면 일정 부분 효과를 낼 수 있겠지만, 그것만으로 최대·최선의 효과를 담보하기는 어렵다는 점을 보았다. 따라서 특별회계 방식이 아닌 다른 방법으로 저출산 사업 전체를 하나의 일관된 목적하에 예산을 배정하고 사업 간 조율과 조정을 주도해 효과를 배가시킬 고민을 해야 한다. 여기에 대해 '별도의 저출산 예산 트랙'을 운영하는 방안을 제안해 본다.

저출산 예산사업은 세입과 세출을 하나의 그릇에 담아 관리하며, 이 사업들의 집행은 각 부처에서 주관하더라도 예산의 심의와 성과 평가는 재정부처에서 주도한다는 것이다. 이는 프랑스의 '사회보장 예산법률'이 던지는 시사점을 참조한 것이다.[5] 저출산 예산을 하나의 바구니에 담아 관리하되, 이들 저출산 사업은 집행부처의 총예산 한도에 포함시키지 않고 별도로 관리한다는 것이 이 제안의 핵심이다.[6] 다만 이와 같은 별도 트랙의 저출산회계를 운영하기 위해서는 재정 당국의 기능조정이 전제되어야 할 것이며, 그에 필요한 행정적 개편도 수반되어야 소기의 성과를 낼 수 있다고 본다. 각 부처가 저마다 저출산 예산사업(물론 사업 과제의 가짓수나 규모에서 압도적으로 큰 비중을 차지하는 부처는 보건복지부이지만)을 운영하도록 둔 채 사업 과제 일부를 특별회계

5 물론 프랑스의 사회보장법률이 관장하는 사업 범위는 아동가족사업(저출산 관련 사업)에 한정되지 않고 보건의료, 노령, 가족, 산업재해, 기본보장, 고령연대기금 등 모든 사회보장제도 사업들을 다 포괄한다(〈표 13-2〉 참조)는 점에서 여기서 제안하는 저출산 예산 트랙과는 그 규모나 범위가 다르다. 그러나 관련 세입과 세출을 하나의 틀 안에서 일목요연하고 투명하게 관리한다는 점에서는 이 책에서 제안하는 저출산 예산 별도 트랙과 일맥상통하는 점이 있다.

6 특별회계로 묶는 방법 이외에 '저출산회계'라는 명칭의 별도 예산심의 트랙을 운영하는 방안도 가능하지 않을까 생각하며, 관련된 논의는 저자의 식견 범위를 넘어선다고 보아 해당 분야 전문가들의 활발한 질정을 기대한다.

로 운영하는 것만으로 사업 간 충분한 통합 효과를 발휘하기 어려울 수 있다. 그 상황에서는 특별회계를 도입하더라도 사업 간 우선순위와 현재의 재정 여건 그리고 장기 전망을 조화시키는 문제를 다룰 사령탑이 필요하므로, 이 조직은 재정 담당 부처인 기획재정부에 설치함이 바람직하다고 본다.

이와 같은 재정 당국의 역할 강화를 제안하면서 프랑스의 사례를 다시 한번 언급하고자 한다. 선진 각국 중에서도 가장 출산력이 높은 프랑스는 특별한 제도를 운영하는데, 바로 사회보장 예산에 관한 한 일반재정과 별도의 법률을 통해 세입과 세출의 증감을 관리한다. 이 같은 제도 덕분에 프랑스가 그처럼 관대한 아동가족 정책을 운영할 수 있었다고 하면, 한국도 해외 각국의 일반적인 틀이 무엇이냐가 중요한 게 아니라 우리의 필요에 맞고 우리 문제를 해결할 수 있는 제도라면 다소 이례적인 방식도 고려할 수 있지 않겠느냐는 의견이다.

> 프랑스는 유럽에서 높은 출산율을 자랑하는 국가이기 때문에 관련된 제도를 자세히 볼 필요가 있다. 본 연구에서 살펴본 사항들 가운데 유의미한 점은 사회보장에 소요되는 재정을 별도의 법률 형식으로 관리한다는 점이다. 전체 국가 예산이 하나의 법률로서 매 회계연도마다 제정되는 것처럼 사회보장 예산에 관한 별도의 법률이 매년 제정되고 있다. 이를 통해 전체 사회보장에 소요되는 재정의 총량을 객관적이고 투명하게 관리할 수 있다.[7]

프랑스는 사회보장법률을 통해 사회보장제도 전체를 관리한다면, 우리나라가 추진하는 재정 당국의 저출산 관련 예산관리는 어느 범위까지 될 것

7 김은정(2020), p. 131.

인가 하는 의문이 제기될 수 있다. 아마도 기획재정부가 예산의 기획을 주도한 저출산 예산의 범위는 현재의 저출산·고령사회 기본계획에 포함된 예산 중 직접 예산에 속한 부분(즉, 임신·출산 지원 예산과 보육 및 돌봄 예산, 그리고 일·가정 양립 예산과 각종 현금 지원) 중에서 주요 대형 예산을 중심으로 포괄하는 것이 바람직할 것으로 본다. 즉, 저출산·고령사회 예산 중 간접적 지원 예산이라고 하는 '청년 주거 및 일자리 지원'은 제외한다는 것이다. 간접적 지원 사업들은 성격상 저출산 해소만을 목적으로 삼지 않으며 저출산과의 관련성이 그다지 직접적이지 않기 때문이다.

한편, 출산율 제고와 관련하여 해외의 주요 정책들이 많이 연구되고 있으나 한국처럼 관련 정책을 모아 '저출산 대책' 또는 '출산장려 정책'이라고 명명한 국가는 일본의 예를 제외하고 찾아보기 어렵다.[8] 기존에 포함된 저출산 예산 항목이라 하더라도 향후 면밀한 모니터링을 거쳐 출산력과 직접 관련이 없거나 대분류 수준에서 관련성이 인정되는 바람에 도매금으로 같이 포함된 예산 등은 정리하고 기획재정부가 전략적으로 운영에 개입할 수준의 예산 항목을 가려낼 필요가 있을 것이라고 본다.

예산심의와 관련한 제도 개혁이 잘 마무리된다 하더라도 저출산 정책의 성공적인 재편은 결국 재원 확보 여부에 의해 결판이 난다. 세원 발굴의 문제는 그만큼 중요한 문제이다. 다음에서 보기로 한다.

8 다만 저출산 관련 선행 연구들에 따르면, 다른 나라들의 경우 대체로 출산과 관련된 수당을 지급하거나 자녀를 양육하는 가구의 양육 부담을 완화하기 위한 차원에서 현금급여를 지급하는 것 혹은 육아휴직을 지원하는 것을 저출산에 대응하는 정책으로 본다(김우림, 2021, p. 61). 또한 OECD나 EU와 같은 국제기구들은 사회복지 예산 가운데 가족지출 혹은 아동가족 예산을 집계함으로써 아동양육에 대한 국가의 지원 규모를 비교한다.

2. 세원 확보 방안 마련

저출산 인구 정책을 효과적으로 추진하기 위해서는 무엇보다 안정적인 재원 확보 방안이 마련되어야 한다. 그러나 정책 개혁의 모든 과제 중에서 예산 확보만큼 어려운 일은 없다. 그래서 우리나라 저출산 인구 정책 개혁의 성공 여부는 바로 이 부분에서 갈릴 것으로 전망한다.

대규모 재정투자 요인이 발생하였을 때 정부가 통상적으로 거론하는 재원 조달의 방법으로는 세출조정, 세입 확충, 국채 발행, 사회보험 도입, 민간부문 활용 등이 있다. 그중 가장 빈번하게 세출 구조조정이 거론되지만, 본격적인 저출산 대응 정책을 추진하기 위해 요구되는 수십조의 추가 재원 확보 방법론으로는 분명 한계가 있다. 따라서 저출산 인구 정책의 획기적 전환을 위해서는 추가 재원 발굴의 문제를 피할 수 없다. 〈표 13-1〉에서 보듯 한국 공공사회복지 지출은 여전히 비교 대상 국가군들보다 낮은 수준이다. 이러한 저투자가 오늘날 저출산을 다 설명하지는 못하겠지만 하나의 원인임은 분명하다고 한다면, 이를 개선하기 위한 아동가족 예산 규모의 확대는 당연히 당위에 속하는 문제일 것이다.

한편, 아동가족 예산 확대를 위한 대대적인 재원 발굴에 나설 때 또 하나의 유념할 부분은 이 예산이 가진 명분이다. 연구자들은 국가에서 개별 가정이 수행하는 자녀양육에 대하여 비용을 지원함이 타당한 것으로 보며, 그 근거를 다음[9]과 같이 아동이 가지는 공공재적 성격에서 찾는다.

9 신윤정·김지연(2010), p. 19.

표 13-1 한국 공공사회복지 지출 비중 및 조세부담률

구분		2015	2016	2017	2018	2019
조세부담률 (GDP 대비 %)	한국	17.4	18.3	18.8	19.9	20.0
	OECD 평균	24.5	25.0	24.8	24.9	24.9
국민부담률 (GDP 대비 %)	한국	23.7	24.7	25.4	26.7	27.3
	OECD 평균	33.3	34.0	33.7	33.9	33.8
공공사회복지 지출 (GDP 대비 %)	한국	9.6	9.9	10.1	10.8	12.2
	OECD 평균	20.2	20.2	19.9	19.8	20.0

자료: 참여연대 홈페이지(https://www.peoplepower21.org/tax/1833264, 2023. 7. 31 검색 기준).

자녀양육과 교육에 대한 비용을 사회적으로 분담하는 것에 대한 논리적 근거는 자녀를 가진 부모에 대한 정부의 경제적 지원에 긍정적인 외부 효과가 존재하기 때문이다. 어린 아동들이 사회 내에서 존재하는 것은 어린 아동들로부터 노인들에 대한 세대 간의 이전을 통해 긍정적인 외부성을 발생시킬 수 있는데 그 대표적인 예로 연금제도를 들 수 있다. 아동들의 인적 자본과 사회 자본에 대해 투자하는 것에 대한 긍정적인 외부성은 이러한 투자를 통해 경제성장 및 성숙한 사회에 기여한다는 측면에서 볼 수 있다.

자녀는 장차 한 나라의 경제성장을 떠받칠 소비자이자 노동력이고 아울러 미래 안전한 노후를 담보할 국민연금의 재원 부담 인구로서 국민경제의 중요한 투입 요소이기 때문에 국민경제의 공공재로서 국가가 그 생산비용을 부담(혹은 분담)하는 것이 합당하다는 논거이다. 동시에 이러한 공공재 생산비용은 각 경제 주체들이 함께 분담할 각오가 되어야만 증세 등 국민적 부담을 감당해 낼 수 있다.

이렇게 국민적 동의를 얻도록 최대한 노력해야겠지만 더 큰 문제는 어떤 방식으로 세원을 확보하느냐이다. 다음에서 각국의 대응 몇 가지를 소개한다. 먼저 일본은 소비세 인상을 통해 증가하는 아동육아 지원 예산을 확보하고 있다.

> 일본은 2012년 8월 제정된 「아동·육아 지원법」(子ども·子育て支援法), 「인정어린이원법의 일부 개정법」(認定こども園法の一部改正法), 「아동복지법의 일부 개정 등 관계 법률의 정비법」(児童福祉法の一部改正等関係法律の整備法) 등을 아동·육아 3법으로 부르고, 이에 따라 2015년 4월부터 '아동·육아 지원 신제도'를 추진하고 있다. (중략) 이는 소비세 인상을 통해 약 0.7조 엔(약 7조 3,572억 원)의 재원 등 약 1조 엔(약 10조 5,103억 원)의 추가 재원을 확보하고, 소비세 인상을 통해 약 0.7조 엔의 재원을 확보한 것은 2012년 당시 함께 이루어진 소비세율 인상에[10] 따른 것이다.

프랑스는 개별 노동자가 근로 기간 중 적립하는 분담금으로 적립하는 기금 이외에 전체 사회가 부담하는 목적세로서 일종의 '사회보장세'를 운영함으로써 증가하는 사회복지비용을 추가 조달한다. 이 사회보장세는 1991년 신설된 조세로서 사회보장제도 전반의 재정 확충을 위해 신설되었으며, 프랑스 내 거주하는 사람의 소득 일체를 과세 대상으로 한다. 이 조세의 사회보장 분담금 내 비중을 보면 〈표 13-2〉에서 보는 것처럼 그 액수는 적지 않은 비중을 차지한다.

이상 각국의 경우를 검토해 볼 때, 한국도 어떤 방식의 선택이 가능할 것인지 심도 있는 논의와 함께 국민적 동의를 구하는 절차도 밟아야 할 것이

10 당시 일본은 저출산 고령화로 인한 사회보장비 지출 급증에 대응하기 위하여 소비세율을 10%까지 인상하기로 결정하였다. 이에 일본 「소비세법」(消費税法) 제1조 제2항은 소비세의 수입은 지방교부세법에 따라 지방에 교부하는 것 외에 매년 연금, 의료 및 장기요양을 위한 사회보장급여와 저출산에 대처하기 위한 시책에 필요한 경비에 충당한다고 명시하고 있다(김우림, 2021, p. 67).

표 13-2 프랑스 사회보장 예산법률 수입 부문 구성 (단위: 10억 유로)

구분	보건의료	노령	가족	산업재해	기본보장	고령 연대기금	일반보장 및 고령 연대기금
실질 부담금 (Cotisations effectives)	75.4	141.2	31.1	14.1	260.1	0.0	260.1
국가 부담금	2.0	2.5	0.6	0.1	5.2	0.0	5.2
사용자 가상 부담금 (Cotisations fictives of employer)	0.4	41.1	0.0	0.3	41.9	0.0	41.9
종합 사회보장 부담금	73.0	0.0	12.3	0.0	84.9	17.1	102.0
조세 및 기타 사회 부담금	62.1	22.2	6.5	0.0	90.8	0.0	90.8
미징수 부담금	−0.5	−0.6	−0.3	−0.2	−1.5	−0.3	−1.9
이전	3.0	37.1	0.2	0.1	28.7	0.0	10.9
운용 수익	0.0	0.1	0.0	0.0	0.2	0.0	0.2
기타 수입	5.3	0.5	0.6	0.5	6.9	0.0	6.9
수입 합계	220.8	244.1	51.0	15.0	517.1	16.8	516.1

자료: 김은정(2020), p. 127. 프랑스 하원에서 의결한 2020년 사회보장 예산법률 내용에서 발췌함.

다. 우리나라도 그간 몇 가지 증세 방안이 거론되곤 하였다. 아이디어 차원에서 정리하자면, 다음과 같다. 일본의 소비세를 벤치마킹하는 방법 및 부가가치세에 저출산 예산의 재원분을 할당하여 인상하는 방안을 거론하는 경우[11]도 있었으며, 프랑스의 사회보장세처럼 '저출산고령화세'를 도입해 신규 사업 세출 재원으로 활용하자는 방안도 있었다. 그 밖에 현행 종합부동산세의 개정 시 세율을 고정하는 대신 사용 목적을 저출산 대응 사업에 한정하는 방법도 있을 수 있다고 보며, 부유층의 자발적 참여를 끌어내는 '백만장자 출산 공헌세'와 같은 아이디어를 제안[12]하는 전문가도 있다.

11 김은정(2020), p. 176.
12 김성일·정창호(2017), pp. 250~256.

끝으로 덧붙이자면, 저출산 대응 정책을 위한 세원 발굴의 문제를 해결한 정부 혹은 정당은 한국의 장래를 책임질 결단을 수행한 그 업적으로 길이 역사의 평가를 받을 것이다. 다만 이 책에서는 그 방향성만을 정리한 것이며, 실천을 위한 계기를 창출하는 일은 우리 모두의 책임으로 남겨두고자 한다.

3. 정부 조직 개편

현재 한국의 행·재정적 시스템을 그대로 둔 채 중장기적 재정투자 포트폴리오 없이 저출산 인구 정책을 끌고 가는 것은 과거에도 맞지 않았으나 지금처럼 극단적인 초저출산의 지속 시점에는 더욱 부적절하다고 본다. 또한 앞에서 살펴본 바와 같이, 새로운 정책의 도입, 재정투자의 괄목할 확대 및 예산제도 변경 등의 과제를 해결하기 위해서는 정부 조직상 개편이 절실하다.

1) 저출산 인구 예산의 세입 · 세출 총괄부처 지정

앞에서 수차례 한국 인구 정책의 가장 주요 문제점 중 하나로 저출산 인구 정책을 총괄할 사령탑이 제 기능을 수행하지 못하는 구조라는 점을 지적하였다. 저출산 인구 정책을 제 궤도에 올려놓기 위해서는 무엇보다 먼저 사령탑의 역할을 재설정할 필요가 있다. 사령탑의 주요 역할을 정리하고 걸맞은 부처 조직에서 이를 수행해야 저출산 정책은 앞으로 나아갈 수 있다. 그렇다면 저출산 정책의 사령탑이 될 부처가 어디인가에 대하여 파악해 보자.

앞서 저출산 예산심의제도 등의 변경을 염두에 둘 때, 중장기적 재정 전망하에서 저출산 예산을 확대할 수단과 절차의 강구 등 세원 확보 및 사업간 통합조정까지 수행할 만한 역량과 리더십을 가진 부처가 어디인가에 대하여 살펴보았고, 기획재정부가 이 일을 맡는 것이 합당하다는 점을 짚었다. 특히 작금의 저출산 정책의 전환에 절실한 세원 확보를 위한 목적세 신설 문제나 세출 항목에 대한 부처 협의과정에서 재정 당국의 역할이 절박하다는 점에서 저출산 예산 전체를 재정부처가 기획·총괄하는 방향으로 하는 행·재정적 개편을 생각해 보아야 한다.

기획재정부가 저출산 예산의 기획과 배정을 다루는 것이 합당할 것으로 판단되는 이유는 또 있다. 부처 안에 재정 관련 기능이 집중되어 있다는 점, 특히 중장기적 전망이 가능한 점, 세입과 세출 간 균형을 동시에 다룰 수 있는 점, 타 부처와의 예산 조율이 모두 가능한 정부 내 유일한 부처라는 점에서 그러하다. 또한 저출산 해소와 같이 비록 국가 장래에 미칠 영향이 막중함에도 단기간에 성과를 낼 수 없는 투자의 경우, 재정 건전성 및 기타 재정 준칙을 비교, 최종 결정을 내릴 수 있는 책임과 권한을 가진 부처도 기획재정부가 유일하다.

지금처럼 타 부처가 저출산 예산의 기획과 배정을 위한 공세적 위치에 서고, 기획재정부는 재정 건전성의 차원에서 방어하는 역할을 고수할 수밖에 없는 예산심의 구도로는 일정 속도 이상의 재정 확장에 제약이 있을 수밖에 없다. 저출산 예산은 기획재정부가 오로지 미래의 한국 국민에 대해서만 책임질 각오로 통합적인 예산 목록을 작성할 때 비로소 제 궤도에 오를 것이므로 기획재정부의 기능 확대 요청이 필요하다.

이런 점에서 현재와는 달리 기획재정부가 저출산 예산에 관한 보다 큰 책임과 주도권을 발휘함이 마땅하다고 보며, 기획재정부 내 별도 조직에서

'별도의 저출산 트랙 예산'을 기획하고 심의·배분하며, 성과관리를 책임져야 한다는 것이다. 이것이 한국의 저출산 정책 사령탑의 진정한 모습이라고 생각한다.

한편, 기획재정부 내 조직의 설치·운영과정도 두 단계를 거치는 것이 바람직할 것으로 생각한다. 초기에는 기획단 형태의 임시조직체를 설치하여 특별회계 혹은 별도의 예산 트랙을 포함, 새로운 예산제도 도입 및 기획재정부와 일반부처, 그리고 여타 인구 정책 수행부서들과의 역할 분담 관련 일련의 행·재정적 제도 개혁을 추진해야 한다고 본다. 그 후 예산심의와 관련된 행·재정적 제도 개혁과정을 마무리한 다음에는 '인구의 미래와 관련된 업무'를 담당하는 상시 조직을 설치하고, 저출산 예산의 세입과 세출 간 균형을 맞추며, 연간 예산 증액 속도를 관리하는 등 재정 당국이 아니면 결정하기 어려운 저출산 관련 재정의 기획과 모니터링 업무[13]를 담당해야 할 것이다.

2) 저출산 인구 정책의 집행부처

앞에서 재정부처의 저출산 예산의 기획과 배정, 그리고 사업 성과의 모니터링 업무를 담당하는 방안에 대하여 검토하였다면, 이번에는 주요 아동가족 사업의 집행부처를 어떻게 할 것인가 하는 문제를 살펴보자. 결론부터 말하자면, 현재로서는 두 가지 안이 가능하다. 하나는 윤석열 정부의 대선 공약처럼 여성가족부를 보건복지부로 통합함으로써 자연스럽게 저출산 예산사업의 주요 내용을 보건복지부가 담당하는 방안이다. 다른 하나는 여성가족부를

13 이 업무는 후술할 '성과 평가 환류체계의 개선'에서 상술할 것이며, 그 업무의 담당 부서도 여기서 말하는 기획재정부 내 인구재정 총괄 조직이어야 할 것임을 밝혀 둔다.

확대·개편해 '(가칭)인구아동가족부'로 기능 변경을 하고, 이곳에 기존 아동가족 업무 이외에 신규 도입되는 아동가족사업 상당 부분을 맡기는 안이 가능할 것이다.

(가칭)인구아동가족부 신설이냐 혹은 기존 보건복지부에서 대부처 대국주의[14]의 정신으로 확대되는 저출산 업무를 모두 품고 갈 것인가는 사안을 바라보는 관점에 따라 다른 견해가 있을 수 있다. 이 문제는 비단 정부 기능의 효과성만 고집할 사안이 아니며, 정치적 논리도 작용하는 등 매우 조심스럽고 신중한 접근을 요한다. 다만 그간 역사적 흐름을 참고하자면 다음과 같다.

1948년 정부 수립 이래 한국 정부의 부처는 점차 그 수를 늘려 왔으며, 시대 변화와 더불어 부처의 역할에도 일정한 변화를 꾀해 왔다. 특히 보건복지부의 경우 그 안에서 가장 많은 새로운 업무가 생성되었으며, 결과적으로 고용노동부, 환경부, 여성가족부가 모두 보건복지부의 일부 업무를 가지고 나와 부처로서 독립하였다. 또한 최근 새로운 부처의 신설은 아니지만 지난 4반세기 동안 발전시켜 온 10조 원대 예산의 보육 업무를 교육부로 이관하는 계획을 발표[15]한 바 있다.

이상 일련의 흐름에서 보자면 조만간 혹은 일정 시간이 지난 후 아동 업무는 또 하나의 부처로서 독립할 가능성이 없지 않다. 시대 변화에 따라 국민의 삶의 질과 관련된 업무가 날로 늘어나기 마련이며, 새로운 정부부처의 신설과 분리 독립의 역사는 늘 있어 온 시대 흐름이기 때문이다. 그리고 근자에 이르러 가장 빠르게 확대되는 업무는 아동양육 지원 업무인 것도 부인하기

14 대부처 대국주의는 이명박 정부 초기, 정부 각 조직의 방만 경영을 시정하고자 부처 및 국 단위 조직을 통폐합하면서 정부 조직의 슬림화, 효율화를 꾀하던 당시 사용된 용어이다.
15 2023년 7월 28일 각 일간지 참조.

어려운 현실이다. 다른 한편, 현재 아동양육 지원 업무 중 가장 취약한 부분이면서 확대가 요망되는 분야가 소득 하위 분위 계층을 위한 '자녀양육급여' 업무라고 한다면, 보건복지부의 역할 확대가 여전히 요망되는 측면도 있다. 이런 종류의 취약계층사업에 가장 경험이 많은 부처가 보건복지부인 것은 주지하는 바이다.

다만 여기서 강조하고 싶은 바는 집행부처 개편이 어느 방향으로 귀결되더라도 재정부처의 역할 확대를 전향적으로 받아들이는 일이라는 점이다. 이때 재정 당국과의 일정한 역할 분담을 결코 집행부처의 고유한 권능을 제한하는 것으로 받아들일 필요는 없다. 재정 당국에서 국가 차원의 중장기 전망하에 확대 재정의 틀을 주도하고 집행부처는 그 안에서 세부 사업의 내실을 꾀하는 협업을 기대해 볼 수 있기 때문이다.

한편, 취약계층의 자녀양육 지원을 위한 현금 정책을 신설하는 과정에서 이를 뒷받침하기 위한 위원회들을 적절하게 설치·운영할 수 있을 것이다. 예를 들면, '(가칭)아동가족보장심의위원회'를 신설하여 취약계층 아동의 적정한 양육 환경 보장을 위한 표준양육비 산정 등 업무 등을 수행하게 할 필요가 있다.

3) 광역시도 집행기관 설치

앞서 저출산 정책 사령탑의 구축 및 그 외 집행부처의 역할에 대하여 살펴보았다. 여기서는 광역자치단체 수준의 조직에 대하여 간단히 보기로 한다. 현재 한국의 지방자치단체들은 저출산 해소를 사업 목적으로 하는 공공기관을 따로 가지고 있지 않다.

그러나 앞서 보았듯이 취약계층, 즉 일반 빈곤가족은 물론 한부모 및 장애아동가족의 양육 지원사업을 펼치게 되면, 이 업무를 담당하는 광역지자체 수준의 전담 공공기관이 필요할 것으로 예상된다. 우선 각 가구의 필요를 산정하고 지원액을 확정하는 등 실무적인 업무를 담당하는 곳이 중앙부처 산하기관 한 군데일 경우, 취약 가족들의 접근성에 제한이 가는 문제가 발생하기 때문이다.

각종 가족수당제도를 운영하는 프랑스의 경우, 중앙정부에는 물론 광역단위로도 공공기관을 설치해 운영하는 것을 볼 수 있는데 참고가 되는 부분이라 하겠다.

> 1972년에는 가족수당 업무를 총괄하는 가족수당기금(La Caisse Nationale des Allocations Familiales: CNAF)이 설립되었다(김우림, 2021, p. 70). 이 기금은 우리식으로 말하면 공단과 유사한 조직으로 프랑스 국민들이 가족 관련 보조금을 수령하는 중앙 및 광역단위 지방 공공기관이다.[16]

정부의 기관 설치 운영은 국가의 항속적 부담을 늘리는 문제로서 언제나 조심스러운 사안이기는 하지만, 대규모의 예산을 소득계층별로 지급하는 정책의 경우 가구별 상황이 매우 다양해 일률적 집행이 어렵다는 점이나 취약계층일수록 지역 내 민원 해결 창구가 필요하다는 점에서 존치의 당위성이 인정된다는 점을 지적해 둔다.

16 김은정(2020), pp. 124~125.

4. 성과 평가 환류체계 재구성

앞서 제8장에서 살펴본 것처럼, 한국 역시 여러 범주의 아동가족 정책들을 꾸준히 발굴·추진해 왔다. 그러나 이는 저출산 원인에 대한 전문가들의 분석 및 여론(저출산 담론)에 기반하여 적절한 해결 방법이라고 거론되는 정책 수단들을 예산 여건에 맞추어 도입·추진한 것일 뿐, 출산율 견인의 관점에서 각 사업을 체계적으로 검증하거나 관련 사업 전체를 출산율 기여도라는 관점에서 견인·조율하는 과정이 거의 없었다. 여기서는 그런 절차나 과정을 성과 평가 환류체계의 구축이라는 이름으로 살펴보고 가능한 대안을 모색해 보자.

1) 환류체계 정비의 필요성

앞서 보았듯이 한국은 「저출산·고령사회기본법」에 입각해 관련 정책 수단들을 한 바구니에 넣어 하나의 예산표 내에 집계하는 시스템(각 년도 저출산·고령사회의 시행계획의 발표에서 보듯이)을 운영하고 있다. 그러나 각 사업의 성과지표는 아동가족 정책의 거시적 목표를 제시하거나 그에 기반하여 각 정책 수단들이 그 목표를 달성하는 데 어떻게 기여하는지 평가하고 모니터링하는 환류 시스템을 적용하지 않고 있다.

이런 상황에서 막상 인구 정책을 총괄하는 기구 및 조직이 신설되고 별도의 예산심의 트랙이 구축된다고 하더라도 저출산 인구 정책들을 총괄하는 성과관리 시스템이 뒷받침되지 않으면 관련 정책들을 효과적으로 조율·견인하기 어렵다. 따라서 현재 윤석열 정부 들어 열린 '저출산·고령사회위원회'의 정책 관련 회의 때마다 강조해 왔듯이, 출산율을 견인하는 과제로서 성과 평가의 절차 및 성과지표의 개발 노력, 그리고 성과 평가의 결과를 정책설계에 수렴하는 순환 시스템의 구축이 반드시 추진되어야 할 것이다. 저출산 해소와 같이 국가 장래에 미칠 영향이 막중함에도 단기간에 성과를 낼 수 없는 투자의 경우, 보다 정밀한 논증을 거쳐 전체 사업 구조를 리모델링해야 하기 때문이다.

한편, 이 성과관리 기능은 신설이 요망되는 '인구 정책의 사령탑'에서 수행하는 것이 바람직하다고 본다. 성과관리 체계의 작동에서 예산의 기획과 환류과정은 서로 떨어질 수 없는 긴밀한 의존 관계이기 때문이다.

2) 해외 모범 사례

정부의 효율적 성과관리를 위해 재정지출 결과 도달할 목표 수준을 제시하고, 그 목표에 기반해 사업 성과를 평가하는 예산제도는 선진국 행정의 일반적인 추세이다. 이런 과정이 정부 예산의 방만한 지출을 막고 사업의 효율성을 높이는 데 중요한 역할을 하기 때문이다. 다만 각 부처에 흩어진 정부 사업의 한 분야 전체를 총체적으로 묶어 각 사업의 우선순위를 도출하는 식의 성과관리 체계를 가진 나라들은 아직 많지 않은 것 같다. 우리나라 저출산 예산은 특별히 그러한 방식으로 부처를 넘나들며 우선순위 조정과 견인이 가능해야 할 당위성이 높다. 그런 점에서 시사점이 많은 예산관리제도를 운영하는 나라가 뉴질랜드와 프랑스이다.

뉴질랜드의 통합적인 성과 평가 및 환류체계는 '웰빙 예산'제도로 불린다고 한다. 이 제도는 예산 집행 및 평가체계의 변화를 통하여 다부처에서 추진되는 사업들에 대한 예산의 우선순위를 효율적으로 도출하는 방안을 제시하고 있다. 이와 같은 심의와 평가의 환류체계하에서 부처 간의 협력을 이끌어

내고, 그를 바탕으로 정책의 우선순위에 따른 적절한 재원 배분이 이루어지도록 하는 구조로 이해할 수 있다.[17]

> 뉴질랜드 사례의 경우 웰빙 예산의 정교한 근거 중심의 환류체계 구성, 다양하고 포괄적인 정책 목표 설정, 다섯 가지 영역으로 구분하고 해당 영역에 관여하는 부처 및 기관의 협력을 바탕으로 한 예산 구성 등, 국민의 삶의 질을 제고하기 위한 효율적 재원 운용체계 사례를 제시하고 있다.[18]

프랑스의 사회보장 예산제도의 경우도 다양한 복지 분야를 아울러 관련 세입과 세출을 하나의 그림에 정리하며 분야별 우선순위 및 세출 상한선을 연동 적용하는 예라는 면에서 벤치마킹의 대상으로 보인다.

> 사회보장 예산법률에서 사회보장 전체의 재정 목표를 설정함으로써 가족수당기금과 같은 개별적 사회보장제도의 재정도 재정 개혁의 영향을 받게 된다. 지출총량과 그에 따른 수지 균형의 목표에 관하여 일정한 규범적 통제를 받을 뿐 아니라 서비스 품질 향상과 성과관리의 측면에서도 기존보다 더 강한 관리 체제의 적용을 받게 된다. 「재정조직법」은 엄격한 성과주의 예산 구조를 갖고 있는데, 사회보장 조직법률 역시 이와 같은 체계를 갖는다. 이에 따라 사회보장 예산법률의 내용으로써 사회보장 서비스의 정책 및 성과 목표가 설정되고 예산에 대한 결산으로써 그 달성 정도를 평가하여 예산과정에 환류하게 되었다.[19]

그 밖에 국제기구들이 성과지표 관리를 통해 각국의 사회 정책을 목표하는 방향으로 견인하는 예도 찾아볼 수 있다. OECD 데이터베이스에서 내놓

17 김은정(2020), p. 131.
18 김은정(2020), p. 132.
19 김은정(2020), pp. 122~123.

은 가족 데이터베이스(Family Database)의 지표 같은 경우가 그 예이다. OECD 회원국들이 인구고령화에 대응하여 여성 인력을 활용하는 정책의 일환으로서 각국의 모성휴가제도와 휴가 정책를 확대해야 한다는 전제하에 총 휴가 기간, 육아휴직급여 소득대체율, 임금 100% 가정 휴가 기간, 무급 휴가 기간 등 지표를 수집·공표함으로써 각국의 변화를 촉진하는 예도 있다.[20]

3) 성과 평가 환류체계 설계와 쟁점들

성과 평가 환류체계를 구축해 운영함으로써 예산의 효과적 운영을 관리하는 한편, 예산의 우선순위 등을 결정하는 제도를 정착시키기 위해 현재 시점에 제일 중요한 두 가지는 저출산 정책 효과 관련 아카이브의 구축과 성과지표의 개발 및 달성도의 관리 노력이라고 할 수 있다. 차례대로 알아보자.

(1) 저출산 정책 효과성 연구 아카이브 구축

저출산 인구 정책 분야 사업의 성과관리는 현재 행정부 각 부처가 수행하고 있는 '성과주의 예산제도'(즉, 성과 중심의 성과지표와 달성도 평가)와는 구분되고 달라야 한다. 저출산 인구 분야 성과관리 체계는 먼저 저출산 인구 정책 분야 각 사업들이 출산율에 미친 영향에 관한 기초 데이터(아동수당, 육아휴직과 같이 정책별로 출산력에 미치는 효과 연구)를 생산하는 일에서 시작하여 각 사업들마다 정책 대상 집단별로 어떤 영향을 미치는지에 대한 지속적이고 체계적인 연구가 수행되어야 한다. 그러한 연구들이 기반이 되어야 인구 정책의

20 신윤정 외(2013), p. 76.

중장기 비전을 구체화함은 물론, 각 연도 예산 증액에 수시로 반영할 수 있기 때문이다.

물론 정책과 출산력의 상관관계 연구는 다음과 같은 이유들 때문에 결코 녹록지 않은 분야이다. 첫째, 연도별 합계출산율이라는 결과 변수를 단순히 정책의 효과로서만 설명할 수 없다는 문제가 있다. 당연한 이야기이지만 출산율은 사회·경제적 조건의 변화 및 인구학적 요소에 의해 크게 좌우되는데, 이들을 그때그때 정밀하게 통제하면서 정책의 효과만을 추출하기는 매우 어렵다. 따라서 정책의 효과로서 출산율 증감을 평가하는 것은 다양한 방법론의 개발에도 불구하고 늘 논란의 여지를 남기며 연구자들이 저어하는 분야가 될 소지가 다분하였다.

둘째, 또 다른 방법론적인 제약이 있다. 즉, 정책과 그 정책의 영향으로서 일어난 출산이라는 사건을 가정한다 하더라도 둘 사이에는 일정한 시간적 간격이 존재하며, 이 시간 격차를 통제하기가 쉽지 않다는 점이다. 예컨대, 특정 정책의 도입으로 국가의 정책적 의도를 간파하며 자녀 출산에 긍정적인 생각을 가지게 된 개인들이 있다고 치자. 그러나 그들이 언제부터 출산의 실행으로 반응할지는 알 수 없다. 따라서 '역사적으로도 저출산 인구 정책을 추진한 시기와 실제 출산율이 지속적으로 상승하는 시기 간에는 일정한 시차(time-lag)가 존재하는 경향이 있다'[21]고 한다.

셋째, 출산이라는 '사건'은 어느 하나의 정책 효과로서가 아니라 복수의 정책 요인들이 결합하여 나타나는 경향이 있다. 이런저런 정책의 시행을 보

21 이삼식·최효진·정혜은(2010), p. 13에 의하면, 대표적인 예로 출산장려 정책을 성공적으로 수행한 국가로 알려진 프랑스의 경우 1970년대 초부터 본격적으로 저출산에 대응하는 정책들을 시행하였으나, 실제로 출산율이 증가하기 시작한 시기는 1990년대 중반 이후부터이다.

며 자녀를 안심하고 출산할 수 있겠다고 평가한 국민이 늘수록 출산율은 올라갈 것이다. 이런 경우 어느 정책이 출산율에 영향을 미쳤다고 판단하기 어렵다.

넷째, 한국은 정책의 역사도 매우 짧아서 자료 생산에 필요한 시간 확보가 어려웠다. 즉, 한국은 본격적인 저출산 정책 수립이 2005년에야 처음 출발하였으며, 짧은 시간에 다수의 정책들이 도입·확장되는 과정에서 정책 효과성에 관한 연구는커녕 정책 도입에 관한 논의에도 바쁜 나날을 보냈다.

그 결과 출산력 전반에 관한 연구들은 제법 나와 있지만 '정부 정책과 출산율의 인과 관계'를 다룬 연구는 그리 많지 않았으며, 이런 한계를 종합해 보면, 이 분야의 연구는 앞으로 당분간 더 많이 더 집중적으로(정부출연 연구기관에서 상시 과제로 다루어) 수행될 필요가 있다.

지금까지 수행된 연구를 보면, 하나의 정책 수단이 출산력에 미치는 효과라는 차원에서 수행된 연구가 많았고, 각기 특성이 다른 인구 집단들(소득계층, 출생 순서 등)에 따라 정책 효과가 민감하게 달라지는 지점에 관한 연구는 더욱 희소하다.[22] 일반적인 연구자들은 실제 수행된 개별 사업들을 대상으로 출산율 효과를 측정하는 연구에 관심을 두며, 실제로 그런 연구들이 대부분이다. 그러나 저출산 해법을 고민하는 정책 당국의 입장에서는 기존 사업의 효과를 검증하는 그 이상으로 사업들의 확대와 변경 때마다 어떤 인구 집단의 출산력에 영향을 주는가를 파악하는 것이 중요하다. 정책을 새롭게 디자인하기 위해 다양한 국내외적 메타 데이터와 시뮬레이션 및 실제 사업을 통한 검증과정이 모두 필요하다.

22 이 분야의 좋은 연구의 예를 소개하면, 이철희(2022), 신윤정 외(2013)를 들 수 있다.

한편, 각 정책들은 상호 연계된 채로 혹은 총체적으로 출산율에 영향을 미치기도 한다. 따라서 정책들 간 대상 계층 및 연령, 그리고 시간 구성에서 상호보완적이며 사각지대가 예방된다면 정책들 간 시너지 효과를 낼 수 있을 것이다. 그뿐만 아니라 사업들 간 조합, 즉 전체 저출산 인구 정책의 포트폴리오를 어떻게 구성할 때 그 효과가 배가되는지에 대한 관심 또한 매우 중요한 문제이다. 예컨대, 보육 서비스의 질을 높이고 육아휴직급여 수준을 개선하며 유연근무제를 동시에 추진하면 맞벌이 사무직 근로자의 출산·양육 여건을 현저히 개선할 것으로 기대되며(실제로 우리나라는 이 방향에 가장 매진해 왔다), 대신 어느 하나가 뒤처지면 다른 사업의 효과성에도 영향을 미치는 경우도 추측해 볼 수 있을 것이다.

더 나아가 성과관리를 위한 효과성 연구는 단순히 현재의 제도 운영의 효과를 평가하는 데 머물러서는 안된다. 이론적인 틀을 따라 유사 사업 범주별로 대상 계층 및 연령, 정책 수행 시간대 등에서 사각지대가 발생하지 않도록 정책 매트릭스를 작성한 다음, 그 안에서 현행 제도의 위치를 평가하는 방식으로 접근해야 할 것이다.[23] 정책 대상 집단별로 어느 생애과정 구간에서 사각지대가 발생하는지, 또는 사업 범주별로 어느 정책 대상 집단에서 사각지대가 발생하는지를 파악하며, 사각지대가 발생하지 않는 정책 조합을 찾는 차원에서도 기존 사업의 효과를 평가할 필요가 있을 것이다.

종합해 보자. 각각의 정책들은 중장기적 관점에서 통합 개발할 필요가 있으며, 또한 이를 효과적으로 뒷받침하기 위해 저출산 정책의 모든 사업 과

23 예를 들면, 현금(그리고 조세 지원) 정책은 그것들끼리, 일·가정 양립 정책들은 그것들끼리, 그리고 돌봄 및 보육·교육 정책들은 그것들끼리 연령대별·소득계층별로 정책 수요 대응 정책 공급이 어느 수준에서 충족되고 있는지 함께 검토해야 한다는 것이다.

제별 효과성 연구가 지속적이고 다양한 방법으로 연구·집적될 필요가 있을 것이다. 또한 이 연구들은 또한 정책 대상 집단별로 나타나는 효과성의 차이에 대한 데이터를 세심하게 축적해야 하며, 효과성을 제고하는 방향으로 사업 확대를 디자인하는 근거로서 제공되어야 할 것이다. 아울러 특정 사업의 운영 방식을 변경한 경우에는 반드시 사업의 개정이 어떤 계층, 어떤 가구 형태에서 출산력 증감으로 반영이 되는지 정밀하게 모니터링하고 그 결과를 다음 회차 예산기획에 반영되도록 환류체계를 가동해야 할 것이다.

(2) 성과지표의 개발과 달성도의 관리

이번에는 성과 평가 환류체계를 또 하나의 사업 과제로 사업 과제별 성과지표를 어떻게 도출할 것인가의 문제와 아울러 성과지표 달성도를 제고하는 방안에 대해 보기로 한다. 이를 위해서는 우선 관련 분야 전문가들로 구성된 공식기구(예컨대, (가칭)지표개발 및 성과평가위원회)를 구성해야 하고, 이 기구에서 각종 성과지표 및 산식 구성을 담당하며 사업의 도입과 변경에 따른 영향을 실증적 수치로 제시하는 업무를 수행하도록 해야 할 것이다.

그리고 이 기구에서는 사업 수행에 따른 행정 통계의 취합 및 아동가족의 복지 수준을 평가할 기초 통계의 수집을 전담하면서 해외 및 국내 데이터들을 직접, 또는 메타 분석하는 업무를 수행해야 할 것이며, 그 과정에서 각 부처와의 공조 내지는 협력이 요망된다. 〈표 13-3〉의 프랑스 사례처럼 사업을 책임진 각 부처 및 기관이 통계 수집의 1차 책임을 맡고, 보내온 자료를 해당 위원회에서 가공하여 산식에 기초한 성과지표를 산출하도록 하는 구조가 바람직할 것이다.

성과지표의 개발은 향후 전문가들의 토론에 기초해 개발하되 세계 각국

표 13-3 2013년 프랑스 가족수당 정책 평가를 위한 지표 및 자료 생산 책임기관

구분	지표명	자료 제공기관
출산 형태 및 자녀 수 현황	1. 출생아 수 및 출산율 동향	사회보장청
	2. 평균 출산 연령 및 총 자녀 수	사회보장청
	3. 총 가구원 수 및 자녀 수	사회보장청
가족수당 수급 현황	4. 가족수당 및 주거수당 수급자 수 증가, 보편적 수당 혹은 자산조사 수당 수급자 비중	가족수당공단/사회보장청
	5. 가족수당, 주거수당, 최소사회수당의 소득 수준별 수급 비중	사회보건부 조사연구평가통계국
영유아 보육 지원 현황	6. 0~2세 영아 100명당 보육사가 제공하는 서비스 정원 추이	사회보건부 조사연구평가통계국
	7. 0~2세 영아 100명당 보육시설 정원 수 추이	가족수당공단/사회보건부 조사연구평가통계국
	8. 0~2세 영아 100명당 보육 서비스(보육사 및 보육시설) 정원 수	가족수당공단
	9. 유형별 보육 서비스 이용 비용 및 정부 지원 비중 • 개인별 이용 비용(미시적 지표) • 정부 지출 수준(거시적 지표)	가족수당공단/사회보장청
가족수당 수급 현황	10. 주거수당 수급자 수 및 지출	가족수당공단/사회보건부 사회보장청

자료: 신윤정 외(2013), p. 62.

의 관련 사업지표들이 좋은 선례가 될 것으로 본다. 다시 프랑스 사례를 보면, 〈표 13-4〉에 정리되어 있는 것처럼 아동가족 정책을 ① 자녀양육에 대한 경제적 부담 감면, ② 취약계층 가족 지원, ③ 일과 가정 양립 지원, ④ 가족 정책에 대한 지속가능 재정 지원의 네 범주로 나누고 있으며, 각 범주마다 해당 분야의 주요 정책 목표를 제시하고 그 목표에 적합한 지표를 개발하고 있다. 예컨대, ② 취약계층 가족 지원 정책은 다시 '수직적 형평성 지표'와 '빈곤 감소 지표'로 나누고, 빈곤 감소는 다시 2-2, 2-3, 2-4, 2-5에 서술되어 있는 바와 같은 미시지표를 작성해 비교 평가하는 것을 볼 수 있다. 성과지표는 정

표 13-4 2013년 프랑스 가족수당 정책 평가를 위한 거시지표 -일부-

목적	지표명	목표	자료 제공처	정책 수행기관
1. 자녀양육에 대한 경제적 부담 감면	수평적 형평성			
	1-1. 소득세, 가족수당, 주거수당, 사회최소수당 지원 이전과 이후 생활 수준 차이: 가족 특성별(자녀 수별, 양부모/한부모) 비교	생활 수준 격차의 감소	사회보건부/조사연구평가 통계국	사회보장청
2. 취약계층 가족 지원	수직적 형평성			
	2-1. 소득세, 가족수당, 주거수당, 사회최소수당의 재분배 효과	생활 수준 격차의 감소	사회보건부/조사연구평가 통계국	사회보장청
	빈곤감소			
	2-2. 빈곤선 이하 가구에 거주하는 18세 미만 아동 수(한부모 가구 포함)	2007~2012년 동안 1/3 감소	국립통계 경제연구소	사회서비스국
	2-3. 직업이 없는 부모와 함께 사는 아동 비중	감소	사회보건부/조사연구평가 통계국	
	2-4. 가족수당, 사회최소수당, 주거수당이 아동빈곤율에 미치는 영향: 가족 특성별(자녀 수별, 양부모/한부모) 비교	빈곤율 감소	사회보건부/조사연구평가 통계국	사회서비스국
	2-5. 주거수당 수급자의 소득 대비 비중: 가족특성별(자녀 수별, 양부모/한부모, 계약혼) 비교	소득 대비 비중감소	가족수당공단	사회보장청

자료: 신윤정 외(2013), pp. 64~65.

책의 중장기적 목표에 비추어 목적한 방향으로 정책의 효과가 얼마나 영향을 주고 있는가를 평가하는 것을 목적으로 합당한 산식을 개발하고 있음을 볼 수 있다.

이상 해외 각국의 사례들을 참조하여 한국 실정에 맞고 현재의 각 정책들이 달성하려는바, 목적성 간에 연계가 잘된 성과지표를 개발하고 활용하려는 노력은 앞에서 살핀 저출산 예산의 행·재정적 개혁의 추진 효과를 제고하는 데 필수적인 요소라는 점을 다시 한번 강조하며 이 장을 마치도록 한다.

제14장

비재정적 정책:
등록동거혼제의 도입

지금까지는 재정이 투입되는 저출산 인구 정책을 집중 조명하였다. 그러나 출산과 양육 친화적인 사회 환경을 구축하기 위한 정책으로 예산이 투입되는 정책만 있는 것은 아니다. 의식 개선을 위한 캠페인이나 가족관계법의 개정 등도 적잖은 영향을 미친다. 2023년 현재 이런 종류의 정책으로 여러 정책을 거론할 수 있겠지만, 그중 가장 중요하며 앞서 거론된 예산 관련 사업들이 충분한 효과를 거두기 위해서라도 반드시 필요한 제도로서 '등록동거혼제'(동반자등록법 혹은 생활동반자법으로도 불림)를 소개하고자 한다.

등록동거혼제란 혼인이나 법률혼을 선택하지 못한 동거 부부들을 일정한 법적 테두리 안에서 보호하기 위한 장치이다. 즉, 이 법은 혈연이나 혼인으로 묶이지 않아도 성인 두 사람의 합의에 따라 생활을 공유하며 돌보는 관계로 규정할 수 있게 하고, 이에 준하는 권리와 의무를 부여한다. 등록동거혼제에 관한 공적 토론은 2005년 국가인권위원회가 "혼인, 혈연, 입양으로만 형성되는 「건강가정기본법」에 다양한 가족과 가정의 형태를 수용하도록 정비하라"고 한 권고로까지 거슬러 올라간다. 그때 이후 가족 형태에 따른 차별 문제가 수면 위로 떠올랐고 꾸준히 정치권 의제로 다루어져 왔다. 2014년 '생활동반자법'이라는 이름으로 법률안 초안이 준비되었으나 발의되지 못하였고, 2023년 4월 현재 관련 입법이 발의[1]된 상태이다.

거론되는 법률안이 늘 동일한 형태는 아니었지만 대략 다음의 내용을 포함한다. 등록동거혼제가족은 입양의 주체가 될 수 있고, 일정한 범위 안에서 세법상 가족으로 인정되며, 4대 보험과 주택 분양 등에서 혼인 관계에 준한 대우를 받게 한다. 법률혼에 비하면, 상속권이 작동하지 않는 대신 관계 해

1 관련 기사는 2023년 4월 26일 각 일간지에 게재됨.

소의 절차가 간편(일방이 관계 해소를 신고만 하면 해지됨)하고, 가족 관계의 적용이 두 당사자에 그칠 뿐 기타 인·친척으로 확대되지 않은 등의 차이를 가진 제도로서 한마디로 '가벼운(혹은 중간 형태) 결혼'인 셈이다.

주지하다시피 이 제도를 처음 도입한 국가는 프랑스였으며, 1999년 시민연대 계약(pacte civil de solidarité: PACS, 이하 PACS로 인용)의 체결을 통하여 비혼 동거가족이 다양한 법의 보호를 받을 수 있도록 한 데서 시작되었다.[2] 한국도 하루빨리 '등록동거혼제' 입법을 통해 동거가족들이 가족의 한 형태로 자리매김하고, 법적인 권리와 의무로 보호받을 수 있게 하는 일이 필요하다. 그 이유는 아래와 같다.

첫째, 동거 부부들이 증가하는 현실에서 이들이 느끼는 생활 감정에 충실하게 법제도를 개편할 필요가 있다. 생계와 주거를 같이하며 동반자로 살아가는 정서적·현실적 관계의 동거 부부들의 입장에서 볼 때 현행 가족관계법은 억압적이다. 현행 법체계 하에서 동거 부부 혹은 '생활동반자'의 관계는 남에 가깝게 취급이 된다. 별개의 개인으로 다루어지는 세법상 처분, 응급 의료 상황에서 보호자 지위가 인정되지 아니하는 점, 4대 보험 등 복지제도의 혜택에서 가족의 지위가 부여되지 않는 점 등이 그들의 생활 감정에 맞지 않는다. 따라서 현재의 법률적 환경은 현실 동거 부부에게 차별로 작용하는 면이 있다.

둘째, 우리 사회에서 결혼 회피 요인 중 하나가 결혼으로 인한 친족 관계의 부담증가라고 한다. 등록동거혼제는 이런 부담을 완화하여 줌으로써 더 많은 남녀에게 동반자 관계를 선택할 수 있게 열어 주는 장점이 있다. 한국은 가족 가치가 유난히 높고 가족 관계에 대한 의무감도 커서 이런 점이 결

2 프랑스의 PACS제도하에서 생활동반자가족이 갖는 권리와 의무에 대해서는 변수정 외(2016), pp. 81~101을 참조할 것.

혼을 선호하지 않는 이유가 되기도 한다. 이런 부분에서 결혼에 유사한 등록동거혼제가 동반자 관계를 선택하면서도 양가 친척 관계로 돌봄과 법률적 관계를 확대하지 않는 중간적 제도가 됨으로써 안정된 커플 라이프를 희망하는 남녀의 선택지를 확대하는 장점이 있다.

셋째, 한국처럼 높은 청년 실업난과 주택가격으로 고통받는 사회에서는 결혼에 요구되는 비용의 증가 때문에라도 결혼의 문턱을 넘기가 쉽지 않다. 또한 같은 이유로 당분간은 만혼 혹은 비혼 추세를 바꿔놓기가 쉽지 않을 전망이다. 반면 과거보다 혼전 동거에 대한 거부감이 줄었고, 비혼 동거가족이 늘고 있다. 이런 상황에서 강하고 영구적인 결혼을 선택하기 어려운 사람들도 결혼에 유사한 가족 관계에 접근하게 해줄 방안이 필요하고, 그것이 등록동거혼제라는 것이다. 이런 면에서 '동거 관계를 등록하고 증명하도록 법제화하는 것'은 동거 관계가 가족으로 살아가는 한 형태임을 인정하는 방법이 될 것[3]이다.

넷째, 법률혼 부부들과 마찬가지로 동거 부부들도 자녀를 원할 때 동거혼 선택·임신·출산을 선택할 수 있도록 가능성을 열어 주어야 한다. 동거 부부에게 등록동거혼제의 이름으로 법적 가족의 형태가 부여되면 법적·심리적 차원에서 안정감을 높이고 좀 더 편안하게 임신과 출산의 결정에 임할 수 있게 될 것이다. 한국에서는 '선결혼 후자녀'라는 사고방식이 골수에 박혀 있어서 결혼을 안하고 아이를 가지는 일은 생각조차 안하는 경향이 있다. 혼외자녀가 전체의 2.1%에 불과한 현실이 이를 증명해 준다.[4]

---

3 변수정 외(2016), p. 246.
4 참고로 OECD 국가 혼외 출산 비율은 2014년 기준으로 OECD 국가 평균이 40% 정도이다. 그리스와 일본, 한국, 터키는 10% 미만의 수준이고 그중에서도 특히 아시아 국가인 일

한편, 이 법이 프랑스에서 처음 제정될 당시에도 다양한 논란거리로 공론장을 뜨겁게 달구었으며 허다한 우려와 기대가 교차하는 특별한 국면을 만들기도 하였다. 그러나 제도는 대체로 연착륙하였고, 유럽 각국이 유사한 제도를 도입하면서, 현재 유럽 각국의 커플 라이프의 형태는 법률혼, 등록동거혼, 동거의 스펙트럼을 갖는 것으로 완전히 이행한 상태이다. 우리도 현재 국회에서 입법 발의가 이루어진 상태이고 이미 찬반 논란의 조짐이 완연한데, 그 중심에는 '동성애 합법화 쟁점'이 자리 잡을 것으로 예상된다. 이런 점은 유럽 각국에서도 마찬가지였다. 프랑스에서 길고 긴 논쟁 끝에 이 법을 제정할 당시에도 수많은 이슈 중 동성애 가족을 합법화할 것인가 하는 쟁점이 가장 심각한 논쟁거리였다.

우리 사회라고 유럽 각국에서 피하지 못한 논쟁 지점을 단숨에 건너뛰진 못하겠지만, 가족 형태에 따른 차별을 해소하고 국민 누구나 각자의 방식으로 각자 원하는 파트너십과 라이프스타일을 누릴 수 있는 나라를 만들기 위하여 이미 이런 논란을 통과한 나라들의 경험을 공유하는 지혜를 발휘하였으면 하는 기대와 소망을 전하여 이 글을 마치고자 한다.

본과 한국은 2% 안팎의 수준임을 볼 수 있다. 노르웨이, 프랑스, 아이슬란드 등의 국가는 55% 이상으로 매우 높은 혼외 출산 비율을 나타내고 있다(변수정 외, 2016, p. 79).

맺음말

이 책은 지난 20년간 대한민국이 추진해 온 저출산 관련 아동가족 정책에 대한 기록이자 평가이며 또한 앞으로의 방향 제시이다. 이 책의 집필을 위해 저자는 학문적 연구는 물론 공직자로서의 행정 경험과 심지어 개인적인 모성 실천까지 모두 쏟아부었다. 그러니 이 책은 결코 아동가족 정책의 역사에 대한 '제3자적 논평'이 아니다. 현시대 여성들의 삶에 대한 사회학자로서의 관찰과 독해를 함께 녹여 넣은 개인적이면서 집단적인 보고서라고 할 수 있다.

오늘날 대한민국 최고의 화두가 '인구 문제'라는 데 대해서는 누구라도 이의를 달 수 없지만 문제는 정확한 진단과 해법이다. 비록 논평과 제언이 성기고 거칠더라도 사안의 시급함과 중요성을 고려해 이 책을 세상에 내놓고자 한다. 정책 개혁의 구심점이라도 만들어 볼 요량으로 출간하는 것이니 이를 계기로 관련 토론이 활발하게 촉발되기를 기대한다.

인구에 관한 세계사적 흐름을 보면 긴 안목을 얻을 수 있다. 특히 근세사에 유럽 강대국의 역할 구도와 인구의 관계는 눈여겨볼 만하다. 근대 이전 절대 왕정기까지 유럽의 중심은 프랑스였다. 그런 프랑스가 산업혁명을 거치며 영국에 밀려 세계사의 중심에서 내려온 제일 큰 이유 한 가지를 꼽으라면 출산력 변수가 아닐까 한다. 물론 이 책에서 누누이 강조한 것처럼 근대화 과정은 어느 나라에서나 출산율 하락을 수반한다. 그러나 국가별로 그 정도가 다른데, 특이하게도 프랑스는 이웃 독일이나 영국과 비교하여 유난히 빠르게 출산율이 하락하였다. 그 여파로 인구 규모가 역전되면서 군사·외교적으로 뼈아픈 고배를 감내해야 하였고, 유럽의 왕좌에서 내려오게 되었다.

프랑스는 그 쓰라린 역사적 경험 덕분에 후일 '제2차 출산력 하락기'인 1980년대에 와서는 세계 어느 나라보다 빨리 그리고 적극적으로 아동과 가족의 안전을 보호하는 정책을 폈다. 그리고 그 결과 지금은 인구감소의 위험으로부터 가장 내진설계가 잘된 나라로 평가받는다. 역사의 아이러니이다. 우리는 이런 아픔을 겪지 않고 지금의 이 국운 상승을 이어 갔으면 하는 간절한 바람이 이 책을 쓴 근본적인 동기임을 고백한다.

인구에 관한 이 책을 쓰면서 '대한민국 인구 생태계'가 마치 그림자 한 톨 찾을 수 없는 열사의 사막에 심어져 있는 한 그루 나무 같다는 생각을 지울 수가 없었다. 작열하는 태양을 덮어 주는 비구름 한 조각 없이 불타는 태양열의 조사(照射)를 그대로 받아들이는 메마른 땅의 이미지가 책 쓰는 내내 머리를 떠나지 않았다. 생명이 메말라 가는 뜨거운 땅이라는 메타포는 초고를 읽어 준 절친한 후배의 표현인데 내 머릿속 이미지와 많이 겹쳤다.

적당한 온기와 습도가 조성되어야 꽃피우고 번성하며 초원의 지경을 넓힐 터인데 숲을 바라기에는 우리 형편이 너무 안 좋다. 그렇거들랑 땅 밑 토양이라도 기름져서 지나가는 구름 몇 조각으로도 싱싱한 풀밭을 키워 내면 좋을 텐데 그럴 형편은 더더욱 아니다. 일 년에 몇 차례 잠깐 지나가는 우기에 적신 땅심으로는 메마른 뿌리를 연명하는 게 고작이다.

푸르던 출산 환경을 노쇠하게 만드는 제일 큰 반출산(反出産) 압력은 이 시대의 고유한 속성에 이미 내장되어 있었다. 농경사회와 달리 오늘날 사회에서 자녀는 생존이나 책임져 주면 부모 노릇을 다하는 그런 존재가 아니다. 산업화의 추진 속에서 자녀는 소정의 교육 기간을 통해 산업인력으로 육성해야 할 존재로 전환이 된다. 오로지 자기 노동력을 팔아 그 대가로 생계를 이어 가야 하는 근·현대인에게 높아진 자녀의 양육비용은 종전까지의 다산(多産) 경향을 전면 수정하게 만든 근본적인 압력이었다. 게다가 과거와 달리 낳은 자녀는 대부분 성인기까지 살 만큼 위생과 건강 상태가 좋아지기도 하였다. 따라서 출산율이 떨어지는 것은 근대의 운명이다.

더군다나 산업화의 성숙과 더불어 근대 초기의 '성 분업 가족'이 해체되면 자녀의 양육은 경제적 비용이나 빈곤화의 위험뿐만 아니라 '양육기의 노동 단절'을 어떻게 관리하는가 하는 새로운 곤란을 초래한다. 출산 결정이 노동자 개인의 일대기 안에서 전략적인 선택과 대응이 불가피한 사건으로 변모하게 되는 순간이다. 그 결과 전 세계적으로 공통적인 하나의 흐름이 조성되었다. 근대화의 전개가 일정 수준에 이를 때까지 보통 2명대 수준의 합계출산율로 하락하는 경향성이 확연히 나타나고, 그 이후 '돌봄의 탈가족화'가 추진되는 후기 근대에 이르면 1명대로 출산율이 더 떨어지는 것을 관찰할 수 있다. 근대화 이후 출산율이 떨어지는 이런 상황 전개는 대한민국에 유난스럽지 않으며, 어느 정도의 산업화를 경험한 모든 나라에서 보편적인 이야기일 뿐이다.

이때 우리의 각별한 관심을 끄는 또 하나의 문제가 등장한다. 바로 출산율이 떨어지는 현상은 근현대 사회에서 보편적이지만, 더 떨어지는 나라와 덜 떨어지는 나라가 있다는 사실이다. 좀 더 자세히 관찰해 보면, 출산율 등락의 패턴에 유사성을 띠는 몇 개의 국가군이 있음을 식별할 수 있다. 북유럽 및 서부 유럽 국가군과 동부 유럽 국가군 그리고 남부 유럽 국가군이 그것이다. 이러한 사실은 근·현대화 이외에 출산력 하락의 속도나 등락을 좌우하는 또 다른 요인이 있음을 알 수 있다. 대표적 요인으로 정치경제적 조건 및 사회문화적 토양, 그리고 가족복지의 규모 및 수준들이 거론된다. 해당 분야

학자들은 세 가지 유형의 변수들이 어떤 조합을 이루느냐에 따라 매우 일관성 있게 출산율 변동이 연동되어 나타난다는 사실을 주목한다. 세계 각국의 사회보장제도 및 가족 정책을 비교해 보면 가족복지가 촘촘하고 완벽할수록 출산율 위기가 완화된 형태로 나타난다는 점은 통계적 수치들이 입증한다.

사실 산업화의 성숙과 함께 여성의 사회 진출이 두드러지고 맞벌이가 보편화하면서 맞는 '가족의 위기' 혹은 가족혁명에 대응한 사회 정책이 바로 가족복지 정책이다. 그런 점에서 전반적인 사회보장 수준 및 가족복지의 발달 정도가 출산율 하락 방어와 결정적인 상관관계를 가진다는 점은 어쩌면 너무나 당연한 결과일 수 있을 것이다. 그 잣대에 비추어 가족복지 수준이 저조한 한국이 저출산 국가군에 속한다는 사실 자체는 전혀 이상하지 않다.

이 같은 총론에서 한 걸음 더 들어가 우리만의 고유한 저출산 요인을 더 깊숙하게 분석해 본 것이 이 책 제1부의 제3장, 제4장이다. 제3장은 개도국 저출산이 선진 각국보다 더욱 유난스러울 수밖에 없는 이유를 다루었다. 그것은 산아제한 캠페인의 개입과 그 효과에 관한 이야기이다. 이어지는 제4장에서는 한국의 사회문화적 특수성을 살펴보았다. 한국은 유교문화권 사회이며, 다른 유교문화권 국가들과 더불어 세계 최하위 그룹의 출산율을 기록하는 나라이다. 높은 교육열과 현세적 가치관, 그리고 혼외 자식에 대한 터부, 그리고 이 모든 특성의 기저에 깔린 '가족주의적 의식 구조' 등이 한결같이 출산력을 억제하는 경향을 지닌다는 점에서 우리의 저출산 위험은 정책 변수 이전에 내생적 요인에서 한계를 안고 있음을 보여 준다. 이런 다중 복합적 요인을 따져 볼 때 우리나라의 출산력 하락은 근·현대화의 압력 및 그 대응 정책의 약소함 이외에 한국의 토속적 요인들이 합세하고 있음을 확인할 수 있다.

그러나 이런 모든 점을 고려하더라도 한국의 저출산은 이례적이고 특이하다. 역사상 한 번의 반등 구간도 없이 계속 떨어지며, 인류 역사상 가장 저조한 수준으로 내려간 최초의 국가라는 사실은 위 요인들을 전부 동원해도 과도한 면이 있다. 각 정책 영역의 복합적 실패를 상세히 보지 않고서는 유례없는 '비출산 정서'를 설명하기가 어렵다. 그래서 이어지는 제5장에서 우리나라 고유의 교육 정책과 부동산 정책, 노동시장 정책이 남긴 상흔과 저출산의 역학 관계를 따져 보았다. 그 결과 우리의 2030 청년세대가 '비출산'을 오히려 표준으로 받아들이는 아주 예외적인 사고에까지 이르게 된 경위를 추적할 수 있었다.

제1부의 분석은 때론 거시적이지만 때론 미시적이다. 이런 분석을 겹쳐 놓고 보면 대한민국의 저출산은 세계사적으로 매우 특이하고 예외적이지만 원인 없는 결과는 아님을 인정하게 된다. 사회문화적 토양도 척박하고, 한술 더 떠서 수목이 자라는 땅에 제초제라도 뿌리듯이 반출산의 압력을 증가시킬 각종 정책 실패가 줄을 이으니 대한민국의 '인구 나무'는 열사(熱沙)의 땅에서 고사 직전인 형국이 된 것이다. 출산력 하락을 부채질하는 요소들은 넘쳐 나는데, 그 힘을 저지할 대항력은 좀처럼 보이지 않는 사회가 작금의 대한민국인 셈이다.

이 대목에서 다시 한번 각국 출산력 패턴을 상기해 보자. 근현대사 삶의 양식이 초래한 출산력 하락은 보통 이 힘에 대항하는 반중력, 즉 가족복지의 힘에 기대어 비로소 더 이상의 하락을 멈추는 경향이 있다. 그렇다면 대한민국의 가족복지는 출산력 하락 경향을 저지할 힘을 얼마나 비축하고 있을까? 이 같은 관심에서 이 책의 제2부는 아동가족 정책이 영역별로 어떤 내용으로 구성되어 있는지를 집중 조명하고자 하였다. 정책 유형별로 정책 도입을 이끈 당대의 문제의식을 담론 지형이라는 이름으로 분석·기록하였다. 그리고 그 기반 위에서 대한민국 '저출산 인구 정책'의 인프라 및 정책 내용 전부를 기술하고 평가를 덧붙였다.

그런 점에서 감히 이 책을 '저출산 징비록(懲毖錄)'에 비유하고자 한다. 서애 류성룡은 임진왜란 당시 바다의 이순신과 함께 파죽지세였던 일본의 공세로부터 조선의 주권을 지켜 낸 인물이다. 그가 쓴 징비록은 다시는 임진왜란과 같은 화를 당하지 않도록 경계하기 위하여 전시(戰時) 조선의 전략 물자와 행정 절차를 세세하게 적시하고 있다. 세계 최초의 최저 출산율이라는 아픈 성적표를 받아 든 지금 우리에게 필요한 것은 저출산 정책에 관한 징비록이라고 생각한다. 그래서 우리의 아동가족 정책에 어떤 대목이 잘못이며 앞으로 경계할 부분이 무엇인지를 낱낱이 따져 보고자 하였다. 비록 다소 지루한 감이 있더라도 감내하고 기록한 이유이다. 제1부와 제3부의 내용에 무리 없이 공감하는 독자라면 제2부를 건너뛰고 읽어도 무방할 것임을 밝혀 둔다.

한국의 아동가족 정책을 기록하며 반성과 함께 가차 없는 비판을 하였다. 물론 그간 한국의 가족복지 정책도 많은 관계자의 헌신 덕분에 빠른 속도로 발전하였으며, 일정한 성과를 거둔 측면도 있다. 그러나 여전히 미흡하고 문제 또한 많다. 아동가족 정책의 전개를 가로막고 있는, 여성과 여성의 일에 대한 비현실적인 사고를 거두지 않는 한 아직도 갈 길이 멀다고 생각한다. 여성이 노동자로 일터에 나갈 때는 노동자의 몸일 뿐이다. 일하는 몸으로서 일터에 가는 노동자가 집에 있는 자녀를 동시에 돌보는 것은 불가능하지만, 국가나 사회 기타 양육하는 모성 이외 타인들은 그 둘의 양립이 자동으로 해결될 것이라 생각하는 경향이 있었다. 그런 탓에 보육도 '방과 후 돌봄'도 20년이 걸려 이제 겨우 기초공사를 마친 정도로 추진하였을 뿐이다. 이와 같은 마술적 사고는 단언컨대 '성 분업 시대'의 유산이다.

오늘날도 유사한 마법적 사고가 계속되고 있다는 것이 정책을 들여다본 솔직한 소감이다. 우리 사회는 여전히 자녀를 낳아 키울 여건이 안되는 가족들이 너무 많다. 아니 그 수는 점점 늘어나고 있다. 대표적인 범주가 일정 소득 수준 이하 저소득 가족이고 특히 한부모나 장애아동가족은 각별한 보호와 지원이 필요하다. 돈이 많다고 아이를 낳는 것은 아니지만, 자녀양육에 필요한 경제 여건을 만들지 않은 채 자녀 출산을 감행할 수도 없는 노릇이다. 그럼에도 불구하고 우리 사회는 여전히 양육비용으로 인한 빈곤 심화에 관해 너무 무감각하다. 이래서는 자녀를 낳을 수 없는 각박한 풍토를 바꿀 수 없다. 세계에서 가장 빠르게 인구가 감소하는 나라가 되는 일이 남아 있을 뿐이다.

마법적이고 주술적인 사고에서 벗어나 냉정하게 상식적으로 문제를 바라보면 답은 의외로 간단하다. '대한민국 인구 정책, 길은 있는가'라는 책 제목에 맞추어 제3부에 그 답에 관한 내용을 구성하였다. 일부 영역에서는 새로운 제도의 도입을 제안하였으며, 근거가 될 철학적 가치 및 제도 모형까지 제시해 보았다. 자력으로 상식적인 선의 양육비용을 감당하기 어려운 가족들에게 현금 지원을 하는 것이 핵심이다. 빈곤가족, 한부모가족, 장애아동가족들에 대한 지원 정책을 통해 그들 가족의 경제적 안전을 보장하는 일은 해당 범주의 아동에게는 '아동권' 차원의 권리를 보호하는 일이다. 동시에 그 아동의 부모들과 더 나아가서는 그러한 위치에 처할 개연성을 가진 이 땅의 대다수 성인 남녀의 '재생산권'을 보호하는 일로서 마땅히 추진되어야 함을 강조하고 싶다.

아직 복지국가라는 이름에 걸맞은 성숙한 사회보장 체계를 구축하지 못한 한국 사회에서 국가의 손길이 필요한 계층이나 가족들은 아동과 그 양육자 말고도 더 존재한다. 그러나 아동양육비용 지원은 그 무엇보다 우선적이어야 할 이유가 있다. 아동에 대한 투자는 단순한 취약계층 복지와는 차원이 다르다. '생산가능인구'는 소비 주체이자 생산인력으로서 경기 활성화를 좌우하며 미래 재정 건전성의 기반을 만든다. 그런 연유로 국가 위상에 복합적인 영향을 끼칠 아동가족지출보다 더 중요한 예산은 아마 없을 것이다. 다행히 이에 대한 사회적 공감대가 확산된다면, 취약계층 양육 지원지출을 최단기간 내에 늘려야 할 것이며, 그러자면 예산심의에 관한 행·재정적 개혁부터 세원 발굴까지 만만치 않은 과제가 우리 앞에 등장할 것이다. 그러나 '어떻게 되겠지' 하는 생각을 용기 있게 버리면 길은 나온다. 어느 하나 간단치 않은 문제이지만 통계가 있고 예측이 가능한 이상 길을 열어 나가야 하지 않겠는가?

부디 대한민국이 '통일'과 '인구'라는 두 가지 큰 과제를 잘 극복하고 더 크고 강한 나라로 새롭게 도약하는 그 날이 속히 오기를 고대하며 이 글을 마친다.

참고문헌

1. 논문

강은애(2019), 「저출산 '문제'의 담론적 구성과 정책 형성 과정에 관한 연구」, 중앙대학교 사회학과 대학원 박사학위 논문.

강지원·이세미(2015), 「아동·청소년 돌봄 정책 현황 분석」, 『보건복지포럼』, 한국보건사회연구원, pp. 60~70.

곽임근 외(2011), 「유연근무제 확대 및 스마트워크센터 이용 활성화 방안」, 『정보처리학회지』, 제18권 제2호, 정보처리학회, pp. 59~72.

교육부(2022. 12. 22), 「교육부 2023년 예산 및 기금 102조 원 국회 확정」, 보도 자료.

국회입법조사처(2013), 「역대 정부조직개편의 주요 내용과 향후 개선과제」, 『이슈와 논점』, 제588호, 국회입법조사처, pp. 1~4.

권미경(2016), 「장애 영유아 가족 중심 지원방안」, 『육아정책포럼』, 제47호(봄호), 육아정책연구소, pp. 15~26.

김갑순·이효정(2019), 「대학생의 결혼의식, 직업의식, 양성평등이 출산의지에 미치는 영향」, 『학습자중심교구연구』, 제19권 제11호, 학습자중심교과교육학회, pp. 77~98.

김동준·전승훈(2020), 「자녀장려세제의 경제적 효과 분석」, 『한국재정정책논집』, 제22집 제1호, 한국재정정책학회, pp. 69~73.

김송이·노혜진·안현미(2011), 「프랑스와 독일의 가족정책에서 탈가족화와 탈상품화의 상보성 분석」, 한국사회복지학회 학술대회 자료집, pp. 1~25.

김영근·김민정(2015), 「권역별 노동수급 미스매치 현황 및 시사점」, 『BOK이슈노트』, 제2015-7호, 한국은행.

김은정·이재인(2006), 「취약계층 가족에 대한 아동양육지원정책의 현황과 개선과제: 빈곤가족, 한부모가족, 장애인가족을 중심으로」, 『사회복지정책』, No. 25, 한국사회복지정책학회, pp. 253~278.

김인춘(2019), 「제3장 스웨덴: 사민주의 복지국가의 이념형적 궤적과 이탈」, 여유진 외, 『노르딕 모델과 대륙형모델의 형성 및 변천과정』, 경제인문사회연구회 협동연구총서, pp. 29~72.

김종세(2016), 「중앙정부의 행정기관위원회의 현황과 개선방향」, 『한양법학』, 제27권 제2집,

한양법학회, pp. 85~106.
김학수(2021), 「지방교육재정교부금, 왜 그리고 어떻게 고쳐야 하나?」, 『KDI FOCUS』, 통권 제110호, 한국개발연구원, pp. 1~8.
도남희(2019), 「동아시아(한·중·일)의 저출산 정책 변화와 쟁점」, 『육아정책포럼』, 육아정책연구소, pp. 38~45.
류정희(2020), 「우리나라 아동의 다차원적 빈곤실태와 정책 과제」, 『보건복지포럼』, 한국보건사회연구원, pp. 8~21.
문진주·이병화(2017), 「근로장려세제의 지급기준 변경과 자녀장려세제의 도입 현황 및 정책효과」, 『세무회계연구』, No. 54, 한국세무회계학회, pp. 165~183.
박경자·황옥경·문혁준(2013), 「우리나라의 보육정책」, 『한국보육지원학회지』, 제9권 제5호, 한국보육지원학회, pp. 513~538.
박은정·유해미(2020), 「빈곤가정 영유아 통합지원 사업 분석 및 개선방안」, 『이슈페이퍼』, 육아정책연구소.
박정민·박호준·이서경(2022), 「청년층의 삶의 질과 사회의 질에 대한 인식이 결혼 및 출산에 대한 태도에 미치는 영향」, 『사회복지연구』, 제53권 제4호, 사회복지연구회, pp. 33~54.
박지영(2018), 「온종일 돌봄 체계 구축·운영 현황 및 계획」, 『육아정책포럼』, 육아정책연구소, pp. 32~38.
박창렬·김미란(2011), 「프랑스의 인구전략과 성공 패러다임」, 『인구전략과 국가 미래』, 한국보건사회연구원, pp. 13~116.
배은경(2010), 「현재의 저출산이 여성들 때문일까?: 저출산 담론의 여성주의적 전유를 위하여」, 『젠더와 문화』, 제3권 제2호, 계명대 여성학연구소, pp. 37~75.
서문희(2001), 「보육시설 평가인증제도의 도입 필요성과 실시방안」, 『보건복지포럼』, 통권 제52호, 한국보건사회연구원, pp. 64~73.
신경아(2010), 「저출산대책의 딜레마: 여성 없는 여성정책」, 『페미니즘 연구』, 제10권 제1호, 한국여성연구소, pp. 89~122.
신광영(2018), 「불안정 노동의 시대」, 『월간복지동향』, 참여연대, pp. 5~12.
신옥주(2020), 「헌법적 관점에서 본 여성의 재생산권 보장을 위한 방안」, 『공법연구』, 제49집 제2호, 사단법인 한국공법학회, pp. 305~339.
신윤정(2013), 「프랑스 영유아 양육 지원정책의 법제 현황과 시사점」, 『비교법 현안분석』, 한국법제연구원, pp. 61~73.
_____(2015), 「저출산에 대응한 동아시아 국가의 가족정책 비교」, 『보건복지포럼』, 한국보건사

회연구원, pp. 80~89.

_____(2017), 「프랑스 가족수당의 현황과 시사점」, 『국제사회보장리뷰』, Vol. 2, 한국보건사회연구원, pp. 25~34.

신정완(2003), 「20세기 스웨덴 사회경제사-스웨덴 모델의 형성, 발전, 해체를 중심으로-」, KIEP 대외경제전문가풀 전문가회의 결과 자료(대외경제연구원 홈페이지 2023. 7. 1 열람).

안재흥(2004), 「생산과 복지의 상호연계의 정치: 이론적 논의와 스웨덴 사례의 분석」, 한국사회복지학회 춘계학술대회 자료집, pp. 881~906.

여유진(2018), 「아동빈곤의 현황과 정책과제」, 『보건복지포럼』, 한국보건사회연구원, pp. 25~39.

오경환(2010), 「저출산의 정치경제학: 프랑스 제3공화국 전반기의 인구위기와 '프랑스 인구증가를 위한 국민연합'」, 『서양사연구』, 제43권, 한국서양사연구회, pp. 5~31.

유진성(2022), 「소득분위별 출산율 변화 분석과 정책적 함의」, 『KERI Isight』, 22-04, 한국경제연구원, pp. 1~28.

윤홍식(2006), 「OECD 21개국의 부모권과 노동권 보장수준을 통해 본가족정책의 비교연구: 부모휴가와 아동보육시설 관련 정책을 중심으로」, 『한국사회복지학』, Vol. 58, No. 3, 한국사회복지학회, pp. 341~370.

이경채(2003), 「보육시설 평가인증제에 관한 보육시설 종사자들의 인식 연구」, 아주대학교 교육대학원 석사학위논문.

이삼식(2006), 「가치관의 변화가 결혼 및 출산 행태에 미치는 영향」, 『보건사회연구』, 제26권 제2호, 한국보건사회연구원, pp. 95~140.

이상은·정찬미(2016), 「아동수당 도입과 조세지원체계 개편: 국가별 비교 및 대안정책의 급여수준효과 모의실험」, 『사회보장연구』, 제32권 제4호, 한국사회보장학회, pp. 125~152.

이성림(2007), 「우리나라 가계의 자녀양육 비용과 추정방법」, 『대한가정학회지』, 제45권 제2호, 대한가정학회, pp. 77~90.

이세진·임언선(2021), 「근로소득장려세제(EITC) 현황과 과제」, 『이슈와 논점』, 국회입법조사처, pp. 1~4.

이시백(2001), 「저출산시대의 인구정책과 여성인력」, 『저출산 시대의 여성정책: 신인구정책과 여성인력활용대책』, 국회여성특별위원회, pp. 1~3.

이재완·류수현(2006), 「보육시설 평가인증제에 관한 보육시설장의 인식연구」, 『한국영유아보육학』, Vol. 45, 한국영유아보육학회, pp. 361~381.

이재희·박진백(2020), 「주택가격과 주택공급이 출산율에 미치는 영향: 서울시를 중심으로」, 『한국생활과학회지』, Vol. 29, 한국생활과학회, pp. 765~776.

이정림(2020), 「빈곤가정 특성별 영유아 양육지원 요구 분석 및 지원방안」, 『이슈페이퍼』, 육아정책연구소.

이지영(2019), 「신문 사설에 나타난 보육정책 담론분석」, 『육아정책연구』, 제13권 제1호, 육아정책연구소, pp. 29~51.

이진숙(2004), 「독일 가족복지정책의 쟁점 변화 분석」, 『한국인구학』, 제29권 제1호, 한국인구학회, pp. 91~120.

이태훈(2019), 「프랑스 출산율 상승에 긍정적인 영향을 미친 가족정책」, 『국제노동브리프』, 한국노동연구원, pp. 94~100.

이철희(2012), 「한국의 합계출산율 변화요인 분해: 혼인과 유배우 출산율 변화의 효과」, 『한국인구학』, 제35권 제3호, 한국인구학회, pp. 117~144.

______(2018), 「한국 출산장려정책은 실패했는가?: 2000년~2016년 출산율 변화요인 분해」, 『경제학연구』, 제66집 제3호, 한국경제학회, pp. 5~42.

______(2022), 「저출산 대응정책 효과의 이질성 분석: 현금지원 및 보육지원 정책의 소득분위별 효과」, 『한국경제포럼』, 제15권 제3호, 한국경제학회, pp. 53~85.

이혜원(2012), 「재정패널을 이용한 차상위계층 실태분석」, 『재정포럼』, 한국조세연구원, pp. 25~40.

______(2013), 「보육료 지원정책이 부모의 보육비용 부담 완화에 미치는 영향」, 『재정포럼』, 한국조세연구원, pp. 25~40.

임동원(2022), 「저출산 극복을 위한 세제혜택 확대 방안 검토」, 『KERI Brief』, 한국경제연구원, pp. 1~5.

장대익(2019), 「정책의 실패인가 진화의 결과인가」, 조영태·장대익, 『아이가 사라지는 세상-출산율 제로 시대를 바라보는 7가지 새로운 시선』, 김영사, pp. 11~28.

전광희(2005), 「유럽 선진국의 인구·가족정책의 전개과정」, 『사회과학연구』, 제16권, 충남대학교 사회과학연구소, pp. 211~236.

______(2018), 「유럽의 인구동향 및 저출산 대응 가족정책과 한국 인구정책의 과제」, 『사회과학연구』, 제29권 제1호, 충남대학교 사회과학연구소, pp. 219~237.

전병욱(2021), 「저출산 문제에 대응하기 위한 조세제도의 개편방안 연구」, 『조세와 법』, 제14권 제1호, 서울시립대학교 법학연구소, pp. 145~184.

전형진(2020), 「유연근무제의 도입 현황과 향후 과제」, 『이슈와 논점』, 대한민국 국회, pp. 1~4.

정미라·김해미·강수경(2017), 「임신·출산·육아 지원정책에 대한 임산부의 요구분석」, 『유아교육연구』, 제37권 제2호, 한국유아교육학회, pp. 127~148.
조 은(2008), 「신자유주의 세계화와 가족 정치의 지형: 계급과 젠다의 경합」, 『한국여성학』, 제24권 제2호, 한국여성학회, pp. 5~37.
조진우(2021), 「저출산·고령사회기본법의 문제점과 개선과제」, 『법학연구』, 제32권 제1호, 충남대학교 법학연구소, pp. 11~42.
주스웨덴 대사관(2016), 「스웨덴 아동 양육정책」, 주스웨덴 대사관.
최숙희(2016), 「남성육아휴직제도 활성화에 대한 고찰: 해외사례 중심으로」, 『여성연구논총』, 제18집, 성신여자대학교 한국여성연구소, pp. 37~62.
최 영(2017), 「세계 각국 아동수당제도의 성격 및 유형」, 『국제사회보장리뷰』, Vol. 2, 한국보건사회연구원, pp. 5~15.
최영·김슬기(2017), 「OECD 국가의 아동가족 현금지원정책과 출산율간의 관계–아동수당을 중심으로–」, 『한국아동복지학』, No. 60, 한국아동복지학회, pp. 59~86.
최현수(2013), 「근로장려세제(EITC) 개편 및 자녀장려세제(CTC) 도입방안과 정책과제」, 『보건·복지 이슈&포커스』, 한국보건사회연구원, pp. 1~8.
하정옥(2016), 「재생산권 개념의 역사화·정치화를 위한 시론」, 『보건과 사회과학』, 제34집, 한국보건사회학회, pp. 183~210.
한국경제연구원(2020. 7. 20), 「코로나19로 대기업 '넷 중 셋' 재택·원격 등 유연근로제 실시 중!」, 보도 자료.
한국보건사회연구원(2021. 6. 9), 「연구보고서 사회보장 분야 사각지대 축소와 부적정 지출 관리 방안 연구 – 방과후돌봄서비스를 중심으로」, 보도 자료.
한국은행 조사국(2019), 「유럽 주요국 출산율 안정화 정책 평가 및 시사점」, 『국제경제리뷰』, 제2019–14호, 한국은행, pp. 1~23.
한지영(2016), 「보편적 돌봄권 확보를 위한 현행 육아휴직제도 개선방안」, 『이화젠더법학』, 제8권 제1호, 이화여자대학교 젠더법학연구소, pp. 153~183.
허민숙·박진우(2020), 「장애부모의 자녀 양육지원 제도 현황 및 개선과제」, 『NARS 현안분석』, 제168호, 국회입법조사처, pp. 1~20.
현대경제연구원(2014. 6. 13), 「우리나라 가계의 엔젤계수 특징과 시사점」, 『경제주평』, 통권 제595호, 현대경제연구원, pp. 1~18.
황정미(2005), 「저출산과 한국 모성의 젠더정치」, 『한국여성학』, 제21집 제3호, 한국여성학회 편, pp. 99~132.

_____(2007), 「경제위기 이후 한국의 가족정책에 대한 고찰: 개발국가의 생활보장시스템과 젠더」, 장지연 외 편, 『글로벌화와 아시아 여성』 제9장, 한울.

황해익·김남희·정혜영(2013), 「어린이집 평가인증제의 현안 및 발전방안」, 『한국보육지원학회지』, 제9권 제6호, 한국보육지원학회, pp. 461~490.

Andersson, G.(2020), "A Review of Policies and Practices Related to the 'Highest Low' Fertility of Sweden-A 2020 Update," *Stockholm Research Reports in Demography*, No. 46, Stockholm University/Demography Unit.

Frazer, Nancy(1994), "After the Family Wage: Gender Equity and the Welfare State" in *Politial Theory*, Vol. 22, No. 4(Nov., 1994), pp. 591~618.

Jean-Claude Chesnais(1996), "Fertility, Family, and Social Policy in Contemporary Western Europe," in *Population and Development Review*, Vol. 22, No. 4, Dec., pp. 729~739.

Jones, Gavin W.(2007), "Delayed Marriage and Very Low Fertility in Pacific Asia," in *Population and Development Review*, Vol. 33, No. 3, pp. 453~478.

Kim, John M. and Nowook Park(2007), "Performance Budgeting in Korea," in *OECD Journal on Budgeting*, Vol. 7, No. 4, pp. 1~11.

Mcdonald, Peter(2000), "Gender Equity, Social Institutions and The Future of Fertility," in *Journal of Population Research*, Vol. 17, No. 1, pp. 1~16.

_____(2006), "Low Fertility and the State: The Efficacy of Policy," in *Population and Development Review*, Vol. 32, No. 3, pp. 485~510.

Orloff, Ann(1996), "Gender in Welfare State," in *Annual Review of Sociology*, Vol. 22, pp. 51~78.

Robert, Bellafiore(2019), "The Earned Income Tax Credit: A Primer," in *FISCAL FACT*, No. 654, TAX FOUNDATION, pp. 1~14.

2. 보고서

강지원 외(2020), 『사회보장 분야 사각지대 축소와 부적정 지출 관리 방안 연구 – 방과후돌봄서비스를 중심으로』, 한국보건사회연구원.

강희우·박한준·권남호·오영민(2018), 『재정성과평가제도 환류방안에 관한 연구』, 한국조세재정연구원.

교육부(2018. 4. 5), 『정책참고자료: 온종일 돌봄체계 구축, 운영계획』, 저출산고령사회위원회.

국회예산정책처(2023), 『2023 경제현안분석: 인구—혼인하지 않는 사회와 저출산』, 국회예산정책처.

국회입법조사처(2019), 『누리과정제도의 입법영향분석』, 국회입법조사처.

김나영·이지혜·김은정·김경신(2010), 『출산관련 의식변화와 출산율간 인과관계 연구』, 한국보건사회연구원.

김미곤·고제이·이철희·홍석철·전병목 외(2019), 『아동수당 및 출산·양육 지원체계 발전 방안 연구』, 보건복지부·한국보건사회연구원·서울대학교·한국조제재정연구원.

김상호·장지연·박종서·이지혜·이소영·변수정(2017), 『출산전후휴가 및 육아휴직제도 개선방안 연구』, 보건복지부·한국보건사회연구원.

김영록·신동면(2016), 『정책목표와 정책 수단의 적절성 평가: 저출산 정책을 중심으로』, 한국행정연구원.

김우림(2021), 『저출산 대응 사업분석·평가』, 국회예산처.

김은정·오신휘·장인수·정종석·전주열(2020), 『저출산 대응 재정지원 방안 연구: 저출산특별회계를 중심으로』, 한국보건사회연구원.

김은정·이성림·이완정·김한나(2011), 『소득계층별 출산·양육 행태 분석 및 정책방안』, 한국보건사회연구원.

김은지·송효진·배호중·선보영·최진희·황정미(2019), 『저출산 대응정책 패러다임 전환연구Ⅰ』, 한국여성정책연구원.

김은지·황정임(2012), 『저소득한부모가족 아동양육비 지원방안 연구』, 한국여성정책연구원.

김인경(2012), 『보육정책의 목표와 설계』, 한국개발연구원.

김재진(2014), 『자녀장려세제(CTC) 도입의 정책적 함의와 기대효과』, 한국조세재정연구원.

김태완 외(2020), 『우리나라 소득분배 진단과 사회보장 재구조화 방안』, 한국보건사회연구원.

김태홍·김동식·김은지·배호중·민현주(2011), 『저출산에 대한 만혼의 영향과 정책과제』, 한국보건사회연구원.

대한민국 정부(2018a), 『제1차 저출산·고령사회 기본계획 보완본(2006~2010)』, 저출산고령사회위원회.

______(2018b), 『제2차 저출산·고령사회 기본계획(2010~2015)』, 저출산고령사회위원회.

______(2018c), 『제3차 저출산·고령사회 기본계획(2016~2020)』, 저출산고령사회위원회.

______(2018d), 『제3차 저출산·고령사회 기본계획: 2018년도 시행계획』, 저출산고령사회위원회.

______(2019a), 『제3차 저출산·고령사회 기본계획 수정본(2016~2020)』, 저출산고령사회위원회.

______(2019b), 『제3차 저출산 · 고령사회 기본계획: 2019년도 시행계획』, 저출산고령사회위원회.
______(2020), 『제4차 저출산 · 고령사회 기본계획(2021~2025)』, 저출산고령사회위원회.
______(2023. 3. 28), 『윤석열 정부 저출산 · 고령사회 정책 과제 및 추진 방향』, 저출산 · 고령사회 위원회 및 관계부처 합동 보고 안건.
도남희 외(2018), 『동아시아 국가(한 · 중 · 일) 저출산 쟁점과 육아정책 비교 연구 (I): 한 · 중 · 일의 저출산 원인과 대응전략의 특징』, 육아정책연구소.
민주노동당 여성정책네트워크(2006), 『저출산 위기 다시 보기』, 민주노동당 정책위원회.
박종서 외, 『2021 가족과 출산조사』, 한국보건사회연구원.
박진백(2020), 『주택가격 상승이 출산율 하락에 미치는 동태적 영향 연구』, 워킹페이퍼, 국토연구원.
변수정 외(2016), 『다양한 가족의 출산 및 양육실태와 정책과제』, 한국보건사회연구원.
변용찬 · 김동회 · 이송희(2010), 『결혼행태 변화와 출산율의 상관성 연구』, 한국보건사회연구원.
보건복지부(2021), 『다함께돌봄 사업안내』, 보건복지부.
산업연구원(2013), 『우리나라 가구의 소비지출 행태 분석과 시사점』, 산업연구원.
서문희 · 김온기 · 이정원 · 송신영 · 원종욱(2010), 『평가인증 활성화 및 민간보육시설 서비스 질 제고 방안』, 육아정책연구소.
송헌재 · 전병힐(2022), 『근로장려세제(EITC)의 정책 효과 분석』, 국회예산정책처.
신우리 외(2022), 『근로 · 자녀장려세제와 최저임금제도가 여성에게 미치는 영향과 개선방향에 관한 연구』, 한국여성정책연구원.
신윤정 · 김지연(2010), 『자녀 양육비용 추계와 정책방안 연구』, 한국보건사회연구원.
신윤정 외(2013), 『자녀 양육 지원 정책 평가와 개선 방안』, 한국보건사회연구원.
신윤정 · 우해봉 · 윤자영 · 임지영(2018), 『동아시아 국가의 저출산 대응 전략』, 한국보건사회연구원.
신윤정 · 유재언 · 김혜영 · 윤자영(2013), 『동아시아 국가 가족정책 비교 연구』, OECD 대한민국 정책센터 · 한국보건사회연구원.
여유진 · 김미곤 · 정은희 · 이주미 · 정희선 · 권지성(2016), 『아동의 빈곤예방을 위한 실태 연구』, 한국보건사회연구원.
여유진 외(2019), 『노르딕모델과 대륙형모델의 형성 및 변천과정』, 경제인문사회연구회 협동연구총서.
운용중 · 서재만(2010), 『외환위기 이후 일자리 정책의 성과와 과제』, 국회예산정책처.
이삼식 · 최효진 · 정혜은(2010), 『저출산정책 효과성 평가 연구』, 한국보건사회연구원.

이소영·최인선(2016), 『임신·출산 보건의료 지원 정책: 평가와 정책과제-임신·출산 진료비 지원 정책을 중심으로』, 한국보건사회연구원.

이아영 외(2020), 『사회보장 정책 효과성 증진을 위한평가 체계 분석 및 개선 방향-근로빈곤층 대상 정책을 중심으로』, 한국보건사회연구원.

이재인·김선미·김은정(2005). 『소외계층 가족의 자녀양육지원 정책연구』, 국회여성가족위원회.

이정림 외(2020), 『사회적 격차 해소를 위한 빈곤가정 영유아 양육 지원 방안 연구(II): 빈곤가정 특성별 영유아 양육요구 분석』, 육아정책연구소.

이채정(2017), 『영유아양육지원정책 분석-보육료·유아학비 및 가정양육수당 지원을 중심으로』, 국회예산정책처.

이현주 외(2018), 『현금지원과 현물지원 정책의 구성과 효과』, 한국보건사회연구원.

이화여자대학교 한국여성연구원·한국여성학회(2006), 『저출산정책의 방향과 미래』, 여성가족부.

조동희·윤여준·문성만(2019), 『주요 선진국 근로장려금 제도의 영향평가 및 시사점』, 대외경제정책연구원.

조성은 외(2018), 『아동수당 제도 발전 방안에 관한 연구』, 한국보건사회연구원.

조은영(2012), 『출산·보육지원 재정소요 추계와 정책과제』, 국회예산정책처.

최효미 외(2018), 『영유아 가구의 소비실태조사 및 양육비용 연구』, 육아정책연구소.

최효미·유해미·김지현·김태우(2016), 『청년층의 비혼에 대한 인식과 저출산 대응 방안』, 육아정책연구소.

한국보건사회연구원 소득보장정책연구실(2020), 『2020년 빈곤통계연보』, 한국보건사회연구원.

한국사회복지협의회(2020), 『Society at a Glance OECD 사회지표 추이 분석』, OECD 대한민국 정책센터.

허민숙(2021a), 『육아 패널티의 현실, 육아휴직 사용권 보장을 위한 개선과제』, 국회입법조사처.

_____(2021b), 『육아휴직 소득대체율의 효과: 남성 육아휴직 사용의 조건과 과제』, 국회입법조사처.

3. 단행본

계봉오 외(2013), 『인구와 보건의 사회학』, 다산출판사.

김명수 · 공병천(2018), 『성과관리를 위한 공공정책평가론』, 한국학술정보(주).

김민정 외(2019), 『저출산시대의 가족정책』, 한울.

김성일 · 정성호(2017), 『사라지는 미래: 경제축소가 가져오는 경제와 시장의 대변환』, 한스미디어.

김영록(2011), 『정부정책과 성과평가』, 한국학술정보(주).

김용하(2011), 『인구전략과 국가 미래』, 보건사회연구원.

김창수(2018), 『정책학의 구조와 논리』, 피앤씨미디어.

니혼게이자이신문사(2008), 『인구가 세계를 바꾼다』, 가나북스.

대릴 브리커 · 존 이빗슨 저, 김병순 역(2019), 『텅빈 지구—다가오는 인구감소의 충격』, 을유문화사.

데이비드 베너타 저, 이한 역(2019), 『태어나지 않는 것이 낫다: 존재하게 되는 것의 해악』, 서광사.

미셸 푸코 저, 오르트망 역(2011), 『안전, 영토, 인구』, 도서출판 난장.

박상태(2007), 『인구사상과 인구정책』, 서강대학교 출판부.

손병규(2020), 『국가의 인구관리, 옛날과 오늘』, 은행나무.

송가연(2017), 『오늘도 비출산을 다짐합니다』, 갈라파고스.

에스핑 앤더슨 저, 박시종 역(2006), 『복지체제의 위기와 대응』, 성균관대학교 출판부.

NHK스페셜 '지금부터 우리는' 취재반 저, 이경수 외 역(2017), 『저출산 무엇이 문제인가』, 지식과 감성.

우치다 다스루 저, 김영주 역(2019), 『인구감소사회는 위험하다는 착각』, 위즈덤하우스.

울리히 벡 · 엘리자베트 벡-게른샤임 저, 강수영 외 역(1999), 『사랑은 지독한 그러나 너무나 정상적인 혼란』, 새물결.

윤정현(2018), 『아이 갖기를 주저하는 사회』, 푸른길.

윤홍식 · 송다영 · 김인숙(2010), 『가족정책: 복지국가의 새로운 전망』, 공동체.

인구보건복지협회(2021), 『인구보건복지협회60년사』, 인구보건복지협회.

장 클로드 셰네 저, 박은태 · 전광희 역(2008), 『인구학 입문』, 경연사.

전영수(2014), 『인구충격의 미래 한국』, (주)프롬북스.

제임스 량 저, 최성옥 역(2019), 『혁신을 이끄는 인구혁명』, 한국경제신문.

조영태(2016), 『정해진 미래』, 북스톤.

조혜종(2006), 『새 인구론: 인구의 공간적 사회적 접근』, 푸른길.

진경선(2019), 『저출산의 심리적 요인』, (주)집문당.

카이스트 문술미래전략연구원(2018), 『인구전쟁 2045』, 크리에이터.

폴 몰런드 저, 서정아 역(2020), 『인구의 힘』, 미래의 창.

필립 롱맨 저, 백영미 역(2009), 『텅빈 요람』, 민음인.

찰스 굿하트·마노즈 프라단 저, 백우진 역(2021), 『인구 대역전』, 생각의 힘.

해리 덴트 저, 권성희 역(2015), 『2018 인구절벽이 온다』, 청림출판.

Diane, Sainsbury(1999), *Gender and Welfare State Regimes*, OUP Oxford.

Laperrière, Marie and Ann Shola Orloff(2018), *Gender and Welfare States*, Springer

Mary, Daly(2020), *Gender Inequality and Welfare States in Europe*, Edward Elgar Publishing.

May, J. F.(2012), *World Population Policies: Their Origin, Evolution, and Impact*, Washington, DC: Springer.

찾아보기

[ㄱ]

가족계획 · 46
가족의 혁명 · 23
가족주의 문화 · 60
공보육 · 270
교육급여 · 190
국가주의 발전 전략 · 112
근로·자녀장려금 · 186
기초생활보장제도 · 312

[ㄴ]

남성 육아휴직 사용률 · 342

[ㄷ]

다산 · 6
다함께돌봄센터 · 204
단카이 세대 · 21
담론 · 94
대졸 정원 확대 · 71
대한가족보건복지협회 · 99
도시국가형 초저출산 · 69
돌봄의 탈가족화 · 53
등록동거혼제 · 387

[ㅁ]

만혼과 저출산 · 117
맬서스 · 7
모성보호 입법 · 100
몰런드 · 11
무상보육 · 201

[ㅂ]

방과후 돌봄 서비스 · 201
보육 문제 · 104
보육 서비스 · 147
보육 정책 · 156
보편적·간접적 지원 편중 · 244
부모급여(영아수당) · 181
부모보험 · 270
부모의 재생산권 · 287
빈곤가정 지원 · 189
빈곤가족 양육 지원 · 311
빈곤 장애아동가족 · 328
빈곤 한부모가족 · 324

[ㅅ]

산아제한 · 44
산전후 휴가 · 100
삶의 질 담론 · 119

새로마지 플랜 · 95
서울공화국 · 81
성과 평가 환류체계 · 375
세액공제 · 185
세원 확보 · 365
세제 지원 · 185
소득공제 · 185
수도권으로의 인구 이동 · 80
수평적 형평과 수직적 형평 · 280
시간 정책 · 147

[ㅇ]

아동권 · 282
아동빈곤 · 314
아동수당 · 179
(가정)양육수당 · 178
양육 환경 개선 · 147
엔젤가구 · 59
엔젤계수 · 58
N포세대 · 77
M자형 여성 취업률 곡선 · 104
여성의 재생산권 · 110
여성의 재생산권 관점 · 224
여성의 재생산권 담론 · 112
예산심의제도 변경 · 356
온종일 돌봄체계 · 203
유교문화권 · 53
유배우 합계출산율 · 219
유연근무제 · 153
육아휴직급여 · 100
2040 청년세대 · 288
2030세대 · 77
이민 · 5
2인 부양자 모델 · 53
인구고령화 문제 · 107
인구 과잉 · 7
인구대체율 · 108
인구보건복지협회 · 99
인구아동가족부 · 372
인구 정책 총괄 조직 · 226
인구증가 · 5
인구 폭발 · 21

[ㅈ]

자녀양육비 · 292, 300
자녀양육비용 지원의 수준 · 295
장기 지속 저출산 · 51
장애아가정 지원 · 197
저출산 · 96
저출산 · 고령사회기본법 · 107
저출산 · 고령사회위원회 · 125
저출산 담론 지형 · 91
저출산에 대한 낮은 투자 · 229
저출산 예산에 대한 오해 · 236
저출산 예산의 실체 · 231
저출산 예산 트랙 · 362
저출산 위기 담론 · 94
저출산 인구 예산 · 369
저출산 인구 정책 · 93
저출산특별회계 도입 · 360

적정 인구 · 5
정책 평가 및 정책 환류 시스템 · 240
제2차 출산력 하락 · 22
제1차 출산력 하락 · 13
주양육자–미성년 자녀 기반 생계급여 도입 · 318
지옥고 · 84

[ㅊ]

청년 실업 확대 · 71
청년 정책 담론 · 116
출산력 반등 · 36
출산력 하락 · 7
출산장려 · 5, 99
출산파업 · 98
출산 환경 개선 · 147
출생률 · 45
취약계층 아동가족 지원의 빈곤 · 254
취약계층의 자녀양육 지원 · 269
취약계층 현금 지원 · 309

[ㅍ]

표준보육비용 · 298
표준양육비의 도입 · 297
피임 · 6
피임법 · 10

[ㅎ]

한부모가정 지원 · 192
합계출산율 · 45
현금 지원 정책 · 147
혼외 출산 · 62